北京市哲学社会科学 CBD 发展研究基地资助项目
首都经济贸易大学特大城市经济社会发展 2011 协同创新中心资助项目

中国区域金融及发展研究

（第二版）

蒋三庚　逢金玉　主编

中国财经出版传媒集团
经济科学出版社
Economic Science Press

图书在版编目（CIP）数据

中国区域金融及发展研究／蒋三庚，逄金玉主编 . —2 版 .
—北京：经济科学出版社，2016. 11
ISBN 978 - 7 - 5141 - 7428 - 1

Ⅰ . ①中… Ⅱ . ①蒋… ②逄… Ⅲ . ①区域金融 - 经济发展 -
研究 - 中国 Ⅳ . ①F832. 7

中国版本图书馆 CIP 数据核字（2016）第 264976 号

责任编辑：凌　敏　侯加恒
责任校对：隗立娜
责任印制：李　鹏

中国区域金融及发展研究（第二版）
蒋三庚　逄金玉　主编
经济科学出版社出版、发行　新华书店经销
社址：北京市海淀区阜成路甲 28 号　邮编：100142
教材分社电话：010 - 88191343　发行部电话：010 - 88191522
网址：www. esp. com. cn
电子邮件：lingmin@ esp. com. cn
天猫网店：经济科学出版社旗舰店
网址：http：//jjkxcbs. tmall. com
北京密兴印刷有限公司印装
710×1000　16 开　23. 25 印张　460000 字
2017 年 4 月第 2 版　2017 年 4 月第 1 次印刷
ISBN 978 - 7 - 5141 - 7428 - 1　定价：58. 00 元
（图书出现印装问题，本社负责调换。电话：010 - 88191510）
（版权所有　侵权必究　举报电话：010 - 88191586
电子邮箱：dbts@ esp. com. cn）

序　言

由蒋三庚、逄金玉主编的《中国区域金融及发展研究》（第二版）付梓出版，这是在本书第一版基础上进一步充实与完善，补充论述了不少新问题而成的。他们在这一研究领域的执着与创新值得赞赏。

中国各地区的金融发展具有很大差异，各地区都不断探索新的发展模式与融资路径，不仅是把金融当作重要的服务产业，而且是着力为当地的经济发展提供支持，这也是金融为实体经济服务的重要功能。

各地金融的差异化、特色化发展，符合中国经济发展的整体要求，也与中国金融业改革步伐较快、金融管制放宽有关。同时，由于各地区金融的发展与改革具有一定的复杂性，自然会有一些问题需要完善和解决，这里既有金融业的共性问题，也有中国各地区金融的独特问题。比如金融科技推动互联网金融在中国得到快速发展，除主管部门要加强制度建设外，如果地方政府管理不到位、不及时，就会出现诸如网络借贷的风险问题；如果区域金融要素市场只求数量上的发展，也会带来交易上的不规范与其他困惑。其他如地方政府债务、影子银行、金融实验区及自贸区的探索、区域融资方式创新等，都需要认真研究并在实践中防范区域金融风险的产生与扩散。改革、发展与完善仍然是中国区域金融成长进步的主线。

本书对区域金融的众多领域都做了深入的研究，所取得的成果具有较高的应用价值。建议今后除继续跟踪研究金融业态及区域金融发展的新情况、新问题外，仍可对中国区域金融发展的内在逻辑予以更多的思考与分析。

张卓元

2016 年 9 月

前　　言

本书是在 2012 年 5 月出版的《中国区域金融及发展研究》基础上，结合我国区域金融近两年来的发展变化，对相关内容进行调整、完善与深化研究而成。

金融的发展与服务，对中国稳增长、促改革、调结构、惠民生具有重要意义，也是各地区持续发展的根本保障。近两年中国区域金融发展的主要特点是：一些地方打造和发展了特色化的金融服务与创新；金融实验区特别是上海自贸区的金融改革深化；利率市场化改革、人民币国际化进程推进；金融市场交易规模扩大，金融衍生品市场、场外交易市场活跃；产业金融服务加强，金融支持新型城镇化、棚户区改造、重点项目建设成效显著；普惠金融、民生金融受到重视，对小微企业、科技企业服务加强；公私合作（PPP）等融资模式不断创新；互联网金融等新型金融快速发展等。这些都为中国的金融改革和发展注入了新的活力。同时，区域金融发展中也存在的一些问题需要重视和解决，如金融去杠杆、规范影子银行、降低地方政府债务规模及偿付风险等。

在本书中，相比较第一版的结构，取消了四篇的形式，而直接以各章形式代替，全书共 11 章。各章的撰写，包括两种增订形式。一是增添了全新的研究成果，共 7 章，包括区域金融理论及其在中国的发展、区域金融发展与实践、地方政府债务问题、金融实验区探索与改革、金融场外交易市场、影子银行、互联网金融。二是对第一版部分章节的修订，主要是根据区域金融发展的新情况、新问题对原有章节的更新、修改或补充，共 4 章，包括科技金融、农村金融、中央商务区（CBD）金融、文化创意金融。原第一版中的开发区金融、民间金融、中小企业金融；房地产金融、消费金融、商贸金融、金融后台服务等不再保留。

尽管在本书的撰写过程中，本着系统、完善与创新的原则，尽可能及时把握中国金融领域的发展与变革特征，不断扩充和修正区域金融的相关研究，但研究成果仍难以覆盖中国区域金融的各个领域，而且中国区域金融发展具有较强的动态性和时效性，加之作者的研究水平所限，研究和写作成果还存在许多不足，恳请读者批评指正。

蒋三庚

2016 年 8 月

目　　录

第 *1* 章

区域金融理论及其在中国的发展

1.1 区域金融理论综述

区域金融核心思想体现的是以区域经济发展差异为基础的金融空间布局与运行以及金融支持产业发展方面，区域金融无论在理论层面还是实践方面都具有主客观基础。由于地区经济发展程度、地理位置、自然资源、市场发育及规模等客观因素，以及地方政府政策、商业传统、人们的金融意识等主观因素，使区域金融形成了差异化发展。因此，区域金融包括地区金融体系的完善程度、金融业布局、金融结构变动、金融成长及效率、金融相关政策、金融监管等方面，也包括金融对实体经济的支持程度和方式，以及区域间金融协同发展等。基于对前人研究的总结，我们对区域金融概念的界定：金融体系、机构在某种地域空间的一系列的自组织和中介服务形态，包括区域金融市场发展、金融结构与布局、金融业的集聚和扩散、金融产品供给及服务能力、对实体经济的支持程度与方式等。

1.1.1 区域金融理论基础

区域金融是多学科的融合，区域金融是经济学、地理学和区域经济学逐渐演变发展而来，其概念的提出也是由各自领域的专家在研究过程中提出来的。随着时间的推移各个学科内部和学科之间都出现了分层，信息技术的提升和人类社会的巨大变化加速了这一过程。表现为学科的内部分异和不同学科的融合。区域金融学科的建立包含了这两个方面的转变。区域金融研究的多学科融合特征，如图 1.1 所示。

经济地理学是地理学的重要分支，主要研究经济活动的空间组织和配置、世界资源的使用以及世界经济的扩张和分布状况。在地理学和经济学融合的早期，经济地理学被称为商业地理学。金融地理学是经济地理学的深化和新发展，同时

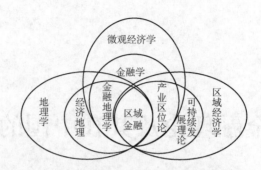

图 1.1　区域金融研究的多学科融合特征

也是演化经济学和经济地理学杂糅的产物。区域金融学则是金融地理学、金融学和区域经济学的产业区位论进一步融合的学科，是三者的交融。

从微观经济学视角看，全球化的国际分工和组织在协同理论的引导下成为现实。区域生产的国际分工不仅与人们的绝对收入水平相关，更取决于收入水平之间的差异程度，这是区域金融产生的国际环境。微观理论的厂商视角下，生产组织是企业保证生存的基础，也是区域经济发展的基础条件。全球化的背景和新技术的革命使得生产组织可以全球化发展，技术和知识的外溢为企业全球化配置资源创造了条件。在这样的产业微观基础之上，企业全球化国际分工得以实现。在这样的组织（协同理论）基础上，区域经济、区域金融可以构成一套完整的自组织系统，使其整体目标与其内部构件以及相应的演化规律紧密地联系起来，为区域经济协调发展在科学优化方法下的实现提供了保障。不同区域市场的竞争也增强了区域金融的竞争和发展，进一步造成区域金融的差异。

区域经济的存在构成了区域金融存在的基础，而区域金融的成长与区域内经济的发展又紧密相关，它们存在着大致平行和制约的关系，二者相互影响、相互促进。区域经济理论是研究经济活动在一定自然区域或行政区域中变化或运动规律及其作用、机制的科学，是经济学与经济地理学相结合的产物。其运用经济学的观点，研究国内不同区域经济的发展变化、空间组织及其相互关系，属于反映经济地域空间差异的范畴。

大国经济发展的非均衡性是区域经济产生的原因。由于大国不同区域间必然存在着不同条件，如经济的、政治的、文化的等，所以区域经济理论的出现有其必然性。区域经济存在的逻辑前提和客观基础表现在三个方面：第一，自然禀赋的差异性和要素的不完全流动性，这是区域经济分异的前提和客观基础。自然禀赋的差异性表现在四个方面：用于生产的自然条件的差异性、自然资源的稀缺性、生产要素分布的不均衡性和生产要素的不完全流动性。第二，空间距离的不可磨灭性。由于区域间自然禀赋的不同，就出现了互通有无的需要，而区域间总存在距离，总存在距离成本的问题。虽然交通和科技的发达已经是空间距离问题变得越来越容易解决，但是在一些重要行业，距离成本仍在很大程度上影响着自然优势和空间集聚经济。第三，经济活动极化性的和不完全可分性。这是指区域经济差异产生的根本因素不是自然条件而是人为因素，生产要素总是趋向于效益较高或使其增值较大的区域。经济活动极化性可以表现为规模经济和集聚经济等。

到20世纪50年代至70年代，区域经济发展理论逐渐走向成熟。这期间的主要理论包括梯度推移、增长极与地域生产综合体理论。

（1）地域生产综合体理论。地域生产综合体理论主要来源于苏联的经济区划和区域规划实践中。地域生产综合体作为一种系统的理论思想的提出，应首推科洛索夫斯基（H. H. Klossowski）在20世纪30年代提出的地域生产综合体的古典概念，他指明了生产——地域组合要同其他综合体进行协作，并要按工艺联系配置区域的基本生产过程（即专业化主导部门），根据基本生产过程的前向、后向、旁侧联系发展其他相关部门和相应的区域基础设施，从而形成地域生产综合体。

（2）增长极理论。增长极理论是20世纪50年代区域经济理论范畴内出现的一种理论，最初是由法国经济学家弗朗索瓦·佩鲁（Francois Perroux）提出，随后在世界各地广泛流传和发展，后来由其他经济学家补充和完善。增长极理论认为：一个国家要实现平衡发展只是一种理想，在现实中是不可能的，经济增长通常是从一个或数个"增长中心"逐渐向其他部门或地区传导。因此，应选择特定的地理空间作为增长极，以带动经济发展。这一理论的出现对当时的区域经济发展产生了巨大的影响，被许多国家用来解决不同的区域发展和规划问题。弗里德曼（J. R. Fridemna，1966）在他的学术著作《区域发展政策》中提出了核心边缘理论。该理论认为，任何空间经济系统均可分解为不同属性的核心区和外围区。它试图解释一个区域如何由互不关联、孤立发展，变成彼此联系、发展不平衡，又由极不平衡发展变为相互关联的平衡发展的区域系统。其核心强调区域经济增长的同时，必然伴随经济空间结构的改变。同时，弗里德曼指出，空间结构的改变会经历四个阶段前工业化阶段、工业化初期阶段、工业化成熟阶段和空间相对均衡阶段。

（3）梯度推移理论。20世纪六七十年代，区域经济学家在不平衡发展理论和工业生产生命循环阶段论的基础上创立了区域发展梯度推移理论。该理论认为区域经济发展的盛衰主要取决于该地区产业结构的优劣及转移；发达产业和地区始终处于不断的创新活动中，人们会将已经成熟或衰退产业逐次地转移到周边地区，由此形成梯度推进格局。产业结构、新技术与生产力等遵循由高梯度向低梯度转移的规律。

20世纪70年代以后，产业集群理论作为一种新型区域发展理论成为了重要的前沿课题，该理论吸收了以往理论的积极因素，并进一步强调了发挥区域内各种资源的整合能力的作用，尤其是技术进步和创新的作用。产业集群理论是麦克尔·波特（Michael E. Perter, 1990）创立的。他从竞争力角度对集群的现象进行分析和研究，结果显示集群不仅仅降低交易成本、提高效率，而且改进激励方式，创造出信息、专业化制度、名声等集体财富。更重要的是集群能够改善创新的条件，加速生产率的成长，也更有利于新企业的形成。以后中外学者，特别是大批中国学者从理论和实践层面对产业集群进行了大量研究，取得了重要研究成果，其中，该理论对金融机构集群发展研究是有很大影响的。

1.1.2 金融发展及相关理论

金融发展的一般理论是区域金融研究的理论依托，是在对金融发展理论的借鉴与延伸中体现其区域或中观特征。从研究性质及对象来说，区域金融理论属于金融发展理论的研究范畴。除微观金融理论和宏观金融理外，不断深入发展的区域金融理论也成为金融发展理论的重要组成部分。

1.1.2.1 麦金农和肖的金融自由化理论

20世纪50年代，货币非中性理论开始发展起来。首先对金融发展与经济发展的关系、货币金融在经济中产生的作用进行研究的是戈德史密斯（Raymond W. Goldsmith）。他于1969年出版了《金融结构与金融发展》一书，认为"金融发展就是金融结构的变化"，强调了金融结构与金融发展对经济增长的引致效应，构建了"金融结构论"体系。

但是，由于发达国家的金融发展历史较久，对于金融发展的研究还停留在发达国家，对发展中国家涉及甚少。1973年，美国斯坦福大学两位经济学教授罗纳德·I·麦金（Ronald I. McKinnon）和爱德华·肖（Edward S. Shaw）在前人研究的基础上，分别出版了《经济发展中的货币与资本》和《经济发展中的金融深化》两部著作。在书中，两位经济学家首次提出了发展中国家的"金融抑制"和"金融深化"的概念，系统地分析了发展中国家金融发展与经济发展的关系问题。因这一理论不仅考虑到发展中国家金融的特殊性，而且将金融发展和经济发展联系起来，成为了当时发展中国家进行金融决策及实践的理论依据。这两本着作的出版标志着金融发展理论由以前的零散观点转变成了系统性的理论分支，被看作是金融发展理论形成的标志。两人的理论被统称为"金融深化理论"，又被称为"金融自由化"。

麦金农和肖认为发展中国家并不具备发达国家的金融条件，而以往的理论往往基于发达国家的金融研究，所以并不适用。发展中国家的金融条件决定了其金融发展有其特殊性：货币化程度低；有明显的"金融二元性"现象，即有组织的金融机构和无组织的金融机构同时并存；缺乏完善的金融市场；存在严重的金融抑制，即政府对利率的管制较为严格。在利率管制下，由于发展中国家普遍存在通货膨胀，使得实际利率往往为负。存、贷款利率有严格的上下限，扭曲了金融市场的价格。事实上，麦金农和肖发现，发展中国家普遍存在低储蓄—低投资—低产出—低收入—低储蓄的状况，长期形成了"贫困陷阱"的状态。因此，他们认为发展中国家应该取消上述金融抑制政策，通过放松利率管制、控制通货膨胀使利率反映市场对资金的需求水平，使实际利率为正，恢复金融体系集聚金融资源的能力，达到金融深化的目的。

当前金融发展理论正从三个方面扩展：一是突破 M‑S 范式，引入不确定性、信息不对称和监督成本等因素，对金融发展和经济增长相互关系进行分析；二是从以发展中国家为主要研究对象扩展到所有国家，发达国家也开始重视地方金融环境的影响和区域差异影响；三是将以金融发展和经济增长之间的关系为核心的研究扩展到金融市场、金融机构的产生形成以及金融体系的功能扩展（如普惠金融）及其比较上来。

1.1.2.2 金融约束论

进入 20 世纪 90 年代以来，面对发展中国家越来越频繁的金融危机，理论界开始对金融自由化理论进行反思。市场机制的调节作用被赋予至高无上的地位，但是事实证明只依靠"看不见得手"并不能解决一切问题。研究东亚及东南亚国家，如日本、中国等，从理论角度说，这些国家都多少存在着金融抑制，但仍然取得了巨大的成功。这些现实多的例子无疑对金融自由化理论提出了挑战。

出于对金融自由化理论的反思和这种趋势的矫正，金融约束论应运而生，该理论的一大特点是考虑了信息经济学的观点。金融约束论认为：由于信息不完全和信息不对称的普遍存在，金融资本市场的瓦尔拉斯均衡是无法达到的，资本无法自动地实现帕累托最优，因此不能完全依靠市场，一定的政府干预是必要的，而这种必要的政府干预被称为"金融约束论"。基于这一理论，政府可以采取的利率控制和资产替代等政策使市场达到更高的效率。与金融自由理论中的金融抑制不同的是，金融约束一定要保证实际利率为正，这就形成了金融抑制与金融约束在实际利率量上的区别，也就杜绝了金融抑制论中的实际利率为负的情况。通过政府的干预，使发展中国家金融市场的效益超过竞争市场中获得的效益，避免潜在的逆向选择和道德风险。

对于发展中国家来说，金融约束与过度金融自由化所带来的消极影响相比较，能在一定程度上与金融渐进改革相适应，也为政府对金融进行干预提供了理论依据。但是，金融约束论的假设过于严格，现实中根本不能满足。而且，金融约束在实用中的度很难把握，如果政府过度干预很可能是金融约束走向金融抑制，从而不利于本国金融的发展。

1.1.2.3 其他区域金融相关理论

（1）金融结构理论。金融结构理论的代表人物是戈德史密斯，他认为金融现象可以归结为三个基本方面：金融工具、金融机构和金融结构。金融工具是指对其他经济单位的债权凭证和所有权凭证；金融机构即金融中介机构，指资产与负债主要由金融工具组成的企业；金融结构是一国现存的金融工具和金融机构之和。他认为金融发展的实质是金融结构的变化，研究金融发展就是研究金融结构的变化过程和趋势。

（2）内生金融增长理论。该理论主要强调法律制度、文化传统、利益集团等制度因素与金融发展的关系。从古典内生金融发展理论来看，提高风险管理水平、降低交易成本以及减少信息不对称是促进金融发展的主要因素，但从实质上看，制度则是决定金融发展的关键因素，金融发展的过程，不仅仅是金融总量不断增加和结构不断合理的过程，更应该是制度不断变迁和完善的过程。

（3）金融功能理论。金融功能理论是由莫顿（Merton）等学者提出的，金融功能理论认为金融功能比金融机构更加稳定，在金融机构和金融市场间存在互补关系，通过创造金融环境可以有效发挥金融完整功能。该理论将金融体系的功能分为五种：便利风险的交易、规避、分散和聚积；配置资源的功能；监督经理人，促进公司治理；动员储蓄；便利商品和劳务的交换。

1.2 国内外区域金融发展理论综述

1.2.1 主流研究结论

金融发展的本质内涵是在一定的市场结构条件下，资本要素对地区资源的配置效率。考察金融发展和经济增长的关系的本质是看资本要素的配置是否促进（或扭曲）了地区经济增长。实际上，无论理论还是实证，金融发展与经济增长关系都是十分具有争议性的。在克努特·魏克赛尔（Knut Wicksell）之前的古典经济学家普遍认为，货币数量的变动自然会造成物价的相对比例变动，因而是蒙在实体经济上面的一层"面纱"。持面纱论者通常认为金融对经济增长的贡献有限甚至可以忽略不计，如理性预期学派的安伯特·卢卡斯（Robert Lucas）认为，人们可以理性地预期到货币量的变化，即短期菲利普斯曲线是垂直的。琼·罗宾逊（Joan Robinson）认为金融对经济增长影响有限，她提出"企业引导金融发展理论"中，指出经济增长促成特定的金融需求，金融体系是通过对这种特定需求的变动而调整中形成的。另外，还有学者进一步认为，金融的作用是有助于促进企业创新，信用的提供更加为创新建立的稳固的条件，金融是经济发展有效的引擎。1969 年，戈德史密斯利用金融中介资产总值占 GNP 比关系，对 35 个国家的测算发现，一国的金融发展水平和经济增长水平紧密相关。虽然此研究还不能确定金融增长促进经济增长因果关系，但是却开创了实证研究的先河。前文提到的麦金农 1973 年出版的《经济发展中的货币与资本》和爱德华·肖出版的《经济发展中的金融深化》，这两本著作被认为是研究发展中国家金融发展的开山之作。两人都认为，金融发展是经济增长的必要条件，但是由于发展中国家政府对信贷管制、利率管制、干预市场配置等问题造成了金融抑制，阻碍了发展中国家的发展。正是借助于麦金农和肖的理论，20 世纪 70 年代在发展中国家掀起了"金融自由化"的热潮，特别是拉美国家积极放开金融管制，经济增速非常迅猛。但好景不长，很快拉美国家就被国际金融危机冲击，通货膨胀率大幅上涨，经济陷入瘫痪境地。更多的经济学家开始研究"帕特里克之谜"，即金融深化和经济增长的因果关系。由此衍生出金融深化、金融结构、内生金融理论和金融功能论等多个有代表性的理论创新。

1.2.2　国外研究前沿简述

要了解一个地区经济发展中的金融调控构建，先要了解地区经济发展的实质。经济发展的本质是实体经济的健康发展，是区域间经济结构的协调发展。地区金融体系的建立应当同地区经济自身的发展阶段、经济周期、实体经济、产业结构相适应。实体经济的区域发展构成了区域分工的基础，区域空间格局上的金融市场形成、金融要素、金融资源的流动和变化是随着实体经济结构、发展阶段、产业升级的变动而变动的。从国内外相关研究进展看，金融发展理论产生服务于发展中国家，但是内生增长理论、后凯恩斯主义、新经济学的兴起，使得发达国家相关的研究也越来越普遍。次贷危机冲击之后，发达国家和发展中国家都开始反思危机发生现象背后的实质原因。引起了新的一轮研究热潮，研究的重心从简单的金融发展和经济增长的因果关系，转向有效推动经济发展的前提、阶段性和地域特征。提出的政策解决思路也从简单的金融自由化策略转向多元化的，如改变制度门槛、保持经济稳定、惩治腐败、金融与实体经济协调发展、提升企业家的创新精神和提供最优金融结构上来。

虽然国外研究某个特定地区金融发展作用中，取得了很多重大的进展。但是几乎都以国别研究为对象，很少研究国家内多个地区间的金融发展对经济增长的作用。更谈不上如何协调某国及内部地区金融发展的空间分布、时间次序和金融结构对其深层影响了。除此之外，"宏观调控"是中国特有的概念，其内涵、调控主体的争议也没有停止。但从地区金融调控的构建上来研究地区间金融发展的问题得到了一些学者的关注，但很少有学者提出建设地方服务型政府的角度考察政府促进实体经济与金融协调发展相匹配的办法。因此，研究地区金融调控构建理论，没有现成的资料可查，但却可以分解成四个主要问题分别加以研究。详述如下：

（1）城镇化进程中金融结构的演变规律和动态匹配规则。发达国家的城镇化进程中，同样伴随着金融结构的演变。最终形成了以英国、美国为代表的金融市场主导的金融结构和以日本、德国为代表的银行主导的金融结构。古赛尔（GuiseL，2014）研究并改变了之前学者对多个国家的对比，而是考察意大利国内国际资本流动非常频繁时，不同区域金融的发展对本国整体金融发展影响。认为其他条件不变，且不考虑家庭融资，地方金融的发展有助于当地企业的创业，进而影响经济发展，但没有地区金融摩擦（finance frictions）。但是如果是将该结论扩展到可在区域外部融资的大型企业上，则没有那么显著。

（2）地方政府的作用、操作手段和市场与政府的边界。国外的研究也注意到不同层级的政府部门对金融市场、环境保护、国家安全的不同作用，认为政策的不匹配会造成诸如金融市场失效的问题，地方发展目标的失效多因政策制定者们错误的认识了当前的制度缺陷，因而实现特定政策目标也取决于是否有效分配好地方的权力。实际上，发达国家城镇化进程已经进入稳定阶段，其政策操作也日趋稳定，也与快速发展的中国城镇化有着很大不同。

（3）金融发展次序与最优金融结构。目前发展中国家国内金融发展有三方面不足：一是金融发展程度低，金融深度明显不够。以世界银行公布的各国金融发展数据为例（Becketal，2010），1980年到2010年30年间，高收入国家私人信贷占GDP的比重从50%左右上升到接近120%，而中低收入国家私人信贷占GDP比重徘徊在40%左右，特别是低收入国家始终低于20%。二是金融结构不尽合理，直接融资市场发展滞后。发展中国家的金融体系明显依赖间接融资，比如中低收入国家金融市场交易规模占GDP比重显著低于中等以上收入国家，股票市场规模虽有所扩大，但交易额和市场深度相对成熟市场有较大差距。三是金融效率较低。从世界银行对各国商业银行运营效率分析结果来看，发展中国家商业银行平均存贷款利差比高收入国家商业银行高出225个基点，而经费支出和利润率则达到高收入国家商业银行的两倍，这充分反映了发展中国家银行体系缺乏竞争，银行效率低下的现状。以上三方面的不足，引起了金融改革（发展）次序的争论，也出现了很多的争论：发展中国家最优的金融结构的标准。争论中，产生了新的理论观点：最优金融结构理论。

关于金融市场与银行在金融体系中的相对重要性及其与经济发展之间的关

系，现有实证研究发现了一个基本事实：一个国家或地区的人均收入水平越高，在其金融体系中金融市场更为活跃。已有研究着眼于探讨上述相关性是否体现了金融结构演化与实体经济发展之间的因果关系，即市场主导型还是银行主导型的金融结构更有利于实体经济的发展。但是也有很多的研究发现，当一国金融制度完善且足够开放，其是银行主导还是市场主导的差别不显著（Merton，1995；Kunt，2002）。

（4）统一货币政策的区域非对称性。货币政策的区域传导机制一直是经济学研究的重点，其最早的理论研究可追溯到维克塞尔（Wicksell）的累积过程理论。凯恩斯提出资本费用学说被认为是现代货币政策区域传导机制的基石，其理论观点为，由于存在价格粘性，中央银行增加货币供应量使得名义利率和实际利率下降而促进投资消费支出增长的作用，将受到货币需求利率弹性、投资利率弹性的影响。利率的传导机制产生区域非对称性，与利率的产业效应、利率支出效应和利率调整速度相关。一般来说，资本密集型的产业受紧缩性货币政策的冲击影响较大，利率敏感性也大。

科费（Cover，1992）发表的论文《正向和负向的货币冲击的非对称性效应》，最早提出货币政策的非对称性概念。随后得到了发展和完善，货币政策区域非对称性效应在内涵上也从时间上扩展到了地区和空间维度。包括：第一，货币政策的非对称效应（asymmetric effect）——经济衰退阶段的扩张性货币政策对经济的刺激作用小于经济过热阶段紧缩性货币政策对经济的减速作用；第二，货币政策效应的时间非一致性（time inconsistency）——在政府与公众的动态博弈过程中，由于公众行为导致政策环境改变，政府最初制定出的最优政策，在执行阶段可能会失去最优性，为了避免损失，政府不会真正执行原来的政策，而是采取相机抉择的策略，重新选择最优的政策；第三，货币政策效应的区域效应，或称空间非一致性，与时间非一致性相对应，主要是指同一货币政策作用于不同经济区域会产生的不同政策效果。

货币政策的区域非对称效应的理论研究，为实施部分货币政策工具的区域化差别操作提供了可靠的理论基础。如 2004 年我国实行了差别的存款准备金制度、2007 年实行了财政平衡基金制度等。因此，本书认为：中央政府、中央银行的金融政策要达到预期效果，离不开地方政府的配合和支持，中央政府和地方政府的分工和利益协调机制效果的好坏，直接影响地区政策的实际效果。因而货币政策区域非对称理论的研究很有必要。

1.2.3　国内研究前沿简述

相对于金融发展理论，区域金融理论探讨的主题是金融发展与经济增长的相互关系在区域上的表现，或者说是对区域金融发展与区域经济增长互生共长关系的研究。中国幅员辽阔，区域金融理论的研究具有很强的中国特色。

1.2.3.1 区域金融结构研究

我国关于区域金融结构的研究现状始于 20 世纪 90 年代。2000 年，胡鞍钢、魏后凯等人分别从政府转移支付、外商投资等角度对资本流动及其对区域经济发展的影响进行研究。他们分析并研究了中国 20 世纪 80 年代至 90 年代初货币资金的区际流动，详细阐述了了金融机构、金融工具、融资方式、融资机制和金融行为的区域特点等。刘仁伍（2003）也对区域金融结构的研究做出了贡献，他采取定性描述和定量分析结合的研究方法，对区域金融结构与金融发展进行研究。他认为区域金融结构的演进可以分成三种形式：一是"自然选择性"，也即经济发展、自发进化和自然选择的结果；二是由外部区域带来内部区域的变化，引入金融机构、金融工具和金融制度，跨过原始积累阶段，直接进入下一发展阶段，体现为"引进型"金融发展；三是"融合型"，即金融发展引进、借鉴与人为创造和创新的结果。

在区域金融结构与差异方面，张杰（1994）对中国经济的区域差异状况及其特征进行了理论描述。他认为，金融结构的区域趋同，金融聚集与中国金融成长的历程是一个"倒 U"过程。在中国经济发展的体制变革阶段，应该积极地推进"趋异"过程，而不是抑制这一过程。同时他指出，简单的金融机构的扩张并不能反映或者决定一个国家的金融发展水平，金融资源的配置效率与之相应的资本形成水平才是决定金融成长水平的重要因素。胡鞍钢和周立（2002）则分析了并计算了 1978 ~ 1999 年中国各地区金融资产相关比率（FIR）及其他指标。他们发现我国的金融差距具有先缩小后扩大的特征。在这一时期，金融差距超过了财政差距和经济差距，而金融功能的部分财政化保证了渐进式经济改革的持续推行。同时进一步分析了金融改革在地方政府介入后的改革路径及我国在当时金融改革所面临的问题，他们认为解决的途径是积极推进金融改革和市场化的进程。伍海华（2002）从我国经济发展的二元结构特征切入，采用多变量因子分析方法，对 31 个省、市、区的金融发展状况进行定量评价。他的研究发现资金积累能力和引入外部资金能力是经济增长的重要因素。他认为，我国整体的经济发展情况呈现二元态势，具有由东到西阶梯走弱的特征。要想解决这一问题，必须从根本上提高中西部金融发展水平。李江和冯涛（2004）通过金融中介视角运用 2002 年中国各地区截面数据建立模型，实证分析得出我国转轨时期各个地区金融中介成长与经济绩效之间呈正相关关系且最为显著，第一产业与金融发展的绩效之间的关联性最为薄弱，因此要缩小区域差距关键是要提高金融组织的规模和质量。金雪军和田霖（2004）基于 1978 年 ~ 2003 年的数据，对我国的金融成长差异进行了实证分析。他们的研究结果表明,在这些年中,区域金融成长差异的倒"U"型曲线并不存在,区域金融成长差异呈现三次曲线的变动形状。而从更长期看,也并不能确定倒"U"型曲线是否成立。但是区域金融发展的非均衡确实是长期存在的。这些说明,我国的区域金融发展不能过度强调趋同,应该实行更加灵活的策略,区域间适度差异、系统优化、协调发展。徐伟和郭为(2004)引入金融活跃度的概念(各地区私营企业的数量与当期全国私营企业总量之比),他们通过计算和分析金融活跃度这一指标以及各地区经济增长率的关系,来说明研究时期内省际金融发展和省际经济增长之间的关系。他们得出这一结论:民间金融在一定时期,在总量上推动了省际经济增长。同时认为在金融市场不健全的情况下,民间金融是正规金融的一个有效补充,在偏远地区,甚至是一种替代,对地区经济增长的推动作用不可忽视。

刘仁伍(2003)在其著作《区域金融结构和金融发展理论与实证研究》中则将戈德史密斯的金融结构论中的金融结构的概念进行扩展,提出了区域金融结构的概念。区域金融结构是指金融工具、金融机构、金融市场和金融制度等金融要素在政治上、经济上、地理和地缘上、行政管理上具有一定相对独立性地区的存在。他不仅给予了区域金融定性描述,也确定了区域金融定量描述的一系列指标:金融相关比率(FIR),即某一时点现存金融资产总额与国民财富之比;金融资产总额和各种金融工具余额在主要经济部门之间的分布;金融机构在金融工具存量中拥有的份额;金融资产存量按金融工具种类和经济部门分类组合得到金融相关矩阵。根据这些指标,结合戈德史密斯对于金融结构类型的分类,他将区域金融结构分成四种类型,分别是初级金融结构、混合金融结构、高级金融结构、金融一体化和经济金融化结构。前三种与戈德史密斯的金融结构划分相同,金融一体化和经济金融化结构的特点是金融相关比率在2.0以上,商业银行在金融机构中的地位大大下降,投资银行、基金公司和保险组织的重要性大大提高。金融机构同质化趋势不可逆转,金融倾斜的逆转趋势基本完成。同时,他提出健全金融结构假说的理论,认为不同类型的金融结构并存的情况,要建立一套统一的规范办法来衡量金融结构的健全性。一个健全的金融结构应该包括金融工具的适应性、金融机构的健全性、金融市场的均衡性和金融制度的有效性等内容,并引出了一个综合了金融工具、金融机构、金融市场、金融制度性质的指数来说明一个金融结构是否健全,即金融结构健全性指数 FSI。

艾洪德(2006)则从区域经济发展与金融结构关系方面着手。他认为一些金融结构因素制约着区域经济的发展。某些区域金融结构体系单一,国有银行效率低下。中西部地区的金融深化远远不及东部地区。

处于不同经济发展阶段的经济体具有不同的要素禀赋结构,并由此内生决定了与其相适应的最优产业结构,而处于不同产业的企业具有不同的规模特征、风险特性和融资需求，因此，处于不同经济发展阶段的实体经济对于金融服务的需求存在系统性差异。鉴于以上的判断，林毅夫（2006）提出了最优金融结构理论。指出，一味追求金融发展水平，或者金融总量的发展，并不能必然的提高和改善小企业的融资问题，也不能很好地解释直接融资比重的不断上升。不同的金融制度安排在克服金融交易中的信息不对称、降低交易成本和分散风险方面各有优势与劣势。只有金融体系的构成与实体经济结构相互匹配，才能有效地发挥金融体系在动员储蓄、配置资金和分散风险方面的功能，因此，在经济发展过程中的每个阶段，都存在与其最优产业结构相适应的最优金融结构。

该理论认为，一个经济体的要素禀赋结构决定着其最具竞争力的产业、技术结构，而且产业结构和技术水平的升级也依赖于该经济中要素禀赋结构的提升。因此，评价一国的金融结构是否有效的标准，不是该国金融结构与发达经济金融结构是否一致，而是本国金融结构是否与本国在现阶段的要素禀赋结构所决定的实体经济结构相适应。不存在适用于所有经济体的最优金融结构，所以离开实体经济的特性来评价市场主导型与银行主导型金融结构的优劣，自然不会有一致性的结论。法律环境、政治制度乃至文化、宗教因素都会对金融结构的形成产生一定的影响，但是，实体经济对于金融服务的需求特性应该是决定各个发展阶段的金融结构及其动态变化的根本性因素。

最优金融结构理论认为金融和实体经济的发展阶段是动态的。该理论吸收并发展了莫顿、孔特等人理论和最新金融结构变迁的内生性理论。金融结构分析理论是本书地方金融调控应立足于当地实体经济协同发展这一判断的理论出发点。

1.2.3.2 区域资金流动分析

区域资金流动分析研究的主要内容是区域间资金的流动、趋势、途径及其在各区域间的配置差异等。

我国最早对于区域资金流动进行研究的是唐旭，他的博士论文《货币资金流动与区域经济发展》（1995）中，主要讨论了区域经济发展引起的资金流动的原因、途径、趋势和效果。唐旭指出，我国区域间资金由于管制的放松有了流动性大大增加，并且资金流动的途径也愈加多样，但是他发现我国资金流动和配置呈现出巨大的不平衡状态，应该针对各区域的这一特点制定差别化的区域金融政策。他指出资金流量大的地区经济增长速度快、潜力大，20世纪80年代以广东为首的南方各省经济快速发展，20世纪90年代后，经济发展的热点转向以上海为代表的东部沿海；进入21世纪，热点将继续北移到京、津、渤海湾地区。

支大林（2002）将区域资金流动进行了细分：中央财政转移支付、银行系统的存款和信贷资金、资本市场直接融资额和实际利用的外资额。对我国区域间的资金流动作了许多实证分析，讨论了经济均衡条件下和经济非均衡条件下金融流动分析。对区域金融流动过程的总体描述、效率评价等多做出了详细的阐述。

门洪亮和李舒（2004）也将区域资金流动分成了央财政转移支付、银行系统的存款和信贷资金、资本市场直接融资额和实际利用的外资额四部分。他们运用计量模型分析了资本流动对区域经济发展差距的影响。研究结果表明，我国地区经济发展差距的变化是与国家区域投资的倾斜方向和力度及资本流动的方向高度一致。由此他们给出了政策建议，即区域政策应向中西地区倾斜。

在区域金融资源配置、效率与流动性研究方面，巴曙松（1998）对 1988 ~ 1994 年的地区银行存贷情况进行考察，认为融资的多元化、货币资金的跨区域流动等因素内在要求改变宏观调控政策的一统模式，结论是应该对中西部地区的金融发展实行有差别的金融政策。汪兴隆（2000）认为东、中、西部地区经济发展差异较大的重要原因是货币资金区域配置失衡。由此提出了他的政策建议，失衡地区需要政策的支持与调整，例如实行差别存款准备金政策、货币政策和利率政策，同时优化这些区域的金融组织体系，采取建立区域投资基金发展政策性金融、利用外资金融等政策措施。潘文卿、张伟（2003）分析了 1978 ~ 2001 年 28 个省区的面板数据，并对其进行了区域间的比较。他们认为，我国的资本配置效率总体上呈现上升趋势，但是表现为东部、中部、西部梯度递减的格局。同时指出，中国的金融发展与资本配置效率总体呈现弱相关关系，信贷市场与股票市场对资本配置效率变化的解释能力较弱，其中非国有银行金融机构的信贷与投资行为对资本配置效率的提升贡献明显。郭金龙、王宏伟（2003）着眼于资本流动，采用计量分析方法，分析研究了 1990 ~ 1999 年全国各地区 GDP 与资本流动关系以及政府、企业和国有银行行为主体的资本流动与地区经济增长，并进一步得出了我国不同区域资本流动的区域和特点。他们认为区域经济差距的变化很大程度上要受资本流动的影响，同时对区域差距影响的敏感度等问题的分析，提出了政策建议：完善财政转移支付、适度增加中西部基础设施投入、培育中西部金融市场、差别化金融政策、吸引外资等促进区域发展。杨国中、李木祥（2004）基于 1997 ~ 2003 年数据进行实证研究，认为信贷资金从农村流向城市、从经济落后地区流向经济发达地区是我国区域之间信贷资金流动的特征。同时分析了我国经济落后地区信贷资金外流的原因，提出建议指出我国应该实施差异性的金融政策。

1.2.3.3　区域金融发展机制研究

张杰（1995）创造性地提出了金融成长的概念。他认为金融成长是金融增长和金融发展的综合，同时区别了金融的内生成长状态和外生成长状态。张杰认为金融外生成长状态应该是指基于对外部金融模式的移植，而内生成长状态则是基于微观金融主体的参与和贡献。区域金融的成长模式应该从外生模式转向内生。陈先勇（2005）在张杰的研究基础上进一步说明了内生成长状态和外生成长状态的区别，并指出我国区域金融运行基本上处于行政性的外生平衡状态。

支大林（2002）借鉴萨尔达尔等的"回波效应"和"扩散效应"，及佩鲁的"增长极"概念，认为区域经济的非均衡性决定了区域金融的非均衡成长，区域金融的成长应分为四个阶段：极化前期阶段、加速极化阶段、极化扩散阶段和加速扩散阶段。区域金融成长在时间上的运行呈现 S 形，反映了区域金融由低级阶段向高级阶段发展的运动轨迹。具体来说：（1）在极化前期阶段，由于经济的不发达，人们对金融交易需求较少，区域货币流动性差。经济的不均衡现象为经济极化效应的出现奠定基础和提供条件。（2）加速极化阶段，在加速极化效应的作用下，资金向区域核心聚集，金融在核心区的作用日益增加，对核心区经济增长起重要作用。（3）极化扩散阶段，此时核心区的金融发展已到一定程度，区域金融开始影响周围地区。区域金融的扩散效应开始替代极化效应。（4）加速扩散阶段，核心区的金融发展开始减弱，周边地区的金融发展迅速。（5）均质阶段，无差异的均衡状态形成，这是区域金融成长的最高阶段。支大林对区域金融成长的阶段分类，不仅描述了区域金融成长的路径，同时也说明了区域金融发展中对区域经济的影响。但是，其不足是没有严格给出区域金融低级和高级的概念。

刘仁伍（2003）认为金融结构的变化构成金融的发展，并且对区域金融发展给出定性和定量的描述。他将区域金融的发展类型区分为自然选择型、引进型或赶超型发展及介于两者之间的融合型发展。刘仁伍在提出健全金融结构假说的同时，给出区域金融可持续发展假说的概念。他认为健全的金融结构是可持续金融发展的内在条件，如果配合以适当的外部条件，则金融可持续发展是可以实现的。

1.2.3.4 区域金融成长差异的研究

上文提到，我国区域金融存在着巨大的不平衡性。区域金融成长差异主要解释区域金融间差距及其如何形成，这种差距又是如何作用于区域金融变化和区域经济增长等内容。

张杰（1994）从威廉姆森的倒"U"曲线假说获得启发，提出我国各区域的金融发展差异也会经历一个倒"U"的过程：即我国的区域金融发展差距会先逐步扩大，然后再出现差异趋同的趋势。同时他认为政府的投资倾斜政策和区域资源的调节功能对这种倒"U"现象有重要的影响，区域金融发展差距与中央政府在不同时期实行的金融发展战略有着很大的关系。但是，田霖（2006）通过实证研究，反驳了张杰关于我国区域金融发展倒"U"过程的说法，结果显示我国目前并不存在金融成长的倒"U"型曲线。

支大林（2002）则分析了区域金融成长差异的环境因素，具体表现在硬环境和软环境两个方面。区域内产业部门的发展水平、区域经济规模、区域经济结构、区域经济货币化与信用化程度、区域经济效率、区域信息条件都是影响区域金融成长差异的硬环境因素。而软环境则包括区域金融创新环境和区域的市场化进程等。

在实证研究方面，刘仁伍（2003）以海南为例分析了区域金融结构和区域金融发展的实际状况，并提出政策建议。胡鞍钢（2002）和周立（2004）建立了一系列衡量我国各地区金融发展差距的指标体系，如国有金融相关比率、全部金融相关比率等，并做出详细的分析。

一些研究从我国统一的宏观金融政策出发，分析了政策面对于区域金融成长差异的影响。谢丽霜（2003）则将统一的货币金融政策与非均衡区域经济发展的矛盾总结为"五大冲突"：高度统一的金融货币政策与地区间的经济周期之间的相互冲突；统一的法定存款准备金与地区不同的货币乘数之间的相互冲突；统一的利率管制与地区间不同的资金收益率之间的相互冲突；统一的金融组织形式与地区间发展差距之间的相互冲突；统一的市场准入政策与不同地区经济实力之间的相互冲突。同时，谢丽霜也分析了各地区在经济货币化、商品化和市场化程度等方面存在的差异对金融发展不均衡的影响。

1.2.3.5　区域金融发展与区域经济发展

关于区域金融发展与区域经济发展关系的研究，也是近年区域金融研究的一大重要方面。我国在理论研究与实证研究方面都取得了一定的突破。对二者关系的研究多是基于金融发展理论中金融发展与经济增长关系的这一理论基础。

李炜（2001）把区域金融与资本形成、劳动力投入和技术创新及技术结构升级等过程联系起来，研究了区域金融推动区域经济发展的机制与规律。他以我国东中西部的区域金融发展为例，分析了以上三个要素的贡献差异。研究结果表明，区域金融的发展与金融资源的投入对区域经济的发展是极为重要的，但是由于各区域经济发展的非均衡性，金融在区域经济发展中所起的作用也不尽相同。支大林（2002）则认为增加区域资本投入和提高区域的要素生产率是区域金融对区域经济的主要促进作用。

刘仁伍（2003）认为在区域内金融资源更可能从外部引入，从而出现非均衡的增长前景。他认为在特定区域内，以金融先行来推动经济发展是可能的，但是金融过程中的曲折波动也必将影响经济平稳发展和繁荣。刘仁伍以内生增长模型——AK 模型为基础，推导区域金融发展与经济增长之间的关系，进行实证检验。

我国区域金融理论研究在区域金融发展与区域经济增长的实证研究方面也有

所发展。周立和王子明（2002）研究指出，金融发展差距可以使中国各地区经济增长差距的现象得到一定程度的解释。他们认为，如果一个地区金融发展的初始条件低下，则会对其长期的经济发展产生不利影响。中国各地区金融发展与经济增长密切相关。艾洪德（2004）的实证研究则表明，区域性金融发展与经济增长存在因果关系，但是金融发展与投资增长之间则可能并不能表现出这种关系。他的研究发现，全国和东部地区的研究指标表明金融发展与经济增长之间存在正相关的关系。然而中、西部金融发展和经济增长之间则几乎是负相关的关系，且存在明显的滞后效应。可见，过度开放金融竞争和推动金融的市场化改革，对发达地区可能起到促进作用，但是对欠发达地区的经济增长可能反而不利。陆文喜和李国平（2004）采用自收敛法，实证检验了我国各省区之间、东中西三大地带内各省之间的金融增长与发展的收敛问题。他们将改革开放期间划分为在 1985～1990 年、1990～1995 年、1995～2002 年、1990～2002 年以及 1985～2002 年各个时间段进行分析。实证研究的结果表明，我国各地区金融发展存在着阶段性和区域性的收敛特征。他们得出政策结论，区域金融差异的缩小可与通过改善区域间经济金融发展环境来实现，而制定合理的金融发展政策有利于改善落后区域经济金融的发展。周好文、钟永红（2004）则研究了基于向量误差修正模型。他们基于中国 1988～2002 年东中西部地区的金融数据，对金融中介发展与经济增长之间的相关关系和因果关系做出了检验，采取协整关系检验法和格兰杰因果关系检验法。在金融中介发展指标的选择方面，考察了金融中介的规模扩张和配置效率量方面，兼顾了中国金融中介发展与经济增长的整体性和特殊性。采用协整关系检验方法的结果显示，金融中介的规模指标和效率指标与经济增长之间确实都存在密切关系；采用格兰杰因果关系检验法的结果显示，在东部金融中介的发展与经济增长之间形成了一种良性互动关系，在西部则不全如此。所以他们认为，在东部金融中介的发展走质量型道路，而在西部则走数量型增长道路。他们最终得出结论，认为金融中介的配置效率是金融中介发展与经济增长之间是否能形成长期的、良性循环的双向因果关系的关键。沈坤荣、张成（2004）则采用了纯粹跨地区工具变量估计和动态聚合估计两种计量经济学方法。首先，他们对 1951～1998 年中国总的金融发展程度和经济增长进行回归，然后对 29 个省、自治区 1979～1998 年的数据进行聚合回归。对于这两个回归的研究分析表明，在改革开放前，金融中介的发展对我国经济增长的贡献较小，不能强有力地推动经济增长。在改革开放之后，这种情况并没有得到根本性的扭转，金融中介机构的低效率问题仍然比较突出，此时区域间金融效率的差异已成为各地区经济发展差异的主要因素。基于这些结论，他们认为应该迅速提高金融中介机构的效率，强化金融发展和经济增长之间的传导机制。李萍和张道宏（2004）基于 1988～2002 年间 28 个省、市、自治区的数据的研究分析，认为地区经济差距与金融发展存在正相关关系。他们认为不能把区域间经济差距归因于金融发展水平的不同，金融发展对经济增长的作用不显著是金融中介配置资金的效率低造成的。所以，在金融体制改革方面，最重要的问题不是如何将储蓄变成企业投资，而是应该按照市场化改革方向改变银行贷款的流向，发挥市场配置资金的重要作用。

杨德勇等（2006）基于面板数据的实证研究表明，区域金融发展无论是在量的增长上，还是在质的提高上都有助于各地区经济增长。同时工具变量法的估计统计结果进一步论证金融发展在质的提高方面比单纯量的扩张方面更能促进经济增长。对于这一结果的给出，杨德勇认为：要重视金融对金融发展的积极作用，同时要更加注重提高金融发展的质量，加快金融体制的市场化改革，使我国的区域金融走上"质量型"的发展道路。

有研究从相反的观点对经济增长与金融发展的关系提出质疑。华晓龙，王丽平和康晓娟（2004）考虑了股市对于经济增长的影响。实证研究得出的结论是，股市的发展可能不利于经济的增长，且中国区域经济发展和金融发展基本不相关。但是由于该模型的样本期只有三年的原因，其得出的结论遭到许多人质疑。张兵和胡俊伟（2003）则具体以江苏为例，利用货币化程度和证券化程度对金融发展与经济增长的关系进行检验，也得出了相反的结论，江苏的货币化程度与经济增长负相关，但是证券化程度与经济增长正相关。

1.3　区域金融理论及其在中国的实践

1.3.1　我国区域金融几个截然不同的研究结论

（1）区域金融促进区域金融发展。周立（2002）建立了区域人均 GDP 增长与金融深化率的一元线性回归模型，证明了区域金融发展与经济增长之间呈高度正相关的结论，而且以 1978 年的国有金融相关比率作为金融初始深度指标，证明了初始金融水平会促进此后 17 年的经济增长，从而认为一定时期的金融发展对长期的经济增长有促进作用，但艾洪德等（2004）认为这样的结论缺乏稳健性，由此不能证明金融发展与经济增长的因果关系。刘睿（2006）同样运用回归分析的方法，得出我国区域金融发展对经济增长、产业结构升级的正相关关系。

马瑞永（2006）采用的是固定效应模型进行实证分析，表明金融发展对经济增长的促进作用，中部地区最大，其次是东部地区，西部地区最小，而在东、中部地区金融对经济增长的促进效应均出现了下降的趋势，西部地区则出现了上升的趋势。出现上述结果主要是由于体制转型、金融部门规模不经济以及"门槛效应"约束等原因造成的。张海波，吴陶（2005）就采用面板数据进行研究，能够同时反映研究对象在时间和截面单元两个方向上的变化规律及不同时间、不同单元的特性，可以说明更多的问题。通过实证研究，得出的结论是我国各地区金融发展对经济的增长有促进作用，因此各地区应继续深化金融改革、促进金融发展，从而推动经济增长。同样使用面板数据的还有，冉光和、李敬，他们以各省国有及国有控股银行贷款与 GDP 的比值为金融发展的指标，运用工具变量法对误差纠正模型进行回归，对我国东部和西部地区金融发展与经济增长之间的关系进行了研究。

（2）区域金融发展与区域经济增长呈负相关关系。艾洪德等（2004）建立了多元线性回归模型，通过对格兰杰因果关系检验模型的实证分析，得出主要结论是：金融发展与经济增长之间存在因果关系；东部和全国的金融发展与经济增长之间存在正相关的关系，而中西部二者之间则几乎是负相关的关系，且存在明显的滞后效应，区域经济发展差异可以从区域金融发展差异的角度作出部分解释；过度开放金融竞争和推动金融的市场化改革，对欠发达地区的经济增长反而不利；金融发展并不是经济增长的主要推动因素，它只能部分地甚至是间接地促进经济增长。与艾洪德等人结论相似的有王景武（2005），他利用误差修正模型和格兰杰因果检验实证分析，发现东部地区的金融发展与经济增长之间存在正向因果关系，而西部地区金融发展与经济增长之间的关系则存在相互抑制的因果关系。

（3）区域金融发展对区域经济增长贡献作用不明显。华晓龙，王立平，康晓娟（2004）以各地区上市公司净资产的增长率和银行资产的增长率作为自变量，以各地 GDP 的增长率为因变量，进行回归分析。结果显示：中国各地区经济发展与金融发展基本不相关，各地区的金融发展 对经济增长的贡献很小。并且作者对分析结果做出的理论解释与刘兴容（2002）所做的分析一致。而杨德勇等（2006）认为，该模型的研究方法是值得怀疑的：一是模型的样本期短，样本数据少；二是选择模型变量时没有控制其他影响地区经济增长的因素；三是采用最小二乘法处理面板据是不恰当的。陈正凯，马丹（2007）等通过研究同样得出区域金融发展对区域经济增长作用不明显的结论。

综上所述，金融发展同经济增长的关系虽然不明确，但是可以肯定，金融发展的程度对区域经济发展造成的影响是必然的。区域金融的发展主要的影响既包括客观条件的因素，如经济的区域差异和自然地理条件的差异；也包括人的主管差异，如区域内人的金融意识差异、消费行为差异等。因此，区域金融不仅是一国金融结构的空间分布这样的单维度的分布关系，还应包括区域自身条件对地区金融结构的正面和负面的影响。区域金融是双向互动、动态发展，不断更新的发展过程。不同地区或者相同地区在不同时间内金融发展对自身发展的作用都可能是不同的，因此金融发展不仅是有区域经济社会环境的"门槛"，也应包括时间、人的主观期望等限制条件。区域金融发展和深化对区域经济正向影响的作用力是一个有限的区间。

1.3.2　区域金融理论对完善宏观金融理论的现实意义

（1）弥合区域金融差异，需要新的理论支撑。我国当前区域金融差异问题已经十分突出，特别是近年来地区间的差异迅速拉大。我国已经在总体战略上加强了金融发展战略的制定和研究，但区域金融更加强大区域间、区域内的协调发展。总量控制、宏观规模控制解决不了突出的二元结构问题。特别是不同区域的金融资源不同、产业发展各异、地区发展阶段不同等现实问题需要有一整套的区域金融视角的宏观金融理论。

（2）完善制度设计，提升区域金融资源效率。金融对实体经济的有效支撑是地区经济发展的根本动力。经济转型时期，服务业劳动效率上升的规律，要求地区金融资源的配套能力和效率都相应提升。区域的社会资本状况限制了区域内金融创新的供给能力，要求进行有效的制度设计，为地区金融机构提供创新的动力和环境。

（3）总结国外先进经验，增强区域经济互动。国外区域金融发展的有益经验包括：完善的金融市场建设、金融人才集聚、产业政策中的金融优惠、加深区域间（内部）的经济互动等。从我国发展的现实角度看，金融资源多集中于城市，要想增大落后地区信贷规模，加快金融支撑落后地区的能力。必须加强地区经济的互动，任何单独强调某一方面发展的经济政策，都会造成区域新的社会问题。

（4）人口变动、消费扩大的内在要求成为金融资源流动的基础。地区人口规模、消费能力的提升，依靠地区经济平衡投资于消费。一方面需要保证适度的投资率，进行扩大再生产；另一方面，需要通过对区域金融资本的流动同人口结构、产业结构变动的相关性研究中，找到地区加快自身发展的规律，加快产业结构升级，保持地区竞争力。

（5）货币统一政策的区域非均衡性需要区域金融理论解释。中国经济面临转轨、转型的压力，产业结构升级是地方经济发展的重要目标。但统一的货币政策对地区的影响往往是双向的。转轨时期，不同区域的制度变迁模式也不尽相同，发达的东部地区具备更好的转型条件，而中西部的落后地区区域金融运行非均衡性更明显。因此，在市场化改革的深化下，如何制定多层次金融市场，对落后地区的给予足够的关注，特别运用区域金融理论解释不同地区货币政策的有效传导是至关重要的。

第 2 章

区域金融发展与实践

2.1 中国区域金融发展概况

2.1.1 金融改革继续推进，融资方式不断创新

近年来，中国金融业改革发展趋势较为明显，主要体现在以下几个方面。第一，企业融资成本不断降低；第二，利率市场化步伐加快；第三，人民币国际化进程加快；第四，存款保险制度提上日程。

具体而言，一是多措并举降低企业融资成本。2014 年 8 月 14 日，国务院办公厅发布《关于多措并举着力缓解企业融资成本高问题的指导意见》，要求采取综合措施着力缓解企业融资成本高问题，并出台 10 条意见。2014 年 4 月以来，中国人民银开始使用定向降准工具，下调符合条件的金融机构存款准备金率，并创设中期贷款便利等工具，促进降低社会融资成本。中国人民银行、中国银监会等部门联合发布《关于规范金融机构同业业务的通知》，中国银监会出台《关于完善和创新小微企业贷款服务提高小微企业金融服务水平的通知》《关于调整商业银行存贷比计算口径的通知》，中国银监会、财政部、中国人民银行联合发布《关于加强商业银行存款偏离度管理有关事项的通知》等，从不同方面出台了一系列有助于降低企业融资成本的政策。

二是利率市场化改革迈出新步伐。2014 年 3 月 1 日，中国人民银行放开上海自贸区小额外币存款利率上限。11 月 21 日，在调整人民币贷款和存款基准利率水平的同时，中国人民银行又推出利率市场化的重要举措，将人民币存款利率浮动区间上限由基准利率的 1.1 倍扩大至 1.2 倍。同时还简化了存贷款基准利率的期限档次，扩大了利率市场化定价的空间，健全了上海银行间同业拆放利率和市场利率定价自律机制，稳步扩大同业存单发行交易等。2014 年中国人民银行还进行了常备借贷便利、中期借贷便利等货币政策工具创新。

三是人民币国际化步伐明显加快。自 2009 年 7 月开展跨境贸易人民币结算试点以来，5 年间人民币国际化取得阶段性成果。截至 2014 年 11 月，跨境贸易人民币结算金额超过 8.8 万亿元，人民币已经成为我国第二大跨境支付货币；2014 年，中国先后与瑞士、斯里兰卡、俄罗斯、卡塔尔、加拿大 5 国的中央银行签署了本币互换协议，将签署协议央行或货币当局增加至 28 个；先后在伦敦、法兰克福、首尔、巴黎、卢森堡、多哈、多伦多、悉尼、吉隆坡建立了人民币清算安排。截至 2014 年 11 月，已有 178 家境外机构获准进入我国银行间债券市场投资，超过 30 家中央银行和货币当局已将人民币纳入其外汇储备。

四是存款保险制度呼之欲出。2014 年 11 月 30 日，国务院发布《存款保险条例（征求意见稿）》。根据《条例》，存款保险实行限额偿付，最高偿付限额为人民币 50 万元。同一存款人在同一家投保机构所有被保险存款账户的存款本金和利息合并计算的资金数额在最高偿付限额以内的，实行全额偿付；超出最高偿付限额的部分，依法从投保机构清算财产中受偿。存款保险覆盖范围将包括投保机构吸收的人民币存款和外币存款；金融机构同业存款、投保机构的高级管理人员在本投保机构的存款以及存款保险基金管理机构规定不予保险的其他存款除外。

另外，在中央加快完善现代市场体系、发展"普惠金融"、鼓励民间资本发起设立中小型金融机构等一系列政策推动下，地方金融机构改革和发展面临良好机遇。各地区农村信用社产权制度改革稳步推进，改革成果显现。截至 2013 年末，全国各地区共组建以县（市）为单位的统一法人农村信用社 1690 家，农村商业银行 468 家，农村合作银行 122 家，① 农村金融服务水平明显提升。

从实际数据看，在社会融资方面，根据中国人民银行的统计，2015 年社会融资规模增量为 15.41 万亿元，比上年少 4 675 亿元。其中，2015 年对实体经济发放的人民币贷款增加 11.27 万亿元，同比多增 1.52 万亿元；对实体经济发放的外币贷款折合人民币减少 6 427 亿元，同比少增 7 662 亿元；委托贷款增加 1.59 万亿元，同比少增 5 829 亿元；信托贷款增加 434 亿元，同比少增 4 740 亿元；未贴现的银行承兑汇票减少 1.06 万亿元，同比多减 9 371 亿元；企业债券净融资 2.94 万亿元，同比多 5 070 亿元；非金融企业境内股票融资 7 604 亿元，同比多 3 254 亿元。2015 年 12 月社会融资规模增量为 1.82 万亿元，分别比上月和上年同期多 7 927 亿元和 2 477 亿元。②

在社会融资的地域分布上，中国各地区社会融资增量规模如表 2.1 所示。

① 中国人民银行上海总部. 中国区域金融稳定报告（2014）.
② 中国人民银行调查统计司. 2015 年社会融资规模增量统计数据报告，2016 – 01 – 15.

表 2.1   **2015 年我国地区社会融资增量规模统计**   单位：亿元

地区	地区社会融资规模增量	其中						
		人民币贷款	外币贷款（折合人民币）	委托贷款	信托贷款	未贴现银行承兑汇票	企业债券	非金融企业境内股票融资
北京	15 369	4 595	−1 161	2 452	737	101	7 180	1 190
天津	4 474	2 692	−151	785	113	−90	796	250
河北	4 764	4 566	−32	30	−103	−642	517	205
山西	3 048	2 032	−18	282	−64	−138	717	149
内蒙古	1 869	2 181	−7	79	−452	−592	252	326
辽宁	6 194	3 475	−347	1 351	41	492	757	244
吉林	2 710	2 614	−7	183	−194	−292	189	98
黑龙江	2 037	2 791	−20	33	−554	−574	115	80
上海	8 507	4 252	−511	1 539	726	273	1 476	491
江苏	11 394	9 253	−783	1 095	379	−2 043	2 507	618
浙江	6 291	5 387	−596	88	131	−1 039	1 275	749
安徽	3 575	3 410	−97	636	−311	−693	340	126
福建	4 298	3 650	−445	602	−388	−482	906	284
江西	3 020	2 891	−31	194	−383	−383	606	43
山东	7 600	5 397	−305	437	−573	296	1 665	319
河南	5 756	4 207	−48	559	42	−26	701	143
湖北	4 248	4 105	−304	769	−209	−760	310	173
湖南	4 196	3 350	16	266	−138	−420	780	190
广东	14 443	11 028	−1 373	834	175	−77	2 155	1 114
广西	2 737	2 071	−72	359	0	−295	443	87
海南	1 521	1 000	199	98	0	32	123	19
重庆	2 969	2 380	−104	122	−222	−570	973	74
四川	5 812	4 109	−225	690	257	−466	751	240
贵州	4 090	2 683	−12	980	−112	−98	572	0
云南	2 834	2 584	−29	333	−284	−628	670	73
西藏	794	502	3	22	232	−3	12	17
陕西	4 539	2 914	−22	195	985	−254	487	95
甘肃	3 441	2 611	−4	175	316	−24	164	110
青海	1 112	819	4	89	95	−136	159	67

续表

地区	地区社会融资规模增量	其中						
		人民币贷款	外币贷款（折合人民币）	委托贷款	信托贷款	未贴现银行承兑汇票	企业债券	非金融企业境内股票融资
宁夏	503	540	2	56	0	−152	26	6
新疆	1 837	1 367	−27	27	136	−207	402	28

　　注：地区社会融资规模增量是指一定时期内、一定区域内实体经济（非金融企业和住户）从金融体系获得的资金总额。由金融机构总行（或总部）提供的社会融资规模为 7 245 亿元。
　　资料来源：中国人民银行、国家发改委、中国证监会、中国保监会、中央国债登记结算有限责任公司和银行间市场交易商协会等。

2.1.2　金融整体运行稳健，不同地区存在差异

　　从 2014 年看，中国各地区经济金融整体稳健运行，金融业改革逐步深化，业务创新和转型发展稳步推进，金融支持和服务实体经济力度不断加大。银行业总体运行平稳，信贷保持合理增长，银行体系风险处于较低水平；银行业金融机构经营效益保持平稳，服务实体经济的效率提升。证券业机构资产规模进一步扩大，证券公司经营收入明显好转；多层次资本市场建设进一步完善，区域性资本市场加快发展；基础制度建设成果显著，业务创新和制度规范齐头并进。保险业呈现良好发展态势，保险机构资产规模和保费收入稳步增长，整体实力持续增强，服务能力继续提升，风险保障功能进一步发挥。

　　面对世界经济复苏艰难、国内经济下行压力加大的复杂形势，我国宏观经济发展面临多方面的压力，各地区都存在一些影响金融稳定的因素：经济增长内生动力有待增强，结构调整和转型升级的任务仍然艰巨，农产品、服务业等领域的潜在价格上行压力依然存在。在银行业，金融机构流动性管理难度加大，不良贷款反弹压力上升。在证券业，证券公司杠杆率上升，流动性风险加大，区域性股权市场亟待政策规范和有效监管。在保险业，满期给付和退保风险、偿付能力不足风险、资金运用和流动性管理风险需要关注。

　　分地区来看，各地区存在的不稳定因素各有不同。东部地区不良贷款持续反弹，资产质量控制压力较大，流动性管理面临多重挑战。中部地区部分企业生产经营困难较多，证券创新业务存在风险隐患，保险结构不平衡现象仍较突出。西部地区银行业金融机构信用风险有所上升，上市公司竞争力相对较弱，农业保险覆盖面和保障程度偏低。东北地区经济增速有所放缓，部分行业信贷资产质量下行压力增大，金融稳定形势面临挑战。

　　从中国人民银行上海总部定量评估的结果来看（见图 2.1），2013 年东部地

区和东北地区的金融稳定综合得分处于较稳定区间，中部和西部地区则处于稳定区间，排序结果为：西部地区的得分列各区域之首，中部地区位列第二；东北地区位列第三；东部地区列第四。具体来说，东部和东北地区综合得分低，主要受其宏观经济分值偏低的影响，尤其是地区生产总值增长率、进出口总额增长率两项指标得分均明显下降。另外 2013 年东北地区的证券业得分相对落后，也影响了其综合得分。中部地区的综合得分排名被西部赶超，主要因其宏观经济得分和保险业得分偏低。西部地区的宏观经济、证券业和保险业得分均超过全国平均水平，使得其综合得分列首位。

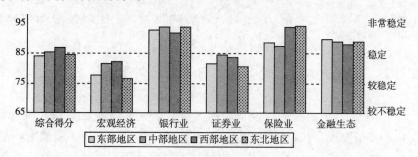

图 2.1　2013 年各区域金融稳定评估结果比较

注：分值达 95、85、75、65 分别为非常稳定、稳定、较稳定、较不稳定。
资料来源：中国人民银行上海总部. 中国区域金融稳定报告（2014）.

2.2　区域金融发展特征

2.2.1　区域城市金融功能定位及发展重点

金融作为经济发展核心，是支撑工业化、城镇化的关键手段，也是区域得以持续发展的根本保障。"十五"期间，上海、重庆、深圳、武汉、南京、西安共 6 个特大城市明确提出把国家或区域性金融中心的发展目标；在此基础上，"十一五"期间，成都提出把成都建设成为以投融资为主要内容的区域性金融资本集散中心、金融活动交易调控中心、金融信息中心和中介服务中心。沈阳提出建设东北金融中心目标，初步形成产业金融为主包括资本金融在内的金融中心；西安提出综合实力再上台阶，成为西部重要的金融中心的发展目标；"十二五"期间，北京首次提出建设金融中心城市的发展目标。至此，提出建设国家金融中心的特大城市共有上海、北京、深圳三座。重庆金融业发展较快，"十二五"提出了建成内陆地区金融高地的新发展目标。区域主要特大城市金融功能和发展重点对比如表 2.2 所示。

表 2. 2　　　　　　　　　主要特大城市金融功能和发展重点对比

城市	"十二五"城市定位目标与金融发展	承担的金融功能	城市金融发展优势与重点方向
北京	国际性交往中心城市	金融管理中心、金融总部集聚中心	国际金融机构全球总部、场外交易市场、科技金融服务
上海	国际金融中心和航运中心	全国金融市场交易中心、国际金融交易、金融创新、国际金融机构集聚中心	人民币结算中心、国际资金清算和结算中心
深圳	全国金融中心城市	全国金融市场交易中心、结算中心、国家金融创新示范（金融保险）区、跨境人民币创新示范区	金融电子结算中心、金融市场交易中心、国际金融机构运营总部集聚中心
天津	构建与北方经济中心相适应的现代金融服务体系	产业金融中心、金融创新示范中心	产业金融、股权基金创新、金融租赁、航运金融、全国金融改革创新基地
重庆	内陆地区金融高地	内陆金融结算中心、区域性金融要素市场	区域性金融要素交易市场、离岸数据开发处理中心、发展农村金融支持城乡统筹
广州	区域金融中心	金融贸易中心、南方区域支付中心、南方金融资讯中心	低碳金融、航运金融、商贸金融、消费金融、产业金融
武汉	区域性金融中心、全国性金融后台服务中心、金融外包服务中心	金融资源集聚地、金融创新基地、全国金融机构区域总部	做强地方金融机构、引进证券公司总部、保险法人机构，发展产业基金和私募股权基金、武汉国债交易中心
南京	泛长三角地区重要的区域金融中心城市	区域性金融市场、海峡两岸金融合作区	金融服务外包、引进国内外金融机构法人总部、区域总部、功能总部和后台服务中心、发展区域性柜台交易、科技金融
成都	国际性区域中心城市	区域性金融要素市场、直接融资中心、区域票据市场中心、区域保险中心	金融票据市场交易、非上市公司股权交易、金融后台服务
西安	区域金融中心	区域金融中心、区域性金融服务区、金融商务中心	数据中心、清算中心、银行卡中心、研发中心、呼叫中心、灾备中心等金融服务中心；发展西安产权交易中心
沈阳	东北区域金融中心	东北亚金融服务外包基地、东北产权交易中心、区域性金融中心	金融商贸发展、产业金融（装备制造金融）、科技金融

资料来源：根据相关城市总体规划、政府工作报告、"十二五"金融业发展专项规划等政府公布材料整理而得。

2.2.2 区域金融中心的建设

金融中心地位的分类是按照城市区域首位度和区域经济发展的占比来计算的。成为区域的金融中心通常意味着是区域最发达的城市。从特大城市金融业规模扩张速度看，金融业发展快于总体经济增长速度。同时，城市经济总量的差异也造成我国特大城市金融业规模和服务等级的差异。北京、上海和深圳金融市场发展水平最高，天津和重庆金融业规模增幅大，但金融辐射能力仍有限，广州、武汉、成都、西安、南京和沈阳金融业则为我国区域性中心城市。

以国内 11 个金融业相对发达和集中的特大城市为样本，可称为国际金融中心城市仅上海 1 个；可称为国家级金融中心的城市有 2 个，为北京、深圳；可称为区域性金融中心的城市有 8 个，包括天津、重庆、广州、武汉、南京、成都、西安和沈阳。见表 2.3。

表 2.3 主要特大城市建设金融中心分类及数量

对比项	国际金融中心	国家级金融中心城市	区域性金融中心
个数	1 个	2 个	8 个
城市	上海	北京、深圳	天津等 8 个城市

资料来源：根据各地政府工作报告整理而得。

上海、北京、深圳规模接近，且占有绝对优势，金融业规模上海、北京和深圳在 11 个特大城市金融业增加值占总体的 55%；天津、广州、重庆规模接近，占 24%；成都、南京规模接近，占 16%；沈阳和西安接近，占 5%。

2013 年，以中国（上海）自由贸易试验区挂牌为标志，上海国际金融中心建设迎来崭新的时代。人民币国际化步伐加快，利率市场化、资本项目可兑换取得重要突破。上海已经逐渐形成了交易场所多层次、交易品种多样化和交易机制多元化的金融市场体系，金融市场总量不断增加，金融功能也不断深化。配合上海国际金融中心建设，国家先后将中国外汇交易中心、中国银联、上海黄金交易所、上海清算所、中国清算总中心上海中心、中国人民银行征信中心等机构设在上海。

北京的重点发展国际性金融机构总部，以及发展管理总部、科技金融和场外交易市场。深圳的发展重点是全国金融交易、电子结算、跨境人民币结算等。天津的发展重点是产业金融、融资租赁、股权投资基金。重庆的发展重点是区域金融要素市场、离岸金融数据开发处理中心、农村金融。广州的发展重点是区域支付中心、产业金融、商贸金融和航运金融。武汉的发展重点是金融后台服务中

心、金融外包服务中心，引入金融机构的区域性总部。南京的发展重点是区域性
金融市场、推进海峡两岸金融合作。成都的发展重点是区域性票据市场和区域性
保险市场、推进金融后台服务。西安的发展重点是区域金融服务中心和商务中
心、建设区域灾备中心和产权交易中心等。沈阳的发展重点是金融服务外包、商
贸金融和产业金融。

2.2.3　不同地区金融发展存在差异

2000～2014 年，我国不同地区金融业规模变动比重和经济规模变动比重基
本同方向，但是经济规模差距的拉大也使得城市间金融业差距逐渐拉大。从单个
城市金融发展情况分析，存在几个显著的不同。第一，特大城市经济发展阶段存
在差异。特大城市金融业的发展与城市经济发展阶段密切相关。按照钱纳里
（Chenery）的标准，特大城市发展的不同阶段会出现新的发展需求和供给动力。
如工业化的高级阶段，随着人均收入的增长，对服务业的需求会大幅增加。上
海、北京、深圳、广州的金融业总体实力高于其他城市，但是近几年武汉、天
津、西安、沈阳等以制造业为发展重点的城市金融增长速度高于一线城市，虽然
绝对数量在减少，但城市间金融实力差距却在拉大，高端金融资源加速向上海、
北京、深圳流动。第二，特大城市金融业发展的内容不同。北京金融业发展主要
依靠银行和金融机构总部；上海、深圳金融业发展更多依靠金融市场、国际金融
服务；重庆金融主要依靠城镇化、城乡统筹带动的巨大需求释放建设区域金融结
算中心；天津、武汉和沈阳依靠金融支持制造业和金融创新两条腿走路；西安、
成都则利用区域核心城市优势，发展金融创新、科技服务、能源金融为主。整体
看，北京、上海、深圳金融高端化发展趋势明显，武汉、天津、沈阳、西安则依
靠传统金融机构的总量扩张来维持增长。创新驱动和创新需求仍集中在北京、上
海、深圳，重庆、深圳场外交易市场则较为活跃。第三，特大城市金融业总体的
比重仍然较低。

2.2.3.1　金融市场发展的差异

我国地区金融市场的差异首先表现为城市间各自金融市场层次的差异，其次
是城市金融市场内部发展的不平衡。我国特大城市的金融市场总体层次不高，银
行以借贷为主，利润依靠净息差，资本市场不发达，衍生市场发育尚不成熟，但
城市间的金融市场差异同样巨大。上海、北京和深圳具备较完善的多层金融市
场，衍生市场也有较好的基础，但西部地区金融市场仍以基础市场服务为主。从
市场内部结构看，银行为主导的资本市场的规范性好于保险市场和其他金融服务
市场，对应的资本市场融资工具以银行贷款为主，其他融资手段的比重较低。银

行实力最强的城市是北京，据《2013 年中国区域金融运行报告》数据统计，11 个特大城市中只有北京银行业的规模超过 10 万亿元。资本市场最发达的城市是上海和深圳，东部沿海地区特大城市金融市场发展快于西部地区特大城市。

从证券交易所看，只有上海和深圳有主板的证交所，北京拥有三板证券市场。这构成了我国特大城市证券市场格局的最基本特征，上海、深圳的证券市场交易规模最大，北京凭借新三板的上市，金融交易量有所提升。其他特大城市基本是依靠地方金融产权交易所①、金融资产交易所（中心）的要素市场来推进地方金融市场的建设。

因此，地区金融市场建设的差异，通常意义上讲是城市产权交易市场的分布差异。表现为以下几个方面：第一，金融要素市场的影响力不同。特大城市金融市场的差异在于其是区域性市场还是全国性的市场。全国性的金融资产交易所在我国只有 4 个直辖市才有，其他城市是区域产权交易中心。全国性的市场可以在全国进行产权交易，但区域性的产权市场只能在有限区域内进行产权交易，通常是省域范围内。成都例外，成都产权交易中心的交易可以跨四川和西藏两省，也是我国唯一的跨区域的产权交易中心。此外，4 个金融资产交易所的成交额规模却并不相同。天津金融资产交易所成立最早，北京金融资产交易所交易规模最大，2015 年 1 季度北京金融资产交易所成交额 3 317 亿元。第二，交易所的监管主体不同。天津、北京、上海和深圳的金融产权交易中心由国务院批准成立，受中国证监会监管。其他交易所是省级政府或城市政府批准成立的，受地方政府的监管。也有政府金融办牵头组建，并负责监管。第三，从产权交易所的股东结构看，多是地方性的大型企业为主。从产权交易所的股东结构看，多是地方优质的大型国有企业、金融企业投资入股，这是因为通常产权交易所的牵头单位是地方政府、地方发改委、金融办或国资局。第四，业务范围和融资速度不同。北京产权交易所的交易范围最大，可供快速融资的金额和速度也最快。其他城市对比起来，尚达不到北京的水平。但值得一提的是天津金融交易所，和北京金融交易所服务类型和业务范围都很相似，但交易方式较为灵活。

当前地区金融市场发展不平衡造成的主要问题是，我国特大城市金融市场并没有形成梯度和区域功能性的分工，城市间的合作总体仍待提高，尚未形成等级有序的区域金融分工体系。特别是西部特大城市，金融市场同质化比较严重，在引进银行区域性总部，以引入金融总部为地区招商导向，为能引入大型银行等金融而给予一系列政策优惠，结果却成为规划为辅招商为主，规划和招商倒置。区域要素市场的建设虽然有助于推动金融市场的建设，但是强化行政手段的"强

---

① 通常产权交易所包括金融资产交易所等专项交易平台，也有个别的城市产权交易所和金融资产交易所是相互独立的。

制带动"作用，长期看对金融市场发展将有越来越大的阻碍。

2.2.3.2　金融机构的差异

金融机构不但包括提供债券、股票和其他金融工具的金融企业，还包括其他金融中介公司、金融服务公司等。当前我国的金融机构主要由"一行三会"充当行政的管理者，银行、证券和保险公司是金融市场的主体，其他金融机构（如金融咨询、律师事务所、会计师事务所等）充当服务功能。我国特大城市金融集聚主要是依靠银行的集聚，相当长时间内银行是特大城市金融服务提供的主体。

城市间金融机构的差异与其说是金融服务企业数量和服务水平的差异，不如说是城市经济等级的差异。中国人民银行、政策性银行、国有商业银行都在主要特大城市中设有总行或分行，但银行等金融机构的个数来讲差异却很大。2014 年北京法人金融机构 650 家，居全国之首。比较而言，西安法人金融机构有 124 家，银行法人金融机构只有两家城商行，小型的农村金融机构占比 87.1%。从上市公司数量来讲，北京、上海和深圳具有绝对的优势，2014 年北京 A 股上市公司 232 家，主板上市公司 127 家，占总 A 股市值的 43.7%，而沈阳、西安、成都的上市公司不到 10 家。另外，从上市企业来看，国有控股企业多，民营企业少。表现在城市上，越是西部地区，国有企业比重越高，民营企业越少。

我国当前特大城市的主要金融机构还是银行，间接融资还是主要的企业融资方式，短期银行主导模式不会发生改变。但是对特大城市来讲，银行的总部和银行的分部提供企业的借贷服务、投融资服务差异不大，金融机构的差异，并不表现在银行、证券公司和保险公司机构的数量差异上，而是真正反映在金融机构提供的服务水平差异上，随着市场化改革的深入，这个趋势只会增强不会减弱。

此外，特大城市承担的金融改革试点重心不同，政策推广上存在一定的适用性差异。上海自贸区承担金融改革的重点不仅是离岸金融，而是要为打造中国经济升级版为目标寻找发展突破口；重庆承担的金融改革重点是城乡统筹和金融支撑城镇化，重点解决土地金融等要素市场发展的问题；深圳的金融改革试点是建设国家金融创新示范区，通过"前海自贸区"的金融改革，推动人民币跨境服务创新；天津金融改革的重点是推动保税区向自贸试验区的金融改革和推进金融创新，着力发展金融租赁、股权投资基金等，面向制造业主导的特大城市提供金融创新改革经验。我国特大城市启动的一系列的金融改革行动，意味着不同类型的特大城市将承担不同内容的金融改革先行先试新经验积累的任务。

2.3 区域金融发展中存在的不足

2.3.1 区域金融机构经营同质化问题普遍

特大城市金融机构同质化。表现为进驻特大城市的银行提供的产品和金融服务的趋同。各银行提供的金融产品差异化不大，对不同企业贷款的审批流程相同、经营方式相似、产品线趋同，造成各类银行都集中开发大企业，以规模扩张为导向。这样的扩张往往是以牺牲整体金融服务质量（水平）为代价的，而且由于成本投入大，很多银行不愿意开发中小企业客户，使得中小企业贷款融资困难。特大城市银行经营同质化造成的另外一个问题是，金融工具的滥用和表外业务的扩张。在经济周期的繁荣阶段，银行贷款会比较宽松，信用等级高的企业会有机会获得更多的信贷的冲动。经济繁荣期通胀预期也会使得企业积极获得更多信贷资金，银行也会通过更多的内部拆借获得更多可贷资金，造成金融借贷规模扩张的"虚假繁荣"。当经济周期下行，或者地区基础资产价格的下降时，企业的还款压力会增加，如果银行认为存在还款风险，往往会采取收贷的行为，造成企业经营的困难。在这个时期出现较大规模的企业信用危机，就会造成地方系统性金融风险，对特大城市经济发展是不利的。

2.3.2 区域中小企业众多但融资渠道单一

在我国各地区特大城市的中小企业数量众多，但内源融资成为中小企业的主要融资渠道已经是公认的事实。特大城市银行为主导的传统融资渠道不畅且单一，对中小企业获得贷款的条件设定较为苛刻。融资渠道的单一，也不利于特大城市资本市场的多元化发展。而且，即便在融资门槛相对比较宽松的场外交易市场，我国中小企业的直接融资占总融资比重也不足1%，而发达国家金融市场可提供近20%以上的融资规模。我国特大城市金融市场发展较为滞后，渠道单一还表现在缺乏为种子期、创业期企业提供融资渠道，从银行设定的贷款门槛（条件）中可以看出，只有处于成长期和成熟期的企业，才更有可能获得银行的金融支持。而对于种子期、创业期的企业来讲，很难从金融机构获得贷款的支持。

将中美两国中小企业的融资进行对比，美国中小企业的融资来源中，银行贷款、债券融资、股票融资都超过我国，特别是后两项存在较大差距。如表2.4所示。

表 2.4	中小企业融资对比表（中美两国）			单位：%	

国家	内源融资	外源融资			
融资结构	自筹资金	银行贷款	债券融资	股票融资	其他
中国	60	20	0.3	0.6	19.1
美国	30	42	5	18	3

资料来源：许伟，朱未萍. 中小企业融资与场外交易市场建设［J］. 财会月刊，2012（2）。

2.3.3　区域政府对金融发展考核重规模扩张轻结构升级

各地区特大城市经济发展考核指标中，规模性指标通常比结构性指标更易设置，也更容易考核。造成特大城市以新增贷款增速、上市公司数量、金融业增加值增长率、保费收入增长率等规模增量指标为主，而对金融支持产业升级转型、金融效率提升等考核指标缺乏有效的考核办法。在这样的政府发展目标考核设定下，地方政府自然更关注辖区金融机构规模的扩张。我国是银行为主导的间接融资体系为企业提供融资服务，政府出于自身政绩考核的需要，容易出现引入高污染、高能耗的大企业，大干快上的发展冲动。同时，对有限的大型金融机构总部资源的抢夺中，政府设定的招商奖励办法、优惠政策趋同，也造成一定程度上的恶性竞争。而对于真正需要政府支持的中小企业综合服务平台、农村基础设施和农业产业金融服务支持、扩大消费金融服务支持等方面，考核激励制度不健全。造成政府一定程度上缺乏金融差异化发展的动力。

2.3.4　区域定位追求高端化却忽视区域协同的顶层设计

我国各地区特大城市金融定位强调高端化，甚至忽视自身实体经济发展现实，其表现为特大城市在各自设定其金融发展战略过程中，追求金融高端化发展，偏好赶超的发展战略。而在现实的发展中，我国特大城市除了上海、北京、深圳等城市具备建设国家一流金融中心城市的门槛条件外，大多特大城市金融发展还处于起步阶段。无论发展目标如何设定，特大城市金融发展最终是需要市场检验的，高端化并非适合所有特大城市。在具体目标设定上，特大城市各自制定自己的金融发展战略，缺乏整体协同发展的顶层设计，容易造成金融发展上的重复建设和功能同质化。并不利于整个区域（城市群）经济的一体化发展。更不利于资源配置效率的提升。在相关制度设计上，缺少特大城市金融支持区域支持优势产业分工、资源开发、特大城市间展开区域合作的规划，尤其缺少利益共享机制的顶层设计及制度安排。

2.4　区域金融面临的风险及发展建议

2.4.1　主要问题及风险

总体上看，我国近两年宏观债务水平持续上升，地方政府性债务增长较快，部分企业负债率过高；部分行业产能严重过剩，战略性新兴产业发展低于预期。

从地理分布方面看，东部地区经济发展受国际环境影响最直接，增速放缓；钢材贸易、光伏及造船等行业不良贷款增长较快，商业银行资产质量管控压力加大；同业业务快速发展，流动性管理压力较大。中部地区工业产品结构升级有待加快；生产要素成本上升、生产经营存在较大不确定性，部分传统行业亏损企业较为集中；产能过剩行业贷款质量下降；地方金融机构在产品和服务创新方面处于劣势地位，市场竞争不充分。西部地区受资源价格下跌、民间融资等因素影响，部分地区企业经营困难加剧，信用风险不断累积；上市公司竞争能力相对较弱，不论是规模还是盈利能力在同行业中排名普遍靠后。东北地区经济增速有所放缓，部分行业信贷资产质量下行压力较大，资本市场服务、支持实体经济发展的功能尚未有效发挥。

从金融行业的角度看，一是商业银行不良贷款反弹压力加大。受经济增速放缓和产能过剩的影响，各地区商业银行的不良资产有所上升。从行业来看，钢贸、光伏、船舶等产能过剩行业成为不良贷款增长的高发行业；从区域来看，新增不良贷款主要来自于市场经济较活跃、中小企业较密集、外向型程度较高的长三角及珠三角地区，同时逐渐向部分沿海地区蔓延。二是证券业业务创新可能带来风险隐患。证券公司部分资管业务以"通道"形式提供套利渠道，放大了金融业整体杠杆，存在一定的系统性风险隐患。信用类业务快速发展使证券公司流动性风险加大。三是各地区寿险公司满期给付大幅上升，分红险集中退保的风险增加，这些因素叠加增大了寿险公司的流动性风险；部分公司偿付能力充足率偏低，在行业承保盈利能力普遍不高、公司发债成本总体上升的影响下，可能出现偿付能力不足的情况；保险市场秩序仍待进一步规范。

2.4.2　政策建议

（1）优化金融资源配置，支持各地区经济结构调整和转型升级。进一步优化金融资源配置，改善和优化融资结构、信贷结构，更充分地发挥市场在资源配置中的决定性作用，提高资源配置效率。针对金融深化和创新发展，完善调控模式，疏通传导机制，提高金融运行效率和服务实体经济的能力。鼓励金融机构创新组织、机制、产品和服务模式，优化金融组织体系，进一步改善和加强金融服务。引导金融机构盘活存量，优化增量，加大对"三农"领域和小微企业的金融支持力度，进一步发展消费金融，促进消费升级。配合国家区域经济发展政策，继续做好区域经济协调发展的金融支持和服务工作。严格控制对高耗能、高排放行业和产能过剩行业的信贷投放，化解产能过剩矛盾。完善绿色信贷机制，提升对节能环保、循环经济、防治大气污染领域的金融服务水平。

（2）深化金融改革，处理好改革创新和风险防范的关系。积极推动地区经济金融领域改革，通过改革创新，解决经济金融运行的深层次矛盾，并正确处理改革创新与风险防范的关系。银行业金融机构应充分认识利率市场化、汇率形成机制改革等带来的机遇与挑战，积极转变经营方式，实现可持续发展。证券业机构应强化内部管理和风险控制，加强对创新业务的风险管理，健全风险隔离制度，提高风险防控能力。保险公司应强化差异化服务，加大业务结构调整力度，积极发展农业保险、责任保险、巨灾保险等与民生、社会稳定密切相关的保险业务。在支持金融创新的同时，加强对金融机构理财、同业等业务发展潜在风险的监测与防范。加强对地方政府性债务和偿债能力的跟踪监测，审慎稳妥地缓释和化解地方政府融资平台贷款风险。高度关注房地产、产能过剩等行业信用风险，防范单体风险传染和扩大。强化交叉性、跨市场金融产品的风险监测和监管协调，建立健全相关统计数据的信息共享机制。采取综合措施维护各地区金融稳定，守住不发生系统性、区域性金融风险的底线。

2.5　中国区域金融发展与创新的实践

根据中国人民银行发布的《2013 年中国区域金融运行报告》，以及各省市、自治区、直辖市 2013 年金融运行报告，整理并归纳出近年来中国各地区金融发展与创新的实践案例，如表 2.5～2.18 所示。中国各地区突出表现的金融服务、发展与创新主要包括：科技金融、互联网金融、融资租赁、跨境人民币业务、城镇化金融服务、农村及土地金融、民生金融、金融支持小微企业、委托贷款、银行间市场直接融资、金融综合改革实验区建设、金融支持重点项目建设、信贷产品创新、再贴现政策工具等。

表 2.5　　　　　　　　　　　　　　科技金融

地区	创新要点	具体措施	创新成果
北京 （中国人民银行营业管理部）	1. 将信贷政策与征信管理妥善结合 2. 将信贷政策与产业政策紧密结合 3. 将信贷政策与财政政策有效结合	2012 年，主动与北京市科委探索建立了"科技金融"贷款风险补偿与激励机制，采取风险备偿金和业务补助金相结合的方式鼓励银行发放科技贷款，首次借助地方财政资金引导银行落实信贷政策 2013 年，启动"中关村零信贷小微企业金融服务拓展活动"，印发《关于加强首都科技金融服务工作支持中关村国家自主创新示范区建设的指导意见》	2013 年末，北京市共有 18 家商业银行在中关村科技园区设 40 家专为科技型中小企业服务的信贷专营机构和特色支行，专营机构数量、级别和业务规模在国内领先中关村担保公司累计为科技企业提供融资担保 837.2 亿元，中关村小额贷款公司自成立以来累计发放贷款 60 亿元。北京市银行推出的面向科技企业的信贷创新产品已超过 100 项
深圳	1. 银行与政府部门合作，建立风险共担机制 2. 搭建银行与第三方服务机构的合作平台 3. 提升银行与风险投资机构的合作空间 4. 推动银行与担保公司合作，创新担保方式 5. 创新产品支持中小微科技型创新企业	南山区科技局与深圳市银行业金融机构签订合作协议，对于科技创新型企业发放的贷款提供贴息 深圳市银行业金融机构广泛加强与科技产业园及行业协会的合作，进一步搭建科技型企业营销开发平台 招商银行深圳分行创新研发成长贷、融智贷业务模式，与风险投资公司合作推出向科技型中小企业提供"弱担保、强增长"的融资方案 深圳市政府为支持科技型创新企业的发展，专门成立了高新技术投资担保集团，重点为各类科技创新型企业服务	截至 2013 年末，江苏银行深圳分行发放集合信贷余额为 5 380 万元，共有 23 家创业期高科技企业受惠招商银行深圳分行向深圳市创新投资集团有限公司授信 5.0 亿元，向 99 家深圳市科技型企业授信 14.8 亿元交通银行深圳分行推出了"投贷通"产品，对风险投资基金、产业基金等投资机构投资的科技创新型企业，给予授信支持工商银行深圳市分行近年陆续推出"三新企业融资方案""供应链融资"和"中小企业上市一路通"等金融产品杭州银行深圳分行目前已开发科技金融特色产品 6 大类 11 款

表 2.6　　　　　　　　　　　　　　互联网金融

地区	创新要点	创新成果	创新效益
浙江省	1. 以"支付宝"为代表的第三方支付 2. 以"余额宝"为代表的网络理财 3. 以阿里小额贷款为代表的网络信贷	截至 2013 年末，全省有 12 家企业获得第三方支付牌照，其中，行业龙头"支付宝"的账户总数达 3.03 亿个；2013 年"支付宝"的互联网支付业务交易笔数 96.7 亿笔，交易额 2.6 万亿元；"余额宝"客户数 4 300 多万人，资金规模超过 1 800 亿元阿里小额贷款公司累计发放网络贷款 1 585 亿元，服务小微企业 65 万家，户均贷款余额小于 4 万元，不良贷款率 1.12%	与传统金融相比，互联网金融有其自身特点和优势，如客户服务口径小、金额小、手续便捷、交易成本低、数据基础强大等，一定程度上解决了市场信息不对称难题，提高了信贷供需主体对接效率。互联网金融的发展有利于降低交易成本、提高效率，有助于推动金融产品和服务方式的创新，对促进金融体系的包容性、加快构建多层次金融市场体系也具有积极意义

续表

地区	创新要点	创新成果	创新效益
四川省	1. 网络信贷处于发展初期阶段 2. 第三方支付西部领先	2013 年末，在成都市工商局注册并取得工信部 ICP 备案号的网贷平台近 20 家，累计借款额度超 4 亿元，网络信贷初具规模 四川省共 5 家企业法人取得支付牌照，位居西部第 1 位，另 24 家全国性第三方支付机构分公司开展业务。法人机构网络支付（包括互联网支付、移动电话支付）17.2 万笔，交易金额 9 404 万元，同比增长 77%	互联网金融业态发展较快，改进了传统金融中介功能，提高了金融服务实体经济效率

表 2.7　融资租赁

地区	创新要点	创新成果	创新效益
天津	1. 融资租赁业务快速发展 2. 金融租赁公司规模逐渐扩大 3. 发挥融资租赁业务优势支持实体经济加快发展	截至 2013 年末，总部在天津的各类融资租赁公司达到 206 家，约占全国的 20.1%；注册资金总计 840 亿元人民币，约占全国的 27.5%；租赁合同余额 5 750 亿元，约占全国的 27.4%，同比增长 55.4%，呈现快速发展的态势 2013 年，在天津注册的金融租赁公司达 5 家，占全国金融租赁企业总数的 21.7%。注册资本合计 241 亿元、合同余额 2 550 亿元，分别约占天津融资租赁企业注册资金的 28.6% 和业务总量的 44.3%，占全国金融租赁公司注册资金的 31.3% 和业务总量的 29.7%。资产总额达 3 531 亿元，实现净利润 49 亿元，对于天津成为我国融资租赁业聚集地发挥了重要作用	金融租赁公司以服务地区特色产业为基本立足点，结合自身优势，逐步形成"专业化、差异化"的发展格局 金融租赁公司不断推动业务模式、融资模式、资产管理、风险管理等方面多项创新转型工作，实施了一系列租赁创新项目，完成国内金融租赁公司飞机融资租赁业务、飞机改装金融租赁、保税港区融资租赁创新等多项业务，引领了行业发展 金融租赁公司不断健全资金管理体系，形成了比较完善的内控管理制度和风险防范体系，资产质量总体良好
深圳（前海）	1. 金融创新 2. 深港合作	深圳市政府及金融管理部门进一步加大工作力度，出台了推进前海开展融资租赁业务的试点意见等多项举措，不断吸引金融机构进驻前海	截至 2013 年末，前海已批入区金融企业达 775 家，占全部入区企业总数 76.1%。其中，中外资银行分支机构 9 家、保险公司 9 家、融资担保公司 3 家、融资租赁公司 80 家、小额贷款公司 11 家、证券机构 306 家（包括私募股权投资基金公司 245 家、公募基金公司 4 家、基金公司子公司 15 家、证券公司资产管理公司 14 家、证券投资基金 28 家）

表 2.8   跨境人民币业务

地区	创新要点	具体措施	创新成果
天津（中国人民银行天津分行）	1. 跨境人民币业务结算量跨上新台阶 2. 跨境人民币各项下业务均实现较快增长 3. 跨境人民币业务渗透力不断增强	2013年，中国人民银行天津分行不断营造良好的政策环境，在坚持风险可控的前提下，制定出台《天津市经常项下跨境贸易人民币结算银行审核流程优化指导意见》，简化经常项下跨境贸易人民币结算审核流程，进一步提高跨境人民币结算效率，扩大人民币在跨境贸易、投融资中的使用 依托天津市经济发展的优势和特点，不断扩大跨境人民币业务领域，支持渤海商品交易所开展现货商品跨境交易人民币结算业务。2013年4月，正式启动了渤海商品交易所现货商品跨境交易人民币结算试点工作，进一步拓展了跨境人民币结算的业务范围 通过建立政策宣传培训长效机制，把政策宣传和业务培训融入日常工作中，组织银行以宣讲会、推介会、研讨会等方式进行政策宣传和产品推介，2013年组织了20余次宣传培训，培训银行、企业人员千余人；利用银行网点资源优势进行宣传，利用网络信息平台宣传推广，不断提升政策影响力	自2010年6月试点至2013年末，全市银行累计办理跨境人民币结算业务2 427.4亿元。其中，货物贸易结算1 189.4亿元，占比49%，服务贸易及其他经常项下结算801.0亿元，占比33%，跨境资本结算436.3亿元，占比18%，跨境人民币结算量得到了快速增长

续表

地区	创新要点	具体措施	创新成果
新疆	1. 对外金融合作平台逐步完善 2. 人民币"走出去"步伐加快 3. 跨境人民币创新试点初见成效 4. 外汇金融服务水平不断提升 5. 金融机构涉外业务往来日益密切	以中国—亚欧博览会为平台，中国人民银行乌鲁木齐中支成功承办两届"金融发展与合作论坛"，构筑金融界高端对话平台。中国与哈萨克斯坦区域经济合作的创新区域——中哈霍尔果斯国际边境合作中心正式封关运营，成为双边金融合作的重要平台 中国银行新疆分行于2011年和2013年先后完成人民币与哈萨克斯坦坚戈的现汇现钞挂牌2013年8月，霍尔果斯合作中心启动跨境人民币业务创新试点，各商业银行积极入驻合作中心，已有1家银行营业，4家银行筹备开业 新疆商业银行和银联公司与格鲁吉亚、巴基斯坦等国金融机构签订了多项金融合作协议，涉及银联卡发卡、跨境项目融资、货币结算、信息交流等方面	自2010年新疆开展跨境人民币业务以来，新疆已与境外53个国家和地区开展跨境人民币结算，累计结算量突破千亿元，达到1206亿元。其中，与周边接壤国家跨境人民币结算额达到25.12亿元 2013年末，全辖外汇指定银行达21家，结售汇网点571个，遍布中心城市和口岸地区，全辖具有远期业务资质银行15家116个网点，具有人民币与外币掉期业务资质银行6家31个网点，具有期权业务资质银行5家。截至2013年底，哈萨克斯坦、吉尔吉斯斯坦、巴基斯坦、俄罗斯、塔吉克斯坦在国内银行开立了14个人民币同业往来账户。依托上合组织银联体平台，国开行加强与中亚国家的项目合作，有力支持了其在能源资源、农业、中小企业领域的建设
深圳 （前海）	1. 金融创新 2. 深港合作	稳妥推进前海跨境人民币贷款业务；试点外商股权投资企业使用境外人民币出资	截至2013年末，中国人民银行深圳市中心支行共接受备案登记的前海跨境人民币贷款业务项目72个。贷款利率介于3%～5%；贷款期限介于1～5年，其中1年期及以下占比68%。前海跨境人民币贷款有效降低了企业融资成本，有力支持了前海开发与建设 截至2013年末，已有中信逸百年、赛富前元等17家外资股权投资基金管理公司在前海设立

续表

地区	创新要点	具体措施	创新成果
福建省	1. 闽台跨境业务总量快速攀升 2. 闽台跨境业务不断深化 3. 闽台人民币代理清算群规模不断扩大 4. 闽台特色金融业务产品日益丰富。 5. 新台币兑换业务快速增长	建立闽台人民币代理清算群，截至2013年末，全省银行业机构与境外35家跨境人民币业务参加行签订人民币代理结算清算协议 福建省银行业机构对台金融服务产品不断丰富，如"两岸人民币速汇通""两岸人民币境外进口融资代付""两岸人民币进出口双保理""两岸人民币信用证项下福费廷"等。此外闽台内保外贷产品，银团贷款，银行联合授信也不断扩容，有力提升福建省对台金融辐射功能	自跨境人民币业务开办至2013年末，闽台跨境人民币结算累计金额453.6亿元，占全国同期两岸跨境人民币结算总量的9.6%，位居全国前茅 据不完全统计，参与闽台跨境人民币业务的台资企业数占全省有经营实绩外经贸企业数的11%，占台资企业总数的29%。闽台跨境业务往来笔数和占比由2010年的42笔、7.3%，提升至2013年的5 175笔、15.7% 通过闽台人民币代理清算账户转汇结算总金额114亿元，占闽台跨境人民币业务总量的25.2%，闽台人民币代理清算账户模式将成为闽台贸易结算的主要渠道之一 2013年全省累计兑换7.58亿元新台币，同比增长30.6%，新台币业务办理机构扩大到9家银行，业务量约占全国1/3左右，提高了两岸往来民众货币兑换的便利性。平潭新台币兑换银行自主定价取得突破，在一定的幅度范围内自行确定新台币现钞买卖价格

表 2.9   城镇化金融服务

地区	创新要点	具体措施	创新成果
浙江省	1. 信贷类产品 2. 债券类产品 3. 表外融资类产品 4. 银保合作类产品 5. 境外融资类产品 6. 民生金融类产品 7. 新农村建设类产品	通过单列信贷计划、改进业务流程、创新评审模式等方式支持城镇化项目，提高信贷支持效率，如国家开发银行浙江省分行开展的"统借统还"贷款评审模式创新 通过银、证、信合作等模式，运用银行理财资金和金融市场资金支持新型城镇化建设，如中国银行浙江省分行为某公司量身定做 20 亿元委托债权投资业务。通过与国内保险公司合作，引进保险资金投资新型城镇化项目，如嘉兴交通投资集团与中国人寿资产管理公司签订了 20 亿元债权投资协议 引进境外人民币资金，降低新型城镇化项目融资成本，如海外人民币直接贷款业务 发展普惠金融和民生金融产品，支持"人的城镇化"，如衢州柯城农村信用社推出"相伴人生"小额信用贷款，专门用于支持失地农民缴纳养老保险金 通过农房改造贷款支持城乡统筹发展，如义乌农村合作银行推出"美丽家园"贷款，专门用于解决农民在旧村改造、拆迁安置过程中的建房资金困难	2013 年浙江省五大城镇化项目共发行债券 288.7 亿元 2013 年城镇化项目融资中银行贷款占融资总额的 31.7%；信托融资增长迅速，占融资总额的 32.8%；以融资性理财为主的其他融资方式融资占 18.3%，成为城镇化项目融资的重要途径

表 2.10   农村及土地金融

地区	创新要点	具体措施	创新成果
广东省梅州市	以"地方政府支持、人行协调主导、金融机构参与"为模式，率先推进农村土地承包经营权抵押贷款试点业务，激活农民手中的"沉睡的资本"	1. 整合资源，构建六位一体新模式。联合梅州市农业局、金融局、供销社、邮政局等9家单位，将现有资源进行融合，构建"组织＋技术＋培训＋市场＋流通＋支撑"六位一体的致富培育新模式，组织开展8场大规模致富和农业融资轮训活动，受训人数近3 000人 2. 健全制度，保障业务有序开展。出台金融支持新型农业经营主体工作方案、农村土地承包经营权抵押登记实施细则和操作办法，规范抵押登记业务文书模板，为贷款业务的有序开展提供保障 3. 试点先行，积累经验推动业务不断深入。选取"全国农村综合改革示范试点单位"蕉岭县作为试点，推动该县完成农村土地承包经营权确权登记颁证工作，建立农村产权流转交易和融资担保平台，为交易双方提供"一站式"服务 4. 政策引导，推动农业资源转为产业优势。累计发放支农再贷款2.9亿元，办理再贴现2.13亿元，其中涉农票据占60%，增强地方法人金融机构支农力度。推动地方政府设立现代农业产业基金，为涉农企业提供融资新渠道，首期募集资金6 500万元 5. 创新模式，增强信贷支农力度。结合农村信用体系建设，推行综合授信模式，简化授信手续，实行优惠贷款利率。在此基础上，探索以公司、第三方担保＋农村土地经营权抵押等方式，解决土地规模化开发资金需求	"资源变资本"，促使资金回流农村，推动农业经济加快发展。截至2013年末，梅州市已累计发放土地承包经营权抵押贷款6.6亿元 "黄土变黄金"，激活土地潜能，促进农业与文化、旅游等新型产业融合发展。截至2013年末，梅州市新培育发展休闲农业基地8个，已建成耕山致富标准示范园18个 "小农户变大农场"，加速农业产业结构转变，实现农业产业化发展。2013年，梅州市新建56家家庭农场，新增3家农民专业合作社全国示范社、19家省级示范社和17省级重点农业龙头企业

续表

地区	创新要点	具体措施	创新成果
重庆市	"金融支持强农"、"金融培育富农"、"金融服务便农"、"信用打造惠农"四大工程	按照"支持一个重点产业，扶持一批企业"的思路，积极扶持地方特色效益农业发展。重点组织实施"千村千企融资培育计划"，按照扶优、扶大、扶强的原则，在每个示范村选择 1～3 家信用状况佳、经营水平好、经济效益高、辐射带动能力强的农业企业进行重点培育，扶持内容不仅包括信贷支持，还包括开户、结算、理财、咨询等一揽子金融服务 围绕农民发展规模化种养殖、农产品加工流通和农家乐、休闲农场等乡村旅游休闲项目融资需求，组织实施"千村万户融资培育计划"。在每个示范村选择 10～20 户有经营能力、有发展意愿、有财产基础、诚实守信的农户进行重点培育，贷款利率在同等条件下优惠 5%～15% 通过投放便民金融自助服务点、ATM 机、POS 机等自助机具设备，开展代理银行业务，推广汽车移动金融服务、电话银行、手机银行等现代金融服务，持续加大对农村地区机构网点布设力度，并优先在示范村增设服务网点，实现农村居民存取款基础金融业务"不出村、低成本" 通过深化农村信用体系试验区建设，加快农村地区延伸网点接入征信系统进程，促进形成信用水平提升与信贷投入增加的有效联动	信贷资源进一步向"三农"倾斜，2013 年重庆市人民币涉农贷款余额同比增长 20.7%，较同期人民币贷款增速高 5.8 个百分点。涉农贷款在全市人民币贷款中的占比达到 19.5%，比年初提高 1.1 个百分点 涉农贷款投向结构不断优化，农村地区贷款增长明显。2013 年末全市农户贷款余额 792.8 亿元，同比增长 56.6%。农村企业贷款余额 1 556.9 亿元，同比增长 18.6% 农村金融创新产品不断涌现。包含农村居民房屋产权、农村土地承包经营权和农村林权的农村"三权"抵押贷款稳步推进，覆盖全市 37 个涉农区县，全年实现农村"三权"抵押融资 175 亿元，融资余额达 326.6 亿元

续表

地区	创新要点	具体措施	创新成果
福建省	积极引导金融机构服务"三农"发展，探索推进农村金融服务创新，大力推动农村信用体系建设，坚持优化农村金融生态环境	以推进涉农信贷政策导向效果评估为手段，加大涉农信贷政策窗口指导，制定出台《关于进一步加强农村金融服务十条措施的通知》，推动财政建立涉农贷款增量奖励机制，促进增加涉农信贷投放农村金融改革持续推进。大力推动县域金融组织建设，沙县国家级农村金融制度改革试点不断推进，农户建档评级实现"全覆盖"、金融支付实现"村村通"，沙县"县、乡、村"三位一体的普惠金融体系构建得到国务院有关领导批示肯定，并向全省推广 农村金融生态环境持续优化。一是扎实推动农村支付服务环境建设，在实现小额便民支付点"村村通"的基础上，积极开展助农取款金额上限提高及收费调整试点，在部分地区率先将银行卡助农取款服务点每日每卡取款金额上限由1 000元提高至2 000元，同时实行受理同城银行卡办理现金支取，每月每卡前3笔免费，超过3笔酌情收费的政策，提高参与主体的业务积极性。实施"贯通城乡"工程，扫除城乡结合部支付盲区。二是有效推进农村信用环境建设。积极发挥农村合作金融机构、中国农业银行在农村信用环境建设中的"先行军"作用。三是大力推动农村担保体系建设，全省目前基本形成以农业专业性担保公司、村级担保基金为主，商业性担保公司为补充的农村融资担保体系，福建省政府每年专门安排3 000万元建立农户融资担保风险补偿政策，进一步营造农村金融发展良好环境	2013年末，全省涉农贷款增长19.6%，高于各项贷款增速3.8个百分点，其中林业贷款增长23.8% 全省金融机构网点数达到5 756个，新增178个，63.8%位于县域；"村镇银行县（市）全覆盖工程"取得阶段性成效，2013年末全省已有26家村镇银行开业，县域覆盖面接近50%；累计批复设立小额贷款公司102家，其中97家开业运营，全省多元化、多层次支农惠农金融组织体系渐趋形成，主要涉农金融机构支农服务功能不断增强 全省城乡结合部1 730个行政村的90%实现支付服务有效覆盖

续表

地区	创新要点	具体措施	创新成果
运城市新绛县	1. 解决农民"抵押难"，破解农民融资瓶颈 2. 解决土地流转后，集约化经营大户（种养大户，农业龙头企业、农民专业合作社、家庭农场）"抵押难"	1. 搭建平台。当地成立了农村土地物权管理中心，对农村土地承包经营权等进行审核、登记，对需要金融支持的土地流转农户进行土地预期收益评估，融资担保，办理他项权利证书，对欠债欠息的农村物权收回、储存、发包、还贷 2. 形成系统办法。当地制定了《关于做好金融支持土地流转工作的通知》《关于农村土地承包经营权抵押贷款的实施意见》《集体建设用地使用权抵押贷款管理办法》《农民房屋所有权抵押贷款管理办法》以及《农村土地流转贷款管理办法》等一系列文件、办法，形成了从物权抵押到价值评估到银行贷款的一套行之有效的办法 3. 构建保障机制。一是建立严格的农村土地物权收储制度。对逾期不能还贷的小额贷款，由农村土地物权收储中心将抵押的农村土地承包经营权重新发包用于还贷；对逾期不能还贷的大额贷款，由农村土地物权担保公司进行还贷。二是对接金融征信系统。明确对恶意欠息赖贷的，纳入信用体系"黑名单"。三是加大政策扶持。当地对通过农村土地承包经营权抵押贷款的设施农业种植户实行强制保险和建立土地流转风险保障基金等方式，保障流转土地的农民在遇到灾害和风险时利益不受损失	1. 土地承包经营权流转推动了规模经营，实现了土地制度创新 2. 土地承包经营权流转整合了生产要素，促进了土地效益提高和农民增收。通过土地承包经营权流转，当地涌现出了新龙蔬菜专业合作社、富东蔬菜种植专业合作社等一批各具特色的规模化种植农民专业合作社 3. 土地承包经营权流转促进了城乡发展统筹，搭建了以工哺农、以城带乡的良好平台，带动了相关产业的发展。2013 年末，全县从事农产品冷藏储运、包装加工、物流配送、农资供应、生活服务等行业的农户达到 1.25 万户，从土地中解放出来从事相关产业的达到 3.5 万人。2013 年末，新绛县的试点工作以点带面，逐步铺开，由先行试点时的 1 个乡镇发展到 7 个乡镇、12 个村、121 户，贷款余额 913 万元，涉及土地面积 1 106 亩

地区	创新要点	具体措施	创新成果
吉林省	首创以粮食直补和农资综合直补资金作担保向农民个人提供信贷资金的"直补资金担保贷款"	在风险可控前提下，为尽量放大直补资金担保的支持效果，农信社将最高贷款额度放大为一年直补资金总额的8.5倍，邮储银行由最初的4.5倍调整到5.4倍，农业银行放大6.5倍执行。贷款期限上，为方便农民灵活使用资金，邮储银行由最初的1年期调整为1～8年期，建设银行由最初的5年期调整为最长不超过10年期。还款方式上，由最初的主要采取利随本清方式，发展到目前的两类主要方式：一类是自助可循环方式贷款，授信期限1～5年，贷款期限1年，在最长5年内，自主还款，循环用信，利随本清还款；一类是贷款期限1～10年，采取按年等额本息或等额本金定日还款	2013年末，直补资金担保贷款业务已从公主岭等9个试点县（市）扩大到吉林省48个县（市），覆盖672个乡（镇）。经办银行业机构已达到7家，累计发放贷款200亿元，贷款余额97亿元，占吉林省农户贷款的25.5%，惠及农户113万户，取得明显的经济和社会效益
安徽省金寨县、凤台县	为全面启动农村金融改革探索出一系列易推广、可复制、好操作的经验和做法	1. 完善改革的相关制度和配套政策，强化制度引领和政策导向作用 2. 通过对上争取、对外引进、对内完善，逐步健全多层次、广覆盖的县域金融组织体系。金寨县农村信用社成功改制为六安市首家农村商业银行，凤台县农村商业银行已获批筹建。试点以来，多家金融机构在两县新设或增设支行、营业网点或自助银行 3. 积极搭建农村信用信息服务平台，农村信用体系建设取得显著进展 4. 优化支付服务环境，农村金融基础设施建设得到较大改善。其中金寨县被中国人民银行批准为农村地区手机支付试点县；银行卡发放基本实现一人一卡；通过设立村级金融服务室，使农户足不出村即可享受现代金融服务 5. 体现地方特色，金融产品和服务创新得到有效推进。两县在改革中，能够结合当地经济金融发展特点，创新改革思路，推出各具地方特色的金融创新产品	2013年末，金寨县各项贷款余额同比增长34.4%，高于全省17.3个百分点，全年增量存贷比较改革前提高22.5个百分点；凤台县贷款余额105.9亿元，全年增量存贷比较上年提高18个百分点 截至2013年末，金寨、凤台两县农户信用信息采集率分别达87.3%和88.6%

续表

地区	创新要点	具体措施	创新成果
石家庄市	以促进发展、脱贫致富为目标，以挖掘项目、加快投放为手段，以创新产品、完善服务为支撑，逐步强化辖内金融机构支持扶贫开发工作的社会责任，切实加大对环首都扶贫攻坚示范区及阜平县（以下统称"示范区"）的信贷支持力度	1. 出台政策，加大对环首都扶贫攻坚示范区的信贷支持力度 2. 上下联动，强化对金融机构支持贫困地区的窗口指导 3. 创新产品，切实解决贫困地区融资担保难问题 4. 加强对接，实现政银企常态化信息交流 5. 突出重点，有效改善贫困地区农户生产生活条件 6. 创新模式，积极满足贫困地区经济发展资金需求	截至 2013 年末，示范区金融机构通过产品创新发放贷款余额 9.92 亿元，受益农户 1.04 万户，受益企业102 家，对农户发展的带动力明显提高 2013 年共组织开展政银企对接活动 13 次，涉及企业444 家，签订贷款意向14.84 亿元。目前，已到位资金 10.94 亿元，资金到位率 73.7%，有效缓解了企业融资瓶颈，实现了政银企共赢
武汉市	积极探索金融帮扶农村产权改革路径，大力推动农村产权抵押贷款业务，并以此为突破口解决农村金融供给不足问题	1. 确权先行，为农村产权流转奠定基础。2012 年 4 月，武汉市出台《武汉市农村产权制度改革试验实施方案》，围绕农村产权制度改革重点开展 8 个方面的试验工作 2. 政府主导，搭建农村产权交易平台。2009 年 4 月，武汉市正式挂牌成立了农村综合产权交易所（以下简称武汉农交所），成为全国第二家、中部第一家农村综合产权交易所 3. 人民银行推动，为农村产权抵押贷款提供政策指导 4. 银行跟进，在新一轮农村改革中积极作为。武汉农村商业银行作为地方支农金融主力军，主动作为，率先开展农村"三权"抵押贷款业务，并纳入对支行绩效考核范畴	截至 2013 年 12 月末，武汉农交所共组织农村产权进场交易 1 631 宗，交易金额 97.62 亿元。农村土地流转面积 166 万亩，占耕地总面积的 54.1% 武汉市累计发放农村产权抵押贷款 14.36 亿元，余额 10.62 亿元。武汉农村商业银行各类农村产权抵押贷款余额 10.23 亿元，7家农村支行均已开办了"三权"抵押贷款业务，业务实现全市农村全覆盖

表 2.11　　　　　　　　　　　　　　民生金融

地区	创新要点	具体措施	创新成果
陕西省	民生信贷政策传导体系创建、民生金融部门协作机制建设和民生金融风险补偿激励设计	民生金融政策更加有力，民生信贷投放总体增速较快民生信贷政策传导体系初步形成。民生金融风险补偿、激励力度显著提高。民生信贷投放总体增速较快 民生金融差异化管理更趋明显，民生金融产品和服务更加丰富。主要商业银行均建立了针对小微企业的专营机构；各金融机构通过民生金融服务流程再造，致力提供标准化的金融解决方案，同时搭配模块化的业务发展方式，有力推动了民生金融服务可复制、可推广。支付环境和信用体系建设进一步强化，民生金融发展基础环节更为坚实各级金融机构不断提高支付便利程度，加快信用体系覆盖，以改善民生金融服务环境	2013 年陕西省助农取款服务站乡镇覆盖率达 100%，行政村镇覆盖率达 90% 以上。人民银行西安分行推动的小微企业信用增值计划共为全省 1 038 家小微企业建立信用信息档案，信用培植 1 015 家，426 家获得贷款支持 21.2 亿元

表 2.12　　　　　　　　　　　　　金融支持小微企业

地区	创新要点	具体措施	创新成果
江苏省	围绕"升级"和"扩面"两个主题，启动实施了"小微企业金融服务升级扩面三年计划"，着力增强小微企业发展动力和活力	1. 积极推动小微企业融资培育模式升级。一是积极推广"信贷工厂"、德国 IPC、台湾融辅等先进的小微企业专业融资服务模式。二是引导地方法人加快推广自创"阳光信贷"模式的使用。三是指导人民银行市县支行全面优化"金融顾问""金融帮办""金融走访"等地方特色融资培育模式 2. 积极推动小微企业融资渠道升级。一是积极发挥直接债务融资的渠道拓展和"腾笼换鸟"作用。二是持续加大商业票据和"央行票据通"业务推广。通过"央行再贴现引导＋商业银行信用助推＋风险防范"三位一体模式推动辖内商业承兑汇票业务发展。三是积极鼓励地方法人充实资本和资金补充 3. 完善金融基础设施建设支撑扩面。一是完善小微企业信息和增信服务体系建设。实现小微企业信用信息管理系统省级数据集中，并依托系统建立了小微企业批量优选和定期向金融机构推荐机制。二是加强支付结算体系建设。三是推动金融生态环境建设	2013 年江苏 17 家中小企业发行 7 支集合票据，金额 15.96 亿元，发行支数和金额均居全国第一。全年累计办理商业承兑汇票再贴现 63.9 亿元，带动商业承兑汇票贴现 1 300 亿元，同比增长 27.8%，仅常州、无锡、泰州三市共累计签发商业承兑汇票 366 亿元，同比增长 28.2% 截至年末，江苏银行、南京银行、江苏金融租赁公司累计发行次级债、金融债 178 亿元。截至 2013 年末，共为 122 万户中小企业建立了信用档案，基本覆盖了全省有贷和无贷企业；担保机构信用评级与银保合作信息监测管理系统已采集了 1 143 家担保机构、79 家小贷公司信息 全省持牌金融生态优秀县 32 个，金融生态达标县 26 个，覆盖了全省 83% 的设乡镇县（市、区）

续表

地区	创新要点	具体措施	创新成果
安徽省	注引导、重创新、排后忧	2009 年，安徽省政府出台《关于进一步加强对小企业个体工商户和农户金融服务意见》（皖政 [2009] 59 号），随后中国人民银行合肥中心支行及相关部门先后制定 7 个具体实施办法，形成了全面支持小微企业发展的"1 + 7"政策体系 针对小微企业融资需求特点，辖内各金融机构坚持差异化、特色化发展，不断加大资源投入和创新力度，小微企业金融服务的专业化水平明显提升 针对小微企业抵押品不足、信息不对称、贷款风险高等特点，为解决金融机构支持小微企业的后顾之忧，全省上下加强协调，凝心聚力，为金融机构筑风险防线。一是设立风险补偿资金，降低金融机构经营风险。二是推进多层次融资担保体系建设，增强分险增信作用。三是加强小微企业信用体系建设，有效缓解银企信息不对称问题	截至 2013 年末，全省已设立各级小微企业专业机构近 400 家，中国农业银行安徽省分行在 62 个县域支行设立了"三农"金融事业部；面向小微企业的金融创新产品达 200 余种，服务范围覆盖生产、加工、贸易流通等各个环节等 2013 年起建立省、市、县三级小微企业担保风险补偿基金，用于融资性担保机构发生的小微企业担保代偿损失的风险补偿 截至 2013 年末，全省融资性担保机构 378 家，平均注册资本达 1.3 亿元，为小微企业提供融资性担保余额 620.6 亿元，占全部在保余额的 44.7%。安徽省累计建立中小企业信用档案 4.9 万户，其中 1.7 万户取得银行授信意向

表 2.13　　　　　　　　　　委托贷款

地区	创新要点	原因
辽宁省	2013 年辽宁委托贷款融资 814.9 亿元，比上年增加 541 亿元。而 2013 年全省社会融资比 2012 年仅增加 208 亿元 2013 年全省新增其他金融机构委托贷款（主要为银证合作形式）154.4 亿元，比上年多增 140 亿元	个人住房公积金委托贷款快速增长 企业资金池管理模式助推委托贷款增长 委托贷款利率较高，成为有闲置资金、风险偏好较高企业和个人的理财工具 规避监管引发以委托贷款为载体的金融创新，在央行强化信贷调控、银信合作监管政策趋严的情况下，部分银行通过机构合作以委托贷款形式变相向企业发放贷款

表 2.14 银行间市场直接融资

地区	具体措施	创新成果
重庆市（中国人民银行重庆营业管理部）	1. 完善机制，建立双轮驱动的融资项目储备库 2. 多方联动，建立发债企业培育机制。引导主承销商发挥专业优势，对纳入储备库的企业给予重点培育和长期跟踪辅导，协助其设计融资方案，选择合适的融资工具 3. 服务民生，推动相关融资项目落实。统筹兼顾稳健货币政策要求和地方经济发展需要，积极引导城镇化和民生相关领域项目的资金需求问题通过银行间市场渠道进行解决 4. 多策并举，构建融资促进长效机制。推动重庆市政府与交易商协会拓展和深化战略合作关系，推动公租房信托投资基金等创新产品方案研究	融资规模同比翻番。2013 年，重庆市非金融企业在银行间市场发行直接债务融资工具 63 只，实现融资 515.5 亿元，同比增长 103.5%，融资规模在全国发行总量中的占比较上年提高 0.45 个百分点 发行种类和发行主体实现新突破。国内首只公租房建设定向票据成功注册，将有效支持 3 个公租房建设项目。两江新区、綦江区成功发行首批区域集优集合票据，西南证券成功发行全市首单证券公司短期融资券，重庆银行成功发行全市首单小微企业金融债券。发行主体涵盖基建类市属企业和农业、建筑、制造、电力、交通运输、批发零售、文化、科技等 8 大行业的企业，发行利率低于同期金融机构贷款利率 1.17 个百分点

表 2.15 金融综合改革试验区建设

地区	具体措施	创新成果
山西省（中国人民银行太原中心支行）	中国人民银行太原中心支行联合相关部门相继推出了支持山西转型发展的"138 金融工程"；成立了金融支持综改试验区加快发展领导小组，建立了金融支持综改试验区建设的工作机制；研究制定了金融支持综改试验区建设总体方案，以及金融支持转型综改专项任务实施方案和支持重点工程项目建设的指导意见，进一步细化了金融支持综改试验区的任务和措施	2013 年末，全省银行业金融机构投入转型综改"四大领域、十二大项目"的贷款余额达到 9 476 亿元，占到各项贷款余额的 63%，同比增长 15.7%。全年各项贷款余额达到 15 000 亿元，同比增长 13.7% 在保持总量增长的同时，金融机构紧紧围绕综改试验区建设的任务和重点，优先扶持了一批转型标杆项目、标杆工程、标杆园区和标杆企业
云南省	围绕"推动跨境人民币业务创新""完善金融组织体系""培育发展多层次资本市场""促进贸易投资便利化"等 10 项主要任务，国家赋予了云南大量先行先试政策	坚持改革创新、先行先试，坚持风险可控、稳步推进，坚持成熟一项、推进一项的原则，周密安排部署、精心组织实施、坚持不懈推进，举全省金融系统之力，推动沿边金融综合改革试验区建设取得实效

表 2. 16　　　　　　　　　　　　金融支持重点建设项目

地区	具体措施	创新成果
四川省 （中国人民 银行成都 分行）	1. 制度和机制保障不断增强。建立重点项目定期磋商机制和"一事一议"、"一项（目）一策"动态协调机制 2. 重点项目融资对接多样化和常态化开展。结合地方特色，先后开展凉山、攀枝花、宜宾、巴中、德阳等地与省级金融机构的银政企对接，进一步推动地市（州）重点项目融资工作 3. 重点项目融资的渠道不断丰富。邀请专家对 300 余个重点项目业主单位进行新型融资方式培训。制定《四川重点企业在银行间市场直接债务融资增长计划》，建立 500 户省级重点项目直接债务融资后备企业库，引导金融机构开展对接和融资辅导	2013 年末，全省相关经济主体银行间市场发行直接债务融资工具达 573. 41 亿元，已注册待发行的直接债务融资工具总额达 460 亿元 全省 500 项重点项目本外币各类融资余额 3 870 亿元，比年初增加 1 155 亿元。在改善基础设施方面，146 个重大基础设施项目各类融资余额 1 615 亿元。在力促经济结构调整方面，306 个重大产业项目各类融资余额 1 978 亿元

表 2. 17　　　　　　　　　　　　信贷产品创新

地区	具体措施	创新成果
三亚市	1. 紧密结合产业政策，加大旅游产业信贷支持力度 2. 创新酒店信贷服务模式，支持高端酒店业快速发展。高端酒店较多是三亚市酒店业发展的特色，三亚市银行业金融机构据此创新了"经营性物业抵押贷款"信贷产品，支持已建成高端酒店的经营和再建设 3. 创新未来收益质押信贷产品，支持旅游景区完善升级 4. 优化旅游支付环境，提高支付便利化水平 5. 发挥银行支付体系监测功能，促进旅游行业规范发展	截至 2013 年末，三亚市投向旅游及相关产业的贷款余额达 280. 4 亿元，占全部单位贷款的 45. 7%，其中酒店类贷款 188. 3 亿元，景区类贷款 49. 8 亿元，医疗康复类贷款 25. 5 亿元，旅游娱乐类贷款 6. 8 亿元。五星级酒店 12 家，在建五星级酒店 4 家，在建超五星级酒店 16 家 19 处景区累计获得银行 100. 3 亿元信贷资金支持，其中天涯海角、南山文化旅游区等旅游景区通过信贷资金的支持已建设升级完毕，旅游服务功能更加完善，提前进入成熟经营阶段，流动资金充足，效益良好 全市外币代兑点已达 95 个，覆盖三亚大部分旅游景区，为境内外游客创造了便捷的外币兑换环境

表 2.18 　　　　　　　　　　　　　　再贴现政策工具

地区	具体措施	创新成果
江西省 （中国人民银行南昌中心支行）	1. "重调度"。针对中小微企业主要分布在地市和县域的特点，及时调配再贴现限额区域布局，扩大再贴现政策覆盖范围，加快再贴现限额周转使用效率，满足地方融资需求 2. "明投向"。结合江西省农业生态经济发展较快、工业领域小微企业众多的省情，及时出台再贴现窗口指导意见，再贴现支持领域突出支小支农原则 3. "扩票源"。为改变以往票据融资过于依赖银行信用、票据风险过度集中在承兑银行的状况，中国人民银行南昌中心支行印发了《促进江西省商业承兑汇票业务发展指导意见》，按照"先易后难、有序推进"的原则，在产销关系紧密的上下游企业间，以汽车行业为突破口，借力财务公司平台，利用再贴现予以引导，有序推进商业信用票据化 4. "严管理"。为确保央行再贴现资金安全，中国人民银行行南昌中心支行制定了江西省再贴现业务管理办法，明确了从严控制金融机构准入门槛，从严控制再贴现额度审批，从严开展票据业务合规性检查的"三从严"要求，规范了办理流程，提高了办理效率	2013 年，中国人民银行南昌中心支行共在全省 9 个地市安排再贴现额度 21 亿元 全省支持地方法人机构 8 家，比上年增长 3 家，其中支持村镇银行及农信社 7 家，在有效支持小微企业票据融资的同时，解决了其资金周转不足的困难 2013 年共办理商业承兑汇票再贴现 3.7 亿元，较上年增长 111.5% 2013 年，中国人民银行南昌中心支行累放再贴现 54.9 亿元，较前 3 年分别增长 3.7 倍、12.6 倍和 1.9 倍，再贴现限额年平均周转 2 次，较前 3 年分别提高 1.5 次、1.8 次和 0.9 次，有效盘活了存量限额 在再贴现政策工具的积极引导下，全省金融机构当年累计办理银行承兑汇票贴现 7 670 亿元，较上年增长 101.3%；商业承兑汇票贴现 233.3 亿元，较上年增长 3.2 倍，辖内商业信用得到极大释放，激活和带动了相关产业链快速整合和发展

第 *3* 章

地方政府债务问题

地方政府债务是指中国的省级、市级、县级和乡镇政府所欠的债务，与其相对应的是中央财政债务。地方政府债务主要由三部分组成：一是地方政府负有偿还责任的债务；二是地方政府负有担保责任的债务（即债务人出现债务偿还困难时，政府需履行担保责任的债务）；三是地方政府可能承担一定救助责任的债务（即债务人出现债务偿还困难时，政府可能承担一定救助责任的债务）。

《中国国家资产负债表2015》报告显示，截至2014年底，地方政府总资产108.2万亿元，总负债30.28万亿元，净资产77.92万亿元。2000～2014年，中国的主权负债从21.4万亿元增加到124万亿元，增长102.6万亿元，年均增长7.3万亿元。其中，国有企业债务和地方政府债务对主权负债增长的贡献率分别为53.8%和25.7%。2000～2014年，中国的主权负债从21.4万亿元增加到124万亿元，增长102.6万亿元，年均增长7.3万亿元。其中，国有企业债务和地方政府债务对主权负债增长的贡献率分别为53.8%和25.7%。《中国国家资产负债表2015》报告显示，截至2013年6月底，地方政府负有偿还责任的债务余额中，2013年下半年、2014年和2015年到期需要偿还的分别占比22.9%、21.9%和17.1%，2016年和2017年到期需要偿还的分别占11.6%和7.8%，2018年及以后到期需要偿还的占到18.8%。中国的地方政府债务问题一直是一个充满矛盾和问题、风险和不确定性很大的领域，反映出政治、法律、财政、金融、土地等诸多方面的制度与政策缺陷。

2015年3月，经国务院批准，财政部向地方下达1万亿元地方政府债券额度置换存量债务，地方政府债务定向直接置换的内容包括：置换的存量债务范围为审计确定的截至2013年6月30日地方政府负有偿还责任的债务中的银行贷款部分；地方政府可以与信托、证券、保险等其他机构协商一致，采用定向承销方式直接将其持有债务置换为地方政府债券；发行利率由双方协商确定，利率区间下限不得低于相同待偿期记账式国债收益率平均值，上限不得高于相同待偿期记账式国债收益率平均值上浮30%；各地针对2015年第一批置换债券额度（1万亿元）的定向承销发行工作，应当于2015年8月31日前完成；地方政府债券纳入央行流动性管理工具的抵（质）押品范围，并按规定在交易所开展回购交易。

3.1 地方政府债务的历史与发展现状

3.1.1 地方政府债务沿革

在 2005 年之前，地方政府债务主要是由财政收支存在缺口而被动形成的，或有负债规模逐渐超过直接负债，债务规模庞大且结构分散。就纵向分布而言，省级政府或有负债所占比例并不高，越到基层的政府或有债务风险才越突出；同时，横向比较起来，经济基础充实和政府财力充裕的地区政府或有负债规模较经济基础薄弱、政府财力拮据的地区更小。因此，这期间的地方政府债务问题主要与县乡财政困难的问题联系在一起。

随着城市化进程的推进以及为缓解县乡财政困难，国务院于 2005 年开始实施综合性财政改革措施，地方政府债务出现了一些新变化：一是地方债务规模急剧增大；二是地方债务的形成开始由被动的负债开支转为主动的债务融资，由维系行政支出转变为城市建设和基础设施投资为主；三是地方债务关系更为复杂，由地方政府与其债权人的双边关系变为"地方政府—政府融资平台—银行和资本市场等"的间接融资关系。这一阶段地方债务迅速积累主要归因于地方政府融资平台的飞速扩张。

2008 年全球性金融危机爆发后，地方政府债务主要是通过地方政府融资平台，配合国家 4 万亿元经济刺激计划的实施，扭转经济下滑趋势。"4 万亿"风头过后，伴随着经济的下滑，地方政府税收收入以及出卖土地等预算外收入明显下降，地方政府又入不敷出了。在 2011 年 10 月 20 日，地方政府"自行发债"，又开始靠集资度日。财政部公布，经国务院批准，2011 年上海市、浙江省、广东省、深圳市开展地方政府自行发债试点。广东省 2011 年的地方政府债券额度为 69 亿元，上海市、浙江省和深圳市分别为 71 亿元、67 亿元和 22 亿元，4 省市合计 229 亿元。而在 20 世纪 80 年代末至 20 世纪 90 年代初，许多地方政府出现财政缺口时都发行过地方债券。当时有的甚至是无息的，以支援国家建设的名义摊派给各单位，更有甚者就直接充当部分工资了。但到了 1993 年，这个行为被国务院制止了，原因是对地方政府承诺的兑现能力有所怀疑。此后颁布的《中华人民共和国预算法》第 28 条明确规定，"除法律和国务院另有规定外，地方政府不得发行地方政府债券"。另外，这次地方债与此前财政部代理发行不同的是，这 4 个省市是自行组建债券承销团，具体发债定价机制亦由试点省市自定，而不是由财政部面向国债承销团采取统一代理的方式分期打包发行。此次地方债发行额度不大，不会对债券市场造成供给冲击，只不过是地方债拥有国家批准的身份而已。

3.1.2　地方政府债务现状

国家审计署于 2011 年、2012 年和 2013 年分别进行了 3 次政府债务审计。从审计主体来看，2011 年的政府性债务审计针对全国市县级以上地方政府主体，2012 年审计范围仅针对 15 个省、3 个直辖市本级及其所属的 15 个省会城市本级、3 个市辖区，共计 36 个本级地方政府，而 2013 年全国政府性债务审计共对全国 31 个省和 5 个计划单列市、391 个市、2 778 个县、33 091 个乡进行了审计。

总体上，从地方政府债务举借主体看，融资平台公司、政府部门和机构、经费补助事业单位是政府负有偿还责任债务的主要举借主体，分别举借 40 755.54 亿元、30 913.38 亿元、17 761.87 亿元。从债务资金来源看，银行贷款、BT（建设—转让模式）、发行债券是政府负有偿还责任债务的主要来源，分别为 55 252.45 亿元、12 146.30 亿元和 11 658.67 亿元。从债务资金投向看，主要用于基础设施建设和公益性项目。从未来偿债年度看，2013 年 7 月至 12 月、2014 年到期需偿还的政府负有偿还责任债务分别占 22.92% 和 21.89%，2015 年、2016 年和 2017 年到期需偿还的分别占 17.06%、11.58% 和 7.79%，2018 年及以后到期需偿还的占 18.76%。

具体而言，从地方政府债务规模、地方政府债务层级、债务层级债务类型、举债主体总债务规模、举债来源、负债指标、债务投向和行业投向多个方面展开分析。

从地方政府债务规模看（见表 3.1），地方政府可能承担一定救助责任的债务较 2010 年底增加 159.91%，占比由 15.58% 上升至 24.25%。这表明地方政府可能承担一定救助责任的债务规模快速增长，地方政府的或有负债风险敞口明显扩大。

表 3.1　　　　　　　　　审计署公布的地方政府债务规模对比

债务类型	2010 年		2012 年		2013 年 6 月	
	金额（亿元）	占比（%）	金额（亿元）	占比（%）	金额（亿元）	占比（%）
政府负有偿还责任的债务	67 109.51	62.62	96 281.87	60.61	108 859.17	60.85
政府有担保责任的债务	23 369.74	21.81	24 871.29	15.66	26 655.77	14.90

续表

债务 类型	2010 年		2012 年		2013 年 6 月	
	金额（亿元）	占比（%）	金额（亿元）	占比（%）	金额（亿元）	占比（%）
政府可能承担 一定救助责任 的债务	16 695.66	15.58	37 705.16	23.74	43 393.72	24.25
合计	107 174.91	100	158 858.32	100	178 908.66	100

资料来源：审计署 2011 年全国地方政府性债务审计结果、审计署 2013 年 36 个地方政府本级政府性债务审计结果、审计署 2013 年全国地方政府性债务审计结果。

从地方政府债务层级看（见表 3.2），各层级地方政府性债务均快速增长，县级政府债务增长最快，但市级政府债务仍是地方政府债务的主体；县级和乡镇政府负有偿还责任的债务占比高，债务刚性压力很大。

表 3.2　　　　　　　　2010 年与 2013 年 6 月地方政府债务层级对比情况

政府层级	2010 年		2013 年 6 月		
	债务余额 （亿元）	占比 （%）	债务余额 （亿元）	占比 （%）	增速 （%）
地方政府债务	107 174.91	100	178 908.66	100	66.93
其中：省级	32 111.94	29.96	51 939.75	29.03	61.75
市级	46 632.06	43.51	72 902.44	40.75	56.34
县级	28 430.91	26.53	50 419.18	28.18	77.34

资料来源：审计署 2011 年全国地方政府性债务审计结果、审计署 2013 年 36 个地方政府本级政府性债务审计结果、审计署 2013 年全国地方政府性债务审计结果。

从地方政府债务层级债务类型看（见表 3.3），由于在当前分税体制下，低层级政府负担的事权较多，但其所能支配的政府财力较少，因此政府层级越低，政府负有偿还责任的债务占比越高。

表 3.3　　　　　截至 2013 年 6 月地方政府债务层级债务类型占比情况

政府层级	三项债务合计 （亿元）	政府负有偿还 责任的债务（%）	政府负有担保 责任的债务（%）	政府可能承担一定 救助责任的债务（%）
省级	51 939.75	34.23	30.09	35.68
市级	72 902.44	66.44	10.18	23.38
县级	50 419.18	78.49	6.92	14.59
乡镇	3 647.29	84.18	3.18	12.64

资料来源：审计署 2013 年全国地方政府性债务审计结果。

从地方政府举债主体总债务规模看（见表 3.4），融资平台公司、政府部门和机构、经费补助事业单位仍是地方政府的主要举债主体，但政府部门和机构、事业单位债务的占比有所下降。原因可能是，在 2010 年以来政府出台的一系列对地方政府融资平台规范政策的影响下，部分地方政府融资平台通过接受资产注入等方式退出平台名单，这类平台相应的债务可能转入到国有独资或控股企业债务中，但整体上地方政府债务仍主要来自于政府融资平台债务。

表 3.4　　　　2010 年与 2013 年 6 月地方政府举债主体总债务规模对比

举债主体类型	2010 年		2013 年 6 月底		
	债务余额（亿元）	占比（%）	债务余额（亿元）	占比（%）	增速（%）
融资平台公司	49 710.68	46.38	69 704.42	38.96	40.22
政府部门和机构	24 975.59	23.30	40 597.58	22.69	62.55
经费补助事业单位	17 190.25	16.04	23 950.68	13.39	39.33
公用事业单位	2 498.28	2.33	3 280.52	1.83	31.31
其他单位	12 800.11	11.94	41 375.46	23.13	223.24
其中：自收自支事业单位	—	—	6 025.46	3.37	—
国有独资或控股企业	—	—	31 355.94	17.53	—
其他单位债务	12 800.11	11.94	3 994.06	2.23	-68.80

资料来源：审计署 2011 年全国地方政府性债务审计结果、审计署 2013 年全国地方政府性债务审计结果。

从地方政府举债来源看（见表 3.5），虽然银行贷款占地方政府债务的比例大幅下降，但银行贷款仍是地方政府融资的最主要来源，而债券、BT 和信托等其他融资方式快速发展，所以地方政府融资方式更加隐蔽，融资成本大幅提高，地方政府债务新的风险隐患增加。

表 3.5　　　　2010 年与 2013 年 6 月地方政府举债来源对比

债权人类别	2010 年		2013 年 6 月底	
	债务余额（亿元）	占比（%）	债务余额（亿元）	占比（%）
银行贷款	84 679.99	79.01	101 187.39	56.56
BT	—	—	14 763.51	8.25
发行债券	7 567.31	7.06	18 456.91	10.32

续表

债权人类别	2010 年		2013 年 6 月底	
	债务余额（亿元）	占比（%）	债务余额（亿元）	占比（%）
其中：地方政府债券	—	—	6 636.02	3.71
企业债券	—	—	8 827.37	4.93
中期票据	—	—	1 940.14	1.08
短期融资券	—	—	355.30	0.20
应付未付款项			8 574.77	4.79
信托融资			14 252.33	7.97
其他单位和个人借款	10 449.68	9.75	8 391.59	4.69
垫资施工、延期付款			3 758.59	2.10
证券、保险业和其他金融机构融资			3 366.13	1.88
国债、外债等财政转贷			3 033.73	1.70
融资租赁	4 477.93	4.18	2 318.94	1.30
集资			804.77	0.45
合计	107 174.91	100.00	178 908.66	100.00

从地方政府债务负债指标来看（见表 3.6），地方政府性债务余额/地方政府公共预算收入基本稳定，截至 2012 年底为 260.09%，比地方政府债务率高出 148.09 个百分点，表明地方政府性债务偿还需求对土地出让金的依赖程度较高。

表 3.6　　　　　　　　2010 年和 2012 年地方政府债务负债指标对比　　　　　单位:%

项目名称	2010 年	2012 年
地方政府债务率（%）＝地方政府性债务余额/地方政府综合财力	100.82	112.00
地方政府性债务余额/地方政府公共预算收入	263.91	260.09

资料来源：审计署 2011 年全国地方政府性债务审计结果、中央和地方政府预决算报告（2010 ~ 2012）。

从地方政府债务投向看（见表 3.7 和表 3.8），主要投向仍是公益性基础设施建设项目，教科文卫、保障性住房和市政建设领域的债务较快增长。

从具体投向行业来看（见表 3.7 和表 3.8），市政建设方面，由于大部分项目均为公益性项目，自身无法产生经营性现金流，债务偿还需依靠财政资金的保障，因此政府负有偿还责任是主要的债务类型。交通运输方面，政府或有债务为主要的债务类型，占比保持在 65% 左右，由于大部分交通运输项目能通过经营获得较为稳定的现金流，可为债务偿还提供资金保障；土地收储方面，由于从事该业务的政府投融资平台营业收入均来自政府返还的土地出让金，因此债务也基本属于政府负有偿还责任的债务，占比保持在 90% 左右，这部分债务的偿还依靠未来土地出让收入的实现，土地出让收入波动大，未来偿债保障存在一定的不确定性；教科文卫、保障性住房方面，由于近几年来地方政府加快推进保障房建设项目，政府负有偿还责任的债务占比由 47.71% 上升至 56.74%，虽债务的保障程度有所上升，但政府的偿债压力也有所加大。

表 3.7　2010 年底全国地方政府性债务余额已支出投向情况

债务支出投向类别	三类债务合计		政府负有偿还责任的债务		政府负有担保责任的债务		其他相关债务	
	债务额（亿元）	比重（%）	债务额（亿元）	比重（%）	债务额（亿元）	比重（%）	债务额（亿元）	比重（%）
市政建设	35 301.04	36.72	24 711.15	42.03	4 917.68	22.55	5 672.21	36.53
交通运输	23 924.46	24.89	8 717.74	14.83	10 769.62	49.39	4 437.10	28.58
土地收储	10 208.83	10.62	9 380.69	15.95	556.99	2.55	271.15	1.75
教科文卫、保障性住房	9 169.02	9.54	4 374.67	7.43	1 318.02	6.04	3 476.33	22.39
农林水利建设	4 584.10	4.77	3 273.78	5.57	874.53	4.01	435.79	2.81
生态建设和环境保护	2 733.15	2.84	1 932.03	3.29	403.72	1.85	397.40	2.56
化解地方金融风险	1 109.69	1.15	823.35	1.40	281.29	1.29	5.05	0.03
工业	1 282.87	1.33	681.18	1.16	579.46	2.66	22.23	0.14
能源	241.39	0.25	44.78	0.08	189.91	0.87	6.70	0.04
其他	7 575.89	7.89	4 858.12	8.26	1 915.40	8.79	802.37	5.17
合计	96 130.44	100.00	58 797.49	100.00	21 806.62	100.00	15 526.33	100.00

资料来源：审计署 2011 年第 35 号公告：全国地方政府性债务审计结果。

表 3.8　2013 年 6 月底全国地方政府性债务余额已支出投向情况

债务支出投向类别	政府负有债务偿还责任的债务（亿元）	政府或有债务	
		政府负有担保责任的债务（亿元）	政府可能承担一定救助责任的债务（亿元）
市政建设	37 935.06	5 265.29	14 830.29
土地收储	16 892.67	1 078.08	821.31
交通运输设施建设	13 943.06	13 188.99	13 795.32
保障性住房	6 851.71	1 420.38	2 675.74

续表

债务支出投向类别	政府负有债务偿还责任的债务（亿元）	政府或有债务	
		政府负有担保责任的债务（亿元）	政府可能承担一定救助责任的债务（亿元）
科教文卫	4 878.77	752.55	4 094.25
农林水利建设	4 085.97	580.17	768.25
生态建设和环境保护	3 218.89	434.60	886.43
工业和能源	1 227.07	805.04	260.45
其他	12 155.57	2 110.29	2 552.27
合计	101 188.77	25 635.39	40 684.31

资料来源：审计署 2013 年第 32 号公告：全国政府性债务审计结果。

从债务期限结构看（见表 3.9），2014 年地方政府需偿还的债务规模很大，且政府负有偿还责任的债务占应偿还债务总额的 66.78%，存在一定的集中偿债压力。2015 ~ 2017 年，地方政府应偿还的债务分别为 27 771.11 亿元、19 421.30亿元和 14 295.17 亿元，偿债压力将逐步缓解。

表 3.9　　　　　　2013 年 6 月底地方政府性债务余额未来偿债情况

偿债年度	政府负有偿还责任的债务		政府或有债务	
	金额（亿元）	比重（%）	政府负有担保责任的债务（亿元）	政府可能承担一定救助责任的债务（亿元）
2013 年 7 月至 12 月	24 949.06	22.92	2 472.69	5 522.67
2014 年	23 826.39	21.89	4 373.05	7 481.69
2015 年	18 577.91	17.06	3 198.42	5 994.78
2016 年	12 608.53	11.58	2 606.26	4 206.51
2017 年	8 477.55	7.79	2 298.60	3 519.02
2018 年及以后	20 419.73	18.76	11 706.75	16 669.05
合计	108 859.17	100.00	26 655.77	43 393.72

资料来源：审计署 2013 年第 32 号公告：全国政府性债务审计结果。

3.2　地方政府债务的主要融资模式

从债务资金来源看，银行贷款、BT、发行债券是政府负有偿还责任债务的主要来源。近年来地方政府性债务在融资方式上也出现了新情况，如在政府可能承担一定救助责任的债务中，通过 BT（建设—移交）、融资租赁、垫资施工等新的举债方式为公益性项目举债。

3.2.1 银行贷款

3.2.1.1 银行贷款是政府融资主要来源

从我国地方政府贷款来源来看，主要是国家开发银行，国有银行以及全国性股份制商业银行，以及地方中小商业银行。这种"银政合作"模式往往同经济衰退和政府刺激经济的政策是相辅相成的。所谓"银政合作"就是"银行帮助政府发展，政府帮助银行建设市场、控制风险、互利共赢"。这种合作是把银行的融资优势和地方政府的组织优势结合起来，既体现融资的推动作用，又含有规划先行、市场建设和风险控制的内容。通过银政合作，可以实现地方财政与金融的良性互动，不会造成财政过度负债和银行过高风险。

以国家开发银行为例，国家开发银行自成立以来，一直是支持"两基一支"（基础设施、基础产业和支柱产业）项目建设的重要力量。作为一家致力于中长期贷款的政策性银行，国开行长期与地方政府开展深入的规划合作，主要通过规划融资，整合项目信息，将贷款发放的流程纳入到整个政府规划的过程中。国开行贷款通过地方城投公司给地方政府贷款，通常由地方财政作担保，风险可控。如国开行与地方政府的合作，不是直接贷款给政府，而是通过共同建设信用，增强平台企业的信用和实力，使其成为独立承担责任的市场主体，以市场的方式实现政府的目标并偿还贷款，同时增强其自我发展能力。但受制于国开行的机构网点只到省一级，未到市一级，国开行擅长的城市建设投融资逐渐成为商业银行跟进的领域。商业银行通过与各级地方政府的合作，除了可以为大量的信贷资金找到出路、获得巨额利差收入外，银行在存款业务方面也获得了政府的诸多倾斜和优惠，为商业银行大力发展资产业务、理财业务和现金管理业务奠定了坚实基础，有利于商业银行扩大自身在当地的影响力和盈利能力，树立自己的品牌和形象。虽然近年来我国的股份制商业银行、城市商业银行、外资银行等非国有商业银行获得了较大的发展，但四大国有银行仍是我国商业银行主体，因此四大国有银行在发放信贷领域也占据主要份额。贷款作为商业银行的一项主业务，是银行的主要利润来源之一。地方中小商业银行包括城市商业银行，城市农村信用社。作为地方金融，地方中小银行由于自身规模较小，资本金不足，难以同大银行进行全面的竞争，因此相对于国有银行，地方中小银行的发展主要依靠本地区域。通过加强与本地政府的开发与融资，地方银行不止能获得自身的发展，也为地方经济的发展提供了资金支持。

3.2.1.2 地方政府债务的银行贷款主体和融资过程

从我国地方政府银行贷款主体来看，主要是地方政府融资平台。这是因为我国《预算法》明确规定地方政府不能进行赤字预算或债务融资。为规避法律约束，达到为地方城市建设和文教卫生等公共事业等支出的资金缺口进行融资的目的，地方政府组建了一批由其主导的城市投资建设公司、城建开发公司、城建资产经营公司等，也就是所谓的"地方政府融资平台"。地方政府融资平台设立的一般过程为：地方政府通过财政资金拨付、土地划拨、规费注入、特许经营权、股权投资等方式出资成立一个资产规模与现金流可以达到融资要求的公司。必要时还可以辅以财政补贴等手段，在市场上主要以向商业银行贷款的方式进行融资，并将所得资金重点投入到市政基础项目建设、公共事业的改善等方面。比较有代表性的几个地方政府融资平台运作模式有上海模式、重庆模式与天津模式。上海市地方政府融资平台是通过建立一个全面管理地方政府所属资产的投资公司（如上海市城市建设投资开发总公司，简称上海城投公司）来履行地方政府的融资与投资事务。重庆市是按照一体化职能将分散的国有资产整合，组建成立了城投、开投、水投、水务、渝富、交旅、高发、地产八大政府主导的投资集团（简称"八大投"）。天津地方政府融资平台是以土地和城市基础设施增值收益作为还款保证来进行融资，运作模式与上海模式类似。

地方政府融资平台尽管已经存在较长一段时间，但其引起人们的广泛关注却是在 2008 年金融危机爆发之后。2008 年 11 月，为应对由美国次贷危机引发的全球性金融危机对我国经济的巨大冲击，国家出台了 4 万亿元的经济刺激计划，在这 4 万亿元经济刺激的支出计划中，有 2.8 万亿元需要由地方财政和社会资金来配套实施。与此同时，各地也纷纷推出了各自的投资计划，各地方政府计划投资总金额达 22 万亿元之多。各级地方财政收入在金融危机的冲击下本来就大幅度缩减，而财政支出却又大幅度增加，使得地方财政资金缺口加大。为此，地方政府融资平台发挥了不可替代的作用。地方政府融资平台主要采用"融资平台＋土地财政＋打捆贷款"的运作模式。地方政府以财政资金划拨、土地划归、规费注入等形式投入注册资金创建平台企业，在市场上对平台企业辅以各种形式的政府担保获得打捆贷款，然后将获得的资金用于该片土地的开发建设，以后期土地的升值收益来还本付息。土地在这一运作过程中扮演了地方政府财政收入、平台企业的注册资本、基础建设项目启动的资本金、平台企业获得银行贷款的抵押品等多个角色。土地的保值增值成为该地方政府融资平台运作模式的关键因素。

随着地方政府融资平台数量与负债规模的激增，其所蕴含的大量财政风险与金融风险也引起了人们的广泛关注与担忧。地方政府融资平台存在运作不规范、政府担保无法律效力、偿债能力有限、蕴含着大量的信息不对称与道德风险等问题。针对地方政府融资平台出现的问题，2010 年 6 月国务院出台了《关于加强地方政府融资平台公司管理有关问题的通知》，对地方政府融资平台法人治理结构、项目债务管理、现金流均衡、偿债机制建设等方面提出一揽子规范措施；随后的 11 月，银监会对防范地方政府融资平台贷款风险、偿付措施等作出了相关规定。

2014 国务院发布的《加强地方政府性债务管理的意见》中明确提出，剥离融资平台公司政府融资职能，融资平台公司不得新增政府债务。对于以前主要通过融资平台公司融资建设的项目，意见给出了三个解决渠道：一是对商业房地产开发等经营性项目，要与政府脱钩，完全推向市场，债务转化为一般企业债务；二是对供水供气、垃圾处理等可以吸引社会资本参与的公益性项目，要积极推广PPP（公私合作关系）模式，其债务由项目公司按照市场化原则举借和偿还，政府按照事先约定，承担特许经营权给予、财政补贴、合理定价等责任，不承担偿债责任；三是对难以吸引社会资本参与、确实需要政府举债的公益性项目，由政府发行债券融资。由此可见，由于融资平台等重要融资方式被堵，未来地方政府将更加依赖税收。

3.2.2 BT 模式（建设—转让模式）

3.2.2.1 BT 模式的含义和起源

BT 是 Build—Transfer 的英文缩写，译为建设—转让（建设—移交），是指政府选择拟建的基础设施或公用事业项目的投资人，并由投资人在工程建设期内组建 BT 项目公司进行建设；在工程竣工建成后按约定进行工程移交并从政府或其授权的单位的支付中收回投资。

BT 模式是由 BOT 衍生而来（见图 3.1），是 BOT 模式根据项目具体特性与实施条件，演变所产生的一种满足项目特定特性的投资建设模式。

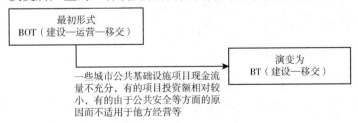

图 3.1 BT 模式与 BOT 模式关系

BOT 是英文 Build—Operate—Transfer，即建设—经营—转让的缩写。在国际融资领域，BOT 不仅仅包含了建设、运营和移交的过程，更主要的是项目融资的一种方式，具有有限追索的特性。其运作的基本特征是：①政府通过契约（由招标方式或竞争性谈判方式进行）授予投资企业（包括私营企业、外国企业等）以一定期限的特许专营权；②由获特许专营权的投资企业在特许权期限内负责特定的公用基础设施项目的建设、经营、管理，并准许其通过向用户收取费用或出售产品取得的收益偿还贷款，回收投资并赚取利润；③特许权期限届满时，投资企业须将该基础设施无偿移交给政府。

自 20 世纪 80 年代我国以 BOT 方式组织项目实施建设以来，经过多年的发展，BOT 融资模式已经为大众所熟悉。而 BT 模式作为 BOT 模式的一种衍生，近年来逐渐作为政府一种投融资模式，被用来为政府性公共项目融资。近年大型 BT 项目案例有：珠海横琴新区市政基础设施 BT 项目，苏州太湖国家旅游开发区基础设施 BT 项目，佛山市市政基础设施 BT 建设项目工程、上海沪青平高速公路 BT 项目、天津津滨轻轨项目、北京地铁奥运支线、南京地铁二号线一期工程等。

3.2.2.2 BT 模式的适用范围和基本特征

政府公共市政基础设施项目基本可以分为三种性质，即公益性、准公益性、经营性。BT 模式仅适用于政府公益性、准公益性基础设施这类缺乏收入补偿机制的非经营性项目建设。如不收费的城市道路、市政管网、公益性环境环保工程等。该类项目本身不产生或产生极少的现金收入，通过项目自身收益不会使投资人在项目经营周期内回收投资本金和获得合理投资回报，所以此类项目大多采用 BT 模式来实现社会化融资，这样政府既能吸引社会化投资人，降低融资成本，又能缓解政府在城市建设过程中的资金压力，较好地解决城市发展需求与社会资金效益发挥之间的矛盾。政府利用的资金是非政府资金，是通过投资方融资的资金，融资的资金可以是银行的，也可以是其他金融机构或私有的，可以是外资的也可以是国内的；BT 模式下投资方在移交时不存在投资方在建成后进行经营，获取经营收入的过程，政府需按约定的比例在回购期限分期向投资方支付 BT 合同约定的总价。

3.2.2.3 BT 模式参与主体

发起方：通常 BT 项目的发起方就是政府，或者政府性质的国有企业。

投资方：发起方选择的 BT 项目的出资建设方。一般是通过招标或公开的政府采购平台获得本项目的投融资、建设等特许权利的投资方（包括投资组合体）。

项目公司：按照项目法人制，被选定的投资方在项目所在地设立的项目公司，具体承担对项目进行融资、建设组织和管理等工作。

建设方：项目公司作为工程发包方，选择的有资质的建筑承包商承担工程的施工任务。

回购方：通常情况就是发起方，或者是发起方指定的下属投资平台作为回购方负责按期向项目公司支付回购款。

回购担保方：担保的形式可能是土地抵押、金融机构担保、履约保函或信誉较好的企业进行信用担保等。

贷款机构：是指为 BT 项目提供融资渠道和融资服务银团等贷款机构。

图 3.2 表示了 BT 模式流程图。

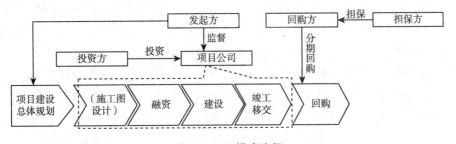

图 3.2　BT 模式流程

3.2.2.4　BT 模式的基本运作过程

以 BT 模式实施的项目，涉及投资权、建设权、转让义务等，参与主体较多，运作过程主要包括项目准备、项目 BT 招标和合同确定、项目建设和项目验收移交和回购阶段（见图 3.3）。

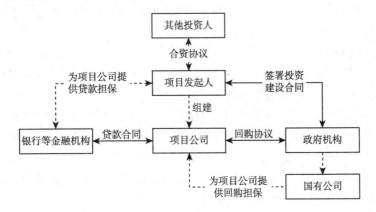

图 3.3　BT 模式融资运作过程

项目准备阶段：首先由项目所在地的政府对拟进行 BT 模式建设的项目进行技术、经济和法律方面的可行性研究，确定融资模式、融资金额时间及数量上的要求、偿还资金的计划等，办理相应政府内部筹划报批等工作，并授权所属部门或成立相应公司，作为项目发起人，准备对 BT 投资建设方进行特许招标。

项目 BT 招标和 BT 合同确定阶段：项目发起人通过招标或政府采购平台采购方式确定 BT 投资建设方，将项目融资和建设的特许权转让给投资方，银行或其他金融机构根据项目未来的收益情况对投资方的经济等实力情况为项目提供融资贷款，项目发起人与投资方签订 BT 投资合同，形成法律文件，投资方组建 BT 项目公司。

项目建设阶段：BT 投资方按照 BT 合同约定，选择产生项目的勘察、设计、施工、监理以及材料设备供应商等参建各方。在建设期间，投资方在建设期间行使业主职能，对项目进行融资、建设并承担建设期间的风险。BT 项目公司按照相应的合同进行管理，按照预期的投资、质量、工期和工程进度有序进行。

项目验收移交和回购阶段：在项目完工后，按照法人验收、政府验收流程进行竣工验收，合格后，BT 方有偿将所有权转让给政府（项目业主）。正常移交后，政府按 BT 合同或回购协议约定，在回购期内将 BT 投资总价加上合理回报按比例分期偿还投资方的融资和建设费用。

3.2.2.5 BT 模式的融资过程和途径

项目业主与 BT 方签订 BT 合同。项目业主对 BT 方出具全额付款保证。BT 方与银团签订财务顾问协议。银团以项目业主的全额付款保证为担保与 BT 方签订贷款协议。银行等金融机构对该 BT 项目提供全面的财务支持，承诺对 BT 方提供贷款，包括银行等金融机构承诺对 BT 方的流动资金提供补充贷款。

BT 模式常见融资途径概况有三：

（1）债务融资方式。项目公司传统银行贷款，母公司保证担保；通过 BT 回购协议将项目未来回购款收益权向银行进行质押贷款；通过发行公司债、企业债、短期融资券、中期票据等多种方式获得融资。

（2）股权融资方式。这是指 BT 项目投资人对于 BT 项目公司进行增资扩股或引入战略投资者进行融资，即根据 BT 项目投资的发展需要，通过项目公司增资扩股，扩大其股本，进行融资的一种模式。增资扩股所筹集的资金属于自有资本，与借入的资本相比，它更能提高 BT 项目公司的资信和借款能力，对扩大企业经营规模、壮大企业实力具有重要作用。

（3）结构性融资方式。一种为银信合作，信托计划理财计划融资模式。即银行通过发行理财产品的形式，将募集资金委托给信托公司，由信托公司以自己的名义，贷款给项目公司的一种融资模式。从投资回报或收益角度考虑，信托投资公司开展基础设施信托的主要目的或方向是那些项目建成后具有较高的或稳定的现金流的基础设施类项目。对于 BT 项目而言，在建成移交后拥有政府回购款保障，因此适宜采用信托融资模式。另一种为企业资产证券化融资模式。其内涵就是将一组非流动性的特定资产转化为具有更高流动性的证券，然后向投资者出售该证券产品。其中，特定资产所产生的现金流则用于偿付证券本息和交易费用。这就是由"资产"支持的："证券"。BT 回购款权利的本质是债权性质的权利。BT 项目资产证券化的特色就在于：将法律权属清晰、优质且同质的 BT 回购款债权打包进一个资产池，以"专项计划"的形式出售给合格投资者，同时以合同债权每年产生的现金流用来向投资者还本付息。

3.2.2.6　BT 模式的主要风险

高成本的 BT 模式大量进入地方基础设施建设领域，其贡献不容忽视，但这类融资不易监管，隐藏的债务风险应引起警惕。BT 模式的风险可以从政府回购风险、建设风险、融资风险几方面展开。

政府回购风险包括 BT 项目支付出现延期、拖欠和优惠承诺不能兑现等。从投资人角度讲，在回购期，投资人面临的主要风险是政府信用风险，政府能否按时支付回购款成为 BT 项目的最大风险。另外，BT 项目由项目公司承担了建设职能，政府无须再委托代建公司进行项目管理，政府的建设管控是宏观的。所以针对较低的政府信用的项目，必须要求政府方以担保的方式进行弥补。如设置第三方独立担保、履约保函、土地质押，或将回购款的支付列入当地政府财政预算（或资金平衡计划）等补充措施，来降低因政府无法按时履约造成的回购风险。

建设风险包括 BT 项目合同终止、工程质量和进度问题等。根据一般 BT 项目的合同，只有投资者完成项目的竣工验收，协议中业主履行的支付回购款的义务才生效。因此，在项目的建设期内，出现的任何质量、安全、进度的错误、延误、事故等不确定因素都将导致项目不能按时及时验收，这样对项目的回购必将受到严重影响。为解决这一问题，务必将项目的这些风险控制在事前，并选择合适的项目管理模式，指定详细的管理制度等。

融资风险包括融资能力不足、利率风险和通货膨胀等。在 BT 模式的项目运作中，项目公司的融资与金融环境对投资者的成本控制和预期盈利水平影响非常大，是项目投资的重大风险之一。为保障大型（特大型）项目的顺利运作，投资者的再融资能力就成为项目是否能如期建成的关键，如果投资者对自己的再融资能力估计不足，而盲目地以 BT 方式承接政府项目，必然会承担资金链断裂的风险。BT 模式下，在项目建设期间出现利率波动是正常的事，BT 项目投资者在再融资过程中无论采用浮动利率或是约定固定利率，都容易发生因利率波动而导致融资成本增加的风险。在 BT 模式下运作项目，如果国家（地区）及世界范围内发生通货膨胀，直接关系到投资者资金和盈利的实际购买力，从而导致项目回购时政府所支付货币的实际购买力远远低于投入时的购买力。

3.2.3 发行债券

对于支持发行政府债券最早的理论来源于凯恩斯，1936 年在其著作《通论》中，凯恩斯肯定了公债发行对经济发展的作用；功能财政论也指出财政政策的制定应着眼于整个经济体系的影响，而不必拘泥于预算平衡与否的观点，指出公债是调节经济发展的政策手段。

美国地方政府融资主要来源是各级政府发行的市政债券。其发行主体包括政府、政府授权机构和代理机构，其投资者主要是银行、保险公司、基金和个人投资者。市政债券是以地方政府财政作为偿付担保和后盾，并且有免税优惠政策，因此地方政府可以用相对更低的利率成本进行融资。

我国的地方债按照不同债务品种分类，可以分为两种形式：公益类债券，就是一些公益性的项目，如教育、贫困地区的道路建设等。另一种地方债是类似于美国的市政债，但比市政债的投资项目更具体，比如将发债资金投入的项目、工期、收益等全都公之于众，日后由项目完成后的盈利归还本息。地方债务归还来源，主要是地方政府的税收与地方资产的出售。由于我国《预算法》明确规定"除法律和国务院另有规定外，地方政府不得发行地方政府债券"，因此我国的地方发债主要有两种模式，第一种是中央代发的地方政府债券；第二种是通过地方政府融资平台来发行的城投债，也被称为"准市政债"，直接挂钩地方政府信用，主要是募集资金用于城市路网项目、市政基础及公共服务项目等建设。

总体来看，我国地方政府债券改革沿着"代发代还、自发代还、自发自还"的路径不断深化。2009 年以后，城投债券成为地方政府融资重要手段多年以后，历经爆发增长、整理和规范，发行规模持续位于高位。一般责任债券是大势，但短期内城投债仍将是主力，未来一般责任债务和收益债券将并行发展。2014 年10 月国务院发布了《加强地方政府性债务管理的意见》明确"地方政府举债采取政府债券方式，没有收益的公益性事业发展确需政府举借一般债务的，由地方政府发行一般债券融资，有一定收益的公益性事业发展确需政府举借专项债务的，由地方政府通过发行专项债券融资"，未来地方政府将通过发行一般债券和专项债券为基础设施建设项目融资。这意味着未来地方政府如果想举债，主要采取公开发行政府债券的方式，而不是目前主要通过搭建政府融资平台举借银行贷款、发行企业债券、BT 等模式。

3.2.3.1 地方政府债券

2008 年底，为应对国际金融危机，国务院推出 4 万亿元投资计划，其中中央安排资金 1.18 万亿元，其余由地方政府配套解决。与此同时，国务院通过特别批准的方式，在 2009 年政府工作报告中首次提出安排发行地方政府债券 2000 亿元，以期部分缓解 4 万亿元投资计划中地方政府的配套资金压力，正式开启了我国地方政府债券之门。图 3.4 表示了中国地方政府债券发展演变。

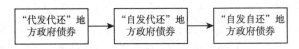

图 3.4 中国地方政府债券发展演变

（1）"代发代还"地方政府债券。2009 年 2 月 28 日，财政部印发《2009 年地方政府债券预算管理办法》。该办法第二条即明确所谓"地方政府债券"是"指经国务院批准同意，以省、自治区、直辖市和计划单列市政府为发行和偿还主体，由财政部代理发行并代办还本付息和支付发行费的债券"。

在此种模式下，地方政府债券在实质上仍是国债转贷的延伸和拓展。首先，地方政府债券的发行主体只能是省一级（含计划单列市）地方政府。其次，债券的发行和还本付息均由中央财政进行。再次，全国地方政府债券发行的总额度必须经全国人大批准，而各地方政府发行债券的额度需报请国务院批准同意。2009 ~ 2011 年，全国人大每年批准的地方政府债券额度均为 2 000 亿元。最后，该地方政府债券发行的收入"可以用于省级（包括计划单列市）直接支出，也可以转贷市、县级政府使用"。

（2）"自发代还"地方政府债券。2011 年，在"代发代还"地方政府债券成功运行 2 年后，国务院批准上海、浙江、广东、深圳试点在国务院批准的额度内自行发行债券，但仍由财政部代办还本付息；其余地区的地方政府债券仍由财政部代理发行、代办还本付息。

此次改革后，虽《财政部代理发行 2011 年地方政府债券发行兑付办法》第二十条明确规定"地方财政部门未按时足额向中央财政专户缴入还本付息资金的，财政部采取中央财政垫付方式代为办理地方政府债券还本付息"，中央政府仍对地方政府债券偿还有实质的担保责任；但地方政府债券的发行端开始放开。地方政府可以就债券期限、每期发行数额、发行时间等要素与财政部协商确定，债券定价机制也由试点省（市）自行确定（包括承销和招标）。

2013 年，在 4 省、市"自发代还"地方政府债券试点 2 年后，国务院批准新增江苏和山东成为"自发代还"地方政府债券试点地区，发行和还本模式仍采用之前规定，并首次提出"试点省（市）应当加强自行发债试点宣传工作，并积极创造条件，逐步推进建立信用评级制度"。除发行方式改革试点外，在地方政府日益旺盛的融资需求推动下，2011～2013 年地方政府债券的发行总额分别为 2 000 亿元、2 500 亿元和 3 500 亿元，规模日益扩大。

（3）"自发自还"地方政府债券。在中共十八届三中全会《决定》和国务院《2014 年政府工作报告》等重大纲领性改革文件的指导下，2014 年 5 月 22 日，财政部印发《2014 年地方政府债券自发自还试点办法》，继续推进地方政府债券改革：第一，在前期自行发行的基础上，在还本付息上从财政部代行突破至发债地区自行还本付息；第二，在前期 6 个试点地区的基础上，再次增加直辖市北京、计划单列市青岛以及中西部省份江西、宁夏为试点地区；第三，将债券期限由 2013 年的 3 年、5 年和 7 年拉长至 5 年、7 年和 10 年；第四，明确提出"试点地区按照有关规定开展债券信用评级"。

当然，在《预算法》尚未修订的情况下，试点地区发行政府债券仍"实行年度发行额管理，全年发行债券总量不得超过国务院批准的当年发债规模限额"，且"2014 年度发债规模限额当年有效，不得结转下年"。表 3.10 比较了中国地方政府债券的演变方式。

表 3.10　　　　　　　　　　中国地方政府债券演变方式比较

地方政府债券方式	发行主体范围	发行事宜组织	还本付息主体	信用评级
代发代还	省级地方政府（含计划单列市）	财政部代理发行	财政部代办还本付息	否
自发代还	上海、广东、浙江、深圳、江苏和山东 6 个试点地区	6 个试点地区自行组织	财政部代办还本付息	否
自发自还	上海、北京、广东、江苏、山东、浙江、江西、宁夏、深圳和青岛 10 个试点地区	10 个试点地区自行组织	试点发债地区自行还本付息	是

3.2.3.2　城投类企业债

我国地方政府融资平台债券（即"城投债券"）发端于 20 世纪 90 年代初上海久事公司发行的企业债券，随着宏观财政政策调整和债券市场的发展，至今大体经历了以下几个阶段：

（1）起步阶段（1992～2004 年）。这一阶段，由于我国债券市场仍属于起步阶段，债券品种有限，且企业债券的发行主体仍限定于中央企业、省、自治区和直辖市企业，因而城投债券的发行规模一直很小，1999～2004 年城投类企业债券仅发行 8 只，合计 156 亿元。

（2）逐步发展阶段（2005～2008 年）。2005 年，国家发改委启动地方企业债券发行，作为地方政府全资控股国有企业的政府投融资平台可以通过发行企业债券的方式进行融资；同时，2005 年 5 月，中国人民银行发布《短期融资券管理办法》，短期融资券发行的重启为地方政府投融资平台提供了新的债券品种。受益于债券市场的扩容，城投债券开始快速发展。2005～2008 年，地方政府投融资平台分别发行债券 17 只、29 只、54 只和 49 只，发行规模分别为 242 亿元、351.50 亿元、664.50 亿元和 740 亿元。

（3）爆发增长期（2009 年）。2008 年 1 月，国家发改委发布《国家发展改革委关于推进企业债券市场发展、简化发行核准程序有关事项的通知》，将企业债审批环节由先前先核定规模再核准发行的两重审批简化为核准发行一个环节，并取消总额限制，政府融资平台发行企业债的空间在政策上得到很大拓展。

同时，在 2009 年初国务院推出"稳增长"4 万亿投资计划后，为了提供相关配套资金，2009 年 3 月，中国人民银行和银监会联合发布的《关于进一步加强信贷结构调整促进国民经济平稳较快发展的指导意见》提出"支持有条件的地方政府组建投融资平台，发行企业债等融资工具"；加之发改委明确表态，要"扩大企业债券发行规模"；根据中债资信的数据统计，2009 年政府融资平台总计发行 162 只债券（其中企业债达 117 只），为 2008 年的 3.31 倍，发行债券规模总计 2 821 亿元（其中企业债券达 1 734 亿元），为 2008 年的 3.81 倍。

（4）整理和回落期（2010～2011 年）。经历了 2009 年的爆发式增长后，地方政府融资平台债务快速积聚也受到监管层高度重视，自 2010 年 6 月国务院发布《关于加强地方政府融资平台公司管理有关问题的通知》后，国务院及相关监管部门相继发布针对地方政府融资平台的规范性文件，加之云南公路"只付息不还本"函件、云投重组和上海申虹偿债危机等信用事件的相继发生极大地挫伤了市场对政府融资平台企业的风险偏好，根据中债资信的数据统计，2010～2011 年政府融资平台发行债券只数和规模增速均显著放缓，分别为 162 只、193 只和 2 765 亿元和 3 264.10 亿元。

（5）规范中发展期（2012 年至今）。2012 年 3 月，中国银监会下发了《关于加强 2012 年地方政府融资平台贷款风险监管的指导意见》，要求各银行原则不得新增融资平台贷款规模，政府融资平台银行贷款渠道被显著收紧。但政府基础设施建设需求很大，且正值地方政府债务到期高峰，地方政府融资需求非常大，得益于债券监管部门政策放松，发行城投类债券成为地方政府极为重要的融资渠道。根据中债资信的数据统计，2012 年政府融资平台总计发行 662 只债券，总计 8 246.10 亿元，分别为 2011 年的 2.74 倍和 2.53 倍，发行规模创历史新高。

2013 年 4 月，国家发改委发文对城投债券按照三类实行分类管理，有保有控；而"债市风暴"又使得国家发改委自 5 月起对企业债券展开了大规模的自查工作，新债发行基本暂停。受此较大影响，2013 年政府融资平台发行债券 652 只，总计 8 286.26 亿元，较 2012 年几乎没有增长。

2013 年底以来，在中央提出"开正门、堵邪路"化解地方政府债务风险思想的指导下，推动地方政府融资平台融资"阳光化"成为监管的核心思路。因此，政府融资平台发行债券融资得到了明确支持。2013 年 12 月，国家发改委明确允许融资平台通过发行企业债置换"高利短期债务"，尔后，融资平台发债的政府行政级别限制放开，国家发改委再次发文支持扩大企业债券资金用于棚户区改造。在政策的支持下，2014 年第 1 季度，政府融资平台已发行债券 289 只，总计 3 277.70 亿元。照此估计，2014 年城投债券发行规模将再创新高。

3.2.3.3　地方政府债券融资存在的问题

地方公共机构通过债券融资的规模还较小。作为以银行为主的国家，我国地方公共机构通过债券形式所筹措的资金不仅在其债务性融资总规模中占很小的比重，而且在整个债券市场发行规模中的比重也非常小。

各债券品种发行审批制度不统一。目前，我国地方公共机构债券融资模式多种多样，既包括中央政府代发地方政府债券模式，也包括"准市政债券"模式，还包括类似市政发展基金的"打捆贷款"模式以及类似于抵押债券模式。由于各种形式债券的审批标准不统一，容易造成地方政府避重就轻，哪个部门审批程序少、审批速度快，就到哪个部门审批，而不是按照自己的实际需要选择债券期限，从而在一定程度上激发了地方政府的发债冲动，增加了地方举债行为的随意性，导致地方公共机构债券的期限结构不合理，不能真正满足地方政府项目建设的需要。

城投类企业债券制度不规范。目前，城投类企业债券作为地方公共机构重要融资工具，存在着不规范的问题，主要表现在以下几个方面：一是通过相互担保为城投类债券增信。为增加债券信用等级，在禁止地方政府为企业债券提供担保的背景下，城投类企业债券经常采取债券发行公司之间相互担保的办法；二是债券融资所独有的透明度高优势无法发挥。按道理，债券融资与银行借款等其他融资方式相比具有透明度高、监督性强的优势，但我国城投类债券却缺乏这些优势。这主要是由于我国地方政府利用融资平台举债，往往是把所筹资金用于某一类建设项目，将有收益的项目与无收益的项目打包融资，资金使用的透明度也就随之降低，投资者的监督权也被剥夺；三是信用评级机构的评级结果客观性不足。由于城投类企业普遍以地方政府的大力支持与信用担保为依托，所以纷纷被各信用评级机构作为"优质客户"竞相争取，评级机构出于维系市场份额、维护与地方行政部门关系等方面的考虑，往往会通过有意放大信用评级中政府担保的作用、提高对部分信用瑕疵的容忍度等手段，出具的评级结果"不够客观"，从而使"城投债"的信用承诺打折扣，增加了投资者的投资风险。

为了解决以上问题，应规范地方政府融资平台，统一、规范地方公共机构债券发行审批制度，建立公正客观的信用评级制度，建立完备的地方公共机构债券信息披露制度，建立严格的地方公共机构债券交易监管制度。

3.2.4 信托融资

3.2.4.1 地方政府信托融资现状

政府合作项目是信托公司运用信托资金的一个主要领域。政信合作类业务也一直是信托公司主要的信托业务品种。所谓政信合作信托，即信托公司与各级政府或其设立的投融资平台公司合作开展的信托投融资业务，主要集中于基础设施、民生工程、城市建设等领域，还款来源是地方财政收入、上级政府划拨收入、土地销售收入、政府偿债基金、政府回购等政府信用。政信合作融资项目的还款来源主要依靠财政，信托公司不会过多考察融资项目，而会综合评估地方财政的还本付息能力，通常采用地方人大将还款资金纳入相应年度财政预算的书面文件和地方财政局出具债权债务确认书、承诺还款函以及国有土地储备预期收入偿还债务、第三方连带责任保证担保等方式管理风险。对地方政府而言，这种模式回避了烦琐的贷款审核程序，为地方政府提供了足够的资金。对信托公司而言，则开辟了一条新的盈利渠道。该业务在 2012 年发展势头尤其迅猛。

信托公司与地方政府在基础建设业务上的合作在 2008 年 4 万亿元经济刺激计划时就得到过迅速膨胀，并在 2009 年由于地方融资平台监管趋严，监管部门要求信托公司控制政信合作的增量业务，重点开展存量业务清理，政信合作规模持续缩水。在不到两年的时间里，政信合作余额占比从 12.91% 骤降至 4.74%。但从 2012 年上半年开始，政信信托再度回暖。主要原因来自土地财政和房地产带动的税费收入的减少。首先是房地产市场：受土地供应结构和方式发生变化、房地产市场调控效应继续显现以及土地价格涨幅收窄等多种因素影响。同时，由于中央要求地方政府改变产业结构，陈旧产业的淘汰带来的税收锐减和新型产业的培育需求的产业园区和相关产业的配套建设都使得地方政府的财政收入雪上加霜。

由于地方政府信用较高，地方财政资金统筹运作能力较强，在财政收入达到一定规模、负债率不高的前提下，政信合作融资项目安全性较好，鲜有耳闻政信合作融资项目发生兑付风险。目前，我国地方政府承担较多的基础设施建设任务，资金需求量较大，但承建的基础设施建设项目往往现金回流较慢，不能平衡自身现金流，需要地方财政调动资金还款的项目较多。而地方财政收入主要依赖于土地收入，在经济增速放缓和房地产宏观调控的背景下，地方财政收入恐难完全覆盖所用财政支出。基于上述考虑，2012 年 12 月，财政部、国家发改委、中国人民银行和银监会四部联合发布《关于制止地方政府违法违规融资行为的通知》，禁止政府融资平台公司因承担公共租赁住房、公路等公益性项目建设举借需要财政性资金偿还的债务，通过信托公司获得直接或间接融资；地方政府不得出具担保函、承诺函、安慰函等直接或变相担保协议，不得为其他单位或企业融资承诺承担偿债责任。"463 号文"的出台，使得政信项目的发行速度明显放缓。

较大的市场需求使得 2013 年上半年政信合作信托业务依然火爆。但不同于以往，目前政信合作融资信托在发行时，为规避合规性风险，原先的"承诺函"变身为"明示函""对账函""证明函"等说法，此举只是为了明确双方的债权债务关系，加大地方政府责任，信托公司是在赌，赌地方政府不会破产，而且为了自身信誉，不得不"刚性还款"。但如果真的有一天地方政府无力或不愿还款，除了处置抵质押担保物，地方人大批准的财政担保合同很可能被判为无效担保合同，让信托公司处于尴尬的地位。

3.2.4.2　地方政府信托融资主要模式

由于地方政府融资平台向银行等金融机构贷款需要地方政府出面担保面临着法律障碍，而企业债的发行相对麻烦，要经过层层的审批，所以近几年一些地方政府采用政信合作模式，而贷款和非企业债模式。

政信合作类信托产品的交易结构多样，但其核心都是地方政府提供财政还款担保的前提下，将信托资金投入项目建设中，如图 3.5 所示。

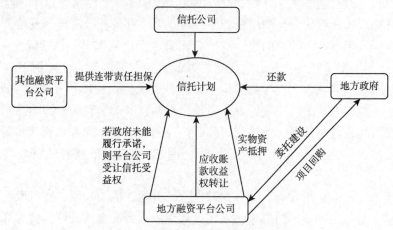

图 3.5　政信合作产品交易结构

信托公司的交易对手为地方融资平台公司，标的资产为平台公司享有的对地方政府的应收账款收益权。风险控制手段包括但不限于：地方政府出具财政还款的人大决议；平台公司提供实物资产抵押；平台公司承诺政府未履行承诺的情况下受让信托受益权；其他平台公司提供连带责任担保。

就目前已经发行的信政合作类产品看来，较为流行的合作模式主要有三种：第一种是"股权 + 回购"的模式。信托公司以信托资金与国有股东共同出资设立新的项目公司或以信托资金对已设立的国有公司进行增资扩股，并在信托到期时，由国有股东或其指定的其他国有投资主体溢价受让信托资金所持有项目公司股权，实现信托资金退出并获取信托收益。第二种是信托公司以信托资金向地方政府或其平台公司发放信托贷款，到期由地方政府或其平台公司归还信托贷款本息，实现信托资金退出并获取信托收益。第三种是信托公司以信托资金受让政府平台公司对地方政府的应收账款债权，到期由地方政府偿还信托公司所受让的应收账款债权，实现信托资金退出和获取信托收益。

对信托公司来说，目前信政合作类产品回报虽然没有证券类、资源类等产品高，但在"规模为王"的效用下，信政合作还是有广阔的发展空间。而且，政府的税收是强制性的，有很好的现金流作为还款保障。对地方政府来说，在资金链紧张的情况下，地方融资平台通过信托融资的成本达12%左右，高于银行贷款成本。但是，信托资金效率较高，不像银行需要附加提供存款回报等各种条件，因此信托的综合成本并不比银行高多少。同时，信托融资在交易结构设计上更灵活，比如平台公司可以将其对地方政府的应收账款质押给信托公司融资，而这在银行是行不通的。另外，地方政府的背书，政信合作相较企业融资信用级别更高，同时又可与地方政府建立较好关系；更为重要的是，此类产品到期后可以再发一款产品接盘，信托报酬照收不误。因此，信政合作类产品自诞生以来，就受到供需双方的欢迎，并实现了双方的共赢。

3.2.4.3　地方政府信托融资存在的风险

信托对于地方政府来说是融资渠道的补充。目前来看，由于信托融资的隐蔽性强，融资成本较高，有可能增加地方政府性债务新的风险隐患。

地方政府还款问题。政信合作中的有些项目不是纯粹的公益项目，含有一定的商业性，否则很难承受信托的高融资成本。不少政信合作项目都是之前项目的延续，存在"借新还旧"的情况。现存的政信合作项目大部分并非靠到期偿还，而是靠滚动发行维持。所以随着时间推移，未来到期的政信合作项目将面临越来越大的偿还压力，虽然有关方面认可这种方式，将偿付压力后延，但债务总有一天是要还的。因此，对于经济实力不是很强的地方来说，应该适当控制信托这种成本比较高的融资方式。

政信合作竞争问题。从信托公司的角度来说，政信合作的风险主要是信用风险，风险的高低取决于地方政府的还款能力和还款意愿，如果标的项目符合其风控和业务投向的要求，没有主动减少政信合作的动因。在国家加强地方政府性债务监管的情况下，信托公司或许更愿意与优质的地方政府融资平台合作。不过，也有观点认为，券商、基金子公司对政府项目的争夺，会拖累政信合作业务的发展，地方政府通过信托融资的成本有可能会因为竞争加剧而降低。

此外，政策的变动或许是政信合作未来发展的"变量"。地方债务的政策趋严，体现出监管层规范地方债务以及把控风险的意图。中央经济工作会议更是将"着力防控债务风险"作为 2014 年经济工作的主要任务之一。在此背景下，政信合作未来发展将面临更严格的监管。在着力防控债务风险的大背景下，无论对于地方政府融资平台，还是对于信托公司，未来合作中需多一分谨慎。

3.2.5 融资租赁

融资租赁作为近年来发展较快的一种信用销售模式，拥有"融资不见资、融物即融资"的业务特点。同时，设备资产选择由承租人决定、所有权与风险报酬分离、租赁期限较长，相比分期付款、银行按揭等方式其在产权所属、还款方式和资产折旧等多方面具有一定优势。

地方政府融资租赁主要是在基础设施方面。基础设施融资租赁集金融、贸易、服务为一体，具有独特的金融功能。通过融资租赁形式，将城市基础设施等不动产，如园区厂房、高速公路、轨道交通、港口码头、机场设施、市政管网、物流中心、商业设施等盘活变现，实现由实物资产到金融资产的转换，有利于拓宽基础设施投资大规模、长期限、低成本筹集项目资本金的渠道，能够很好地解决城市建设中项目资本金筹措问题，对于缓解资金结构性矛盾，降低地方融资平台的负债率有着积极的作用。在当前融资困境下，融资租赁能很好地盘活地方政府受制于债务问题的资产，提高资金使用效率，同时也能反哺新建基础设施项目。对于缓解地方融资平台融资困难具有重要意义。

3.2.5.1 地方政府融资租赁模式

（1）售后回租。售后回租是一种将现有资产变现的租赁方式。地方政府或由政府控股的企业可将运行中的城市基础设施经营性资产出售给融资租赁公司，然后再以融资租赁的形式租回资产，并在租期内分期支付租金，从而将经营性资产转换为用于新项目建设的资金。

售后回购的目的在于彻底改变资产的形态，使物化的长期资产变为流动性最强的现金资产，因而在地方基础设施建设中具有重要的作用。对于地方政府融资平台而言，售后回租无疑是其盘活资产的最佳选择。已建成的基础设施项目拥有巨大的存量资产，将其出售给融资租赁公司后再租回使用，即可将已固化的项目设备、不动产等投资转化为货币资本，较大程度上缓解基础设施建设资金匮乏的局面，形成自我滚动投资开发的格局，进而加速项目规划的实施，为地方经济的健康、持续发展提供有力的保障。

典型案例如武汉城市交通设施售后回租。2008 年 11 月，武汉地铁集团与工银金融租赁公司签订了 20 亿元融资租赁协议，将武汉地铁 1 号线一期核心运营设备（包括机车等）所有权，以 20 亿元的价格和 15 年期限让渡给工银金融租赁公司。在此期间，武汉地铁集团仍然保留经营、使用权，但需向金融租赁公司支付租金，到期后可按残值回购所有权。这在该省大额金融租赁业务中尚属首例，在全国的轨道交通建设中，使用金融租赁的方式融资亦属首次。

（2）直接融资租赁。对于地方政府基础设施建设所需的设备，如地铁和公交车辆、城市供水和污水处理设备、集中供暖设备等，融资租赁公司可以依照已确定的设备型号和价格，直接向供货商支付购买价款，然后将所购设备出租给地方政府。政府通常将项目自身产生的现金流作为租金来源，并要求地方财政或大型国有企业提供担保。租赁到期后，租赁物归承租人即地方政府所有。设备投资在基础设施建设投资中的占比通常高达 30% 以上，采取直接融资租赁方式，地方政府在投资初始阶段，只需支付按年分摊的少量租金，即可进行租赁设备的运营，这大大缓解了一次性大额投资所致的资金压力。

典型案例如天津地铁总公司在 2006 年地铁 1 号线投入运营后的 29 年租赁期内，按季度分期偿还租赁费和利息，大大降低了项目建设期间成本。

（3）杠杆租赁。在基础设施建设和运营中，部分大型设备购置成本过高，通过直接融资租赁往往难以获取使用权，而采用杠杆租赁的方式则可以解决融资困难、分担资金风险。在杠杆租赁交易中，一般承租人只需承担租赁设备购置款项的 20%～40% 金额，即可在法律上拥有该设备的完整所有权，而剩余大部分购置款项将以设备为抵押，由银行等金融机构提供的对承租人无追索权贷款补足，从而获得财务杠杆和节税的收益，并最大化分散风险。杠杆租赁作为一种节税型租赁，在吸引外资和引进外国先进设备时具有较大优势，因而长期以来杠杆租赁在我国主要被作为一种引进外资的重要手段。由于我国在铁路、航空、隧道、桥梁等项目基础建设中对外商投资的政策约束，以及现有各类租赁公司的融资能力限制，我国开展杠杆租赁进行基础设施建设的能力尚显不足。

3.2.5.2　地方政府融资租赁应注意的问题

首先，融资租赁往往适用于高速公路、城市基础设施（污水处理等）等在租赁期内能产生稳定现金流的项目，对于政府办公楼、廉租房等单纯依靠政府财政补贴的项目，操作起来存在一定的困难。

其次，要考虑到政策风险。2012 年底，财政部联合发改委、央行、银监会发布了《关于制止地方政府违法违规融资行为的通知》；2013 年 5 月，银监会又出台《关于加强 2013 年地方融资平台风险监管的指导意见》，监管部门意在纠正地方政府变相融资行为。所以，从政策走向角度来看，通过融资租赁方式参与地方政府基础设施建设还需全面考量，做好前期调研和政府沟通工作。

最后，融资租赁项目实施前，需要对地方政府的资信评级状况和该地方融资平台是否与国家产业政策、区域经济规划相吻合进行严格评审。所以，尽管融资租赁能在一定程度上缓解地方政府债务问题，但要从根本上缓解地方政府融资难，最终还需要地方政府根据区域经济生态，调整地方经济结构，将资金运用于区域优势产业，推动地方经济进入良性发展轨道。

3.3 地方政府债务风险及成因分析

3.3.1 地方政府债务问题及风险

审计署 2013 年第 32 号公告显示，当前我国地方政府债务管理中存在的主要问题包括地方政府负有偿还责任的债务增长较快、部分地方和行业债务负担较重、地方政府性债务对土地出让收入的依赖程度较高、部分地方和单位违规融资和违规使用政府性债务资金等。综合来看，我国地方政府债务存在以下突出问题。

（1）地方政府债务举债途径隐蔽而债务风险传染效应明显。由于传统银行信贷的收紧和土地出让收入的减少，地方政府开始更多冒险尝试通过银行表外业务、财务公司、信托公司、基金公司、金融租赁公司、保险公司甚至民间集资等"影子银行"渠道融资。相比传统银行信贷，此类融资的重要特征是融资成本高（信托融资成本通常在 10% 以上）、产品设计复杂（因而债权人对产品潜在风险估计不足）、直接债权人分散、债权人风险承受能力弱、金融监管和风险防范化解手段不足。因此，此类融资积累的地方政府性债务也出现了风险因素隐蔽复杂而难以监测预警的特征，一旦出现政府偿付困难，传染效应又十分明显，危机爆发的速度会更快、波及面更广。

（2）地方政府债务结构内涵复杂，期限错配风险突出。为规避当前的政策约束，近期越来越多的地方政府重新启用公司合作框架下的代建制（包括 BT 模式、BOT 模式等）推动地方基础设施建设和公用事业发展。虽然，这种方式可以快速解决地方政府筹资难问题，但是作为应急之策，在实际运作过程中可能带来三个问题。①债务融资成本较高。在 BT 回购运作模式下，政府回购价通常包括建设方的资金占用费和投资回报。因此，政府投资建设项目的实际成本通常要远高于同等额度、同期限贷款本息的支付，地方政府债务融资成本较高。②期限错配风险更大。对地方政府而言，先建设后筹资回购的 BT 模式，可以拉开建设与筹资之间的时间距离，确保其在项目建设期内无须筹资偿债，实现发展建设和缓释即期债务风险的双重目的。但是，这种"融资快餐"可能弱化地方政府对累积债务压力的判断，从而激发地方政府的投资冲动，在长期内反而加剧政府偿债能力与偿付义务之间的期限错配。③在 BT 以外的其他公私合作模式中，政府性债务风险的内涵更为复杂。例如公用事业领域的 BOT 模式，项目建设和运营方通常会要求地方政府提供最低收入保证以确保收回投资，这迫使地方政府不得不在政府信誉、政府偿债压力、项目建设运营方的收入保证以及社会公众满意度这四者之间作出权衡，使得政府债务风险不仅是财政经济风险，而且涉及政治稳定、群体性事件等非经济风险，增加了政府债务处理的难度。

（3）化解地方政府偿还债务的难度大，成本高。近期地方政府债务融资的一个显著变化是地方政府债、企业债、公司债、中期票据、短期融资券等直接融资方式得到越来越多的使用。特别是 2012 年 5 月国家发改委放宽企业债政策、加快审批速度以来，地方政府融资平台公司纷纷选择企业债替代银行信贷融资。直接融资方式的增多意味着地方政府性债务将更为规范和透明，但是也意味着化解地方政府债务风险的难度更大、成本更高。相比贷款展期、借新还旧等信贷债务违约化解方式，公开发行债券融资形成的地方政府性债务一旦出现偿付危机，原则上债权人有权要求债券发行人破产。虽然这种操作在我国尚无先例，但是即使通过与众多债券持有人谈判协商重组债务并防范政府信誉危机，其交易成本也是极大的，地方政府化解债务风险的难度很高。

3.3.2　地方政府债务积累及成因分析

造成中国地方政府举债的直接原因是财政体制问题，同时预算软约束为地方政府举债提供了机会，而公共管理体制不足又加剧了地方政府债务问题。

3.3.2.1　财政体制及分税制不完善

地方政府债务问题，归根结底是财政体制问题，是自分税制财政体制改革以后遗留的一些体制问题没有得到及时解决所长期积累而成。

1994 年，我国进行了分税制改革，使得地方政府财力与事权相匹配十分困难。通过这次改革，财权进一步向中央政府集中，地方政府可支配的财力相对减少：地方税种规模小，税源分散，地方税种还没有形成举足轻重的主体税种，从现行的国家税收收入分配结构来看，大税种的小部分、小税种的大部分归地方政府，并且地方税税源零散、征收难度大、增长弹性小。而且由于科学合理的政府间转移支付制度尚未建立起来，地方政府财权事权不匹配而产生的财政缺口，无法通过转移支付制度解决。在大部分税收流入中央政府的同时，地方政府却要承担70%的开支，加上近年来我国进行的农村税费改革、社会保障体制改革、医疗卫生体制改革等，给地方政府财政又增加了巨大的压力，迫使地方政府寻找新的资金来源，迫使地方政府不得不负债维持运转，举借债务就是必然选择。

3.3.2.2 债务预算形成软约束

从法律规定来看，《中华人民共和国企业破产法》规定，可以申请破产的只有企业法人。因此，对于企业的债务，国家有足够的理由让投资者自己承担风险。但是对于地方政府，既然不允许其破产，那么地方政府债券所具备的安全性就是一个金字招牌了，除非国家让地方政府破产。这就使得"国有资源、国有资产、国有银行"三者共生的制度环境下没有破产清算的预算约束。当地方政府投资项目一旦经营失败，如果地方财力有限，最终的损失只能由中央来分担，这会形成预算软约束问题。

我国地方政府债务预算软约束主要体现为：第一，中央政府与地方政府之间存在预算软约束倾向。地方政府决策者作为代理人在任期内举借的债务大多是在任期结束后偿还，举债决策者实际上并不承担债务偿还的责任，这样必然存在道德风险。而且，在我国政府间财政关系隐含合约的安排下，中央政府实质上为地方政府提供了隐性担保，使得地方政府举债的潜在成本和收益不对称，导致地方政府产生过度举债的倾向。第二，金融体系对地方政府举债呈现软约束状态。在我国地方政府债务中，将近80%的债务来自商业银行和金融机构贷款，而这些商业银行和金融机构大多是国有控股企业，与地方政府有千丝万缕的联系，地方政府在获取贷款方面具有很大的优势。但金融体系对地方政府的大部分债务收支未纳入预算管理，政府和公众难以及时、准确、全面地掌握债务情况，既不利于政府资金的有效配置，也不利于控制地方政府债务规模。这导致了偿债资金难以落实，拖欠现象频出，给地方政府带来突发性或计划外的偿付压力。第三，地方人大对地方政府的监督约束软化。一方面，作为行政领导的人大代表均为兼职预算监督工作，他们其实是兼具运动员和裁判员的身份，必然造成地方人大对地方政府的监督约束软化。另一方面，我国现行的《预算法》没有明确规定人大及其常委会、专门委员会预算监督和审议结果的法律效力，这就意味着财政预算监督结果和预算草案经人大审议提出的修正意见没有法律约束力，地方政府可以以各种理由拒绝执行。因此在财力有限的情况下，举债就成为地方政府最为青睐和有效的融资方式。

3.3.2.3　公共管理体制存在不足

地方政府"经济人"行为造成负债加剧。在信息不对称以及地方政府绩效制度不完善的条件下，地方政府官员成为"经济人"，以追求自身利益最大化为目的，导致债务规模膨胀。一方面，上下级政府之间存在严重的信息不对称，地方官员倾向于以任期内地方 GDP 增长为自身政绩的考核指标，所以多用"资源密集型"工程展示政绩，而需要政府解决的一般公共服务、社会保障和环境保护等项目的投入却严重不足，尤其是在后危机时代积累了大量负债；另一方面，地方政府官员考核制度不完善，干部的任命、任期制度也存在缺陷，这使得地方官员的财务目标短期化，较少考虑政府负债和使用财政资金的长期后果。

经济增长方式不合理导致地方举债投资需求。长期以来，我国主要靠投资拉动经济增长，投资对我国经济增长的贡献仍大于消费对经济增长的贡献。地方经济也多是依靠投资而不是消费或出口获得发展。特别是在 2008 年以后，为应对国际金融危机对我国经济的影响，落实"保增长、调结构、重民生、促改革"的政策目标，中央政府推出了以"国 10 条"为内容、以"4 万亿刺激计划"为依托、以财政减收增支为保障的积极的财政政策，地方政府紧密配合中央政府进行大规模投资，除了地方政府通过国际金融组织获得贷款以外，财政部更是直接代地方政府发债，地方政府债务呈"井喷"之势，地方政府投资冲动持续膨胀，通过投融资平台，以各类城市投资公司为载体，向商业银行和政策性银行大肆举债。

3.4　完善地方政府债务及管理建议

2014 年 10 月 2 日，国务院发布了《加强地方政府性债务管理的意见》，落实新预算法相关规定，建立借、用、还相统一的地方政府性债务管理机制，坚决制止违规举债，切实防范化解财政金融风险。其中亮点包括：明确了举债主体、举债方式、举债规模以及举债程序，如省级政府为举债主体，只能发行政府债券，限定规模及用途；依法将公开发行债券作为地方政府举债渠道，有利于增强财政透明度，促进经济长远健康发展，对于提高国家治理能力和水平具有重要意义；妥善处理存量债务，确保在建项目资金，力促改革平稳过渡，比如新修订的预算法限定了地方政府举债方式，禁止通过银行贷款等方式举债，但地方政府仍可以为保障性住房、公路、水利等项目建设发行专项债券或者将一般债券资金用于这些领域，增加新的资金来源。

从目前已经出台的各项政策措施以及酝酿、改革方案来看，完善地方政府债务融资体系的思路是：盘活存量，债务在空间上的转移（风险转嫁、分散）、时间上的转移（推后债务到期时间）。具体来说，包括以下几个方面的建议：

在拓宽融资渠道方面，可通过资产证券化方式筹集资金和引进民间资本。资产证券化是将地方政府债务通过资产证券化方式打包销售出去、发行基础设施项目资产支持证券。具体做法是，地方政府融资平台将缺乏流动性，但又可以产生稳定可预见现金收入的资产或资产组合，通过一定的结构安排，对资产中风险与受益要素进行分离与重组，进而转化成由未来现金流作为担保可自由流通的证券在金融市场进行销售。通过资产证券化转让资产都是一个比较好的选择，既缓解了流动性紧张的问题，化解地方政府债务风险，又有助于引导民间资金的流向，扩充民间资金的投资渠道，消除民间融资高风险的隐患，而且有利于政府职能的转变。引进民间资本是因为目前地方政府融资平台的资金来源单一，主要以政府信用担保的银行贷款为主，民间资本无法为地方政府融资平台提供资金。通过引入民间资本可以扩大地方基础设施建设资金来源，解决地方融资平台资金来源单一、结构不合理的问题。引进民间资本的具体方式包括：对于政府融资平台中已有的市政企业，可考虑转让部分或全部股权；在新建的项目公司中，可考虑引进民间资本入股；对于一些具有竞争性和营利性的经营性项目，应该推行公司制改革，允许民间资金以控股方式进入；准经营性项目则允许以相对控股方式进入；关系国际民生等重大项目应允许民间资金以参股方式进入。此外，通过金融创新的模式，加大融资的力度。可以通过发行企业建设债券、融资债券的方式筹集资金。要大力推广 PPP 模式，鼓励和吸引社会资本以合资、独资、特许经营等方式参与基建投资。2014 年 6 月 19 日，国务院常务会议提出，"探索设立民间资本发起的自担风险的民营银行"。民营银行的设立一方面引入竞争，提高资金使用效率，降低企业融资成本；另一方面则可以在一定程度上置换国有商业银行的贷款，分散有过商业银行风险。

在改善债务资金利用效率方面，地方政府要集中力量办正事。首先，要完善地方政府投融资职能定位，努力创造有利于基础设施投融资的政策环境，地方政府的融资行为必须受到合理的约束，防止过度投资导致的过度融资，同时大力发展地方经济，经济发展了，项目数量变多项目质量变好了，债务资金的使用效率也提高了。其次，应严格限定政府举债程序和资金用途，地方政府在国务院批准的分地区限额内举借债务，必须报本级人大或其常委会批准。地方政府举借债务要遵循市场化原则。建立地方政府信用评级制度，逐步完善地方政府债券市场。地方政府举借的债务，只能用于公益性资本支出和适度归还存量债务，不得用于经常性支出。最后，可把部分地方政府债变为企业债。通过像运行公司一样经营城市投资公司，也许能刺激地方政府的积极性，从而提高效率。

在提高偿债能力方面，可通过改善地方政府的财政能力和改革"土地财政"

的收益方式。适当上移部分基本公共服务事权。凡属中央和省政府承担的财政支出，中央和省级财政应切实加大财力保障力度，不得转嫁给市、县财政。凡委托市、县政府承办的事务，要足额安排专项拨款，不留资金缺口或要求市、县财政配套。实行省管县体制，将公共服务领域的支出重心适当向省政府上移。建立地方政府的稳定财源。一是提高税率。使得与土地有关的税收和资源税真正成为地方财税的主税、强税。二是开征新税。未来要逐步扩大不动产税的征收范围，尽快开征遗产与赠与税，使之逐步成为地方政府主体税种。三是藏富于县。根据事权与财力匹配、与财权相适应的原则，将不动产税、遗产税等税种的收入主要留给县级政府，以提高基层政府的融资能力。改革"土地财政"的收益方式。要对政府土地收益进行横向和纵向分流。所谓横向分流是要保障土地出让中其他主体的利益不受损害。尊重失地农民和城市拆迁户的利益诉求，充分考虑这些群体的基本生存、发展和社会保障需要。在土地利用规划等限定的范围内允许农村非农建设用地进入市场，实现国有土地与集体土地的同地同权同价。所谓纵向分流是要保障不同时期政府均等享受土地收益。按照国有土地出让金收入的一定比例建立国有土地收益基金，并规定不得作为政府当期收入安排使用。改土地批租制为年租制。把一次性收取 70 年全部土地出让金的"批租制"改为按年度分期征收土地出让金的年租制，以平衡不同任期地方政府的财税收入，同时享受土地增值带来的一部分收益。

第*4*章

金融实验区探索与改革

金融的根本意义是为实体经济配置资源，在识别风险与机会的过程中，促进实体经济的更好发展。伴随着中国经济发展转型，如何更有效率使用资本或将成为新的增长动力源泉，金融改革事实上至关重要。截至 2014 年 2 月 15 日，国内共有 5 个国家级金融综合改革试验区，分别为：（1）温州市金融综合改革试验区；（2）广东珠三角金融改革创新综合试验区；（3）福建省泉州市金融服务实体经济综合改革试验区；（4）云南沿边金融综合改革试验区；（5）青岛财富管理金融综合改革试验区。这些金融改革实验区的产生为中国金融体制改革和创新奠定了基础，并提供了宝贵的经验，为今后经济发展注入新的活力，对于我国顺利实现经济结构转型，为保持经济平稳持续健康发展保驾护航。

4.1 温州市金融综合改革试验区

温州市金融综合改革试验区，又称温州国家金融综合改革试验区，地处浙江省温州市，2012 年 3 月 28 日由国务院决定设立，建立"温州国家金融综合改革试验区"，以期在地方金融组织体系、金融服务体系、民间资本市场体系、金融风险防范体系等方面先行试验。

温州市民营经济发达，中小企业较多，民间资金充裕，民间金融活跃。经济运行中深层次矛盾暴露得比较充分，温州发展存在着"两多两难"现象，即民间资金多但投资难，小微企业多但融资难，引发了民间借贷问题。20 世纪初，温州部分中小企业出现资金链断裂和企业主出走现象，对经济和社会稳定造成一定影响。2011 年 10 月，时任国务院总理温家宝在温州调研期间，浙江省委省政府和温州市委市政府提出在温州设立金融改革试验区的想法，希望将民间金融纳入监管轨道、降低风险。引导隐藏在"地下"的数千亿民资早日实现"阳光化"。开展金融综合改革，目的在于对温州经济的全面发展提供新的战略安排和政策支撑，以切实解决温州经济发展存在的突出问题。引导民间融资规范发展，提升金融服务实体经济的能力，不仅对温州的健康发展至关重要，而且对全国的金融改革和经济发展具有重要的探索意义。国务院常务会议批准实施《浙江省温州市金融综合改革试验区总体方案》，要求通过体制机制创新，构建与经济社会发展相匹配的多元化金融体系，使金融服务明显改进，防范和化解金融风险能力明显增强，金融环境明显优化，并希望以此为全国范围的金融改革提供经验以及带来一定的示范作用。

4.1.1　设立背景

人们普遍认为，2011 年下半年温州爆发的民间借贷危机、"跑路"事件，直接促成了温州金融改革试验区的设立。

温州民营经济发达，民间资金充裕，民间金融活跃。改革开放 30 多年来，民间借贷对温州民营经济的发展发挥了不可替代的作用。温州民间信贷一直比较普遍，温州民间对于高利贷及其中风险是认可和宽容的。借贷关系建立在民间信用之上，"一个电话、不打借条，轻松借到一个亿"，在运作规模较小的情况下，有助于保证借贷合约的履行，并降低民间借贷的风险，节省成本。但是，民间资本因缺少规范化、阳光化操作，也带来诸多弊端，致使温州金融成为一个让温州人乃至国人纠结的问题。

我国金融体系单一，金融体制与经济发展不匹配。在低端工商领域我国市场化程度较高，但在金融业市场化程度还比较低。2011 年以来温州融资难问题的出现，很大程度上与我国的金融体制市场化程度不高有关。我国金融市场结构中，国有金融机构占有较多的市场份额，金融市场上间接融资主导了融资市场，银行贷款过多地流向国有部门而中小企业却常常无钱可贷，信贷资金供需严重失衡。据统计，银行信贷基本覆盖大型企业和 80% 的中型企业，而规模以下的小企业 80% 无缘银行信贷。

在温州，中小企业多达 14 万家，占了全市企业总数的 99%，贡献了 96% 的工业产值，上缴了 75% 的税收，并解决了 80% 的人口就业。但在现行金融体制下，融资难的问题始终难以得到有效解决，中小企业通过上市、发债等直接融资的占比不足 2%，银行融资仍占 98%。因为我国银行结构不合理，信用担保体系不健全，以及中小企业直接融资渠道不畅通等等，导致中小企业融资困难，促使中小企业转向非正规的、缺乏制度与法律保障的民间借贷市场，借款利率高达 50% ~ 100%，融资成本居高不下。

民间资本一向具有很强的投机逐利性，犹如无序的流水，从来没有形成固定的行进路线，一旦在市场经济中出现一个洼地，这些流水就会蓄积到这个无规则的坑中，使得地下金融无序生长。温州民间资本充裕，据温州市金融办估计，温州民间资本总量超过 6 000 亿元，而且每年以 14% 的速度增加。但近年来由于房地产市场调控、股市低迷，致使投资渠道缺乏，加上投机盛行、民间贷款利率走高等因素，投入民间借贷市场放贷就成为资金的一大去向。根据中国人民银行温州中心支行调查，2011 年二季度温州民间借贷首次超越房地产、股票、基金等投资方式，成为温州人眼中"最合算的投资方式"，参与民间借贷的资本约 1 100 亿元，仅有 35% 用于实业经营，其他都用作各种投资和拆借。这就是金融"洼地效应"带来的结果，反映了整个温州民间金融的生态。

而自 2010 年以来，随着宏观政策调整、人民币升值、欧美经济环境恶化，以及人工、原材料的涨价、招工难问题的出现，温州人借以起家的商业和制造业陷入了前所未有的困境。中小企业的利润率普遍低于 10%，有的只有 3% ~5%。

资本炒作的可观效益与实体经济举步维艰的博弈过程，最终让温州人选择了前者。原先积累的资本从实业流出，用于炒作资源性商品等，实体经济日益空心化。2011 年温州 GDP 达到 2 700 亿元左右，而从媒体报道出的银行税收高达 300 多亿元，国家税收高达 400 多亿元，两项总和占 GDP 近 30%。造成大量资本逃离实业的根本原因，是不合理的金融生态环境和过高的税负。

没有法律保护的民间金融是脆弱的，这次所谓民间借贷危机、资金链断裂，其实是价格体系扭曲，实体经济不能提供有效的回报，资产价格泡沫日益严重，投机资本向虚拟产业集聚，最后泡沫破裂的结果。"跑路"风波已然破坏了民间借贷的信用基础，现在的温州，现金已经停止流动。银行与企业之间、企业与企业之间、政府与企业之间、个人与个人之间的信任关系降到了冰点，抵消了民间金融的独特优势，金融综合改革迫在眉睫。

4.1.2 发展历程

在发展历程上，近年来温州走在我国金融改革的前列。1980 年，温州苍南的金乡信用社率先在全国实行浮动利率；1987 年，温州成为我国唯一的利率改革试点城市；2002 年，温州成为我国第一个金融综合改革实验区，明确提出利率市场化的改革方案；2008 年，温州启动"民营经济创新发展综合配套改革试点"，提出了"个人境外直接投资"。但是，由于我国宏观金融制度的不匹配，温州的民间金融改革最终都不了了之。而 2011 年出现的信贷危机，使得温州金融综合改革实验区再次被提上日程，相较于以前的金融改革，这次的改革从政策上来看，更为注重民间金融的规范与自由发展，对民间资本进入银行业也更加放宽。

2002 年，温州成为我国第一个金融综合改革实验区，但是当时的改革政策规定太严，给金融企业的自主权过少，并没有给民间金融松绑。所以，尽管温州的民间金融非常活跃，全国第一家私人钱庄、全国第一家股份制城信社都出现在温州，金融改革也一直走在全国前列，但是民间金融却始终处于正规金融法律体系的边缘，一直游离于灰色地带，没有获得国家的正式认可。

因此，2012 年获批的温州金融综合改革实验区，提出民间金融正规化、阳光化的发展方向，确定了金融改革的 12 项主要任务。包括：金融组织和机构改革、金融产品和服务创新、地方资本市场培育、金融风险防范和社会信用体系建设等。

4.1.3　改革任务

2012 年 3 月 28 日的国务院常务会议确定了温州市金融综合改革的 12 项主要任务：（1）规范发展民间融资。制定规范民间融资的管理办法，建立民间融资备案管理制度，建立健全民间融资监测体系。（2）加快发展新型金融组织。鼓励和支持民间资金参与地方金融机构改革，依法发起设立或参股村镇银行、贷款公司、农村资金互助社等新型金融组织。符合条件的小额贷款公司可改制为村镇银行。（3）发展专业资产管理机构。引导民间资金依法设立创业投资企业、股权投资企业及相关投资管理机构。（4）研究开展个人境外直接投资试点，探索建立规范便捷的直接投资渠道。（5）深化地方金融机构改革。鼓励国有银行和股份制银行在符合条件的前提下设立小企业信贷专营机构。支持金融租赁公司等非银行金融机构开展业务。推进农村合作金融机构股份制改造。（6）创新发展面向小微企业和"三农"的金融产品与服务，探索建立多层次金融服务体系。鼓励温州辖区内各银行机构加大对小微企业的信贷支持。支持发展面向小微企业和"三农"的融资租赁企业。建立小微企业融资综合服务中心。（7）培育发展地方资本市场。依法合规开展非上市公司股份转让及技术、文化等产权交易。（8）积极发展各类债券产品。推动更多企业尤其是小微企业通过债券市场融资。建立健全小微企业再担保体系。（9）拓宽保险服务领域，创新发展服务于专业市场和产业集群的保险产品，鼓励和支持商业保险参与社会保障体系建设。（10）加强社会信用体系建设。推进政务诚信、商务诚信、社会诚信和司法公信建设，推动小微企业和农村信用体系建设。加强信用市场监管。（11）完善地方金融管理体制，防止出现监管真空，防范系统性风险和区域性风险。建立金融业综合统计制度，加强监测预警。（12）建立金融综合改革风险防范机制。清晰界定地方金融管理的职责边界，强化和落实地方政府处置金融风险和维护地方金融稳定的责任。

4.1.4 现状和进展

温州金改，重点是改革施受方（即政府与企业）以及中间的桥梁（即小型金融机构），至今已施行3年多，社会上褒贬不一。温州企业融资正出现两极分化，政府主要扶持大型企业，中小企业则因贷款门和银行警惕性大幅提高，融资越来越难。总体来看，由于当地政府更多地寄希望于基建投资而相对忽略实体经济，改革成效并不及预期。

4.1.4.1 小型金融机构

（1）村镇银行。村镇银行通过储户的存款，吸收公众资金，存款利率按国家基准利率上升10%，即2012年央行提出的金融机构存款利率浮动区间的上限。选择村镇银行办理贷款业务的农户最多，一些小型、微型企业也会选择村镇银行，贷款利率比农户高。

① 温州金融改革对村镇银行的有益之处。

第一，把村镇银行推向了金融综合改革的最前沿。金融改革出台密集的政策：依法发起设立或参股村镇银行；符合条件的小额贷款公司可改制为村镇银行；支持民间资本参与村镇银行发起设立或增资扩股；村镇银行主发起行的最低持股降低到15%。让公众更大程度地认识村镇银行，对于村镇银行扩大业务方面有一定的促进作用。

第二，略微缓解民间资本多，投资难的问题。金融改革关于"支持民间资本参与村镇银行发起设立"的政策，使得民间资本可以开始介入正统的金融领域。对于之前温州经济存在的民间资金多、投资难的问题，可以在一定程度上缓解。

② 温州金融改革对村镇银行的无益之处。

第一，村镇银行吸收存款难的问题依旧得不到解决。民间资金欲组建银行，监管部门"规劝"其先以村镇银行入手；小贷公司想做大，监管部门建议考虑转型为村镇银行。但事实上，被寄予厚望的村镇银行的现状并不是那么美好。外界认为村镇银行以可吸收公众存款为优势，但其实目前最令村镇银行苦恼的，就是"难以吸收存款"。2012年6月8日，央行将金融机构存款利率浮动区间的上限调整为基准利率的1.1倍，此后多家村镇银行都将存款利率上浮了10%。但利率上浮并不是村镇银行独享，几乎所有银行机构都在第一时间作出了利率上浮的决定，利率在允许的空间内"一浮到顶"，村镇银行并没有因此获得大量的存款。

第二，温州金融改革关于村镇银行没有具体的改革方案。从调查情况看，温州金融改革并没有提出具体的改革方案促进村镇银行的发展，政府只是给他们指了政策上的大方向。农户依旧是村镇银行的主要客户，村镇银行依旧在吸收存款上绞尽脑汁，按照原本的轨道来运行发展。

（2）小额贷款公司。小额贷款公司的融资成本相对较高，仅仅依靠股东的资金投入，规模很难扩大。而这一地区的中小企业有时资金需求很大，在遇到贷款金额很大的客户时，小贷公司无款可贷。

① 温州金融改革对小额贷款公司的有益之处。改制村镇银行有了政策支持。温州金融改革试验区 12 项措施的第二条明确指出，小额贷款公司可转为村镇银行。虽然都是为中小企业服务，小额贷款公司只贷款不存款，从性质上来说，属于一般的工商企业，并不是金融机构。而村镇银行则属于正规的金融机构，既可以经营吸收公众的存款，还可以发放贷款。温州金融改革使小额贷款公司转为村镇银行有法可循，得到制度保障，运行更加规范，便于控制风险。

② 温州金融改革对小额贷款公司的无益之处。

第一，对于改制村镇银行的具体条件没有细致化。按照目前银监会的相关规定，村镇银行的主发起人应该是银行业金融机构，最大银行机构的股东持股比例不得低于村镇银行股本总额的 15%。银行控股、吸储难、贷款只能按银行利率发放、盈利能力不如小额贷款公司以及可能带来的管理成本上升等原因，使许多小额贷款公司对改制望而却步。究竟什么样的小额贷款公司能成功改制，没有更加明确的条件和范围。

第二，无法解决小额贷款公司无款可贷、融资成本高等问题。小额贷款公司虽然数量增多了，但其本身的运行没有得到很大的支持，还是一如从前可能面对无款可贷的局面，还是有着很大的融资成本，还是局限于之前的规模很难扩大。根据我们对于小贷公司的股东的问卷调查结果显示，虽然金融改革提出了加大金融资源的供给，股东还是普遍认为小贷公司的资金资源供给不能满足日常业务资金的支出。

另一方面，金融改革之后，小贷公司的贷款利率有所下降，贷出的资金虽增多了，但是总体上改革前后的经济效益并没有较大的改变；相应的，股东因投资此小贷公司的收益也没太大的变化。股东们认为，到目前为止，除了相关政策和规范的提出，使得他们的投资风险略微降低，在其他方面，对于小额贷款公司和公司的股东来说，受益不明显。

温州金融改革实施以来，融资与投资的两难问题并没有得到解决。在民间资本阳光化的进程中，村镇银行和小额贷款公司还有很大的改革空间。

4.1.4.2　企业

从长远来看，能同中小企业保持合作关系的不可能是国有大商业银行，而必须是内生于中小企业经济环境的民间金融，民间金融能最大限度地了解和掌握中小企业各方面的信息，对中小企业资金需求的适应性强，具有巨大的发展潜能。

（1）温州金融改革对企业的有益之处。

① 2013 年初，温州发放了第一笔中小企业集合贷。企业债的纷纷面世大大缓解了中小企业资金饥渴的紧张局面，这正好解决了丰富的民间资本与温州中小企业融资难之间不可协调的关系。

② 多数企业，特别是中小型转型企业，在发展过程中需要大量融资。以银行为主的主要金融机构，它们的放贷对象主要是有稳定收入的国营企业和稳健的政府机构部门以及拥有丰厚资本的大型公司，出于收益与风险的综合考虑，无法为中小型企业提供所需的信贷款项。通过金改，民间资金走入合法的信贷市场，拓宽了中小企业获得资金的渠道，大力扶持小微金融机构，有助于修补实体经济。一定程度上，解决了"民间资金多、投资难；中小企业多、融资难"的问题。

（2）温州金融改革对企业方面暴露出的问题。

① 某中小型企业的财务经理表示：在想象中金融改革的内容非常好，如果其能实施，该公司融资难的问题将得到极其有效的缓解。出台实施后他发现，虽然村镇银行对于企业的限制比国有银行少，但是贷款额度也少。所以民营银行对于他而言只是应急时的好帮手，对于企业长久发展所需要的长期贷款无能为力。

② 国家长期贷款的利率对于中小型企业依旧较高，使得企业发展并没有和想象中一样变得顺利。金改本意是通过将民间资本从地下隐藏状态引导到阳光状态，为中小企业发展融资。但由于银行基准利率和市场供求造成的真实利率的严重差距，使得民间资本被银行的高额利润吸引；大幅提升利率，使得企业融资成本反而加大。

③ 温州多数中小型企业属于传统制造业，采用家族式管理，成长空间小，发展前景有限，信息不对称，财务信息透明度不高，因此难以获得私募股权基金等股权融资，更难以达到公开发行股票和债券的条件，很多濒临破产的小公司也并没有因为金融改革而摆脱倒闭的命运。这些小公司因为担保因素令自己陷入债务危机，面临无钱可贷的处境，毕竟没有银行会贷款给经营情况极差的企业。

温州金融综合改革实验区成立的目的很大程度上是帮助和扶植中小企业的发展，但是从现阶段的分析，企业的受益仍不是很明显。

综上所述，笔者认为，温州金融改革的破题意义重大，可以使得民间融资阳光化，修补实体经济，以完善民间资本的运作和提升市场效率。现阶段的金融改革虽然存在着民间资本进入银行业受限、不具优势、没有切实推动利率市场化发展的漏洞，但是金融改革总体来说前景还是乐观的。现在金融改革改处于过渡期，随着金融改革的深入，市场逐步规范，我们有理由相信，在寒风中守望春天的温州金融一定能成功。

4.1.5　前景展望

温州的金融问题主要体现在 3 个方面：第一是民间资本多，但投资渠道狭窄；第二是中小企业众多，但融资渠道不畅；第三是民间金融高利贷化严重，致使借贷企业不堪利息重负。

国务院常务会议确定的温州金融综合改革的 12 项主要任务主要围绕民间金融的合法化，以及如何做大做强以民间资本为主的中小金融机构展开。概言之，体现在 5 个方面：（1）将民间金融纳入主流的融资制度体系；（2）为民间投资设立金融机构松绑；（3）开展个人境外直接投资试点；（4）是在机构创设层面探索解决小微企业融资难的路径，建立多层次金融服务体系；（5）是在产权交易体系方面培育发展地方资本市场。国务院"十二条"只是给予原则性的指导方案，具体怎么改还需要靠温州自己来探索。温州也正可借此继续改革先行，启动金融业市场化的进程，为全国建立符合市场经济的金融体系提供借鉴。

温州推进金融改革的重点和切入点是，完善与中小企业匹配的金融服务体系，实现民间资本与民营经济的对接，消除民间借贷危机的制度根源，为实体经济发展提供金融支持。其核心是建立 3 个体系：为中小企业服务的金融机构体系；为民间资金和中小企业搭建资金交易的市场体系；为防范风险而建立地方金融监管体系。温州金融改革最大的突破是打破银行垄断，降低服务业准入的门槛，使社会资金在传统制造业的盈利空间收窄之后，可以进入到金融业里面、分享金融业增长的收益，重构竞争有序的金融生态。简单地说，就是在政策层面上对资金的参与者，分层地进行差异化的设置，引导不同层次的民间资本进入金融领域。比如，对一般老百姓，政府拿出一些基础设施项目，让其参与基础设施建设，以债券股份形式进入；对于拥有 50 万元、100 万元或 200 万元的群体，允许其进入产权交易市场；对于千万元级别的资本，允许参与新型的金融公司；对任何资本，都允许到民间借贷登记服务中心阳光放贷。

温州通过深化改革，增创金融业为发展的新优势。按照温州金融综合改革的蓝图，温州市将建设成为地方金融改革创新试验区、民间金融规范发展先行区、中小企业金融服务示范区，加快金融业发展。到 2015 年，金融业增加值达到 720 亿元，年均增长 21%，占全市 GDP 的比重达 15% 左右，占第三产业增加值的比重达到 30%；银行业本外币存款和贷款分别超过 16 000 亿元和 13 000 亿元；银行业不良贷款率维持在 1% 以下；保险业保费收入超过 180 亿元；企业上市数量超过 30 家；金融业对地方的税收贡献率达到 8%。金融业将成为温州国民经济的重要支柱产业，成为温州发展的核心竞争力。

温州金融体制改革的成功与否不仅仅取决于金融体制本身，还取决于金融体制所服务的实体经济的转型升级。温州金融改革秉承温州模式以"民"为核心的精髓，彰显民营特色，让民营企业唱主角，充分调动民营、民资、民力和民智的积极性、主动性和创造力，把金融体制改革与农村产权制度改革结合起来，借助民间智慧，鼓励民营企业、民间资本创新尝试，加快民间金融合法化步伐，尽快解决利率市场化问题，尽快破除金融垄断门槛问题，建立一个与温州民营经济发展相适应的地方金融体系，让民营企业能在丰富的、多元化的金融生态里，用间接融资及直接融资的方法，更好地完成企业转型，推动低端制造业产业升级，最终实现温州的地方经济转型。

同时也要看到，金融改革的特殊性、复杂性和关联性。温州金融改革实施范围虽然带有一定的区域性，但影响却是宏观的跨区域的。这要求有关方面正确处理区域与整体的关系，在制度设计和政策制定中，要高度重视实施细则的科学性和可行性，充分尊重市场规律和金融规律。既要大胆改革和试验，也要审慎管理、权衡利弊，密切关注资本流动和金融活动所带来的风险。对其他地区来讲，金融改革不能盲目效仿温州的情况，更不能一哄而起。仍要严格按照统一的法规、政策和要求推进金融改革和金融工作，维护良好的金融秩序。

需要指出，推进温州金融综合试验改革并不意味着放慢整体性金融改革步伐，相反更要注重从宏观上系统上推进金融改革。特别是要加强金融改革的顶层设计和结构性金融改革，用整体改革的方向、目标和规划引领局部改革的方向，用局部改革的实验和经验推动整体改革，使系统改革和区域改革相互促进、相互验证、相得益彰。

温州综合金融改革是中央的重要决策，不是权宜之计，也不是一项区域政策。有关方面要从完善社会主义金融体系的高度充分认识改革的重要意义，减少管制，支持创新，服务实体，把政策设计好、实施好，以成功的探索为全国金融改革提供镜鉴，从而带动我国金融改革向纵深发展。

温州模式已远远超越经济学社会学最初对它的解释，它在发展中迷茫，在艰难中行进。这一次金融改革，将助推温州模式完成新一次蜕变，以金融体制改革促进实体经济发展实现温州模式的再创新。温州金改通过发扬温州人敢闯敢试的精神，自我变革，改变温州发展路径，创立新的机制，在法律的框架内寻求切合温州实际的发展新模式，将加速温州经济增长，再创温州奇迹。

4.1.6　意义作用

设立试验区有利于增加金融活动的透明度，维护良好的金融秩序，并促进温州社会经济的规范发展。由于金融抑制以及法制不健全、经济结构扭曲等因素，温州地区大量金融活动游离于体系之外，形成极大的金融风险。金融改革无疑是解决金融乱象的一个重要突破口，它有助于将民间金融纳入到规范的融资制度体系之中，使民间金融阳光化，并提供相应的制度保障和法律保障。同时，也为民间资本提供了更加广阔的发展空间。

设立试验区有利于培育多层次的金融市场，完善金融服务体系。我国金融服务体系、金融体制与多层次经济发展的要求还存在一些不协调不相适应的地方，着眼全局、通盘考虑，推进综合改革，从银行、证券、保险、金融租赁协调发展的角度进行探索，将为从总体上构建与我国当前经济结构相匹配的金融体系积累宝贵经验。

设立试验区有利于民间资金更好地服务于实体经济。温州市金融综合改革12 项主要任务中，多项内容涉及对中小企业的金融支持，体现出金融必须服务于实体经济的明确思路。构建多元化金融体系、鼓励发展新兴金融组织等举措，目的在于通过加大金融资源的供给，促进各类型金融机构提供多层次多领域的服务，更好地满足各类企业的发展，缓解小企业融资难、融资贵等问题，从而实现资金的供需平衡，促进企业、产业和实体经济的发展。

设立试验区有利于明确界定中央与地方政府的责任，更好地控制风险。防范系统性金融风险既是当前的紧迫问题，也是关系金融发展全局的重大问题。改革方案明确指出，要清晰界定地方金融管理的职责边界，强化和落实地方政府处置金融风险和维护地方金融稳定的责任。这意味着金融改革的风险防范责任将更多地由地方来承担和负责，而中央的作用则主要是加强指导、协调和监管。这样就有助于明晰中央与地方的权限，促使中央与地方各司其职，推动金融综合改革向纵深前进。

4.2　泉州市金融综合改革试验区

2012 年 12 月，国家批准了人民银行等 12 个部委通过的《福建省泉州市金融服务实体经济综合改革试验区总体方案》。继浙江省温州市金融综合改革试验区、广东省珠江三角洲金融改革创新综合试验区之后，泉州市成为第三个国家批准设立的金融综合改革试验区。开展金融服务实体经济综合改革试验，将为泉州民营企业"二次创业"和实体经济发展提供坚实的金融政策支持，也为金融改革发展注入新的生机和活力。

4.2.1 设立背景

第四次全国金融工作会议明确提出："做好新时期的金融工作，要坚持金融服务实体经济的本质要求，牢牢把握发展实体经济这一坚实基础，从多方面采取措施，确保资金投向实体经济，有效解决实体经济融资难、融资贵问题，坚决抑制社会资本脱实向虚、以钱炒钱，防止虚拟经济过度自我循环和膨胀，防止出现产业空心化现象。"这些要求既是对本轮国际金融危机经验教训的深刻反思，也为我国下一阶段金融改革与发展指明了方向。

为认真贯彻落实全国金融工作会议精神，人民银行福州中心支行积极指导辖内各级人民银行充分发挥央行金融改革传导功能，努力推动金融机构做好服务实体经济工作。人民银行泉州市中心支行先后制定出台《关于金融促进泉州经济发展方式转变的指导意见》《关于金融服务支持泉州产业转型升级的指导意见》《关于加强和改进金融服务支持泉州实体经济发展的实施意见》等一系列意见措施，引导金融机构更好地服务泉州实体经济发展。联合有关政府职能部门制定《金融服务泉州小微企业"一十百千"行动方案》，有针对性地提出操作性强的工作措施，明确要求金融机构开展百场以上银行与小微企业对接活动，重点培育和支持3 000家以上小微企业发展。

在这些政策措施的强力推动下，泉州辖内商业银行积极开展金融创新，推出了一批适合小微企业融资需求的金融产品，如建行的"信用贷""金银仓""网银循环贷"等产品，交行的"税融通"，民生银行的"流水贷"，泉州银行的"小微贷、力之泉"系列产品，还有招商银行推出的国内首创小微企业专属金融服务工具——"生意一卡通"，泉州农商行推出具有闽南文化特色的小微企业"刺桐红"循环贷款，南安农商行的"微易贷""金翅膀""金助力"三大系列产品等。这些金融产品都是针对小微企业特点，在扩大抵（质）押物范围和增加保证方式上所进行的有效创新，为不同行业、不同发展阶段的小微企业提供了多样化的选择空间，提高了小微企业的融资能力。商业银行服务小微企业的方式也在不断创新。如农业银行、建设银行、兴业银行和泉州银行等多家银行根据泉州市小微企业产业集群发展以及拥有众多产业园区、专业市场的特点，加强同地方商会、行业协会或专业市场合作，积极发展"商圈""社区"融资，加大批量化营销力度；民生银行成立石材产业金融事业部、小微企业城市商业合作社等多个层次的服务机构；中国银行以"中银信贷工厂"为基础，优化授信和审批流程，提高审批效率；南安农商银行开展"幸福南安！助力小微"企业信息采集活动，努力扩大服务覆盖面。

泉州的民营经济一直是"十分天下有其九"，本轮国际金融危机后，泉州民营经济发展面临市场萎缩、原料涨价、资金紧张、用工短缺等多重困难。为克服困难，泉州提出开展"民营经济二次创业"，通过转型升级，提升产品附加值以应对市场挑战。为支持民营经济"二次创业"，2012 年初泉州召开动员大会，福建省政府领导及有关部门给予大力支持，制定了支持泉州民营经济发展的 10 条措施，其中重要的一条就是支持泉州开展民营经济综合配套改革试验。在微观实体企业需求迫切、金融部门努力探索、地方政府着力主导下，泉州金融综合改革应运而生。

4.2.2　现实基础和需求

经济决定金融，金融是现代经济的核心。泉州民营企业转型升级已步入关键期，亟须金融服务的进一步改善和突破。泉州金融改革的推出正是基于实体经济发展的客观环境，不仅具有现实要求，而且具备了坚实的基础和条件。

（1）实体经济是基础所在。泉州金融改革有别于温州和珠三角的金融改革，最大特色在于明确实体经济指向，旨在通过改革探索，寻找金融服务实体经济发展的新路径。改革开放以来，被誉为"民办特区"的泉州民营经济年均增速超过 30%，创造了闻名全国的"晋江经验"，2011 年泉州实现地区生产总值 4 270.9 亿元，人均 8 100 美元。2011 年，泉州拥有各类民营企业 13 万家，产值超亿元企业近 1 500 家，上市公司 77 家，位居全国前列。据不完全统计，泉州运动鞋和旅游鞋产量占全国总产量的 40%、世界总产量的 20%，石材出口量约占全国的 55%，工艺陶瓷出口量约占全国的 65%。可以说，实体经济是泉州发展的最大优势，也是金融发展的最大依托。

（2）港澳侨台是潜力所在。泉州是全国著名侨乡，据估计泉州本地民间资金超过 4 000 亿元，加上外地侨资可能高达 2 万亿元。泉州和台湾"一水之隔"，泉台金融合作交流十分密切。在国内，广大泉商到各地投资兴业，泉籍异地商会累计已达 148 个。泉商是闽商的一大代表，具备"诚实守信、敢拼会赢"的文化特质。发挥泉州特色，有利于充分调动海内外泉商、泉籍金融人才的积极性，更好地实施金融先行先试政策。

（3）金融稳健是优势所在。目前泉州共有银行业金融机构 32 家（其中农村合作金融机构 8 家、村镇银行 1 家），保险公司主体 40 家，证券期货公司经营网点 44 家，小额贷款公司 17 家，融资担保公司 55 家，典当行 44 家，专业股权投资、创业投资机构 49 家。2012 年，菲律宾首都银行（中国）有限公司泉州分行正式落户泉州。全市银行业金融机构存贷款余额较快上升，2012 年全年的不良贷款率仅为 0.54%，低于全国平均水平。

（4）转型需求是动力所在。"十二五"时期，泉州产业结构优化升级、基础设施建设、环湾城市建设、中小企业发展、小城镇改革发展、农村水利建设、民生工程以及深化文化体制改革等各项事业加快推进，不少重点项目正在或即将建设，将产生大量新的金融需求，需要金融发挥资源配置功能，为经济建设筹措资金，这既为金融业的发展带来新机遇、新挑战，也为泉州金融改革试验区建设提供了强大的推动力。

（5）实业精神是发展所在。泉州拥有一支始终坚守实业、投资实业、发展实业的企业家群体，他们靠实体经济起家，所获利润的大部分坚持留在本地扩大再生产，所获融资的大部分也投向实体经济。即使在虚拟经济快速发展的时期，其他地区的企业家纷纷为追求高额利润而转战房地产、金融等领域，泉州企业家仍然把实业、主业置于首位。正是这种坚守，大大减轻了本轮国际金融危机对泉州经济的冲击，没有出现2011年以来国内某些地区企业因资金链断裂而引发的倒闭潮。据统计，2008～2009年两年间，泉州共注销工商企业2 051家，但新增企业12 894家，呈逆势增长。正是这种实业精神，为泉州实体经济的可持续发展创造了动力。

4.2.3 主要内容

基于泉州实体经济的内在特点，泉州金融改革立足于服务实体经济的本质要求，通过改革方案的稳步实施，支持、促进实体经济的持续健康发展。

（1）主要目标。建设"四个试验区"，实现"三个基本"。"四个试验区"包括：一是巩固泉州实体经济发达的优势，打通金融资本与产业对接通道，建设实体金融试验区；二是有效利用民间资本，引导规范民间资本发展，建设民间金融创新试验区；三是加强诚信体系建设，营造和谐的金融发展环境，建设金融生态试验区；四是积极拓展两岸三地金融合作，促进金融资源集聚和运用，建设台港澳侨金融合作试验区。"三个基本"包括：通过若干年的努力，基本形成与泉州经济社会发展相匹配、分层有序的金融组织体系；基本建成主体多元、充满活力的金融市场体系；基本建立形式多样、功能完备的金融产品创新体系，促进泉州经济又好又快发展。

（2）主要着力点。发展"实体金融"和"区域金融"，紧紧围绕实体经济，夯实区域诚信体系，规范发展民间融资，发挥台港澳侨优势，大力培育具有区域特点的多元化金融市场主体，形成充分竞争的市场格局，优化金融供给，实现实体经济和金融"共生共荣"。

4.2.4　主要措施

一是建立健全服务实体经济的多元化金融组织体系，推进完善金融机构网点布局，支持地方法人金融机构发展；二是加大对小微企业及民生的金融支持力度，促进科技与金融结合，推进金融 IC 卡应用试点，增强民生金融服务；三是提升农村金融服务能力，深化当地农村信用社和邮政储蓄银行改革，扩大农村金融服务覆盖面，加大涉农信贷创新与投入，扩大涉农保险覆盖面；四是加强泉台港澳侨金融合作；五是规范发展民间融资，推动民间投资主体多元化，开展石化、鞋业、纺织服装产业投资基金试点，研究制定民间融资管理办法，开展民间资本管理服务公司试点；六是扩大直接融资规模，支持企业上市和上市公司优化重组，提高直接融资比重，支持开展区域集优票据和非上市公司股份转让试点，规范发展品牌产权、技术产权、排污权、水权、碳排放权和集体林权等产权交易；七是提升保险服务水平；八是完善金融风险防控机制。

4.2.5　现状和进展

泉州靠实业起家，靠民企壮大，但在民营经济发达的背后，也存在着重大问题。泉州中小微企业在全市企业占比高达99%，只有不到20%的企业与银行有信贷关系。可见，融资难问题是普遍存在的，泉州市实体经济还有进一步发展的空间。

（1）在金融机制与产品创新方面。当前，有许多银行还未建立差别化利率定价机制，无法根据企业的差异性逐笔定价，经常出现贷款利率与企业的风险等级不成正比的现象；部分银行未能针对企业的融资特点优化信贷审批流程，基层机构缺乏授信审批权限。

在金融产品创新上，泉州部分商业银行已经开始崭露头角，并取得较好成效。兴业银行泉州分行相关负责人表示，支持小微企业实体经济持续稳定发展是泉州金改的重要任务，兴业银行作为最早进驻泉州的股份制商业银行，当然在解决小微企业融资问题上有着义不容辞的责任。2013 年，兴业银行泉州分行在现有的小微企业传统业务产品基础上，全新推出"兴业三剑客"小微企业专属系列融资产品：第一，快速审批且抵押率全面提高的"兴业易速贷"，第二，免抵押担保可用银行结算流水换取贷款的"兴业流水贷"，第三，贷款到期无须还本即可循环续贷的"兴业连连贷"。据统计，截至 2014 年 3 月底，该行已办理兴业流水贷授信124 笔，授信金额 19.05 亿元，流水贷敞口 3.87 亿元；已办理兴业易速贷授信48 笔，授信金额 3.69 万元，敞口金额 1.68 亿元；已办理兴业连连贷授信 1 笔，授信金额 1 000 万元，敞口资金 500 万元。另外，该行通过制定标准化的金融服务方案进行集群授信和批量融资支持，在提高业务拓展效率的同时，以群体性客户信息弥补单一客户信息不足的问题，有效降低风险，努力推动小微企业业务朝规模化方向健康发展。截至 2014 年 3 月底，该行对南安市石材产业集群已授信 22 亿元，安溪涉茶产业集群已授信 3.3 亿元。

（2）在融资方面。泉州小微企业在实体经济发展中始终起着关键性作用，但是阻碍小微企业发展的一个重要因素即为缺乏金融支持。据统计，泉州有64% 的小微企业表示缺乏流动资金，而且在金改之前只有 15% 的小微企业和金融机构之间存在信贷关系，即仅不足两成是通过银行渠道融资。在金融改革提出"金融服务实体经济"的契机上，人民银行泉州市中心支行积极联合相关部门开展专项行动，不断推动创新适合于中小微企业的信贷产品与金融服务方式，提高企业信贷的可获得性，各银行极力通过多渠道加大中小微企业贷款规模，进一步加大金融对实体经济的支持力度。经过一年的努力，截至 2013 年 12 月底，全市中小微企业贷款余额达到 2 286.15 亿元，比年初增加 255.21 亿元，占企业新增贷款的 87.04%。

另外，在福建省的大力支持下，海峡股权交易中心泉州运营中心在 2013 年7 月 31 日正式挂牌成立，这是金融改革试验区的重点项目，它的出现在直接融资方面进一步拓宽企业融资渠道。泉州市委、市政府积极推动海交中心泉州运营中心的建设和发展，在全省率先推动非上市企业进入场外市场挂牌融资工作，对挂牌交易企业给予财政资金、股改税费、纳税贡献等财政奖励，鼓励企业到中心挂牌发展；继而又专门下发《关于贯彻落实省政府办公厅推进海交中心建设若干意见的通知》，推动海峡股权泉州交易中心做大做强。政府通过在小微企业贷款方面正积极实行贷款优惠政策、税收优惠政策及各项补助等，满足企业资金需求，大力扶持泉州本土企业上市，壮大泉州民营企业，繁荣泉州实体经济。

然而，目前海交中心泉州运营中心建设发展也面临了一定的挑战：

第一，区域股权交易市场分割，挂牌企业配置较分散。目前福建省股权交易市场还包括福建省高新技术产权交易所（福建省创新创业企业股权融资与交易市场）、厦门股权托管交易中心（厦门企业的股权登记托管市场）等。同时，受三板市场扩容的冲击，以及天交所、前海中心、上海股权交易中心等跨区域渗透的影响，泉州市企业分散到不同的区域股权交易场所挂牌，不利于市场配置资源效率的提高。据统计，目前泉州市累计有 29 家企业在省外其他区域股权交易所挂牌。

第二，挂牌交易企业数量较少，市场交易清淡。截至 2014 年末，在海交中心泉州运营中心实现挂牌企业 336 家，其中挂牌交易企业仅占 5.36%。而目前整个海交中心仅有 4 家企业成交 10 笔交易，成交量 168 万股、成交均价 3.55

元、成交金额 595 万元。其中，在泉州运营中心挂牌的企业尚无成交记录，市场交易清淡。而国务院关于清理整顿各类交易场所的相关规定，从交易制度和股东人数两个方面直接制约了区域性股权交易市场的发展，其作为投融资平台的功能也就难以充分发挥。

第三，适应业务发展需要的人才资源紧缺。区域股权交易市场必须面对大量中小微企业的个性化服务需求，同时需要与各类金融机构进行合作，因此对员工素质的要求较高，而当前适应区域股权交易市场发展需要的复合型、创新型人才较为缺乏。因此，亟须进一步引进熟悉企业资本运作、融资服务、各类金融产品等方面的综合管理人才，以及战略研究、产品设计、金融创新、信用评级、营销策划等领域的优秀专业人才。

第四，中小微企业参与区域股权交易市场的积极性有待提高。尽管近年来政府相关部门对中小微企业的资本市场融资辅导工作有所突破，但仍有不少中小微企业对区域股权交易市场知之甚少。受企业管理者经营观念、知识素养等因素的影响，许多中小微企业缺乏健全的财务制度，报表账册不全、财务信息失真、信息披露意识薄弱等现象较普遍。而挂牌场外市场则表明必须完善相关财务管理制度、补缴相关税费，这使许多企业管理者出于企业短期利益的考虑，对区域股权市场望而却步，从而大大影响了中小微企业参与区域股权市场的积极性。

第五，区域股权交易市场缺乏统一的监管法规。鉴于目前我国区域性股权交易市场的主要监管主体是地方政府，区域股权交易市场中缺乏统一规范的监管制度，因此能否坚持区域性股权市场建设的基本红线，则是对有关地方政府胆识和智慧实实在在的考验。

（3）在金融服务环境方面。形成金融体系与企业之间的有效对接、消除信息不对称问题是本次金改的一项重要内容。而打通这个通道的关键在于建立一个健全完善的信用体系。原本泉州信用信息体系建设相对滞后，但随着金融改革的加快，当前信用信息体系建设正在一步步向前迈进。截至 2013 年 11 月末，已有 21 021 户的小微企业建立起属于自己的信用档案，大约是全市企业的 30%，其中有 3 929 多户企业成功获得银行授信。同时，农村信用体系建设也取得一定成效，全市已完成 266 个信用村、13 个信用乡（镇）的创建工作，截至 2013 年 9 月，全市共有 98.1 万农户建立了信用档案，并为 47.8 万户的农户评定了信用等级，累计为建档农户发放了 694.7 亿元贷款。

（4）在民间资本方面。在过去，泉州小微企业中有过银行贷款经历的不足 20%，企业融资主要依赖民间借贷。泉州目前除已开展经营业务的小额贷款公司 20 家、融资性担保机构 48 家、典当行企业 44 家，准金融机构外，民间合会等"地下金融"依然风行。据保守估计，泉州本地民间资本加上外地侨资大约高达 2 万亿元，由于缺乏正规的法律规范与监管，这样的巨额资本却缺乏稳健投向。

在这样的形势下，泉州开始探索引导民间资本投向实体经济的阳光规范化路径，进行"民间资本管理服务公司"试点工作，旨在采用此种方式撬动民间资本，投向实体经济，为企业解决资金问题。截至 2014 年 2 月，泉州晋江民间借贷登记服务中心受理出借登记业务共计 82 笔，金额高达 4 623 万元。其中，借款登记业务 107 笔，金额约为 1.3 亿元，成交登记业务 51 笔，金额约为 685 万元。

4.2.6　前景展望

泉州金融改革将努力为实体经济带来三个效应：第一，"鲶鱼效应"，通过大力培育区域金融主体，丰富创新面向小微企业和"三农"的金融产品与服务，促使金融资源向小微企业和"三农"倾斜、集聚，夯实实体经济基础。第二，"磁场效应"，通过金融改革促进民间融资阳光化、规范化，开辟和疏通民间资本进入金融领域、金融资本进入实体经济的渠道，营造良好的金融发展环境，广泛吸引和聚集区域内外金融资源，改善实体经济发展环境。第三，"杠杆效应"，通过设立各类创业投资基金、产业投资基金、专业化的科技融资租赁公司和科技担保公司、推动企业到境内外资本市场融资等方式，发挥金融的杠杆作用，促进实体经济转型提升。

金融改革的重要目标之一是发挥金融能动性，通过健全金融组织体系、加强金融产品创新、协调发展各金融子市场、拓展金融边界、促进金融深化，以此加强金融良性竞争、提高金融服务效率，服务实体经济发展。

发挥先导示范作用。在泉州设立金融改革试验区，是国家对泉州实体经济发展前景的认同和对"晋江经验"与"泉州模式"的肯定，将为泉州正在实施的民营企业"二次创业"创造更加广阔的政策空间、体制空间、发展空间，同时也将为金融服务实体经济改革提供经验和借鉴。

形成金融资源"洼地"效应。泉州金融改革在建设多元化金融服务体系、规范民间融资、发展地方金融机构、推动两岸金融合作、优化金融发展环境等方面，都有较大的突破或发展空间，有利于集聚金融资源要素，集聚信息和人才，提高资本配置效率，加快市场优胜劣汰，减少实体经济融资成本，提升金融服务实体经济的水平，这些将为解决泉州当前面临的"民间资本多、投资难，中小微企业多、融资难"等问题开辟新途径。

拓宽金融资本和产业的对接通道。通过金融改革，迅速壮大金融服务业，为实体经济发展提供更为充足的资本支持，助推泉州传统产业高端化、成长型产业集群化、战略性新兴产业规模化，加快产业转型升级步伐，提升产业整体素质，为实现泉州提出的"到 2015 年形成 5 个超千亿元产业集群和一批超 500 亿元、超 100 亿元产业集群，实现规模以上民营工业企业产值 1.4 万亿元以上"的目标提供坚实的金融保障。

助推培育"航母式"龙头企业。围绕实体经济发展之所需、企业之所盼，建立更加有利于发展优势产业集群、培育战略性新兴产业、壮大现代服务业的金融服务体系，培育更充分的市场竞争主体和更多样的金融产品及服务，满足企业差别化、多样化需求。同时，扩大直接融资规模，支持企业利用资本市场，通过兼并重组、强强联合等方式，优化公司治理，在全国乃至全球范围内配置资源，打造百亿企业、百年老店，实现 2015 年年销售收入超百亿元企业 15 家以上、上市企业 100 家以上、千亿元市值企业 1~3 家的宏伟目标。

推进科技和金融的有效对接。积极引导银行业金融机构加大对科技型中小企业的信贷支持，打造区域资本市场和股权交易平台，大力发展创业投资、风险投资、股权投资，做大做强泉州高新区"一区八园"，推动泉州广大中小企业向科技"小巨人"转变，实现 2015 年高新技术产业增加值占地区生产总值比重 12% 以上的发展目标。

4.3　珠江三角洲金融改革创新综合试验区

2012 年 7 月 25 日，广东省举办新闻发布会，宣布《广东省建设珠江三角洲金融改革创新综合试验区总体方案》（以下简称《总体方案》）获得国务院批准。与以往不同的是，之前的试验区是在城市设立的，而广东则是以经济带呈现的，将分设三个试验区。

根据《总体方案》，广东将建成国内试验内容和覆盖范围最为广泛的金融改革创新综合试验区，其中包括个人税收递延型养老保险、农村宅基地和土地承包经营权抵押贷款、个人住房抵押贷款证券化业务等关乎民生的重大金融创新试点。

以《总体方案》为依据，省委、省政府将出台《关于全面推进金融强省建设若干问题的决定》，标志广东进入全面建设金融强省的历史新时期。

4.3.1　设立背景

20 世纪 90 年代中后期开始，国家按照社会主义市场经济的改革方向，加快金融改革，逐步建立了市场化的金融运行机制，建立起多元化、现代化的现代金融体系和专业化、法治化的金融监管体系，并先后在上海浦东、天津滨海新区等地开展金融改革创新试验，完善了长三角地区、环渤海地区的金融发展布局。

　　同一时期，广东受亚洲金融危机的冲击和困扰，只能全力处置金融风险，在金融改革创新上滞后于长三角、环渤海地区。同时中小微企业融资难、融资贵等问题在广州同样存在。更重要的是：低劳动力成本受到挤压，出口遭受困难，其发展模式也受到挑战等因素，导致广东省实体企业较大规模倒闭、GDP 增速放缓。广东试图通过金融改革的策略，探索新的经济增长点，并利用自身优势促进经济转型，金融改革的紧迫性逐渐加强。作为中国改革开放的前沿阵地，具有敢为天下先传统的广东省于 2007 年在基本解决历史遗留金融风险的基础上，将金融工作重心从处置风险转到科学发展上来，提出了发展金融产业、建设金融强省的重要金融发展战略，并逐步形成较为完整的金融发展布局、金融产业规划、金融扶持政策、金融合作框架。

　　2008 年底，国务院批复同意的《珠江三角洲地区改革发展规划纲要（2008－2020 年）》提出"允许在金融改革和创新方面先行先试，建立金融改革创新综合试验区"，在国内首次提出金融改革创新综合试验区概念。为落实这一重要金融工作部署，广东省将金融改革发展的新思路、新举措写进了《总体方案》并于 2010 年 7 月上报了国务院。

　　《总体方案》得到了中国人民银行、中国银监会、证监会、保监会等部门的大力支持，经过修改完善，2012 年 7 月末，《总体方案》获得国务院批准并由中国人民银行等 8 部委联合印发实施，标志着珠江三角洲金融改革创新综合实验区正式成立。

4.3.2　总体要求

　　指导思想。全面落实科学发展观，以加快经济发展方式转变为主线，进一步解放思想、改革创新，充分发挥金融在促进转变经济发展方式、构建现代产业体系和促进自主创新中的核心作用。着力深化金融体制改革，推进现代金融体系建设；着力完善农村金融服务体系，统筹城乡金融协调发展；着力提高金融合作与开放水平，推动粤港澳金融更紧密合作；着力优化金融发展环境，全面提高防范化解金融风险的能力，推动金融业发展成为国民经济的重要支柱产业。

　　总体思路。金融改革创新综合试验区建设以珠江三角洲地区为主，辐射带动粤东西北地区，加强粤港澳更紧密合作。对中央已经作出部署的一系列金融改革，率先加快推进；对符合未来发展方向的金融改革，积极探索、先行先试。重点在珠江三角洲地区推进城市金融改革创新综合试验，实现金融一体化发展；在梅州市推进农村金融改革创新综合试验，提升农村金融服务质量和水平；在湛江市推进统筹城乡协调发展金融改革创新综合试验，推动城乡金融协调发展。

　　主要目标。到 2015 年，金融产业发展成为广东省国民经济的支柱产业，金融业增加值占广东省国内生产总值的比重达到 8% 以上。多层次金融市场体系逐步完善，基本形成以具有国际竞争力的金融机构为主体、多种金融机构共同发展的金融组织体系；建立粤港澳更紧密的金融合作机制；推动发展珠江三角洲金融一体化格局；在农村金融改革创新和统筹城乡金融发展改革创新的重要领域和关键环节取得重大突破，城乡基础金融服务差距明显缩小，金融服务"三农"能力显著增强。

与过往的国内金融改革不同，之前的试验都是以城市为主体，而广东"金改"则是以经济带呈现的，涉及的地域包括珠三角 9 座城市，外加东西翼两座城市，呈现"9＋2"布局。

在金改规划中，广东分设三个试验区：第一，在珠三角地区建设"城市金融改革创新综合试验区"；第二，在环珠三角的梅州市建设"农村金融改革创新综合试验区"；第三，在环珠三角的湛江市建设"统筹城乡发展金融改革创新综合试验区"。

三个试验区也各有分工：在珠三角试验区，将重点建设多层次资本市场体系和现代金融服务体系，深化粤港澳合作；在梅州试验区，要构建具有广东特色、服务"三农"的现代农村金融服务体系；在湛江试验区，则要建立科学合理配置城乡金融资源的体制机制。

对广东这种改革布局，有学者认为，金融改革创新按不同重点在城市金融、农村金融、城乡统筹协调发展三大领域推进，针对不同区域的金融需求，探索形成有效的金融发展机制。这三大类型基本涵盖我国所有行政区划模式，加上广东独特的区位和开放型经济特征，先行先试的探索可为全国的金融改革提供先行经验。

同时，对于试验区内的城市各有侧重，以实现错位发展、功能互补。珠三角实体经济比较强，金融生态比较好，而且毗邻港澳，作为总的试验区是必要的。但是，珠三角各市担当的任务是不一样的。深圳市的重点是发展前海，力争与香港的资本市场全面对接；珠海市的重点是建设横琴，发展人民币离岸业务的在岸结算；广州市的重点是发展银行信贷市场、保险市场、财务管理中心，要更加紧密地跟港澳合作。

到 2020 年，金融产业发展成为广东省国民经济的重要支柱产业，金融业增加值占广东省国内生产总值比重达 10% 以上。建立起与全国重要经济中心地位相适应的现代金融体系；建立起与香港国际金融中心紧密合作、以珠江三角洲地区金融产业为支撑、与广东开放型经济体系相适应、具有国际竞争力和全球影响力的重要金融合作区域；珠江三角洲地区在金融基础设施、金融市场与服务体系、金融监管领域基本实现一体化；建立起符合广东省情的现代农村金融服务体系和金融支持城乡统筹协调发展的长效机制。

4.3.3 主要任务

（1）积极推进珠江三角洲城市金融改革创新综合试验。以健全多层次金融市场体系为核心，大力发展金融产业，重点建设多层次资本市场体系和现代金融服务体系。深化金融体制改革，加快金融创新步伐，推动金融一体化发展。充分利用内地与港澳更紧密经贸关系安排（CEPA）的制度优势，全面深化粤港澳金融合作，提升区域金融合作与开放水平。

① 加快建设现代金融市场体系。加快构建多层次资本市场体系，有效拓宽企业直接融资渠道。支持债券发行主体、发行机制及交易模式的创新，扩大企业债券发行规模。按照国家有关政策规范区域内产权交易市场。积极推动广东省国家级高新技术园区企业进入全国非上市公众公司股份公开转让市场，经批准进行公开转让。推进区域票据市场电子化建设试点。

② 加快完善金融组织体系。深化地方金融机构改革，积极发展资产管理公司、融资租赁公司、汽车金融公司、货币经纪公司、消费金融公司、财务公司等机构。扶持发展创业投资企业，规范发展股权投资企业。支持为中小企业服务的村镇银行、贷款公司等地方中小金融机构（组织）建设。促进有利于保障民生、支持创新创业和服务外向型经济的各类专业性保险机构发展。鼓励和引导民间资本进入金融服务领域。加快发展金融后台服务产业和金融服务外包产业。鼓励和规范发展融资性担保公司、会计师事务所、证券投资咨询机构、保险公估机构、信用评估机构等金融中介机构。

③ 加快金融产品与服务创新。在有效防范风险的前提下，有序开发跨机构、跨市场、跨领域的金融业务。积极开展航运金融、物流金融、商贸金融创新，大力发展融资租赁业务和投融资政策咨询、项目融资、项目评估、财务辅导、资产管理等业务，有效支持战略性新兴产业、先进制造业和现代服务业发展。做好跨境贸易人民币结算试点工作，逐步扩大人民币在境外的流通与使用，在横琴新区和前海地区开展探索资本项目可兑换的先行试验。积极发展创业投资，建立金融服务自主创新政策体系和服务平台，探索深化知识产权质押融资试点和科技保险业务试点。大力发展个人理财业务和消费金融业务。完善财政、税收政策引导下的利益激励机制，切实解决中小企业融资难问题，开展供应链金融模式创新，稳步扩大面向中小企业的集合债、集合票据、短期融资券发行规模。在总体试点推进框架下，研究开展房地产投资信托基金（REITs）和个人住房抵押贷款证券化业务，培育房地产金融市场。将深圳市保险改革试验区相关政策扩大到珠江三角洲地区，推动个人税收递延型养老保险产品试点工作，探索城市低收入人群参与商业保险的途径。积极进行外汇避险交易产品创新。提高金融服务信息化水平，

加强金融机构网上支付、网上交易、移动支付的产品创新、平台构建和政策法规研究工作。

④ 推动珠江三角洲地区金融一体化发展，科学规划，合理分工，错位发展，优化金融资源配置。广州市要加快建立与国家中心城市地位相适应的现代金融体系和金融服务业高端集聚功能区，不断完善金融资源配置和综合服务功能，加快建设区域金融管理营运中心、银行保险中心、金融教育资讯中心、支付结算中心、财富管理中心、股权投资中心、产权交易中心。深圳市要充分发挥特区先行先试的作用，依托资本市场优势和毗邻香港地缘优势，加快建设金融产品创新中心、创业投资金融中心，建设粤港金融合作核心区。佛山市要以建设广东金融高新技术服务区为主导，合理规划、集聚发展金融后台服务产业，努力打造辐射亚太的现代金融产业后援服务基地。在中山市开展城乡金融服务一体化创新试点。加快推进支付体系、社会信用体系、金融后台服务设施等金融基础设施一体化建设，逐步推进金融服务一体化。以珠江三角洲的"广州—佛山—肇庆"、"深圳—东莞—惠州"、"珠江—中山—江门"三大经济圈为依托，加强金融监管协作和信息共享，推进区域内监管一体化。依托金融管理、监管部门统计职能分工，完善区域金融业综合统计体系、经济金融调查统计体系和分析监测及风险预警体系，健全金融突发事件应急处置机制。

⑤ 提升区域金融合作水平。建立更加紧密的粤港澳金融合作机制，深化粤港澳三地金融业在市场、机构、业务、监管和智力等方面的合作。在政策允许范围内支持符合条件的在粤金融机构和企业在香港交易所上市，在港发行人民币债券、信托投资基金，探索深圳证券交易所和香港联合证券交易所在证券信息、产品开发、技术联盟等方面开展深层次合作，允许在粤港资法人银行参与证券投资基金销售业务。加强粤港在保险产品研发、业务经营和运作管理等方面的合作，探索粤港在保险产品研发、业务经营和运作管理等方面的合作，探索粤港保险业协同为跨境出险的客户提供查勘、救援、理赔等后续服务。继续扩大跨境人民币业务试点，稳健创新粤港澳三地人民币业务，稳步开展港澳直接投资人民币结算。支持粤证券公司、基金管理公司在港澳设立分支机构，积极推动符合条件的港澳金融机构在粤合资设立或参股金融机构，支持港资银行在广东省内以异地支行形式合理布点、均衡布局。推动粤港澳三地金融从业人员资格互认及金融人才交流与培训合作。创新粤港澳三地金融监管合作方式，健全粤港澳合作反洗钱机制。在海峡两岸经济合作框架协议（ECFA）框架下，逐步深化粤台金融合作，在东莞开展两岸金融合作试点。深化泛珠江三角洲区域金融合作，增强对泛珠江三角洲的金融辐射能力，加强金融监管合作和金融债权司法保护。加强广东与东盟的金融合作，研究建立广东—东盟区域开发股权投资基金、区域支付体系等合作项目。

⑥ 进一步优化金融发展环境。加强金融法制建设，建立公平、公正、高效的金融案件审判和仲裁机制，推动建立金融专业法庭与仲裁机构，完善金融执法体系，有效打击金融违法犯罪行为。加强人民银行征信管理和系统建设，整合信用资源，依法完善信用信息共享机制，全面推进社会信用体系建设。加强地方政府与驻粤金融监管机构的合作，由地方政府牵头，建立金融发展环境合作建设机制。

（2）加快推进梅州市农村金融改革创新综合试验。以构建具有广东特色、服务"三农"的现代农村金融服务体系为核心，建立符合农村金融需求的新型金融机构（组织），完善农村金融基础设施和信用环境，探索解决金融服务"三农"不足问题的新模式和新机制。

① 培育完善农村金融要素市场。在国家明确试点范围、条件及抵押登记、期限和抵押权实现等具体政策的基础上，研究推进农村宅基地使用权和土地承包经营权抵押贷款试点工作。积极扩大农村消费信贷市场。

② 创新农村金融服务体系。深化农村信用社改革，坚持服务"三农"方向，保持农村信用社县（市）法人地位的总体稳定。放宽农村金融准入门槛，加快发展适合农村特点的新型金融机构（组织）和以服务农村为主的地方中小金融机构。培育和发展村镇银行、贷款公司、农村资金互助社等新型农村金融机构。大力培育农村社区金融组织。探索一站式、社区性、综合化农村金融服务模式。推动完善农村金融中介服务组织，组建农村投融资平台。创新农业保险产品和机制，大力发展农房、能繁母猪、水稻、渔业、林木等保险，扩大农业保险覆盖面。积极支持开展生猪、奶牛、烟草等商业性保险。完善农业保险财政补贴机制，建立健全农业灾害风险分散机制。积极研究农民、专业合作组织、农业龙头企业等建立互助农业保险组织的可行性。

③ 优化农村金融发展环境。完善农村金融基础设施。大力推进农村金融信息化建设，加快完善农村金融结算体系，增加农村金融服务自助设备。完善农村金融风险补偿和利益协调机制，健全涉农贷款贴息机制和建立财政资金奖励机制，创新农户联保、农户互保、合作组织担保等多种信用保证方式，组织建立财政适当出资、有关市场主体共同参与的涉农贷款担保基金或担保机构。加强农村社会信用体系建设，维护农村金融稳定与安全。

（3）努力推进湛江市统筹城乡协调发展金融改革创新综合试验。以探索构建具有广东特色、统筹城乡金融协调发展的长效机制为核心，建立科学合理配置城乡金融资源的体制机制，逐步缩小城乡基础金融服务差距，开创城乡金融协调发展的新格局。

① 探索城乡金融协调发展新机制，促进城市金融资源支持"三农"。健全金融支持"三农"的财政激励政策和考核办法，鼓励金融机构提高农村金融业务

比重，加大对农业开发、产业转移园区建设、涉农基础设施建设等领域的支持力度，支持符合条件的涉农企业改制上市，提高农业产业化和农村城镇化水平。创新"三农"信贷担保机制，大力推动银行业金融机构与保险公司在涉农信贷领域的合作。建立现代农业股权投资基金，引导社会资金进入支农领域。建立农副产品、水产品远期现货交易中心。建立城乡信用信息共享机制，进一步扩大企业和个人信用信息基础数据库在农村的采集和使用范围。

② 加快形成支持城乡协调发展的金融服务体系。优化城乡金融机构网点布局，延伸城市金融服务链条，完善配套政策，支持和鼓励金融机构设立农村金融服务网点及在县域设立小微企业或"三农"专营中心，提高农村金融网点的人均拥有率和网点覆盖率。深化地方政府与保险机构的合作，创新"三农"保险业务，推广农村小额人身保险、大额补充医疗保险等新型农村保险业务。开展统筹城乡支付环境试点工作，推动城乡支付结算系统一体化。

4.3.4　保障措施

（1）加强组织领导。广东省要切实加强对本方案实施的组织领导，继续解放思想，开拓进取，营造鼓励探索、大胆创新的宽松环境，进一步完善现有金融产业发展激励机制，制定相应的财政、人才等支持政策和配套措施。广东金融改革发展工作领导小组具体负责指导实施本方案。

（2）加强统筹协调。加强由人民银行牵头，发展改革委、财政部、银监会、证监会、保监会等参加的有关部门和广东省人民政府的合作，指导协调改革创新综合试验工作，帮助研究和解决重大问题，制定相关扶持政策。加强粤港澳三地的统筹协调，通过粤港、粤澳合作联席会议和粤港、粤澳金融合作专责小组，协调推进粤港粤澳金融合作，有关粤港粤澳金融合作的重大事项共同向国务院汇报和推进落实。加强广东省地方各级政府金融工作部门与驻粤金融监管机构的沟通协调，加强信息通报，建立责权对等的地方金融工作机制。加强珠江三角洲地区和粤东西北地区的统筹协调，创新定向帮扶等机制，形成珠江三角洲地区辐射带动粤东西北地区金融改革创新发展的良好格局。

（3）加强考核监督。制定统计监测评价指标体系，建立试验区金融生态评价体系，对改革试点工作实行目标管理，对改革试点成效进行综合评估，定期监督检查，将各项改革试点工作任务纳入改革主体年度绩效综合考核内容，确保改革试点工作有序推进。建立定期报告制度，及时通报落实情况，总结工作经验。完善社会监督机制，鼓励公众积极参与方案的实施和监督。

4.4 云南省广西壮族自治区建设沿边金融综合改革试验区

2013 年 11 月 27 日，央行联合多部委印发《云南省广西壮族自治区建设沿边金融综合改革试验区总体方案》（以下简称《试验区总体方案》），旨在促进沿边金融、跨境金融、地方金融改革先行先试，促进人民币周边区域化，提升两省区对外开放和贸易投资便利化水平，推动沿边开放实现新突破。

沿边金融综合改革试验区主要范围包括滇桂两省区 15 个州市，区域面积 31.77 万平方公里，4 419 万人口。其中云南省包括昆明市、保山市、普洱市、临沧市、红河州、文山州、西双版纳州、德宏州、怒江州 9 个州市，面积 22.07 万平方公里，占全省国土总面积的 56%，人口 2 514.9 万人，占全省总人口的 54%。广西壮族自治区包括南宁市、钦州市、北海市、防城港市、百色市、崇左市。可以说，这是我国目前区域面积最广、人口最多、边境和海岸线最长、面向国家最多的一个金融综合改革试验区，也是我国第一个以省区命名，第一个跨省区、第一个沿边跨境的金融综合改革试验区。

4.4.1 设立背景

2008 年末，国务院常务会议决定对广东和长三角地区与港澳地区、广西和云南与东盟的货物贸易开展人民币结算试点。2010 年 7 月，中国人民银行原则同意建设昆明市区域性跨境人民币金融服务中心。2011 年 5 月，《国务院关于支持云南省加快建设面向西南开放重要桥头堡的意见》第 23 条明确提出，把昆明建设成为面向东南亚、南亚的区域性国际金融中心。2011 年 8 月，中国银监会、中国证监会、保监会以及金融机构总部都积极支持桥头堡建设，提出相关意见、通知和签署了战略协议、备忘录。2012 年 11 月 6 日，《云南省人民政府关于加快推进昆明区域性国际金融中心建设的意见》印发。

云南作为我国最早与周边国家开展金融合作的省份，沿边金融特色鲜明，跨境金融和泛亚金融合作潜力巨大。特别是近年来，云南金融业牢牢把握科学发展主题，解放思想，开拓进取，积极推动金融创新发展和优化金融生态环境，大力探索金融服务便利化行动，金融组织体系建设迈出新步伐，融资规模跨上新台阶，融资结构优化取得新进展，地方金融特别是小微金融、普惠金融和包容性金融发展实现新突破，银政合作开创新局面，金融业对外开放实现新跨越，呈现出总量扩大、结构优化、效益增长、风险下降的良好态势，实现了经济与金融的互动双赢，开始形成以昆明为核心，瑞丽、河口、版纳、腾冲等次区域跨境人民币金融服务中心为支撑的发展态势。2012 年，云南省金融业增加值达到 548 亿元，占全省生产总值的 5.3%；金融机构人民币存贷款余额分别达到 2.28 万亿元、1.56 万亿元，贡献税收 128 亿元，占地方财政收入的 9.6%，从业人员超过 16 万人，成为发展较快、贡献较大的高端产业，有效拉动了全省经济快速发展。多年来，云南存贷款排名始终高于 GDP 在全国的排名。2012 年，全省跨境人民币结算达到 461 亿元，其中资本项目下达到 175 亿元。2013 年 1 ~ 10 月，全省跨境人民币结算金额 453 亿元，同比增长了 30%，接近 2012 年全年总和，自 2010 年 7 月全面开展试点以来累计结算近 1 200 亿元，位居沿边省区前列，为跨境贸易投资便利化提供了有效的金融支撑，为云南推动跨境金融、沿边金融改革创新和昆明区域性国际金融中心建设奠定了良好基础。

4.4.2　总体要求

总体思路。充分借鉴各省市金融改革创新的政策和经验，按照优惠倾斜、试点突破、先行创新的原则，积极向中央部委争取国家层面的政策支持。第一，对已有的但未用足用活的政策，着力强化细化深化，进一步争取优惠支持；第二，对给予了外省、没有给予云南，但能够借鉴并创造条件争取的政策，着力争取倾斜支持；第三，对云南有特色和优势来探索的政策，着力争取试点突破；第四，对全国都没有的政策，着力争取创新；第五，系统性地在云南开展先行先试。

优化金融生态环境，加强金融基础设施建设，完善市场组织体系，培育发展金融市场，改善融资结构，提高金融规模和交易效率，深化对外交流与合作，加大金融服务边境地区的力度。积极探索金融改革创新，全面提升跨境金融服务水平，推动资本市场对外开放和扩大人民币跨境使用，逐步增强人民币在东盟和南亚国家的竞争力、影响力和辐射力。

主要目标。经过 5 年左右的努力，初步建立与试验区经济社会发展水平相匹配的多元化现代金融体系。金融创新能力进一步增强，金融开放水平进一步提升，金融市场体系进一步完善，金融生态环境进一步优化，金融支持沿边经贸发展的广度和深度进一步拓展，金融服务实体经济的能力和便利化水平进一步提高，云南省、广西壮族自治区与东盟和南亚国家经贸金融合作关系更加紧密，对周边地区国际影响力不断增强，初步建立与试验区经济社会发展水平相匹配的多层次、多元化、多样化的金融监管、市场、服务体系，全面提升跨境金融服务自由化与便利化水平，逐步增强人民币在东盟和南亚国家的竞争力、影响力和辐射力，成为我国人民币周边区域化的重要区域，打造以云南为中心的泛亚金融开放合作新高地。

4.4.3 主要任务

（1）推动跨境人民币业务创新。扩大人民币跨境使用。支持银行开立境外机构人民币结算账户，办理跨境人民币国际结算业务。研究将人民币与非主要国际储备货币的特许兑换业务范围扩大到贸易、资本项下及提高相应兑换额度。创新现钞出入境携带证制度，研究放宽个人携带人民币现钞出入境额度，探索开展跨境个人人民币结算试点。推动境外人民币借贷、支付、保值等功能的发挥，增加人民币流通规模、留存数量和可接受度。扩大与东盟和南亚国家本币互换规模，完善货币互换机制。支持与东盟和南亚国家人民币投融资合作，推动境内银行为境外项目提供人民币贷款业务。鼓励银行开展境内外联动的人民币融资产品创新。研究设立人民币海外投资基金，根据现行规定在银行间市场和海外金融市场发行以人民币计价的金融产品。适时推动人民币与周边国家货币的银行间市场区域交易。

拓展人民币回流机制。探索东盟和南亚国家与试验区开展人民币双向贷款试点。在现行政策法规框架下，研究开展贸易、投资和服务领域人民币购售业务。按照国家相关政策，鼓励东盟和南亚国家财团或法人以人民币购买试验区企业股权。研究将东盟金融机构纳入人民币合格境外投资者试点范围，探索境外人民币以贷款方式投资试验区重要产业项目。研究探索符合条件的境外合格机构以人民币为计价货币，募集海外人民币资金，在试验区依法发起设立公募或私募证券基金。

（2）完善金融组织体系。支持符合条件的东盟和南亚国家金融机构到试验区设立外资金融分支机构。支持大型银行根据自身发展战略，在风险可控、商业可持续的前提下，以法人名义到东盟和南亚国家设立机构。依法组建村镇银行、贷款公司、小额贷款公司、融资性担保公司等。在依法合规、风险可控的前提下，按照商业自愿的原则，支持大型银行设立区域管理机构以及分支机构，支持符合条件的中小银行设立后援服务中心和培训基地，支持符合条件的外资金融机构设立国际性或区域性管理总部、业务运营总部、后援服务中心和培训基地。

支持资质良好的信托公司和金融租赁公司开展业务，提供金融服务。支持民间资本与其他资本按同等条件进入银行业，支持符合条件的民营企业参与村镇银行发起设立或增资扩股，参与城市商业银行的增资扩股。尝试由民间资本发起设立自担风险的民营银行、金融租赁公司和消费金融公司等金融机构。支持符合条件的银行业金融机构，在成本可算、风险可控的前提下，为跨境并购提供金融服务。鼓励银行业金融机构、融资性担保机构为科技型中小企业提供服务。

（3）培育发展多层次资本市场。支持符合条件的企业参与非上市股份公司股份转让试点。在完成清理整顿各类交易所工作的基础上，探索发展符合国家政策的区域性股权转让市场。支持期货交易所研究在试验区设立商品期货交割仓库。支持利用周边国家丰富的矿产资源、农业资源、生物资源和生态优势，规范发展符合法律法规和国家政策的矿产权、林权、碳排放权和文化产品等交易市场。

支持符合条件的企业上市融资，拓宽非上市企业融资渠道。鼓励符合条件的中小企业发行债务融资工具，支持符合条件的企业和金融机构到中国香港及海外债券市场发行债券。支持符合条件的东盟和南亚国家金融机构在试验区设立的国际性或全国性管理总部进入银行间债券市场。设立创业投资引导基金，参股支持创业投资企业。按照国家规定积极稳妥发展股权投资（基金）企业，吸引国外资本设立外资股权基金、合资股权基金。

（4）推进保险市场发展。积极开展双边及多边跨境保险业务合作，大力推动中国与东盟和南亚国家在机动车辆保险、货物运输保险、出口信用保险、工程保险、旅游保险等领域的交流与合作，为对方国家保险公司在本国开展风险评估、资信调查、查勘定损提供便利。

支持保险资金参与重点项目建设，加大政策性出口信用保险对海外投资、大型成套设备出口融资等项目的支持。研究开展边境贸易出口业务和跨境人民币结算业务承保试点。逐步扩大农业保险覆盖范围，鼓励研究建立农业保险大灾风险分散机制。开发优质小微企业信用贷款保证保险和涉外企业信用保证保险业务。

（5）加快农村金融产品和服务方式创新。指导和鼓励金融机构与涉农部门建立对接互动机制，推进农村产权确权登记颁证服务平台建设，并与评估、流转、信贷融资等服务做好衔接。依法探索扩大可用于担保的财产范围，创新农村互助担保机制和信贷风险分担机制。鼓励涉农金融机构探索开展林权、土地承包经营权抵押贷款业务。建立和完善专项监测统计制度，引导涉农贷款、小微企业贷款增速不低于各项贷款平均增速。

加快推进农村信用体系和支付结算体系建设，努力实现农户信用档案和行政村惠农支付服务点全覆盖。指导和推动建立联评、联动、联创、联贷机制，加快健全农户电子信用档案的登记、评价和贷款授信，推广应用非现金支付工具，提高农村支付结算便利度，增强"三农"金融服务能力和抗风险能力。

（6）促进贸易投资便利化。研究探索外资股权投资企业在资本金结汇、投资、基金管理等方面的新模式。逐步扩大试验区短期外债指标规模。简化外债登记程序和外商投资企业外汇资本金结汇程序。在政策允许、市场成熟的情况下，适时推动个人境外直接投资试点。

（7）加强金融基础设施建设的跨境合作。探索建立试验区与东盟和南亚国家征信交流与合作机制，推进试验区与东盟和南亚国家征信交流与合作。加强与周边国家支付清算系统的合作，支持银行业金融机构和支付机构为周边国家提供跨境支付服务。允许非现金支付工具在境外沿边地区使用。鼓励支付机构建立面向东盟和南亚国家的跨境零售支付平台，建立跨境金融信息服务基地。研究论证沿边跨境特定币种清算安排的可行性。

（8）完善地方金融管理体制。科学界定地方金融管理的职责边界。探索开展民间借贷备案登记、合约公证、资产评估等服务，加强民间融资动态监测和风险预警。加强地方人民政府与国家金融管理部门的沟通协调，形成监管合力，防止出现监管真空。强化和落实地方人民政府处置金融风险和维护地方金融稳定的责任，建立地方金融管理监测预警机制。

（9）建立金融改革风险防范机制。加强金融生态环境建设，建立科学评估机制，制定评估指标体系。进一步推进政府信息公开，培育征信产品和服务需求，加快地方信用体系建设。建立跨境资金流动统计监测和汇率、债务和偿债能力等预警机制，及时进行风险提示。加强对跨境非法集资、洗钱、恐怖融资等犯罪行为的监管和打击力度。完善金融执法体系，建立公平、公正、高效的金融案件审判和仲裁机制，有效打击金融违法犯罪行为。加强金融知识的普及和宣传教育，增强金融风险防范意识。

（10）健全跨境金融合作交流机制。打造沿边地区跨境金融合作交流的平台。支持与周边国家共同建立金融合作信息交流机制和会商机制，鼓励双边人员互访，开展货币管理模式、防伪技术与反假货币培训等，加强对跨境人民币业务政策的宣传。加强与周边国家的金融监管协作和信息共享，完善金融管理当局的协商沟通机制，加强市场准入、审慎监管和维护区域金融稳定等方面的协调与配合。

4.4.4 现状和进展

4.4.4.1 广西沿边金融综合改革试验区金融创新的现状及亮点

（1）"先试先行"为金融创新改革探路。在建设沿边金融改革试验区之前，广西部分地区已经试点开展金融业务创新改革，为金融改革提供引导。其中，作为边境重要口岸城市的东兴，自列入国家重点开发开放试验区以来，边境贸易实现飞跃式增长，重点围绕建立货币自由兑换试验区，大力开展多项跨境金融业务创新改革，成为继浙江义乌后全国第二个推进个人跨境贸易人民币结算试点的重点区域，并将在东兴试点的金融业务创新改革推广到整个沿边试验区 6 市范围。东兴、凭祥等边境口岸城市在金融创新改革上的"先试先行"，为推进广西沿边金融综合改革试验区金融创新积累了宝贵的经验。

（2）跨境金融合作空间不断扩大。随着中国与东盟合作"钻石十年"的到来以及自由贸易区升级版建设的顺利启动，广西作为最接近东盟的窗口，与越南、泰国、马来西亚、新加坡等多个国家联系紧密，商贸交易硕果累累。数据显示，自 2010 年 6 月试点开展以来，广西跨境人民币结算总量已达 2 235 亿元，居中国 8 个边境省（区）第一。未来很长一段时间内，广西与东盟、南亚甚至欧美等国家的贸易往来更加密切，跨境人民币互换合作将有更大的增长空间。

（3）金融跨境合作基础设施建设逐步完善。广西全面推进人民币跨境结算，鼓励中行、工行、农行和建行等金融机构组建起面向东盟的货币清算、结算及相关业务中心，通过开辟跨境人民币结算审批"绿色通道"，简化跨境清算、结算等审批手续。广西还先后与东盟国家协商在区内建立了中国—东盟跨境人民币业务中心、中国—东盟跨境人民币产品研发中心、中国（东兴试验区）—东盟货币业务中心等跨境金融合作平台。此外，东盟国家金融机构，尤其是新加坡、马来西亚等较发达的东盟国家纷纷在广西设立金融办事处，借助广西独特的区位和政策优势拓宽其在中国的金融业务，推动跨境金融合作。这对加快建设以南宁为中心、面向东盟及"海上丝绸之路"沿线国家的区域金融合作打下了坚实的基础。

（4）农村金融产品和服务方式创新成效突出。为加快促进金融创新发展，金融机构在农村金融产品和服务方式创新等方面进行了大胆尝试，成效显著。其中，百色田东、南宁横县和武鸣作为农村金融改革试点，相继开展"信用贷款""订单农业贷款模式创新""市场出租方为承租方担保贷款""业务流程创新"等一系列金融产品创新，在一定程度上解决了农村贷款难问题。同时，金融机构还创新推进"公司 + 基地 + 农户"信贷、多户联保等金融服务方式，将金融服务扩展延伸到产业发展的每一个环节，推动特色产业发展。

4.4.4.2　广西沿边金融综合改革试验区金融创新存在的问题

（1）区域经济发展水平较低，对金融支撑不强。当前广西经济发展基础仍比较薄弱，与东部沿海等先进地区存在较大的差距，人民生活水平与生活质量有待提高，消费动力不足，截至 2013 年底全区地区生产总值和人均生产总值分别为 1.4 万亿元和 30 709 元，都低于全国平均水平。同时，广西工业化水平偏低，现代服务业发展速度缓慢，缺乏重大项目、大型龙头企业支撑，产业结构单一，产品品牌缺乏，易受宏观调控和市场变化影响。经济发展动力不足导致金融资源需求减少，融资结构发生改变，金融效率不高。

（2）金融体制机制不够完善。区内的金融体制机制尚不能满足当前需要，尤其是在金融监督管理、资金自由流通、人民币自由兑换等方面还存在许多漏洞，此外账户管理政策和开户要求不够明确与统一，境外人民币回流和使用渠道有限等问题依旧存在。加快完善建设针对沿边金融改革试验区的体制机制迫在眉睫。

（3）金融产品和服务方式创新不足。与国内上海、广州等发达地区相比，广西的金融业务创新比较落后。一方面，广西的金融产品主要是对存贷汇等传统业务领域产品进行改进，与资产类业务和中间类业务相比，负债类金融产品明显占有相对优势，金融创新的产品结构有欠优化；另一方面，服务方式创新的技术含量偏低，创新还是以模仿为主，缺少自主创新品牌，针对北部湾经济区、珠江—西江经济带和中国—东盟自由贸易区等金融产品与服务创新不足，在一定程度上影响了金融产品和服务的宣传和推广。

（4）中国—东盟区域金融合作平台有待建设。广西与部分东盟国家建立了交流合作平台，如中马钦州产业园区、中越跨境经济合作区、东兴边境经济合作区等，但合作平台范围小且以经济发展、产业合作为主，而真正面向东盟国家的区域性金融合作平台尚未完全建立，双方在机构网络、产品服务、客户信息等方面的合作，受到一定的限制，"地摊银行"带来各种跨境交易隐患和风险。

4.4.5　前景展望

云南将充分借鉴国内金融改革先进经验和政策，并在沿边开放上努力打造云南昆明区域性金融重心，从而为今后 30 年的新一轮沿边开放打好基础。突出发挥云南沿边金融、跨境金融和地方金融改革创新的特色与优势，大力推动云南金融改革创新发展，助推以云南为重点的沿边对外开放和昆明区域性国际金融中心建设。通过"完善金融市场体系""扩大金融业对内对外开放""构建开放型经济新体制""加快沿边开放步伐，建立开发性金融机构，加快同周边国家和区域基础设施互联互通建设，推进丝绸之路经济带、海上丝绸之路经济带建设，形成全方位开放新格局"等重要方略为大力推动面向东南亚、南亚的沿边开放明确了重点和方向，沿边金融综合改革试验区总体方案的出台和试验区的正式启动，将为加快桥头堡建设、打造以云南为中心的泛亚金融开放合作新高地、加快推进沿边大开放增添新的动力和活力。

4.5　青岛财富管理金融综合改革试验区

2014 年 2 月 10 日，中国人民银行等 11 个部门联合向山东省人民政府下发《关于印发青岛市财富管理金融综合改革试验区总体方案的通知》（银发〔2014〕38 号）。这标志着山东省青岛市财富管理金融综合改革试验区正式获国家批复，青岛市成为我国以财富管理为主题的金融综合改革试验区。

设立青岛市财富管理金融综合改革试验区，是为了贯彻落实党的十八大、十八届三中全会精神，深化金融体制改革创新，满足我国经济社会发展对财富管理的迫切需求，充分发挥青岛市在财富管理等方面的综合优势，加快推进财富管理发展，多渠道增加居民财产性收入，通过先行先试，积极探索具有中国特色的财富管理发展道路。

4.5.1　设立背景

青岛要打造经济升级版，任务之一就是"构建现代产业发展新体系"，其中包括发展金融业在内的现代服务业。青岛市发展财富管理中心存在 6 个内在因素：一是经济发达，具有良好的经济基础，第二产业已经比较成熟，第三产业发展也处于较高水平；二是政策到位，建立了适合财富管理发展的金融监管体制，出台了一系列扶持金融业发展的政策措施；三是交通便利，这些地区往往是空港、陆港、海港的枢纽，运输体系四通八达；四是优美宜居，风景怡人，自然条件优越，是令人向往的旅游度假胜地；五是产业配套，瑞士旅游、保健行业久负盛名，新加坡奢侈品零售业发展迅速，这都对开展财富管理业务起到促进作用；六是人才荟萃，财富管理学科发展、院校建设、人才储备具有较好的基础，培养造就了一大批经验丰富的从业者和专业精英。青岛发展金融产业，不仅有助青岛升级转型，更有全省转型升级之示范效应。

山东经济体量庞大，2012 年，实现生产总值超过 5 万亿元，曾居全国前三。然而，同年，钢铁、化工、工程机械等大批企业出现效益下滑甚至亏损的状况。山东"群象经济"大而不强的质疑声也随之出现。山东省金融业增加值达 2018 亿元，同比增长 19%，但占生产总值比重仅达 4%。金融业对 GDP 的贡献度与沿海发达省份相比仍有一定差距。经济转型升级迫在眉睫。着力于金融，示范全省，青岛正成为先行者。

4.5.2　主要任务

一是积极培育多元化财富管理机构。探索组建专业化财富管理机构，吸引和聚集各类财富管理机构，构建财富管理高端中介服务体系和行业自律组织体系。二是大力发展多功能财富管理市场。培育财富管理专业市场，提升专业化财富管理服务水平。三是推进财富管理相关金融改革创新。推动财富管理监管改革，鼓励金融机构创新财富管理产品，支持金融机构改革财富管理服务。四是提高财富管理服务实体经济水平。围绕实体经济开展财富管理，开展多层次财富管理服务。五是切实提高防范金融风险的水平。防范金融风险，强化金融监管合作，维护金融消费者权益。六是不断优化财富管理发展环境。完善配套建设，培养专业人才，探索建立财富管理业务统计体系，深化国际合作。

4.5.3 意义作用

从本土环境来看，社会财富迅速积累，高收入人群规模不断壮大。一方面提高国内财富管理水平需求迫切；另一方面在全球范围内有效配置资产的意愿强烈。财富管理中心城市既可作为国内财富人群理财活动的聚集地，也会成为国内外金融机构实施跨境资产管理的桥头堡。在金融机构方面，财富管理领域的新型金融机构和业务显著增长，财富管理中心城市可以很好地承接此类机构聚集发展，发挥产业聚集效应，加快金融业转型升级。

4.5.4 现状和进展

2015年6月，青岛市发布了《青岛市财富管理金融综合改革试验区发展报告（2015）》。青岛市财富管理金融综合改革试验区正式成立一年来，走过了打基础、建机制、拓局面的起步阶段，各项改革创新工作全面启动，一批先行先试政策率先落地实施，一批重点合作项目深入推进，一批优质金融资源加速聚集，一批专业化平台启动建设，一批品牌活动营造出良好氛围。

根据报告，青岛市财富管理金融综合改革试验区成立一年多来，在各方面的大力支持和推动下，试验区围绕政策争取、项目引进、交流合作、平台搭建、宣传推介等关键环节加大工作力度，取得积极进展。中国金融四十人学院、人民币投贷基金等一批优质金融资源加速聚集，十余个国字号项目落户试验区。

报告提出，青岛市财富管理金融综合改革试验区获批以来，多项创新试点政策率先实施，财富管理综合经营、综合监管、扩大开放、注册便利化等方面的35项创新政策获相关部委批复或原则同意开展，财富管理试验区建设重要事项"一事一报"通道打开。跨境投融资创新政策率先突破，全国首单中韩货币互换项下韩元贷款业务在青岛完成。青岛保税港区贸易项下前置美元保证金制度、外商投资企业资本金意愿结汇、直接投资外汇登记下放银行办理、跨国企业集团人民币集中运营管理、跨国公司外汇资金集中运营管理等创新政策顺利实施。

报告显示，截至目前，共有11家银行机构总部在青岛设立私人银行，管理资产超过500亿元。国内第三支、山东首支规模为300亿元的鲁信人民币国际投贷基金落户青岛。组织全国近60家财富管理机构总部在青岛发起筹建中国独立财富管理行业协会，目前已进入审批程序。围绕财富管理新型业态开展工商登记注册试点，发挥试验区在财富管理机构改革创新中的"试验田"功能。

财富管理试验区建设为青岛金融业发展带来新的生机和活力。2014 年以来，发挥试验区筑巢引凤的积极作用，新引进和培育各类金融机构 17 家，全市金融机构总数达到 210 家。中路财险公司、青岛港财务公司、海尔消费金融公司开业运营，法人金融机构达到 19 家；新引进国泰世华银行、星展银行、澳新银行、中德安联人寿、韩国产业银行等外资机构 5 家，外资金融机构数量达到 33 家，占全省 90% 以上。蓝海股权交易中心开业 8 个月，完成挂牌企业 130 家，实现融资超过 10 亿元。2014 年全年从资本市场累计直接融资 87.6 亿元，创造青岛单一年度资本市场融资额的新纪录。实现各类债券融资 277.2 亿元，同比增长 42.7%，并实现企业私募债券融资新突破。

普惠金融在青岛得到长足发展，首批 20 家民间资本管理公司开展试点，42 家小额贷款公司实现非现场监管，融资性担保行业逐步整合升级，地方准金融体系活力彰显，民间资本进入金融领域变得更加便利。

截至 2014 年末，青岛市金融业增加值占 GDP 比重达到 6%，占服务业生产总值比重达到 12%；金融业地税收入占全市地税收入 11.4%。青岛成为全省首个存贷款超过万亿元、证券机构代理交易额超过 2 万亿元、保费收入突破 200 亿元的城市。

4.5.5　前景展望

目前，青岛市制定了三阶段的发展计划。一是基础建设阶段，立足于财富管理培训基地，吸引更多私人银行及财富管理机构聚集，同时争取试点政策，开展财富管理相关的金融改革创新。二是提升财富管理功能，侧重提供成熟的配套产业、丰富的人才储备，推动国内外财富管理机构的区域总部在青岛聚集。三是全面深化、强化与国际财富管理中心城市合作，争取国际范围内各类财富管理机构在青岛设立总部和分支机构。

未来，作为全国唯一以财富管理为主题的金融综合改革试验区，青岛将继续围绕财富管理组织体系、市场体系、业务体系、环境体系、监管体系建设开展改革创新和政策试点，积极承接新兴财富市场发展趋势，探索财富管理发展的新模式和新途径，建设面向国际的财富管理中心城市。随着中国财富管理行业发展步入快车道，试验区建设已将进入深入推进的关键时期，各类创新试点政策亟待突破，各类项目和资源亟待落地，试验区宣传和推广力度亟待增强，改革创新发展的任务仍十分繁重。

青岛金融综合改革试验区将着眼长远，把握财富管理发展的关键环节，通过建设一些长期性、系统性的重大基础设施平台，例如财富管理交易平台、人才培养平台、行业规范和自律平台、科研信息平台等，为中国财富管理行业发展奠定坚实的基础，争当引领中国金融及财富管理改革创新的主阵地和领头雁。此外，金融综合实验区要做好以下具体的工作：

第一，加速聚集各类优质的财富管理资源，承接财富管理行业新兴业态创新发展，加速形成试验区建设的新优势。

第二，围绕财富管理加大政策创新力度，争取围绕财富管理监管、畅通财富管理渠道等方面有新的突破。

第三，积极把握"一带一路"、中韩自贸区等发展战略带来的新平台和新机遇，布局谋划财富管理对外合作，提升"财富青岛"的品牌影响力。

第四，夯实财富管理的发展基础，统筹区域功能、完善配套产业、强化人才培育，为试验区建设和财富管理行业发展提供基础服务和保障。

通过不断地探索，力争形成一批可复制、可推广的经验做法，当好中国金融改革发展的"试验田"，同时营造出机构聚集、人才汇聚、环境优美、创新活跃的发展氛围，向着面向国际的财富管理中心城市的目标加快推进。

第 5 章

金融场外交易市场

5.1 场外交易概况

5.1.1 场外交易市场的定义

场外交易市场（Overthe Counter Market，OTC），源自于当初银行兼营股票买卖业务，因为采取在银行柜台上向客户出售股票的做法，又称柜台交易市场和店头交易市场，是指在证券交易所以外的、为满足特定融资主体的融资需求和投资主体的流动性需要，而根据一定的制度安排进行的证券发行与证券买卖活动的所有证券交易市场。

场外交易市场有广义和狭义的概念之分。广义的场外交易市场业务包括代办股份转让、非上市开放式基金的发行、银行发行的非上市债券、金融机构的互换交易和信用衍生品交易，以及商品证券和货币证券的交易等。目前人们讨论的场外交易都集中指向股票交易，如以"三板"相称的代办股份转让系统就完全是一个股票交易市场。之所以如此，就在于建设场外交易市场的主要目的是解决现实中大量未上市股份有限公司的融资和股票流动问题。从狭义上来说，可以将场外交易市场特指为场外股权交易市场，或独立于证券交易所系统并带有明显区域特色的股票交易市场。我国场外股权交易市场泛指在上海、深圳证券交易所之外进行非上市股票或股权交易的市场，主要包括产权交易市场、代办股份转让系统和股权交易市场。本书主要从狭义定义上对场外交易市场相关内容进行探讨。

5.1.2 场外市场与场内市场的关系

作为多层次资本市场的组成部分，场外市场和场内市场本身也有内部高低层次的划分。我国场内市场主要指沪深证券交易所，由主板、中小板和创业板组成；场外市场则由全国中小企业股份转让系统（新三板）、区域性股权市场和产权市场组成。从主板市场到创业板市场，再到场外市场，存在着明显的递进关系。

5.1.2.1 场外市场与场内市场的区别

场内交易市场又称证券交易所市场或集中交易市场，是指由证券交易所组织的集中交易市场，有固定的交易场所和交易活动时间，在多数国家它还是全国唯一的证券交易场所，因此是全国最重要、最集中的证券交易市场。证券交易所接受和办理符合有关法令规定的证券上市买卖，投资者则通过证券商在证券交易所进行证券买卖，是与场外交易市场相对的市场。两者区别如表 5.1 所示。

表5.1 场外市场与场内市场的区别①

	场外市场	场内市场
场所、时间	无固定的交易场所和交易时间	有固定的交易场所和交易活动时间
中介机构	拥有众多证券种类和证券经营机构及中介机构	证券种类和证券经营机构及中介机构有严格的要求
交易产品	除挂牌转让非上市公司股权外，还可以交易其他金融产品及金融衍生品	主要交易上市公司的股权
交易方式	主要采取报价驱动的做市商制度	指令驱动的集中竞价交易制度
竞价方式	买卖双方采取一对一的协商议价	集合竞价和连续竞价
准入门槛	主要面向初创期或成长初期的企业，其准入门槛相对低	主要面向大型、成熟或者处于高速成长期的企业，准入门槛较高
承担义务	场外交易市场挂牌的企业，其承担的义务相对来说要少	上市公司，不但要履行严格的信息披露义务，还要接受监管部门、交易所、中介机构、投资者和市场各方的监督，对其规范运作提出很高的要求
市场监管	监管宽松	监管严格
关系	场外市场与场内市场共同构成了流通的证券交易市场，并同时形成了多层次的资本市场体系	

5.1.2.2 场外市场与场内市场的有机联系

尽管场内和场外市场在产品、交易制度等方面存在很大的区别，但场内市场

① 王骥，刘向明，项凯标．掘金场外市场——经济转型浪潮下的资本宴席［M］．中国社会出版社，2013.

中的创业板市场却常常与场外市场混淆，两者都定位于中小企业的融资平台，都是多层次资本市场中的初级市场，两者的界限似乎并不清晰。例如，由伦敦证交所主办的 AIM 市场，定位于为具有成长性的企业服务，在国内许多研究中，常将 AIM 市场划归为英国场外证券交易市场的一部分，但在世界交易所联合会统计中，AIM 市场则与深圳创业板市场一样，归属于交易所市场中的"另类和中小企业市场"。

世界范围内面向中小企业这一服务群体的场内交易市场和场外交易市场的有机联系正在加强，两者的界限日益模糊。发展成熟的场外交易市场可以转化为场内交易市场。而且，有的场外市场与交易所市场一样，一方面依托网上电子交易平台进行交易；另一方面也配置交易大厅，为投资者提供行情和信息发布等服务。

5.1.3　场外交易的特点

（1）场外交易市场是一个分散的无形市场。它没有固定的、集中的交易场所，而是由许多各自独立经营的证券经营机构分别进行交易的，并且主要是依靠电话、电报、传真和计算机网络联系成交的。

（2）交易对象种类繁多。场外市场准入门槛低，因而在场外市场交易的证券种类比证券交易所丰富得多。除了没有在证券交易所上市的股票外，绝大部分债权和大量非标准化金融产品都在场外交易市场。

（3）场外交易市场的组织方式采取"做市商"制①。场外交易市场与证券交易所的区别在于不采取经纪制，投资者直接与证券商进行交易。证券交易通常在证券经营机构之间或是证券经营机构与投资者之间直接进行，不需要中介人。在场外证券交易中，证券经营机构先行垫入资金买进若干证券作为库存，然后开始挂牌对外进行交易。他们以较低的价格买进，再以略高的价格卖出，从中赚取差价，但其加价幅度一般受到限制。

（4）场外交易市场是一个拥有众多证券种类和证券经营机构的市场，以未能在证券交易所批准上市的股票和债券为主。由于证券种类繁多，每家证券经营机构只固定地经营若干种证券。

（5）场外交易市场是一个以议价方式进行证券交易的市场。在场外交易市场上，证券买卖采取一对一交易方式，对同一种证券的买卖不可能同时出现众多

---

① 证券商既是交易的直接参加者，又是市场的组织者，他们制造出证券交易的机会并组织市场活动，因此被称为"做市商"（Market Maker）。这里的"做市商"是场外交易市场的做市商，与场内交易中的做市商不完全相同。

的买方和卖方，也就不存在公开的竞价机制。场外交易市场的价格决定机制不是公开竞价，而是买卖双方协商议价。具体地说，是证券公司对自己所经营的证券同时挂出买入价和卖出价，并无条件地按买入价买入证券和按卖出价卖出证券，最终的成交价是在牌价基础上经双方协商决定的不含佣金的净价。券商可根据市场情况随时调整所挂的牌价。

（6）场外交易市场的管理比证券交易所宽松。由于场外交易市场分散，缺乏统一的组织和章程，不易管理和监督，其交易效率也不及证券交易所。但是，美国的 NASDAQ（纳斯达克，全称为美国全国证券交易商协会自动报价表）市场借助计算机将分散于全国的场外交易市场联成网络，在管理和效率上都有很大提高。

以上是场外交易市场的一般性特点，而我国的新三板、地方股权交易所等场外市场还有自身的独有特色，本章将在第二节进行详细探讨。

5.1.4 场外交易市场的类型

近年来 OTC（场外交易市场）发展迅速，已不仅是传统意义上的柜台交易市场，有些国家在柜台交易市场之外又形成了其他形式的场外交易市场，如第三市场与第四市场。

5.1.4.1 柜台交易市场

它是通过证券公司、证券经纪人的柜台进行证券交易的市场。该市场在证券产生之时就已存在，在交易所产生并迅速发展后，柜台市场之所以能够存在并得到发展，其原因有：

（1）交易所的容量有限，且有严格的上市条件，客观上需要柜台市场的存在。

（2）柜台交易比较简便、灵活，满足了投资者的需要。

（3）随着计算机和网络技术的发展，柜台交易也在不断地改进，其效率已和场内交易不相上下。

5.1.4.2 第三市场

第三市场是指已上市证券的场外交易市场。第三市场产生于 1960 年的美国，原属于柜台交易市场的组成部分，但其发展迅速，市场地位提高，被作为一个独立的市场类型对待。第三市场的交易主体多为实力雄厚的机构投资者。第三市场的产生与美国的交易所采用固定佣金制密切相关，它使机构投资者的交易成本变得非常昂贵，场外市场不受交易所的固定佣金制约束，因而导致大量上市证券在场外进行交易，遂形成第三市场。第三市场的出现，成为交易所的有力竞争，最终促使美国证券交易委员会（SEC）于 1975 年取消固定佣金制，同时也促使交易所改善交易条件，使第三市场的吸引力有所降低。

5.1.4.3　第四市场

它是投资者绕过传统经纪服务，彼此之间利用计算机网络直接进行大宗证券交易所形成的市场。第四市场的吸引力在于：

（1）交易成本低。因为买卖双方直接交易，无经纪服务，其佣金比其他市场少得多。

（2）可以保守秘密。因无须通过经纪人，有利于匿名进行交易，保持交易的秘密性。

（3）不冲击证券市场。大宗交易如在交易所内进行，可能给证券市场的价格造成较大影响。

（4）信息灵敏，成交迅速。计算机网络技术的运用，可以广泛收集和存储大量信息，通过自动报价系统，可以把分散的场外交易行情迅速集中并反映出来，有利于投资者决策。第四市场的发展一方面对证交所和其他形式的场外交易市场产生了巨大的压力，从而促使这些市场降低佣金、改进服务；另一方面也对证券市场的监管提出了挑战。

5.1.5　场外交易市场的功能

场外交易市场主要具备以下 8 种功能和作用：

（1）场外交易市场是证券发行的重要场所。新证券的发行时间集中，数量大，需要众多的销售网点和灵活的交易时间，场外交易市场是一个广泛的无形市场，能满足证券发行的要求。

（2）场外市场促进非上市证券的流动性。场外交易市场为政府债券、金融债券以及按照有关法规公开发行而又不能或一时不能到证券交易所上市交易的股票提供了流通转让的场所，为这些证券提供了流动性的必要条件，为投资者提供了兑现及投资的机会。

（3）场外交易市场是证券交易所的必要补充。场外交易市场是一个"开放"的市场，投资者可以与证券商当面直接成交，不仅交易时间灵活分散，而且交易手续简单方便，价格又可协商。这种交易方式可以满足部分投资者的需要，因而成为证券交易所的卫星市场。

（4）场外交易市场为中小企业提供更广泛的融资渠道。不同融资渠道的资金具有不同的性质和相互匹配关系，优化融资结构对于促进企业发展、保持稳定的资金供给至关重要。目前，中小企业尤其是民营企业的发展在难以满足现有资本市场约束条件的情况下，很难获得持续稳定的资金供给。场外交易市场的建设和发展拓展了资本市场积聚和配置资源的范围，为中小企业提供了与其风险状况相匹配的融资工具。

（5）场外交易市场是风险投资发展的必要条件。要发展风险投资，必须提供一个股权流通、转让的场所。国外发达的场外市场为风险投资的退出提供了宽松的渠道，而国内风险资本退出渠道非常狭隘。因此，从长远来看，发展我国的场外市场是风险投资退出的较好选择。

（6）为打通多层次资本市场各层次之间的转板通道，特别的场内市场与场外市场之间的进退通道，促进资本市场各层次之间的上下转板，为资本市场的良性循环、健康发展奠定了实体、运营与机制的基础。

（7）场外交易市场是资源配置的重要场所。通过公开的场外交易市场，社会资源朝发展最快的部门聚集，可以有效避免目前产权交易中存在的暗箱操作、灰色交易等问题，通过市场竞争，真正选择经营好、业绩优的公司上市，有效实现证券市场优化资源配置的功能，同时更有利于市场投资观念的培养。

（8）场外交易市场增加了新的投资场所和品种，促进国内资产证券化。场外交易市场为广大投资者提供了一个新的投资场所和众多投资品种，可以有效提高大批民间资本的利用效率，而不是在银行里闲置。因此，发展我国场外交易市场也必然会促进我国居民资产证券化。从国外证券市场发展的经验来看，资产证券化能够使经济健康合理的发展。

5.2　我国场外交易及其发展

5.2.1　我国场外交易建设历程

我国场外交易市场从产生至今已经发展了 30 年，回顾其发展历程，我们大致可以将其分为 5 个阶段：早期起步阶段、快速发展阶段、清理整顿阶段、探索创新阶段和规范发展阶段。我国资本市场同样起步于场外交易市场。

5.2.1.1　早期起步阶段（1984～1990 年）

20 世纪 80 年代初，随着企业股份制改革试点的启动，产生了股票流通的客观需求，场外股票市场萌芽。从 1983 年下半年开始，深圳、上海等地的一些股份制企业（如上海飞乐、深圳三和、延中实业等）开始向社会半公开发行股票，此后股份制试点不断扩大和深入。股票发行后，必然产生流通的需要。1984 年，飞乐音响股票首次发行后，投资者个人之间的交易自发形成，从而催生出我国最早的场外市场，并逐渐扩大成一定规模的交易市场。

1986 年 9 月，中国工商银行上海信托投资公司静安证券部开设股票交易柜台，公开挂牌代理买卖股票，由此出现了我国最早的柜台交易。1988 年 4 月，深圳出现了股票柜台交易，深圳经济特区证券公司开始代理深圳发展银行的股票买卖。

柜台交易的出现意味着官方组织的场外交易市场的诞生。到 1990 年底，沪深两地有 12 只股票在柜台市场挂牌交易。然而，由于柜台交易网点少、场地小，无法满足大批投资者的需要，因而促进了地下交易市场的发展，黑市交易为规避政府管制而不断进行创新，使其交易火爆。

5.2.1.2 快速发展阶段（1990～1996 年）

1990 年 11 月 26 日，上海证券交易所宣告成立。1991 年 7 月 3 日，深圳交易所也宣告成立。两所的成立意味着我国场内交易市场的诞生。然而，沪深证交所在成立之初，规模较小，远远不能满足大量股份制企业上市的渴望及投资者的需求，反而由于示范效应进一步刺激了场外股权市场的蓬勃发展。在这一时期，中国证券场外市场呈现出三个板块：中央政府主导的 STAQ（全国证券交易自动报价系统）和 NET（中国证券交易系统有限公司）、地方政府主导的区域性市场和民间交易市场。

（1）由中央政府主管部门批准设立的非上市法人股交易市场。沪深两市的建立主要用于解决个人股的流通问题，非上市法人股的流通转让仍未找到相应途径，非上市企业仍然面临融资难的问题。为完善证券市场、促进股份制改革、增强法人股的流通，STAQ、NET 系统相继于 1990 年、1993 年于北京成立，成为法人股转让的二级市场，从而资本市场形成了"两所两网"的格局。

1990 年 12 月 5 日，为解决非上市法人股的流通，全国证券交易自动报价系统（STAQ）在人民大会堂宣布开始运营。STAQ 系统基于现代计算机网络连接证券交品较发达的大中城市形成了有组织的全国性市场，普遍采用做市商制度，以非上市法人股交易为主，同时也进行包括法人股、国债、金融债、企业债等场外交易。由于个人和机构投资者对 STAQ 系统寄予很高的期望，该系统成立之初一度非常活跃。1993 年 8 月，该系统的交易达到最高峰，10 只股票的交易额高达 17 亿元。

NET 系统经认准后由中证交设计于 1993 年 4 月成立，该计算机系统是由全国 100 多个城市的卫星数据通信网络连接而成的。NET 和 STAQ 相同，只采用法人股交易，不同的是 NET 系统券商制，也就是说只有取得了系统券商资格才能在 NET 系统进行证券交易。NET 成为我国第一个通过正式制度安排的场外交易市场。不能在沪深两市上市的或者满足条件但不愿在两市上市的企业，将 NET 系统作为其融资的主要市场，因此社会资金逐渐向该市场聚集。

（2）由地方政府组织设立的区域性场外股权交易市场。沪深证券交易所成立后，几乎全国所有的银行、非银行机构纷纷在上海、深圳设立网点，从而大量资金源源不断流入两地，为两地带来了巨大的经济利益。于是，各地纷纷争相设立"第三家"证券市场，而当时政府在短期内并无设立第三家证券交易所的明确意图。在这种情况下，一些地方政府自发开办了以当地股份制公司的股票交易为基本业务的区域性证券交易中心和地方性产权交易市场，其中以乐山产权交易中心、淄博自动报价系统、武汉证券交易中心等最为典型。

（3）民间市场。民间市场即所谓的"黑市"，这类市场通常活跃在地方政府设立的区域性市场或金融机构附近。其中最有名的当属四川成都"红庙子"市场。该市场 1992 年底自发形成于当年四川金融市场证券交易中心所在地周边，主要是买卖内部职工股等未上市股票。红庙子市场设立乃至火爆的背景是 20 世纪 80 年代开始的企业股份制改造试点。表 5.2 是 20 世纪 90 年代几个典型场外市场的比较。

表 5.2 20 世纪 90 年代四大区域或民间场外市场比较

模式	存在时间	规模	竞价方式	监管
成都红庙子市场	1992～1993 年	日交易额近千万元	自由或协商定价	市场自律
淄博自动报价系统	1993～1998 年	1997 年底股票市值超 50 亿元，挂牌企业 56 家	集合或连续竞价	有详尽的规章制度
武汉证券交易中心	1992～1998 年	日交易额最高 5 000 万元，挂牌企业 26 家	试行报价商制度	有一些规章制度
乐山产权交易中心	1996～1998 年	日交易量近百万元，挂牌 14 家企业	集中且连续竞价	有一些规章制度

资料来源：王骥，刘向明，项凯标. 掘金场外市场——经济转型浪潮下的资本宴席［M］. 北京：中国社会出版社，2013。

随着股份制改造试点的展开和投资者数量的增加，场外证券市场的规模迅速扩大，三个版块的市场活跃度一度超过场内市场，例如淄博证券交易自动报价系统最大的一天交易量甚至超过了深圳交易所。

5.2.1.3 清理整顿阶段（1997～2000 年）

市场的需求推动场外交易的产生，然而由于缺乏相关经验加之各地方政府盲目攀比等也导致当时的场外交易存在一系列问题。一是组织形式混乱，监管制度缺失。没有统一的市场准入标准、组织监管制度，缺乏公认的市场运行规则，各地方政府主导各地市场的发展，导致行政监管依据缺乏。二是场外交易市场缺少透明性。各地区政府对场外交场市场进行控制等等，导致市场间信息链的断裂，信息透明度差。而且当时大都是人工交易系统，极易导致市场的暗箱操作。三是两网功能难以发挥。STAQ、NET 系统作为全国性市场，却未采用做市商制度，未能吸引大量的机构投资者，其运行结果与预期存在较大差距。1997 年，东南亚金融危机爆发了，迫使证监会于 1998 年对场外交易市场进行清理整顿，拆细交易和权证被视为"场外非法股票交易"，进而被明令禁止，关闭了所有的地方股票柜台交易市场，如成都、乐山、武汉、淄博等以及 STAQ 和 NET 在各地的证券交易中心。未关闭或半停业状态的只有上海、深圳等地少数产权交易所。

5.2.1.4　探索创新阶段（2001～2005 年）

亚洲金融危机的影响逐渐势微，我国开始逐步放开资本市场，包括场外交易市场。2001 年 7 月 16 日，原在 STAQ 系统挂牌的大自然股份在该系统挂牌转让，这标志着证券公司代办股份转让系统（旧三板市场）正式推出；为解决退市公司股份转让问题，2002 年 8 月 29 日起退市公司被纳入代办股份转让试点范围，于是退市公司的股份开始在代办股份转让系统交易。

各地的产权交易中心也开始恢复发展起来，技术产权交易中心大量出现。技术产权市场属于产权交易市场的一种，它是基于高新技术对创业资金的需要而产生的，并且由于高新技术发展的势头强劲而得以迅猛发展。1999 年 12 月上海成立我国第一家技术产权交易所，随之，深圳、北京、成都、重庆等地，都先后成立了技术产权交易所，短短的两年时间里全国各地已成立技术产权交易所 40 多家。在巨大的商机面前，传统的产权交易所与技术产权交易所有整合的趋势。2003 年 12 月 18 日，上海联合产权交易所成立；2004 年初，北京产权交易中心与中关村产权交易中心合并而成的北京产权交易所成立；武汉的 3 家市级产权交易所整合成武汉产权交易市场；其他各个城市产权交易市场的整合速度也开始加快。

2004 年国资委将上海联合产权交易所、天津产权交易所和北京产权交易所列为国有产权转让试点机构，发布 3 号令规定央企产权交易必须通过京津沪三地产权交易所进行。这意味着数万亿央企的国有资产只能通过京津沪三个直辖市的产权交易机构流转（以后增加了重庆产权交易所）。

5.2.1.5　规范发展阶段（2006 年至今）

为解决高新技术企业原始资本的退出通道问题，2006 年 1 月，《证券公司代办系统中关村科技园区非上市股份有限公司股份报价转让试点办法》发布，中关村内的非上市股份公司进入"旧三板"进行股份转让，从而形成了"新三板"。2011年11月国务院发布了《国务院关于清理整顿各类交易场所切实防范金融风险的决定》，进一步规范和完善了我国场外交易市场的发展。2012年8月，中国证监会启动了扩大试点工作，将试点范围从北京中关村扩大到上海张江、武汉东湖、天津滨海。2013年1月，全国中小企业股份转让系统揭牌，是全国场外市场建设从试点走向规范运行的重要转折，标志着非上市公司股份转让的小范围、区域性试点将开始逐渐走向面向全国的正式运行。

另外，经天津市政府批准，2008年8月天津股权交易所成立。截至2013年12月底，已有28个省（市、自治区）的412家企业在该所挂牌交易，累计实现各类融资58.9亿元，是一个典型的为中小企业提供直接融资服务的场外交易平台。在运营模式和交易制度方面与沪深证交所有较为显著的不同，体现了一定的创新性。

5.2.2 我国场外交易发展现状

目前，我国场外交易市场主要包括产权交易市场、代办股份转让系统和股权交易市场三大块，如图5.1所示。

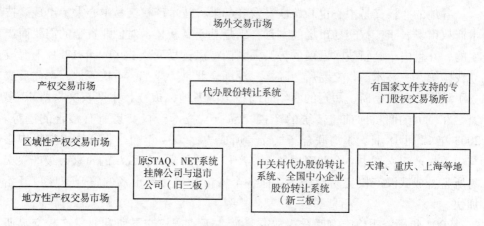

图5.1 我国场外交易市场结构

5.2.2.1 股权交易所

21世纪初期出现的股权交易所专注服务民营企业和创投机构。在国家相关政策的支持和市场驱动下，2008年12月26日，继天津股权交易所率先成立后，重庆、上海、武汉和成都等地也获得国务院批准。各股权交易所成立以来遵循场外交易市场化运作的规律，保持着良好的发展态势，显示了强大的生命力。

（1）天津股权交易所。

① 历史沿革。天津股权交易所（以下简称"天交所"）位于滨海新区内，于 2008 年 9 月经天津市政府批准正式成立，2006 年国务院发布《推进滨海新区开发开放有关问题的意见》，提出"鼓励天津滨海新区进行金融改革和创新；在金融企业、金融业务、金融市场和金融开放等方面的重大改革，原则上可安排在天津滨海新区先行先试"。2008 年国务院在《关于天津滨海新区综合配套改革试验总体方案的批复》中进一步明确："要为在天津滨海新区设立全国性非上市公众公司股权交易市场创造条件。"

天交所的交易对象大部分为小额（一般每次融资不超过 5 000 万元）、多次（一般从项目启动到完成融资用时 3 个月左右）、快速（一年内可以通过天交所实现多次股权融资）、低成本（有效控制企业的融资成本）的成长型中小微企业。

② 发展规模。截至 2013 年 12 月底，天交所已累计有全国 28 个省区市 412 家企业挂牌交易，市值规模超过 347 亿元，已累计为各类优秀中小企业完成 277 次股权私募融资，私募债达到 7 只，平均市盈率为 10.26 倍（见表 5.3）。从挂牌企业的分布区域来看，呈现分布相对集中和分布广泛兼有的特点。河北、山东、河南、福建、江苏、天津、湖南、宁夏 8 省市的挂牌企业达 325 家，约占总挂牌企业的 79%，其他 87 家挂牌企业分别分布在广西、黑龙江、新疆等 20 个省区市（见图 5.2）。从挂牌企业时期分布来看，天交所自运行以来，前 4 年完成 258 家企业挂牌，2013 年全年完成 154 家企业挂牌。天交所经过一段时期的探索和经验积累，已进入快速发展阶段。

表 5.3 天交所市场基本运行情况（截至 2013 年 12 月 31 日）

挂牌企业家数	总市值	业务覆盖范围	私募债	合格投资人	注册报价商	平均市盈率
412 家	347.5624 亿元	28 个省区市	7 只	18 393 个	99 家	10.26 倍

资料来源：天津股权交易所网站。

③ 天交所挂牌流程。企业挂牌项目从开始直到实现挂牌主要经历项目筛选、项目启动、改制私募、挂牌申报，审核备案和企业挂牌 6 个阶段。企业挂牌项目平均经历时间为 3 个月左右。详见图 5.3。

（2）重庆股份转让中心。重庆股份转让中心是根据《国务院关于推进重庆市统筹城乡改革和发展的意见》中关于"加快发展多层次资本市场，适时将重庆纳入全国场外交易市场体系"的要求建立的，并于 2009 年 12 月 27 日揭牌。截至 2012 年 10 月底，挂牌企业达 65 家，推荐机构 2 家，注册报价商 27 家。其主要职责有：提供融资服务、提供股权登记托管等股权增值服务、促进企业改

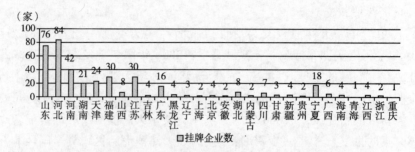

图 5.2　天交所挂牌企业地域分布情况（截至 2013 年 12 月底）

资料来源：天津股权交易所网站，http：//www. tjsoc.com/.

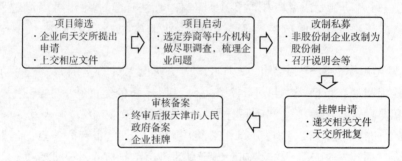

图 5.3　天交所挂牌流程

资料来源：根据天津股权交易所网站整理，http：//www. tjsoc.com/.

制、提供股权转让平台、提供私募股权投资基金进入和退出通道、培育企业进入更高层次资本市场。

　　2012 年，为进一步增强股份中心市场竞争力、做实服务实体经济能力，市委、市政府决定对股份中心改制。2013 年 2 月 6 日，由西南证券控股、渝富集团和深圳证券信息公司参股，注册资本 1.56 亿元的重庆股份转让中心有限责任公司正式成立，股份中心开启了新的征程。

　　（3）上海股权托管交易中心。上海股权托管交易中心经上海市政府批准，于 2010 年 7 月 19 日设立，2012 年 2 月 15 日正式开业运行，归属上海市金融服务办公室监管，是上海市国际金融中心建设的重要组成部分，也是中国多层次资本市场体系建设的重要环节。截至 2012 年 11 月底，累计挂牌企业数量达 29 家，实现股权融资 5.6 亿元，实现债券融资 15.5 亿元。推荐机构会员 34 家，专业服务机构会员 63 家（表 5.4 是四个主要场外市场的基本情况对比）。

表 5.4　　　　　　**场外主要市场情况对照（截至 2013 年 12 月底）**

	新三板	天津股权交易所	重庆股份转让中心	上海股权托管交易中心
成立日期	2006 年 1 月	2008 年 12 月	2009 年 12 月	2012 年 2 月
挂牌企业数	356	412	109	347
融资金额（亿元）	/	58.9	46.04	20.07
交易体制	协议或定价转让	做市商双向报价、集合竞价、协议定价	协议会定价转让	协议或定价转让
交易制度	投资者须委托主办券商买卖挂牌公司股份，通过协议转让和定价转让方式经济交易	做市商双向报价，集合竞价和买卖双方协商定价的和混合型交易制度	投资者通过定价转让、协议转让两种方式进行交易	投资者委托代理买卖机构，通过定价转让、协议转让两种方式进行交易
投资者	机构	个人、机构	个人、机构	个人、机构

资料来源：根据相关网站信息汇编。

5.2.2.2　代办股份转让系统（新三板）

（1）历史沿革。证券公司代办股份转让系统，成立于 2001 年，依托深圳证券交易所和登记结算公司的技术系统运行，当时主要为了解决两网系统（中国证券交易自动报价系统、人民银行发起的报价系统）挂牌公司流通股份的流通问题，之后也成为主板终止上市公司的股份交易场所。2006 年，中关村科技园区非上市股份有限公司进入代办股份转让系统进行股份报价转让试点，以探索场外市场的建设模式。

2005 年新修订的《公司法》与《证券法》为非上市公司的股份流通预留了空间。2006 年 1 月 3 日，经国务院批准，证监会在原代办股份转让基础上，正式启动"中关村科技园区非上市股份有限公司股份报价转让系统"，即所谓新三板市场，主要承接中关村科技园区内中小股份公司的股权转让，之所以称为"新三板"，是因为挂牌企业均为高科技企业，而不同于原股份转让系统内的退市企业和原 STAQ、NET 系统挂牌公司（被称为"老三板"），其股份转让主要采取协商配对的方式进行成交。表 5.5 是新旧三板的对比。

表 5.5　　　　　　　　　　　　　　旧三板与新三板比较

	旧三板	新三板
发行人	原 STAQ、NET 系统挂牌公司与退市公司	中关村及扩容试点的国家高新技术产业开发区非上市股份有限公司
设立时间	2001 年 6 月 12 日	2006 年 1 月 16 日
审批机构	经主办券商协助申请、中国证券业协会备案	经主办报价券商推荐，中国证券业协会备案。以后或将探索备案制，或将纳入证监会统一监管
准入条件	1. 合法存续的股份有限公司；2. 有健全的公司组织结构；3. 登记托管的股份比例不低于可代办转让股份的 50%	1. 设立满 2 年的股份公司；2. 经试点园区所属地方政府确认的股份报价转让试点企业；3. 主营业务突出，具有持续经营记录；4. 公司治理结构健全，运作规范
基本程序	1. 依法完成退市手续，向主办券商提出申请并签订协议；2. 开立非上市股份公司股份转让账户；3. 办理股份重新确认、登记和托管手续；4. 向股份持有人出具股份确认书，未经确认的股份，继续确认登记；5. 向登记结算机构托管后开始转让	1. 向北京市人民政府（或扩容园区所属地方政府）申请股份报价转让试点企业资格；2. 与主办报价券商签订委托协议；3. 尽职调查和内核；4. 向协会出具推荐报告，报送推进挂牌备案文件；5. 协会受理并审查，60 日内出具备案确认函；6. 与登记结算机构签订登记服务协议，办理股份集中登记；7. 股份分三批进入代办系统挂牌报价转让未来将完善与修订部分内容
交易规则	转让系统深交所实时监控。1. 集合竞价方式在每日下午 3：00 配对成交；2. 引入可能成交价格预揭示制度，分时点揭示虚拟撮合所形成的价格；3. 分类转让：以股东权益为正或净利润为正，履行信息披露义务、财务报告未被注册会计师出具否定意见为依据界定每周转让 1 次、3 次或 5 次；4. 涨跌幅比例 5%	报价系统深交所实时监控。采用撮合成交方式，有意向委托、定价委托和确认委托三种委托方式，并且每笔委托股份数量为 3 万股以上，并且规定投资者证券账户某种股份余额不足 3 万股的，只能一次性委托卖出；未来或将引入集中竞价机制，每笔最低交易限制或将调整到 1 000 股；涨跌幅度限制可能进行调整；或将引入做市商制度

资料来源：高峦，钟冠华. 中国场外交易市场发展报告（2012~2013）[M]. 北京：社会科学文献出版社，2013.

　　2009 年 7 月，经中国证券监督委员会批准，证券业协会发布修改《证券公司代办股份转让系统中关村科技园区内非上市股份有限公司股份报价转让试点办法（暂行）》。

　　2011 年初，证监会确定，"十二五"期间场外交易市场（"新三板市场"）建设分两步推进。一是鉴于国家级高新技术产业开发区相关基础准备工作相对成熟，将首先允许国家级高新技术产业开发区内具备条件的未上市股份公司进入证券公司代办股份转让系统进行股份公开转让，进一步探索场外交易系统运行规律和管理经验；二是在制度体系和工作机制基本形成并稳定运行后，将市场服务范围扩大到全国具备条件的股份有限公司。2011 年底，"新三板"挂牌企业突破

100 家。

2012 年 8 月，中国证监会启动了扩大试点工作，将试点范围从北京中关村扩大到上海张江、武汉东湖、天津滨海。2012 年 9 月 20 日，新三板交易平台——全国中小企业股份转让系统有限责任公司在北京注册成立。2013 年 1 月 1 日，《非上市公众公司监督管理办法》正式实施。2013 年 1 月 16 日，全国中小企业股份转让系统揭牌，标志着依托该系统的非上市公司股份转让从小范围、区域性试点开始渐次走向面向全国正式运行，新三板正式开启扩容之路。

（2）发展规模。从 2006 年 1 月中关村科技园区内非上市股份有限公司股份报价转让试点工作启动到 2012 年底，全国股份转让系统挂牌公司已达 200 家，挂牌公司总股本为 55.27 亿股，年度交易量为 1 145.5 万股，成交金额为 5.84 亿元。新三板自 2013 年初扩容，挂牌企业、成交金额显著增加。截至 2016 年 6 月底，挂牌企业已达 7 685 家，总市值达 31 081.9 亿元人民币。

（3）新三板挂牌流程。非上市企业选择新三板挂牌，首先应该在企业成立小组，负责选择券商、律师事务所、会计师事务所与评估机构。其次，企业配合这些中介机构的尽职调查并进行充分沟通确定改制方案。然后在取得新三板挂牌申报资格的基础上，券商进行内核与复核提出反馈意见等，并报备中国证券业协会。最后协会备案后再新三板挂牌。简要流程如图 5.4 所示。

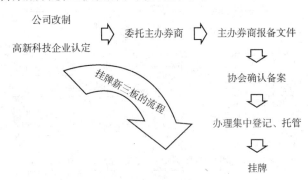

图 5.4　新三板挂牌简要流程

资料来源：全国中小企业股份转让系统，http://www.neeg.com.cn/.

5.2.2.3　产权交易市场

中国场外交易市场的发展与产权交易市场有着密不可分的关系，一定程度上讲，改革开放之后的中国场外交易市场发展史就是中国产权交易市场探索、发展的历史。

产权交易市场是指供产权交易双方进行产权交易的场所。狭义的产权交易市场是指社会主义市场经济条件下，各类企业作为独立的产权主体从事以产权有偿转让为内容的交易场所。包括现在的产权交易所、资产调剂市场、承包市场或租赁市场等。这种定义的产权交易市场包括有形场所、市场运行规则、市场服务等内容。广义的产权交易市场是指交换产权的场所、领域和交换关系的总和。它也是经济体制改革和经济发展过程中的围绕产权这一特殊商品的交易行为而形成的特殊的经济关系。

伴随我国国有企业改制、重组和产权交易的需要而产生的产权交易市场，经过近20年的实践，形成了包括200多家机构在内覆盖全国的中央国有产权转让试点平台、长江流域、北方和西部等5个产权交易区域性市场和地市级产权交易市场三层架构（如表5.6所示），逐渐打破了市场封闭和割裂的局面。产权交易市场发展至今，已经初步形成一定的规模。

表5.6　　　　　　　　　　　　我国产权交易市场三层构架

	市场或联盟名称	成立或合作时间	成员数量	说明
中央国有产权转让试点平台	央企交易平台	2004年开始合作，2008年2月实质性联合	北交所、上海联交所、天交中心、重庆联合产交所	统一系统和交易规则，联合信息发布
区域性产权市场	长江流域共同市场	1997年7月，2004年加强了合作	22个省市，53家成员	2007年成交1 766.58亿元，占市场的50.29%
	北方共同市场	2002年4月成立	22个省市，73家成员	2007年成交1 429.23亿元，占全国的40.59%
	黄河流域共同市场	2004年成立	6省市12家机构	唯一一家公司制
	西部共同市场	2004年7月成立	由7家机构提出	
	泛珠江共同市场	2007年6月框架初成	11区域省级机构	借助省级政府合作建立的区域性产权交易共同市场
	中原经济区联盟	2008年12月成立	13家地市级机构	首个地市级联盟
地方性产权市场	各省区市产权交易所（中心）			

资料来源：王骥，刘向明，项凯标. 掘金场外市场——经济转型浪潮下的资本宴席 [M]. 北京：中国社会出版社，2013.

各地产权交易所业务种类不断创新，业务规模逐渐扩大，业务种类已从早期的单纯国有产权交易，发展到目前包括股权、物权、债权、知识产权、国有金融资产、矿产经营权、私募基金等交易在内的多种业务。同时，业务规模也在逐渐扩大，其中京沪两地尤为明显，以北京产权交易所为例（如表5.7所示）。

表 5.7　　　　　　　　北京产权交易所集团以及子部门、公司成立时间

成立时间	控股或参股的产权交易平台
2004 年 2 月 14 日	北京产权交易所
2007 年 1 月	北京股权登记中心有限公司
2007 年 8 月	北京产权交易所黄金交易中心
2008 年 1 月	北京石油交易所
2008 年 8 月 5 日	北京环境交易所
2009 年 8 月 13 日	中国技术交易所
2009 年 11 月 17 日	中国林业产权交易所
2010 年 5 月 30 日	北京金融资产交易所

资料来源：北京产权交易所网站。

2009 年 6 月 25 日，为规范产权交易市场，国资委正式推出了《企业国有产权交易操作规则》。该规则对信息披露、操作规则以及系统流程进行了统一规范，对于降低产权市场的交易成本、更好地发挥产权市场的资源配置功能和产权市场的规范发展起到了积极的推动作用。2011 年 2 月 4 家直辖市交易所实行统一挂牌制度，在统一交易规则、规范交易制度方面作出了试点，并取得了成功的经验。京津沪渝的经验将在全国产权交易机构的统一规范建设中推广，也会对"十二五"期间跨区域、跨所有制的国企兼并重组形成有力的推动。

5.2.3　我国场外交易发展存在的问题

5.2.3.1　市场参与者方面的问题

(1) 融资者的问题。从国内外的情况看，在证券市场的融资者中，中小企业占有较大的比重。而在场外交易市场中，中小企业又占有绝对的比例。作为场外交易市场主体的中小企业问题较多，如管理水平低，设备落后，技术创新能力低；产业组织不合理，社会分工和专业化程度低；产业、产品结构不合理，低水平重复建设严重等。更重要的是，中小企业负债水平整体偏高，盈利能力低下。中小企业存在过高的经营风险。国内外研究表明，中小企业的成功率很低。如美国的中小企业，在成立 2 年内有 23.7% 失败，4 年内有 51.7% 失败，6 年内有 62.7% 失败。从典型调查数据看，中国中小企业的平均寿命仅为 2 年零 7 个月。

(2) 投资者的问题。在我国，证券市场的投资者可分为两部分，即机构投资者和个人投资者。尽管我国证券市场的发展也有 20 多年了，但和国外成熟的市场相比差距明显。虽然我国这些年来大量培育机构投资人，如专业基金管理公司、QFII、保险机构、社保机构等，但其投资比例仍未达到一个成熟市场的水

平。如在我国证券投资基金发展的过程中，为了宣传投资基金的作用，有学者认为，发展证券投资基金可以保障市场运行的稳定，可以有效分散市场投资的风险，可以实现专家理财，降低个人投资者的投资风险。但是，通过将近 10 年的建设，我国建立起众多的投资基金公司，筹集并运用了大量的资金，但所取得的收益及在整个市场中发挥的作用却难免让投资者失望。一个典型的现象是，在我国的股市里，机构投资者表现出较强的投机性，即股票交易换手率高。我国的机构投资者普遍缺乏理性投资、长期投资的观念，热衷于追逐短期的高额回报。同时，我国的投资机构普遍缺乏合理的风险控制措施，也缺乏合理的激励——约束机制，一些市场操作者的风险与收益出现明显的不对称，这会促使这些人去冒险。问题的另一方面，是个人投资者在整个市场中所占的比例较大。而这些投资人大多缺乏专业知识和训练，对自我投资决策能力缺乏信心，难以自行判断和决策，行为和决策极易受大众影响而产生盲目与他人趋同的投资行为。

5.2.3.2 法律环境方面的问题

纵观我国场外交易市场的发展历史可以看出，我国并没有一部有关支持场外交易市场发展的法律，对场外交易市场如何发展的规定主要见诸于主管部门的"规定""通知"等。从实际运行的情况来看，这些文件并没有能够保障场外交易市场的正常运行。与之相反，有关取缔场外交易市场的"通知"等却频频出现。

2005 年新修改的《证券法》有关证券市场的规定虽然没有像 1998 年的《证券法》那样完全不承认场外交易市场，但也仅仅是为场外交易市场的存在预留了法律空间，至于场外交易市场的法律地位、市场形态、监管制度等，则只字未提。这说明我国还没有从制度层面上给予场外交易市场以明确的定位，这非常不利于场外交易市场的建设，构建多层次资本市场的目标也模糊起来。我国场外交易市场的建设和完善，需要相应的法律制度的保驾护航。

5.2.3.3 市场运作方面的问题

（1）国家干预成主导力量。任何的一个市场都应当是市场下的市场，都要体现出市场经济的基本内涵和实质。场外交易市场是整个市场中金融市场的组成部分，自然也应具备市场经济的基本属性。尽管场外交易市场有过自发性发展阶段，但从我国出现证券市场的那一天起，场外交易市场的运作和发展并未体现出市场经济本身的特征，而主要由国家之手进行干预，而在政府主导下发展起来的场外交易市场，其运作机制也就带有浓厚的行政色彩。

（2）市场结构简单，形式单一。成熟的证券市场是由多个层次、多种形式构建的，既有现货市场和期货市场的划分，也有场内交易市场和场外交易市场的区别。既有相对低层次的市场，也有相对高层次的市场。尽管不能否认有些市场成为金融危机的源头，但遏制金融危机的产生并非是不发展市场，而是如何更好地进行有效的监管。显然，从实际发展的情况看，我国的证券市场也是从最低层次的协议转让方式发展而来，但在沪深证券交易所建立以后，在注重发展高层次的交易所市场时，忽视了低层次场外交易市场的基础性作用，一段时间内甚至全面取缔了被认为会造成金融市场不稳定的低层次的场外交易市场。

（3）信息披露制度存在诸多问题。从我国市场运作情况看，在信息公开中存在的问题主要体现在：第一，公司应该公开的内容没有公开。公司公开其信息必须遵守完整性和全面性原则，所谓完整性是指公司应当将法定范围内应公开的信息完全公开，不得有所遗漏和保留。第二，公司公开的内容虚假，不符合实际情况的问题相当严重。公司公开信息必须遵守真实性的原则。所谓真实性，是指公司公开的信息资料应当符合实际情况，应当准确、真实，不得有虚假记载、误导或者欺诈。第三，公司公开的内容不及时。及时性是公司信息公开必须遵守的原则。所谓及时性是指公司公开的信息应当具有最新性，公开资料反映的公司状态为现实公司状况，公开资料交付的时间不能超过法定期限。

5.3　部分国家和地区场外交易市场建设经验借鉴

5.3.1　部分国家和地区场外交易市场的发展情况

5.3.1.1　美国 OTC

美国的场外交易市场被认为世界上最成熟、最完善的场外交易市场。各国竞相模仿借鉴美国的场外交易市场以建立本国的场外交易市场。世界上典型的场外交易市场 NASDAQ 已经于 2006 年转型为证券交易所，所以现在美国全国性的场外交易市场由 OTCBB 市场、粉红单市场及 PORTAL 系统等组成（如图 5.5 所示）。

（1）电子公告牌市场（OTCBB）。OTCBB 实际是美国场外柜台交易系统，它的设立与 NASDAQ 向高端发展密切相关。由于 NASDAQ 不断推出新的上市标准，那些本来可以在 NASDAQ 上市的一些证券由于不符合 NASDAQ 的新标准而退市，OTCBB 应时而生。1990 年 6 月，NASD 根据《1934 年证券交易法》第 17B 条（b）项的要求正式设立了 OCTBB 市场，以满足市场对那些未上市股票公开报价、成交价格及成交量等信息的需求。它是一套实时报价的场外电子交易系统，由 NASD 管理，交易标的是那些不在 NASDAQ 或其他美国国家证券市场

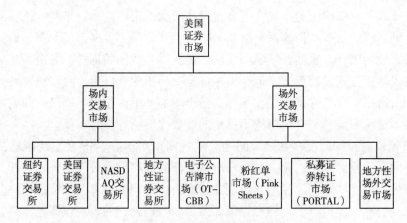

图 5.5　美国证券市场结构

资料来源：张承惠，田辉，朱明方. 中国场外股权交易市场：发展与创新［M］. 北京：中国发展出版社，2013.

上交易的证券。1997 年 4 月，SEC 批准了 OTCBB 市场作为一个常设性的市场永久地进行运作。OTCBB 市场只是将要交易的证券价格展示出来，其本身并不具有报价功能，证券发行人只能与那些作为 OTCBB 会员的证券交易商或经纪商担任其在 OTCBB 的做市商，由做市商提供报价服务。

（2）粉红单市场（Pink Sheets）。由于在该市场公布的股票信息通过全国报价局（NQB）的粉红色的单子发布，因此该市场的名称为粉红单市场。1999 年，粉红单市场引入了以 Internet 互联网络为基础的、实时报价的电子报价服务，提高了该市场的交易效率。该市场对挂牌企业没有任何限制，因此相对于 OTCBB 市场而言，粉红单市场在准入条件、信息披露方面的标准更低，相应的风险也更高。规定允许企业可以在 OTCBB 和粉红单市场上双重挂牌，但两市场之间并不存在程序上的升降转板机制，只是粉红单市场的标准低于 OTCBB 市场，在 OTCBB 退市的公司会选择转入粉红单市场，而在粉红单市场发展成熟的公司也会选择升入 OTCBB 市场或者更高级的市场，两个市场之间的企业流动没有强制性限制，可以自由流动。

（3）私募证券转让市场（PORTAL）。该市场成立于 1990 年，是按照 1988 年美国证监会出台的 144A 规则设立的一个市场。该市场是一个专门为合格机构投资者提供交易私募股份场所的专门市场，机构投资者和经纪商可以通过终端和 PORTAL 系统相连，进行私募股票的交易。它的运营主体是全美证券商协会；设立目的是为私募证券提供交易平台，增强私募证券的流通性；参与交易的是有资格的机构投资者。PORTAL 市场和 OTCBB 市场及粉红单市场间并不存在明确的转板机制，只是在上市条件、信息披露准则及监管制度等方面形成了一个相互递补的层次性关系。

5.3.1.2　英国 OTC

英国的 OTC 市场主要包括伦敦交易所框架内的 AIM 市场和独立运作的 OF-EX 市场。英国的场外交易市场主要指伦敦证券交易所下属的另类投资市场（Alternative Investments Market，AIM）。英国 AIM 市场现已成为全球瞩目的中小型企业挂牌上市的地方，其服务对象主要是定位于具有成长性的企业。伦敦证交所运作着 4 个独立的交易市场：主板市场、另类投资市场（AIM）、专业证券市场（PSM）和专业基金市场（SFM）（见表 5.8）。OFEX 是一个独立运作的市场，1995 年 10 月由家族公司 JP Jenkins 创立，这个家族公司主要在伦敦证券交易所承担做市商职能，OFEX 市场创立的其目的是为那些未进入伦敦证券交易所主板市场或 AIM 挂牌交易的公司股票建立一个可以进行融资的场所，在这个市场里这些公司可出售其股票、募集资金。与 AIM 市场不同的是，OFEX 的市场准入门槛更低、层次更初级。同时，OFEX 与 AIM 类似的地方，他们都是为中小型高成长企业提供股权融资服务的市场。

表 5.8　　　　　　　　　　伦敦证券交易所市场结构

市场	职能定位
主板市场（MM）	为规模较大资质较高的企业设立的旗舰市场
另类投资市场（AIM）	专为高增长的中小企业发展所设立的市场
专业证券市场（PSM）	为上市债权与信托提供交易的规范市场
专业基金市场（SFM）	为专业基金发行商所设计的特殊市场

资料来源：张承惠，田辉，朱明方. 中国场外股权交易市场：发展与创新［M］. 北京：中国发展出版社，2013.

5.3.1.3　德国 OTC

德国场外交易市场自诞生以来就附属于德意志交易所（德交所）体系。德交所可追溯到 16 世纪的法兰克福证券交易所（FWB）。18 世纪末，除了之前数以亿计的大宗外汇交易能在法兰克福证券交易所进行外，国家政府债券的交易也开始在此交易。随着欧洲统一趋势的形成，进入 20 世纪 90 年代开始进行重组和改革，1993 年，德意志证券交易所集团成立，该交易所的运营采取了完全电子化交易。

1997 年 3 月，德国交易所股份公司设立了证券交易的二板市场，即"新市场"，被称为德国经济、政治金融机构和投资者共同的场所，其与主板市场共同成为德国证券市场体系主要的组成部分。2003 年，德国证券市场进行了制度的改革，使得欧洲拥有两个进入资本市场的途径：欧盟监管市场（有管理的市场）和证券交易所监管市场（有管理的非官方市场）。德国证券交易所具有较高透明度的市场标准和最便捷的上市审批、准入制度。德国证券交易所的市场是由高级市场、一般市场、初级市场和场外交易市场（即准入市场）组成的。

德国高度集中的场外交易市场监管体系是值得我们学习的。其监管机构包括：德国联邦金融监管局（Ba Fin）、各州的证券交易授权监督机构（ESA）和交易所监管部门（TSO）。其监管分工明确，相互统一。

5.3.1.4 日本 OTC

日本《证券交易法》将场外交易市场定义为店头买卖有价证券市场。日本的场外交易市场主要有以下几个发展阶段：

（1）场外交易证券的批准制度阶段（1963年2月以前）。1949年日本重新开放证券交易所以后，虽然大部分有实力的证券公司和优质证券都进入了证券交易所，场外交易量锐减，但是仍有小部分证券仍留在店头市场交易，为规范这部分证券交易行为，日本政府实行了交易品种核准制度，即日本证券业协会将一部分场外交易证券挑选出来，允许这些发行在外的符合一定标准的不能在证券交易所交易的证券进行场外交易。

（2）场外交易证券注册制度阶段（1963年3月至1983年初）。1963年，日本证券业协会制定了在场外交易市场交易证券的注册标准，场外注册制度开始形成。此时，只有在证券业协会进行了注册登记的股票才能在场外交易市场流通，证券业协会对可以登记注册的标准做出了具体规定。1969年，设立了"店头行情交换中心"，以提高信息披露效率。1971年修改了《证券交易法》，规定在场外交易市场交易的企业有及时披露有价证券报告书和规定的企业信息的法律义务。1976年2月，成立了日本柜台交易证券股份有限公司，专门为场外交易股票的交易提供便利，保护投资者的利益。场外交易市场逐渐趋向集中化，相关法律法规也逐步完善。

（3）改造后的场外交易注册制度阶段（1983年至1991年9月）。1983年，日本证券业协会起草了一个报告，即《加强证券市场功能的措施：关于允许中小型企业进行产权融资的若干问题》，旨在帮助那些不能上市的中小企业融资。同年11月，新的柜台交易制度开始实施。新规定主要有以下几个方面改进：可以通过公募增资；放松了关于吸引投资的规定；允许公司股份回购；引入注册发行的证券商制度；强调投资者自负其责等等。同时，证券业协会还公布了一系列制度，并且明确规定在场外交易的证券必须在日本证券业协会注册。1984年7月，推出交易自动化系统，以加强市场的透明度、提高交易效率。1989年，日本三个场外交易市场，东京、大阪、名古屋合并成了一个单一的报价系统，这大大提高了场外市场的交易效率。在政府的积极推动下，场外交易市场得到了迅速发展，此时的日本场外交易市场初具规模。

（4）JASDAQ 制度阶段（1991 年至 2004 年）。1991 年 10 月，日本进一步改进了场外交易市场的自动报价系统，并模仿美国 NASDAQ 的经验，建立了 JAS-DAQ，日本场外交易市场进入了现代化发展新阶段，JASDAQ 亦成为日本场外交易市场的代名词。至此，日本的场外交易市场完全实现了电脑化的信息传递与交易，效率大大提高，1995 年 7 月，场外交易市场又新设立柜台注册品牌的特则制度，开设第二柜台市场，目的是为那些有发展潜力的中小企业提供融资方便，该市场建立后，发展迅猛。至此，JASDAQ 市场也发展成为了日本最大的中小企业市场。1998 年 12 月修订的《证券交易法》规定，日本证券业协会开设的市场定义为"店头买卖有价证券市场"，在此，法律已经明文规定场外交易市场为与交易所并列的有价证券市场，提升了其法律地位。

（5）后 JASDAQ 市场阶段（2004 年以后）。2004 年，日本大藏省批准 JAS-DAQ 市场成为证券交易所，同美国 NASDAQ 一样，JASDAQ 市场也由场外交易市场演变成为独立的主要以中小企业为服务对象的证券交易所。

5.3.1.5　中国台湾 OTC

20 世纪 50 年代，台湾的股票完全在场外交易市场突出的表现便是交易分散，管理困难，这样造成了市场混乱和效率低下，造成投资者利益的损失。为了缓解这个问题，1960 年台湾成立了"证券管理委员会"。1962 年，台湾证券交易所有限公司正式运营。台湾当时要集中发展场内交易所市场，因此场外交易市场的发展便受到了限制，甚至萎缩并被禁止。目前台湾的证券市场可大致划分为四个层次：第一层次是台湾证券交易所集中交场市场，这个市场的交易方式采取的竞价制度和电子交易；第二层次是财团法人制的证券柜台买卖中心市场，以竞价制度为主做市商制度为辅；第三层次是兴柜市场，由柜台买卖中心代管，交易采用经纪或自营的议价成交方式；盘商市场台湾证券市场的最后一个层次，这个市场主要是以非公开的私人股权交易为交易对象。后三层属于场外交易市场，台湾场外交易市场层次图如图 5.6 所示。

5.3.2　部分国家和地区场外交易市场的比较

根据前面关于境外场外交易市场的介绍，本文选取 5 个具有代表性的境外场外交易市场：美国的 OTCBB、英国的 OFEX、德国的准入市场、日本的 JASDAQ 和中国台湾的柜台买卖中心市场（GTSM），将从多角度对以上 5 个市场进行对比分析。

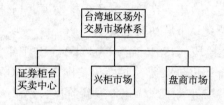

图5.6 中国台湾场外交易市场体系

资料来源：张承惠，田辉，朱明方. 中国场外股权交易市场：发展与创新［M］. 北京：中国发展出版社，2013.

5.3.2.1 部分国家和地区场外交易市场上市公司准入门槛对比分析

如表5.9所示，通过对比各市场准入门槛我们可以看出，各市场对其挂牌上市公司的要求并没有严格统一的规定，而是根据自身在整个资本市场中的层次和功能来定位。不过，从一般规律来看，场外交易市场的准入门槛都不同程度地低于交易所市场。

表5.9 部分国家和地区场外交易市场公司上市门槛对比

场外交易市场名称	公司上市门槛
美国的 OTCBB	基本对公司的净资产、利润无要求；只需定期向 SEC 和其他监管机构报送相关资料信息即可
英国的 OFEX	没有最低上市标准，没有规模、经营年限及公众持股量的要求
德国的准入市场	最小权益资本25万欧元；对企业设立最小年限、最小股本发行量、公众持股量等无要求
日本的 JASDAQ	最低市值：登记股票，最近一营业年度年底净资产不少于200万日元；特殊股票，净资产达2亿日元以上。获利能力：登记股票最近一营业年度每股税前盈余不少于10日元；特殊股票无要求。股权分散限制：登记股票流通在外发行股数少于2 000万股者，股东人数不少于200人，大于2 000万股者，股东人数不少于400人；特殊股票无限制
中国台湾的 GTSM	最低市值：一般类公司1亿元新台币；创新成长型公司5 000万元新台币。获利能力：个别及依财务会计准则公报第七号规定编制合并财务报表决算营业利益及税前纯收益占实收资本额之比率最近1年度达4%以上，且其最近1会计年度决算无累积亏损者，最近2年度均达2%以上者，最近2年度平均达2%以上，且最近1年度获利较前一年度为佳者；前述合并财务报表的获利能力不予考虑少数股东纯收益对其影响；但前者决算营业利益及税前净利润，与最近1会计年度不得低于新台币400万元。设立年限：依公司法设立登记满2个完整会计年度。股权分散限制：持有股份1 000～5 000股的记名股东人数不少于300人，且其所持股份总额合计占发行股份总额10%以上或逾500万股

资料来源：根据各境外场外交易市场相关资料整理而成。

5.3.2.2　部分国家和地区场外交易市场运作模式对比分析

如表 5.10 所示，通过对比各市场的运作模式可以看出，在场外交易市场的建设和运营过程中，并非必须采取一致的制度化管理运作模式，而更多地应考虑本国或本地区在构建和发展场外交易市场过程中所面对的具体社会背景和经济情况，在此基础上合理安排适合自己的运作模式。

表 5.10　　　　　　　部分国家和地区场外交易市场运作模式的对比

市场名称	美国的 OTCBB	英国的 OFEX	德国的准入市场	日本的 JASDAQ	中国台湾的 GTSM
运作模式	没有规范的制度化设计	没有规范的制度化设计	制度化管理	制度化管理	制度化管理

资料来源：根据各境外场外交易市场相关资料整理而成。

5.3.2.3　部分国家和地区场外交易市场交易制度对比分析

如表 5.11 所示，通过对比各市场的交易制度可以看出，场外交易市场在交易制度选择方面更倾向于混合型做市商制度。因为混合型做市商适度兼具了竞争做市商制度和竞价制度两者的优势：一是弥补了竞价交易制度下导致的流动性不足，尤其是大宗交易的困难；而是它克服了传统做市商制度效率低下、成本较高等弊端。

表 5.11　　　　　　　部分国家和地区场外交易市场交易制度的对比

场外交易市场名称	美国的 OTCBB	英国的 OFEX	德国的准入市场	日本的 JASDAQ	中国台湾的 GTSM
交易制度	传统做市商制度	混合型做市商制度	混合型做市商制度	混合型做市商制度	混合型做市商制度

资料来源：根据部分国家和地区场外交易市场相关资料整理而成。

5.3.2.4　部分国家和地区场外交易市场监管模式对比分析

如表 5.12 所示，通过对比各市场的监管制度并结合其发展历程可以看出，这 5 个场外交易市场目前的监管模式并非都是在设立之初就形成的，好多都是随着自身的不断发展，壮大到对整个资本市场影响越来越大时，才被纳入监管当局的正式监管范围之内。

表 5. 12   部分国家和地区场外交易市场监管模式的对比

场外交易 市场名称	美国的 OTCBB	英国的 OFEX	德国的准入 市场	日本的 JASDAQ	中国台湾的 GTSM
监管模式	美国证券商协会和证券交易委员会管理	英国证监会和 JP Jenkins 公司监督	德国联邦金融监管局、各州的证券交易授权监督机构和交易所监察部门集中监管	JASDAQ 交易所、金融服务代理、证券交易监管委员会监管	证券监督管理委员会和柜台买卖中心监管

资料来源：根据部分国家和地区场外交易市场相关资料整理而成。

5.3.3　国际经验借鉴

发达国家（地区）场外交易市场的结构层次、交易制度、监管模式、组织形式的先进经验，对我国场外交易市场的建设产生了有益启示。

5.3.3.1　构建与市场需求相适应的多层次场外交易市场结构

随着多层次资本市场体系的不断完善，场外交易市场也体现出了多层次性。从对美国、英国、日本、中国台湾场外交易市场的分析可以得出场外交易市场的多层次性是当前国际上场外交易市场共有的一个显著特征。位于不同层次的场外交易市场是共性与个性的有机结合。NASDAQ 市场、OTCBB 市场和粉红单市场这三个市场各不相同，但也具有共性。例如，三个层次的市场都需要做市商为其证券提供准确的报价，其不同之处在于 NASDAQ 市场要求至少有 3 位或 4 位做市商为其报价才能进入，而 OTCBB 和粉红单市场提供报价的做市商数最低要求是 1 个。不同层次的场外市场将共性与个性有机地结合起来，使得美国场外交易市场具有广泛的适应力的同时，又不丧失共同组成场外交易市场的基础，使之发展更为全面。通常情况下，OTC 市场的多层次性呈现一种链状结构，而不是多市场的简单并列，该结构具有更加紧密的衔接勾连关系，通过不同层级之间的转板制度得以体现和保证。NASDAQ 市场、OTCBB 市场和粉红单市场都拥有独立的组织管理体系和交易系统，采用的是不同的上市标准，彼此独立运作，各自都有本身的优势。同时，这三个层次市场也存在升降的互动机制，一旦达到了上一层次的上市标准，就可以转入该层次的市场；而一旦不能再满足较高层次的上市标准，就要退回到低级的市场上。这种升降互动机制本身还是一种自动奖惩机制，通过为市场业绩变好的企业提供便利的进入更高层次证券交易市场的通道，自然为企业提供一种激励制度；反之，强制从较高层次市场退回较低层次市场，则对企业提供一种惩罚，通过这样的奖惩制度，使市场更国际化和多元化，通过优胜劣汰的制度，让企业更具有生命力。

5.3.3.2　充分发挥做市商制度的作用

由于做市商制度的引进，发达国家（地区）场外交易市场的运行效率得到了明显提高。第一，由于做市商制度具有创造市场、吸引投资者的优点，做市商作为买者和卖者的中介，解决了买卖双方在出价时间上的不对称问题，对低流动性的场外交易市场具有普遍适应性。第二，做市商制度可以抑制投机，保证市场的稳定。做市商充分研究做市标的价值之后，并根据市场的供求关系，为保持市场的稳定性承诺随时按报价买卖标的。当市场出现过度投机时，通过做市商的反向操作，可以控制价格快速上涨，抑制泡沫膨胀。第三，做市商具有价格发现功能，可以使交易按真实价格显示，避免了"有价无市"的现象。有些发达国家，在做市商制度基础上，引入竞价制度，从而避免了价格形成非市场化问题，从而提供了市场效率。因此，未来场外交易市场交易制度的建设，要充分发挥做市商制度的作用。

5.3.3.3　建立有效的监管制度

从市场监管方面看，国际上各主要国家和地区的场外交易市场多以自律监管为主，行政监管为辅。美国是在政府指导下的行业协会自律监管模式，英国与德国是交易机构自律型监管模式，德国以交易所自身的自律性管理为主，日本是政府监管型＋交易所自律监管模式，只有在我国台湾地区采用政府监管型。信息披露制度也是监管的主要手段之一，一般来说，层次越高的场外交易市场对信息披露的要求也越高，而低层次的场外交易市场一般不要求信息披露或对信息披露的要求很低。国际上各主要国家和地区的场外交易市场均在降低上市条件的情况下，要求加大信息披露的力度，把交易市场的监管重点从企业上市控制转移到充分的信息披露。一个国家监管模式的建立需具体情况具体分析，不能一概而论。

5.3.3.4　公司制是场外交易市场组织模式的发展趋势

从经济社会发展的历程来看，经济绩效受制度演进方式的影响。公司制，一方面能够扩展经济单位所支配的资源，从而分散商业活动所带来的高风险；另一方面，公司制打破了会员对交易的垄断权，增强了交易机构的筹资能力，有效降低了佣金率。因此，公司制能有效提高场外交易市场的组织效率，也成为未来场外交易市场组织模式的发展趋势。

5.3.3.5　交易品种应多元化

企业的融资形式具有多样性，既有股权融资也有债券融资。特别是目前金融产品创新快速发展，各种金融衍生产品层出不穷，这些创新型产品的交易更加需要场外市场。场外市场只进行股权交易不符合实际发展的需要。

5.4 完善场外交易市场的政策建议

5.4.1 有关顶层设计的一些建议

5.4.1.1 关于场外市场的分层问题

目前，我国场外交易市场以中关村代办股份转让系统和天津股权交易所为代表，两家均对场外交易做了大量有益的探索，都有其各自的特色。可以使其在证监会的统一监管下，两种模式在竞争中共存，充分发挥各自的特色，分别承担不同的功能。具体表现为：

（1）两个系统挂牌企业类型要有所侧重。目前，中关村代办股权转让系统主要面向中关村园区内的经国家认证的高新技术企业，其作为全国性的场外交易市场之一，应该充分发挥自身特色，先将拟挂牌企业扩大到全国高科技园区内的经过认证的高新技术企业，然后逐步扩展到全国经过认证的高新技术企业和其他高科技企业。反观天交所，制造业等传统类行业在其挂牌企业中占比达到80%左右。因此，天交所可以发挥这方面的优势，着重为全国具备条件的传统类中小企业提供服务。

（2）准入门槛都要比场内市场低，但各自内部也应有所区别。根据国际经验，场外交易市场企业挂牌门槛应比交易所市场要求低。因此，我国场外交易市场挂牌企业资质要求应比主板、中小板和创业板市场要求都低，如此才能满足众多的中小企业融资发展需要。中关村代办股权转让系统侧重于高科技类企业，而高科技类企业的特点是发展初期相关财务指标如净利润、净资产、总股本可能较低。因此，这类企业应着重考察主营业务突出、具有持续经营能力等方面，而对财务指标要求应相对宽松。相比之下，天津股权交易所主要针对具有较高成长性的传统类企业，因此对挂牌企业应有相对比较详细的财务指标要求。

所以，直接将"新三板"划归为全国性市场，而将天交所归类为区域性市场的行政划分行为未免有失理性。现有"三板""四板"概念的形成，在很大程度上是行政管制而不是市场运行的结果。这种人为制造市场分割并非创新，反而会因对场外市场的过度切割而增加额外的交易成本甚至设租机会，不利于推进场外市场的有效竞争。与其花力气去协调区域性股权交易市场之间的关系，还不如加快修订《证券法》《公司法》中有关条款。

从资本市场的本质来看，并不存在"全国性"或"区域性"之分，因为在一国之内资本流动是不受限制的。换言之，不应当对企业在哪个市场挂牌做出硬性规定，只要符合标准，企业可以自由选择在任意市场挂牌。

5.4.1.2　充分体现场外交易市场的差异化功能

根据我国建设多层次资本市场的总体要求，场外交易市场的各项制度建设应该与主板、中小企业板和创业板有所区别，突出成本低、高效率、门槛低等独特优势，最大限度地发挥场外市场的融通资金、资源配置、价格发现功能。具体表现在三个方面：

（1）有别于国内现有的主板市场。要突破主板市场的一些制度缺陷，不能走主板市场发展的老路，规避大起大落，投机炒作等气氛浓厚现象，在场外市场真正实现价值投资。

（2）有别于国外的 OTC 市场。在建设场外交易市场中借鉴国际经验一定要结合我国国情，而不能单纯照搬。

（3）有别于原来分散的、以财务顾问形态存在的私募股权融资，使之向资本市场层面提升。将私募股权融资集中到一个电子交易平台上，同时加以标准化和规范化。天交所已在这一方面取得一定成果。

5.4.1.3　关于场外交易市场经营方式

为满足不同层次投资者和企业的需要，场外市场需要采取更灵活的经营方式。例如，英国 AIM 市场的上市方式包括：公开发行、配售、挂牌（只上市不融资）、反向收购上市等多种方式。PLUS 市场也有三种上市方式。中国台湾的柜台交易除了股票之外，还可以交易债券、权证、指数基金以及利率互换、股票和利率期权等衍生品。国际经验表明，推出多种交易品种，有助于活跃交易市场，增加市场影响力，改进对投融资双方的服务。从中国目前的情况来看，证券场外市场交易的品种只有股权，今后应适度放开管制，酌情增加场外市场交易品种。

5.4.2　有关法律制度的建议

5.4.2.1　明确场外交易市场的法律地位和性质

虽然 2005 年修订后的《公司法》和《证券法》为场外市场的建设留下了立法空间，但是并没有明确场外交易市场的法律地位和性质，并未对场外交易市场的准入标准、交易方式、监管方式等内容进行明确的界定。就区域股权交易市场而言，由于交易场所和交易方式均未通过国务院批准或认可，这就使场外交易的法律地位长期处于不确定的状态。

《非上市公众公司监督管理办法》（证监会第 85 号令）的出台，对于强化非上市公众公司的监管，规范非上市公众公司的行为具有重要意义，但文件并未明确涉及场外交易市场的管理内容，因此建议证监会尽快制定《场外交易市场监管条例》，待条件成熟，出台《场外交易市场管理法》及其他配套管理制度，健全我国场外交易市场法律制度，明确场外交易市场的法律地位和性质。

5.4.2.2 遵循场外交易市场立法的基本原则

任何法律法规在建立时，都应当遵循一些基本的立法原则，我国场外交易市场立法遵循的基本原则有以下几点：

（1）市场实践原则。场外交易市场立法过程中绝对不能主观臆断地采取"一刀切"方式，也不能不切实际地进行顶层设计，而是要立足我国场外交易市场建设的实践与探索，尊重规律、尊重实际、尊重国情，由市场实践检验各种模式的有效性。

（2）先行先试原则。目前，场外交易市场顶层设计思路还不清晰，关于场外交易市场如何建设的关键问题还处于认识不透彻的状态，若盲目出台法律法规加以限制，不仅不能起到规范发展的作用，还将导致束缚发展的结果。因此，政府应坚持"边发展、边规范"的理念，逐步健全场外交易市场的法律制度。

（3）适度监管原则。政府对场外交易市场应扮演"看门人"、"守夜人"的角色，当市场实践中出现问题时进行积极的引导、监管，并对违法违规行为进行严厉惩处。

（4）反欺诈原则。在场外市场挂牌交易时，虚假披露企业信息的动机强、可能性大，这是场外交易市场不活跃的一个重要原因，因此场外市场立法过程中，应注重反欺诈，加大对欺诈行为的惩罚力度，形成良好的诚信环境。

5.4.2.3 建立健全我国场外交易市场法律制度的着眼点

（1）准入与退出标准。准入标准应包括挂牌企业和做市商或保荐人、投资者的准入条件。对挂牌企业应采取低准入标准，根据场外交易市场的功能定位，场外市场在资本市场中处于底层，应发挥最基础性作用。对做市商、保荐人和投资者应采取高准入标准。场外市场的投资风险较大，做市商准入机制应采用核准制。同时，建立做市商的退出机制，为进入市场的做市商营造优胜劣汰的竞争环境。

（2）信息披露制度。建立符合我国场外交易市场特点的信息披露制度应考虑以下几点：一是坚持信息披露统一性与差异性相结合；二是注重强制披露与自愿披露相结合；三是注重信息披露的成本；四是对违法违规信息披露行为的处罚力度要大。

（3）交易制度。合理的交易制度设计是场外交易市场建设成功的关键。从理论上讲，做市商制度在稳定市场、提高市场流动性、促进市场价格的形成方面具有重要作用；从市场实践看，采取做市商制度的天交所市场流动性高于新三板市场；从国际经验看，境外大多数场外交易市场采取做市商制度或混合型做市商制度。因此，中国场外交易市场应考虑采取做市商制度。但做市商制度也有其弊端，因此对该问题应进行进一步的研究和探索，达到趋利避害的目的。

（4）转板制度。转板制度的设计应是双向的，既要为低层次市场的企业升级到高层次市场提供转板平台，又要为将推出高层次市场的企业提供转板平台，建立各类挂牌上市企业在不同市场层次之间能升能降、应升必升、应降必降、升降顺畅的转板机制，见图 5.7。

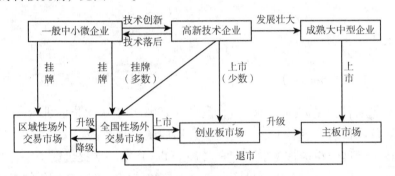

图 5.7　我国未来资本市场转板机制

（5）监管制度。对场外交易市场进行监管是场外市场立法的重要内容。根据我国场外交易市场企业上市门槛低、交易分散、运行风险高的特点，场外市场关于监管制度的立法可以考虑以下几方面：一是自律监管与他律监管相结合；二是统一监管与分散监管相结合；三是加大监管力度与适度监管相结合；四是做到全方位、动态监管。

第 *6* 章

影 子 银 行

6.1 影子银行内涵与文献综述

6.1.1 内涵

6.1.1.1 "影子银行"的由来

"影子银行"（shadow banking），是自从 2008 年美国次贷危机后才受到广泛关注与热议。目前业界对于这一词还没有形成统一规范的定义。2007 年，美国太平洋投资管理公司执行董事麦卡利（McCulley）第一次提出影子银行的概念，他把影子银行定义为"非银行投资渠道、工具和结构性产品杠杆化的组合"。认为影子银行是游离于监管体系之外的、与传统、正规、接受中央银行监管的商业银行系统相对应的金融机构。

6.1.1.2 国外对影子银行的定义

纽约大学鲁比尼教授（Nouriel Roubini，2008）认为，影子银行体系包括证券经纪商、对冲基金、私人股本集团、结构投资工具与渠道、货币市场基金以及非银行抵押贷款机构。保罗·克鲁格曼（Paul Krugman）于 2008 年将影子银行描述为通过财务杠杆操作，持有大量证券和复杂金融工具的非银行金融机构，其组成主要是投资银行、经纪商、私募股权、对冲基金、保险公司、货币市场基金、结构性投资工具及非银行抵押贷款机构。2008 年，纽约联储行长盖特纳（Geithner）将影子银行定义为传统银行系统之外有一个非银行运营的融资系统，他称之为"平行银行体系"。该系统中的非银行机构利用短期融资资金购买大量高风险，低流动性的长期资产。此后，"平行银行"常常被作为影子银行的另一个称呼。2010 年，英格兰银行副行长塔克（Tucker）认为，影子银行是指具有流动性、期限错配和较高杠杆率，在一定程度上行使银行核心功能的机构、工具、结构或市场及其组合，如货币市场共同基金、结构化投资实体、资产支持商业票据、资产支持证券化（ABS）市场等。2012 年，美联储主席伯南克将影子银行定义为在传统的存款保险体系之外，充当储蓄转投资中介的金融机构。影子银行体系的主要组成部分包括：证券化工具、货币市场基金、回购协议、投资银行和住房递延贷款机构。

对于"影子银行"的具体内涵，国外各机构也给出了一些明确的看法。国外主要机构对影子银行的定义（按照时间顺序）如表 6.1 所示。

表6.1　　　　　　　　　　国外主要机构对影子银行的定义

年份	来源	定义
2008	国际货币基金组织（IMF）发布的全球金融稳定报告	提出了"准银行"的概念。这与"影子银行体系"、"平行银行系统"是类似概念
2010	美国纽约联邦储备银行发布的《影子银行体系：金融监管的启示》	影子银行体系是对商业银行体系以外的各种信用中介集合的一种称谓，是指游离于监管体系之外的，与传统、正规、接受监管的商业银行系统相对应的金融机构。这些机构大多从事期限、信用和流动性转换，但不能获得中央银行提供的流动性支持或政府部门提供的担保
2011	金融稳定委员会（FSB）发布的《影子银行体系：范围问题》	全部或者部分在传统银行监管体系之外，与信用中介有关的活动和机构
2012	欧盟委员会	界定了与影子银行有关的主体与活动

综上所述，当前国外对影子银行的基本定义是："在银行系统之外进行资产证券化活动，尤其是从事或促进杠杆和转换类活动的金融中介，它们不受监管，不能得到公共部门直接的流动性支持。"[①] 这些金融中介机构包括：投资银行、对冲基金、货币市场基金、债券保险公司、结构性投资载体、资产支持商业票据管道、金融控股公司、政府发起企业等，还包括银行、担保人、承保人、信用违约风险保护卖方、信用评级机构为影子银行体系提供流动性支持的活动。

6.1.1.3　国内对影子银行的定义

中国资本市场还不成熟，金融创新能力还比较低，中国的影子银行体系与欧美发达国家有着明显的差异，或者说，我国影子银行的发展还处于比较初级的阶段，故将其称之为"中国式影子银行"。对于其定义国内还未达成统一的共识。

---

① 中国人民银行调查统计司与成都分行调查统计处联合课题组. 影子银行体系的内涵及外延［J］. 金融发展评论，2012（8）.

易宪容曾表示"只要涉及借贷关系和银行表外交易的业务都属于'影子银行'"。袁增霆（2011）则认为国内影子银行体系可以通过对传统商业银行业务的替代性、依附性及其货币银行信用创造的特点进行确认，而"中国的'影子银行'主要指银行理财部门中典型的业务和产品，特别是贷款池、委托贷款项目、银信合作的贷款类理财产品"。范馆（2011）认为，我国影子银行与西方差异在于，我国采用的是与传统银行类似的组织方式、资金来源和运用模式来实现其融资功能，并多数服务于社会实体经济，解决的是实体经济金融供给效率，不同于西方国家叠加型金融衍生产品无限放大的虚拟互换信用货币，周小川（2011）提出，影子银行是指行使商业银行功能但却基本不受监管或仅受较少监管的非银行金融机构，如对冲基金、私募股权基金、特殊目的实体公司（SPV）等。

中国人民银行统计调查司（2012）根据 FSB 报告精神，将中国影子银行宽泛地定义为："从事金融中介活动，具有与传统银行类似的信用、期限或流动性转换功能，但未受巴塞尔Ⅲ或等同监管程度的实体或准实体。"符合该定义的影子银行主要包括：商业银行表外理财、证券公司集合理财、基金公司专户理财、证券投资基金、投连险中的投资账户、产业投资基金、创业投资基金、私募股权基金、企业年金、住房公积金、小额贷款公司、非银行系融资租赁公司、专业保理公司、金融控股公司、典当行、担保公司、票据公司、具有储值和预付机制的第三方支付公司、贫困村资金互助社、有组织的民间借贷等融资性机构。

中国银监会（CBEC）在 2013 年 4 月发布的《中国银行业监督管理委员会2012 年报》，首次明确"影子银行"的业务范围年报强调：六类非银行金融机构及其业务（包括信托公司、企业集团财务公司、金融租赁公司、货币经纪公司、汽车金融公司和消费金融公司）、商业银行理财等表外业务不属于影子银行。

根据 2014 年中国国务院办公厅下发的名为《关于加强影子银行业务若干问题的通知》（下简称"第 107 号文"），将中国影子银行分为三类：

一是不持有金融牌照、完全无监管的信用中介机构，包括新型网络金融公司、第三方理财机构等；二是不持有金融牌照，存在监管不足的信用中介机构，包括融资性担保公司、小额贷款公司等；三是机构持有金融牌照，但存在监管不足或规避监管的业务，包括货币市场基金、资产证券化、部分理财业务等。

综上所述，我们认为影子银行指游离于传统银行体系之外，较少受到金融监管的从事类似于商业银行业务的金融中介。将中国式影子银行的定义分为狭义与广义。狭义的中国式影子银行体系主要指非银行金融机构及其业务，包括信托公司、典当行、融资性担保公司、小额贷款公司、货币市场基金与民间借贷等。广义的中国式影子银行体系还包括银行机构内部与内外结合的影子银行产品。主要有商业银行理财产品（内部）、委托贷款与银信结合（内外结合）等表外业务。如无特殊说明本文中所指的影子银行是指广义的影子银行。

6.1.1.4 国内外影子银行的区别

虽然国内外影子银行有相似的定义和功能,但是二者还是存在很大程度上的区别。主要表现为以下几方面:

(1)表现形式不同。国外的影子银行是通过证券化连接起来的完整的信用链条,系统中的每个影子银行都发挥着某一银行的中介功能,整个影子银行是作为一个整体而存在的。而中国的影子银行大多是独立存在的,与银行和相互之间并没有太多复杂的联系,是一个较为分散的体系。

(2)运行机制不同。国外的影子银行是以证券化为核心,在各种证券化和再证券化产品交易的基础上,将机构、业务联系起来,属于交易型金融机构。而中国的金融市场发展不成熟,证券化发展也停滞不前,中国影子银行更多是充当补充银行融资的角色,是典型的融资型金融机构。

(3)融资模式不同。国外影子银行通过发行资产支持商业票据、资产支持证券等金融工具进行批发性融资,为其提供融资的是货币市场基金、养老基金等金融机构。而中国影子银行的融资方式与银行相似,主要通过向企业和个人募集资金进行融资,本质上还是一种零售性的融资方式。

(4)与传统银行的关系不同。国外影子银行体系中,一方面通过证券化帮助银行将信贷进行表外转移,银行反过来又为影子银行提供了信用违约担保;另一方面银行本身也持有影子银行所发行的金融衍生品。

(5)投资主体不同。国外影子银行产品购买者主要是机构投资者。在中国,影子银行产品购买者主要是零售客户。

6.1.2 文献综述

影子银行早在 2007 年麦卡利(McCulley)第一次提出这个概念时已普遍存在。在美国次贷危机爆发后,学者们对影子银行体系的研究才开始增加。国内外研究影子银行体系主要集中在以下几个方面:

(1)有关影子银行发展的研究。

学者的研究主要集中在影子银行产生的由来以及发展规模等的角度。李扬(2011)认为影子银行体系的发展,与 20 世纪 70 年代以来金融业的重大战略性转型密切相关。传统金融业长期以融资中介为主要功能,并依托该功能来分配经济资源。金融部门作为金融产品的供应者,相对于资金需求者而言,居于占优的垄断地位上。影子银行体系的发展基本上走的是市场交易的路子。影子银行体系是应筹资者和投资者们的多样化需求而产生,其发展不仅逐步侵蚀了商业银行的传统领地,而且从根本上削弱了货币当局的调控基础。

杨旭（2012）提出中国"影子银行"就是中国金融控制的产物。正是严格的金融控制导致正规金融不能满足实体经济的需求，从而催生非正规金融——"影子银行"弥补正规金融的不足；影子银行带来了创新，在不改变货币存量的情况下，增加了社会的信用供给。

纪敏和曾晖（2013）通过1978～2012年联邦基金利率、美国GDP增长率数据以及中国CPI与GDP增长率等宏观环境变化说明其与影子银行规模变化的关系，得出影子银行规模往往随宏观经济金融环境变化起伏，具有周期性。

（2）关于影子银行功能与货币政策的关系研究。

学者大部分认为，影子银行的信用创造功能会影响货币供给，进而影响货币政策的有效性。周莉萍（2011）从金融机构和金融产品视角，重点剖析了非银行金融机构的信用创造机制。同时，提出影子银行体系的信用创造机制对商业银行具有有限替代效应，并在货币市场上产生外部溢出效应，即流动性之谜。最后，基于影子银行体系信用创造机制缺陷，提出从抵押品管理入手，在金融市场中建立证券最后贷款人，以规避影子银行体系信用扩张的风险。

李波和伍戈（2011）以次贷危机为例说明影子银行的信用创造过程，认为与传统商业银行信用创造不同的是，影子银行并不直接创造传统狭义流动性的货币资产，而是创造广义流动性特征的各种金融资产。即影子银行体系具有更强的信用创造功能。而且影子银行体系通过金融稳定渠道对货币政策产生系统性影响；对货币政策调控目标产生影响；对货币政策的效力造成直接冲击；加大了货币政策调控的难度。

于菁（2013）运用2000年1月～2010年12月的国内生产总值、通货膨胀率、货币供应量M1与影子银行规模（委托贷款和信托贷款的变化趋势能够代表影子银行的发展趋势）的环比增长率月度数据，通过建立VAR模型，利用动态相关性分析、格兰杰因果检验、协整分析、脉冲响应和方差分解的方法，来分析中国影子银行对货币政策中间目标和最终目标的影响程度，进而说明影子银行对货币政策的影响程度。结果表明，影子银行通过增加实际货币供应量和流动性，产生了强烈的物价效应，并对货币供应量具有长期影响。

（3）有关影子银行效率与风险的评估研究。

国内学者主要从中国式影子银行体系出发，分析其风险。巴曙松（2013）从总体上看，认为中国的影子银行与欧美国家有本质的不同。虽然中国影子银行具有流动性转换和信用风险的特征，但总体上已被纳入正规的监管体系内，并不具备可能引发系统性风险的高杠杆和期限错配的特征，同时其规模和风险也尚未对系统性风险产生巨大的影响。

闫彬彬（2013）认为由于银行存贷款利率改革是我国当前利率市场化改革的重点，长期以来，银行存贷款利率的管制造成金融系统无法充分满足市场投资和融资的需求，从而导致影子银行的发展。利率市场化改革降低了影子银行资本回报率与资产质量下降、风险控制难并增加其经营风险。

王浡力和李建军（2013）将影子银行体系分门别类地看各自风险。其中，风险较大的是融资性担保公司；银行理财产品与信托产品受到中国银行业监管委员会的严格监管，信息透明，风险源能够及时发现，尤其是信托产品之间有风险防火墙设计，不会形成系统性风险，局部风险处于可控状态；民间金融范畴的小额贷款公司，规模不大，风险不大。投资公司和一些理财性的资产管理公司、不规范的贷款公司，其风险不容忽视。民间借贷中的高息集资，某些货币经纪人的违法吸储行为，加剧了中小企业的财务负担，导致一些企业财务破产。

（4）关于影子银行的监管研究。

巴曙松（2009）认为，影子银行体系积累了巨大的金融风险，应该重点加强对影子银行体系的监管以防范系统性风险，其中设计信息披露机制将成为未来对影子银行监管的重点。

周莉萍（2012）将英、美国以及欧盟、FSB（金融稳定委员会，Financial Stability Board）对影子银行的监管措施进行对比分析，影子银行体系的内在缺陷即信用创造的本质是其固有缺陷。建议我国不要对影子银行体系监管过度，更不要盲目复制他国监管模式，应鼓励银行业和金融市场的创新。

王达（2012）通过对美国影子银行体系的构成与运作等分析，认为一旦市场行情有变，影子银行往往率先抽离资金并极易引发"羊群效应"，从而诱发并加剧影子银行体系的挤兑危机。美国出台的《多德—弗兰克尔街改革与消费者保护法案》是对影子银行监管的一大进步，但考虑到监管细则制定的复杂性以及美国冗长的司法程序，全部监管细则的出台将是一个漫长的过程。

6.2 影子银行的特征

6.2.1 本质特征

通过对影子银行的内涵的探讨可以得知，其本质特征就是信用创造。首先，影子银行替代了商业银行的部分功能和业务范畴，影子银行体系通常是通过发行金融工具将储蓄者与借贷者联系起来。其次，影子银行体系较少受货币当局监管指标的约束，不需要预留存款准备金，加速资本流动，使得其资本操作的杠杆率更高，信用创造能力更强。

信用创造说的基本观点是：银行的功能在于为社会创造信用，银行能够通过发放贷款创造存款。菲利普斯（C. A. Pillips）第一次提出了"原始存款"与

"派生存款"的概念。进而指明了银行的信用创造（即派生存款那部分）功能。根据货币供给模型，货币供应量等于基础货币乘以货币乘数。对于传统银行，通过存款准备金作为原始存款的一部分留存。其余部分放贷出去，根据货币乘数创造出派生存款。故传统银行的信用创造规模＝原始存款＋派生存款。对于影子银行体系来说，抵押品就相当于商业银行的存款准备金。抵押品的基础价值是影子银行体系信用创造中基础货币，再抵押融资的杠杆水平则是决定资金流转速度的因素，也是决定影子银行体系信用创造乘数的因素，而决定再融资倍数的主要因素则是逆回购协议中的预留扣减率。预留扣减率越低，影子银行机构通过回购协议融资的杠杆倍数越大；反之，预留扣减率越高，影子银行机构融资的杠杆倍数则越小。金融危机之前，在影子银行体系发展壮大期间，预留扣减率经常低至5%以下，意味着其杠杆规模在20倍以上[①]。通过反复循环抵押，创造出"抵押品市场价值/预留扣减率"的信用创造模式。所以，其信用创造某种程度上更优于传统商业银行体系。

6.2.2 一般特征

影子银行体系具有高杠杆性、高风险性、产品复杂性与活动隐蔽性等一般性特征。

（1）高杠杆性。由于影子银行体系较少受货币当局监管指标的约束，不需要向中央银行缴纳存款准备金，这使得影子银行体系资本运作的杠杆率非常高。在影子银行体系的运作下，整个金融市场的杠杆率必然也会升高。在金融衍生品市场，杠杆率的高低会受到交易保证金多少的影响。在回购市场，影子银行可以利用其回购协议所得的资金再回购，反复循环，其杠杆率通常高于一般股票市场。根据国际清算银行统计，截至2007年年底，CDS（Credit Defalt Swap，信贷违约掉期）的交易合约的全球市值最少为45万亿美元，最多可能为62万亿美元，是其基础资产的几甚至上百倍。

（2）高风险性。尽管与传统银行相同，影子银行具有期限转换、流动性转换和信用转换的功能，但是传统银行的负债来源更加稳定，存在存款保险制度或存款准备金制度，且受到监管部门的严格监管。与传统银行不同的是，影子银行运用了一系列金融创新，使其能够在短期内快速发展，突破了监管制度与体系，而且影子银行的资金来源是没有担保的，这样就形成了一套高风险的资本运作方式。

（3）产品复杂性。影子银行体系发行的产品设计一般都很复杂且专业化。

① 周莉萍. 影子银行体系的信用创造、机制、效应和应对思路［J］. 金融评论，2011（4）.

资产证券化、金融衍生工具的结合化使用、杠杆操作的偏爱与高风险的偏好等，都促使影子银行的产品愈发复杂与多样化。影子银行系统在利用监管漏洞或监管空白进行金融创新，产品设计复杂以便追求流动性和营利性。影子银行业务是在满足传统银行不能满足的资金需求条件下带来融资便利，往往产品设计具有灵活性和复杂多样性。

（4）活动隐蔽性。又叫不透明性或非公开性。由于影子银行游离于监管体系之外，其经营活动不公开、不透明，相对比较隐秘。其经营背后也没有类似传统银行拥有的存款保险制度或准备金制度等保护机制，这使得其潜在经营风险存在较大不确定性。同时，影子银行的产品设计复杂化与专业化，在发行产品时，为提高发行量，追求更高利润，往往会淡化基础资产信息，并使用更多技术手段强化产品的附加值，进一步增加了影子银行产品设计的隐蔽性。影子银行活动大部分在场外交易，又加重了信息披露的不透明性。

6.2.3 与传统银行的区别

影子银行与传统银行一样，都具有期限转换、流动性转换和信用转换的功能。

影子银行通过证券化活动，将其面对的银行信贷或其他资产证券化产品等基础资产的信用风险进行了表外转换；通过发行资产支持商业票据等短期债务购买贷款、资产支持证券等长期资产这种"短融长投"的期限错配参与期限转换；通过产品分层设计和评级机构评级等内外部增信方式，将缺乏流动性的长期贷款转换成高流动性的资产支持证券，实现了流动性转换。

国内影子银行作为传统银行的补充者，在资本运作上具备信用创造的特点，但是中国融资市场是以银行为主导，加上资本市场发展并不成熟，影子银行资金来源和运用受到了极大限制，所以信用创造功能并不强大。而资产证券化机制的缺失，也使得国内影子银行更多地发挥期限或流动性转换功能。表 6.2 显示了国内外影子银行体系与传统银行的主要区别。

表 6.2　　　　　　　　　影子银行与传统银行的主要区别

	传统银行体系	国外影子银行体系	国内影子银行体系
产品工具	贷款	证券化产品	委托贷款、股权融资等
产品结构	简单	复杂	简单
资金来源	存款	货币市场募金	权益资金、银行信贷等
融资模式	零售（发放—持有）	批发（发放—分销）	零售（发放—持有）

续表

	传统银行体系	国外影子银行体系	国内影子银行体系
信用创造乘数	存款准备金率	预留扣减率	投融资比例
监管方式	巴塞尔协议、存款准备金率、存款保险制度、信贷额度	依靠资本市场调节、机构自身约束	适用于各个监管主体的不同监管措施
杠杆率	10~15 倍	20 倍以上	10 倍以下
信息披露	透明	不透明	不透明
紧急资金支持	中央银行	无	无
危机形式	存款、票据挤兑（负债方）	回购市场挤兑（负债方）	投资亏损（资产方）

6.3　影子银行的发展状况

6.3.1　中国式影子银行的产生原因

（1）市场需求是影子银行产生的根本原因。由于中国对传统银行监管过严，使得传统银行的业务发展不能满足社会融资需求。一方面，严格的金融监管制度促使传统银行趋于风险厌恶，偏好向偿债能力强的大企业提供贷款；另一方面，受到存款比等监管指标约束，无法向部分满足贷款条件的企业放贷。结果传统商业银行无法满足大量的融资需求，导致影子银行的催生。影子银行不需要像传统银行一样受到严格地监管与指标约束，加之又能为急需资金的融资方与资金盈余的投资方提供平台，进一步加快了其发展步伐。

（2）货币政策波动是影子银行产生的外部条件。2007 年美国次贷危机爆发波及全球，2008 年年初我国由从紧的货币政策微调到灵活审慎的货币政策，再到 11 月份的适度宽松的货币政策。之后随着通货膨胀问题越来越严重，中国中央银行逐步收紧市场流动性，改为稳健的货币政策，在 2010 年 6 次上调存款类金融机构人民币存款准备金，2011 年上半年又多次上调存款准备金率。到 2011 年年底才开始下调准备金率。货币政策的频繁波动，导致资金严重供不应求。加之国家对金融监管十分严格，准入门槛高，传统银行又偏向于把贷款批给国有大型企业，使得有很多中小企业贷不到钱。在这种情形下，迫于生计中小企业只得以高昂的代价向非正规渠道融资。这就对中国式的影子银行产生了前提动力。

（3）金融工具的创新是影子银行产生的助推器。鼓励金融创新一直是我国金融监管者的政策口号，随着经济的不断发展，使得影子银行为传统银行所不能满足的市场需求作了有效的补充。政府鼓励金融创新，金融市场主体又需要金融服务，进一步推进影子银行体系不断进行金融工具创新，以设计金融工具多样化来满足不同金融市场需求者，而且这些新兴的金融工具的创新业务适度地规避了金融监管指标等的约束。不断发展的金融工具创新壮大了影子银行发展规模，助推了影子银行体系的发展。

（4）利率市场化是影子银行产生的动力。利率市场化改革是我国当前金融体制改革的重要内容之一。1996 年我国的利率市场化改革正式启动，并以不可逆转之势向前发展，逐步形成了我国当前利率双轨体系。商业银行受管制的存款利率上限以及同业拆借利率市场化，2013 年 12 月开始实行的同业存单利率市场化等。正是由于这些制度的存在，银行间拆借利率不时会高于信贷利率，此时银行仅需要简单设计一个理财产品，就可以以较低的利率获取存款，然后再拆借出去，这样即可获得巨大的利息收益。这种简单的套利行为在目前紧缩的政策环境下更受到银行的追捧，使得影子银行之风愈演愈烈。

此外，我国闲散资金的积累和居民理财意识的增强为影子银行快速发展提供了一定的资金支持。面对物价水平的节节攀高，人民币实际购买力逐渐下降。银行存款出现长期负利率现象，促使社会闲散资金偏向流入较高利息的影子银行体系，这是促进影子银行发展的又一原因。

6.3.2 中国式影子银行的主要构成及其风险

国外发达国家拥有成熟的资本市场和金融体系，影子银行体系发展非常快速。而中国金融市场与资本市场起步较晚，资产证券化、衍生品市场与金融创新监管比较严格，中国式影子银行主要围绕传统商业银行信贷业务等发展起来，产品比较简单、规模相对较小、操作较简单。由于中国式影子银行缺乏权威的定义且统计口径等不一致，预测的规模也从 10 万亿元 30 万亿元不等。根据银监会银行监管部门有关人士估计，中国影子银行的规模保守估计应该在 22 万亿元人民币以上，包括：民间贷款和贷款公司贷款（5.2 万亿元）、信托贷款（7.8 万亿元）、委托贷款（7 万亿元）、券商资管的贷款（2 万亿元），不过该口径不包括企业债券（9 万亿元）。中国社科院发布的《中国金融监管报告 2013》显示，即使采用最窄口径，2012 年年底中国影子银行体系也达到 14.6 万亿元（基于官方数据）或 20.5 万亿元（基于市场数据）。前者占到 GDP 的 29% 与银行业总资产的 11%，后者占到 GDP 的 40% 与银行业总资产的 16%。

目前，我国的影子银行体系还处于发展的初级阶段。我们按照与传统银行的关系来介绍中国式影子银行的几种主要构成部分：

（1）商业银行表外业务，主要包括银行理财产品、银信理财合作与委托贷款。

① 商业银行理财产品。商业银行的理财部门是我国最具有代表性的影子银行构成之一，1999 年，我国就开始发展理财产品，当时的市场规模达到 1320 亿元。2004 年后，我国商业银行不断推出理财产品，商业银行理财产品已逐渐成为中国式影子银行体系中典型的金融产品。理财产品是指商业银行在对潜在目标客户群分析研究的基础上，针对特定目标客户群开发设计并销售的资金投资和管理计划。在理财产品这种投资方式中，资金由目标客户提供，投资收益与风险由客户或客户与银行按照约定方式承担，银行只是接受客户的授权管理资金。商业银行可以绕过信托公司，以理财产品筹集到的资金作为资本来源，间接实现对借贷企业发放贷款。由于理财产品是表外业务，监管力度不大。这样一来商业银行既可满足表外融资需求又可将风险转嫁给投资者，而且还不受金融监管指标等约束，致使其表外业务规模迅速扩张。根据 Wind 数据，2012 年年报显示银行理财产品发行量达 20.1 亿元。

商业银行理财产品有利的一面也有弊的一面，优点在于它是巧妙地规避监管进行金融创新的结果。商业银行在理财产品中充当的角色是帮助资金需求者寻找到资金供应者的金融中介。其有效地促进了流动性、期限及信用转换。一定程度上满足了融资者的需求。缺点在于风险巨大。由于理财产品过度发行以及在产品销售与投资管理等方面存在信息不对称现象，一旦理财产品投资的客户或项目出现资金链断裂或亏损等情况，到期无法兑付，就威胁到金融市场的健康发展。

② 银信理财合作业务。银信合作是银行通过信托理财产品的方式间接地为企业提供贷款。例如，一企业如果需要贷款，可以将相关需要贷款的项目由信托公司"打包"处理成理财产品，然后经由银行出售给投资者。2007 年年底紧缩信贷政策使得银信理财合作快速发展，银信理财合作是由信托公司与商业银行签订委托协议，规定由信托公司将资金需求方所需贷款项目"打包"成理财产品，通过银行主导设计后发行，向投资者募集资金。其中，商业银行以其信誉发挥担保或隐性担保作用，信托公司则作为单纯的投资信用中介，虽不能直接吸收存款，但信托公司在中国式影子银行体系中充当需要资金的企业和寻求更高投资收益回报的投资者的中介。银信理财合作业务包括但不限于信托贷款、受让信贷或票据资产、附加回购或回购选择权的投资、股票质押融资等。这是中国式影子银行体系中典型的传统商业银行表外业务。银信理财合作的一般业务流程如图 6.1 所示。

根据 Wind 数据，2008 年，国内银行机构发行的银信理财产品仅为 7 432 亿元。然而到 2012 年时，其规模已增长到 7.43 万亿元，增长了近 9 倍。

银信合作业务可以说是双赢局面。对于商业银行，可以绕过监管机构对其的

放贷额度与存贷比限制，把贷款转移给信托公司，再由信托公司将贷款切割细化
发放给客户，从而将贷款从银行的资产负债表上转移出，进而提高流动性与营利
性。对于信托公司，则可以利用商业银行信誉与客户资源优势，提高自身在金融
市场上的认知度，并积累客户与资金资源。两者各取所需。然而这种隐蔽的方式
增强市场流动性，易产生资产泡沫。同时，由于信托产品设计导致其风险大，存
在违约隐患。一旦出现违约现象，会威胁到金融系统的安全性与稳定性。

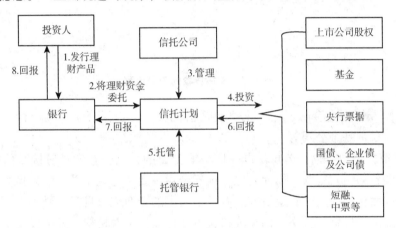

图6.1　银行理财合作的一般业务流程

③委托贷款。委托贷款是指企业委托银行向指定借款人发放贷款，贷款利
率由委托方决定。商业银行在其中只充当中介人的角色，收取委托贷款的手续
费，并不承担其中的风险。由于银行发放给大中型企业的贷款利率比较低，将这
些贷款转贷给其他企业可以收取较高利率，中间存在一定利润。故一些具备资金
优势的企业便将银行贷款或通过增发股份、发行债券等方式获得的各类资金以委
托贷款等形式转贷放出，赚取中间利差。银行也因能收取正常的贷款利息和委托
贷款手续费收入而积极参与，为之提供便利。简而言之，由大型企业或上市公司
作为委托方，商业银行充当中介机构，其中最具代表性的是经营委托贷款业务的
上市公司。在银根紧缩和上市公司存在超募资金现象的背景下，越来越多的上市
公司倾向把大量闲置的资金投放到委托贷款中。委托贷款的一般运作流程如
图6.2所示。

根据Wind数据从2002年以来我国影子银行体系新增委托贷款几乎逐年增
加，2002年新增委托贷款仅仅201亿元，到了2008年新增委托贷款达到4 258
亿元，2012年新增委托贷款高达1.28万亿元，增长了近64倍。然而，委托贷
款容易影响货币政策效果。加之委托人向银行委托贷款业务时没有类似抵押担保
的规定，而商业银行又不承担贷款风险，使得委托方自行承担委托贷款的风险。
这种行为类似于企业间的资金拆借，风险很大。

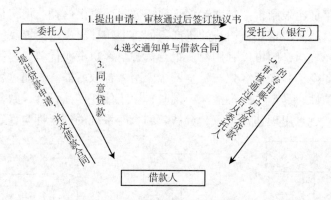

图 6.2　委托贷款的简单流程

（2）非银行类金融机构，主要包括信托公司、担保公司、典当行、小额贷款公司、私募基金公司等。

① 信托公司。信托公司是以收取报酬为目的，以受托人身份接受信托和处理信托事务的经营行为。简而言之，信托公司主要业务就是受托管理投资者的财产。一方面将委托人的资金贷放给有资金需求的企业或项目等，另一方面向委托人担保一定的投资回报率。信托公司属于非存款类金融机构，虽然接受银监局监管，但不受利率管制的限制，其收益率要高于传统银行存款利率。2007 年以来，我国的信托行业发展迅速。

我国信托公司具有跨越货币市场、资本市场和产业领域的功能以及在不同的领域进行资源配置等有利条件，其在金融创新方面和影子银行是一致的，被认为是中国最具备影子银行特征的机构。在银信合作业务中，商业银行提前将不良贷款卖给信托公司，信托公司又将其证券化后卖给大户和机构投资者，这说明信托投资公司履行了部分投资银行的职责。这与美国的房地产信贷证券化业务有类似之处。根据 Wind 数据，截至 2013 年 9 月，我国信托资产余额为 10.13 万亿元。2012 年年底信托资产余额为 7.47 万亿元。

② 担保公司。个人或企业在向银行借款的时候，银行为了降低风险，不直接放款给个人，而是要求借款人找到第三方（担保公司或资质好的个人）为其作信用担保。担保公司则会根据银行的要求，让借款人出具相关的资质证明进行审核，之后将审核好的资料交到银行，银行复核后放款，担保公司收取相应的服务费用。作为影子银行体系的主要是指融资性担保公司，融资性担保公司是指依法设立，经营融资性担保业务的有限责任公司和股份有限公司。融资性担保是指担保人与银行业金融机构等债权人约定，当被担保人不履行对债权人负有的融资性债务时，由担保人依法承担合同约定的担保责任的行为。根据 Wind 数据，2009 年融资性担保贷款余额仅为 5 550 亿元，到 2012 年融资性担保贷款余额为

1.50 万亿元，增长了近 3 倍。

③ 典当行。典当行，亦称当铺，是专门发放质押贷款的非正规边缘性金融机构，是以货币借贷为主和商品销售为辅的市场中介组织。与传统银行贷款相比，典当贷款成本高、贷款规模小，但典当也有银行贷款所无法相比的优势。首先与银行对借款人的资信条件近乎苛刻的要求相比，典当行对客户的信用要求几乎为零，典当行只注重典当物品是否货真价实。其次，典当行典当物品起点低，甚至几百元物品都可以。再次，典当行手续简单，除了一些不动产当物外，大多可以当天就取。最后，典当行不太过问贷款用途，对于借款者来说资金使用较自由。

④ 小额贷款公司。小额贷款公司是由自然人、企业法人与其他社会组织投资设立，不吸收公众存款，经营小额贷款业务的有限责任公司或股份有限公司。与传统商业银行相比，小额贷款公司提供贷款等服务更便捷、更灵活，手续简单，比较适合小微企业和个体工商户的贷款需求。小额贷款公司最典型的特点是"只贷不存"，不能吸收居民存款。国务院国办发〔2013〕107 号文指出，小额贷款公司是以自有资金发放贷款、风险自担的非金融机构，要通过行业自律组织建立规范，不得吸收存款、不得发放高利贷，不得用非法手段收贷。银行业金融机构按规定与小额贷款公司发生的融资业务，要作为一般商业信贷业务管理。根据 Wind 数据，2013 年第三季度小额贷款公司的贷款余额为 7 534 亿元，新增贷款为 1 612 亿元。

⑤ 私募基金。私募股权基金一般是指从事私人股权（非上市公司股权）投资的基金。私募基金主要是通过非公开方式向少数或特定的机构募集基金所形成的集合性投资理财产品，从事的是"受人之托，代人理财"的资产管理业务。我国的私募基金分为民间私募基金和阳光私募基金。阳光私募基金主要是商业银行理财产品、证券公司集合理财计划、信托公司集合资金信托计划以及私募股权投资基金等。民间私募基金通常表现为投资顾问公司或投资咨询公司，利用投资咨询方式提供委托理财等服务，未被纳入金融监管范围。根据 Wind 数据，2013 年 1 ~ 10 月，私募股权基金投资额约为 790 亿美元。

阳光私募基金虽然有明确的法律法规，但是立法还比较欠缺。民间私募基金的运作则只能完全靠民间个人信誉支撑，以委托理财方式为投资者提供服务，属于纯民间行为，不在监管范围，缺乏权威性的数据，也缺乏明确的法律法规，甚至会滋生非法集资，也使当事人利益难以得到保护。私募基金相对封闭，缺乏监管，加大了整个金融体系的风险。国办发〔2013〕107 号文也指出要按照不同类型投资基金的本质属性，规范业务定位，严禁私募股权投资基金开展债权类融资业务。

（3）其他融资机构，主要包括第三方支付、网络 P2P 贷款等。随着信息社会的发展与网络的广泛覆盖，网络贷款以"门槛低、效率高"充当了民间借贷的中介角色，渐渐进入人们的视野。所谓的网络借贷就是指网站提供借贷双方的信息发布平台，由借贷双方自主交易，可以足不出户就可以完成借贷交易。P2P是"Peer to Peer"的简写，可译为"人人贷"，是个人对个人借款的意思。所谓网络 P2P 贷款，就是有投资意向的投资者通过网络平台，将资金借给有资金需求的借款者。这意味着，在网上通过鼠标操作，就能借钱给网友或是向别人借钱。最早 P2P 业务起源于英国。中国式 P2P 业务始于 2007 年 7 月在上海试运营。网络 P2P 贷款业务可划分为三种模式：无担保线上模式、有担保线上模式和线下模式。目前国内主要的网络 P2P 贷款平台有人人贷、拍拍贷、808信贷与温州信贷等。根据安信证券研究报告，2009 年上半年以前，拍拍贷的半年计成交额不足 1 000 万元，2009 年以后快速增长，2012 年上半年已累计成交 1.8 亿元左右。据不完全统计，目前全国活跃的网贷平台已经超过300 家，2012 年整个网贷行业成交量高达 200 亿元。虽然这些网贷公司规模发展还较小，但发展较快。

这类影子银行的风险主要有参与者的信用风险、网贷公司的信用风险、经营风险、担保杠杆过高引致市场风险。网络贷款等第三方支付虽然具有银行借贷等信用功能，但游离于监管之外。其间也存在许多不法组织打着网络贷款的名号去圈钱，存在极大风险隐患。而且，这些网络中介机构对于借款人的信誉状况不太了解，贷后监管难度大。一经出现风险，会危及金融市场。

6.3.3 国外影子银行发展情况简介

影子银行体系在 20 世纪 70 年代得以快速发展，其对传统商业银行模式带来了巨大的冲击。影子银行体系的产生与发展与美国金融体系的演进密切相关，是在金融市场的结构性变化下，各种因素促成的结果。把国外影子银行体系发展划分为 3 个时期。

6.3.3.1 播种期（20 世纪 80 年代以前）

1932 年，美国成立的联邦住宅贷款银行（FHLB），是最早的影子银行体系的产生。紧随其后的是"两房"的建立。1938 年成立"房利美"，主要业务范围是购买美国联邦住房管理局担保的抵押住房贷款，并在二级市场上进行运作。1970年，"房地美"成立。"两房"对于美国金融业的融资模式与贷款方式产生深远影响。加之 20 世纪 60 年代中期以后，美联储为应对不断增加的通胀压力而持续抽紧银根，致使市场利率大幅攀升，"滞胀"使得美国对金融业进行严格的管制。

其中包括大萧条时期带来的对传统银行存款利率进行限制的"Q 条例"①、对证券业务进行管制的《格拉斯—斯蒂格尔法案》。当市场利率超过"Q 条例"规定的上限时，传统银行存款者的机会成本变高，使其把资金转向利率不受限制的投资产品的动机变强。

在严格的金融监管指标约束下，传统银行不得不开始进行金融创新，货币市场基金（MMF）便随之应运而生（将小户的资金集中起来，以大户的姿态出现在金融市场上）。货币市场基金规避掉银行存款利率上限等许多限制，又保留了银行存款的许多特性。20 世纪 70 年代末，MMFs 资产总额约为 40 亿美元。此时期以货币市场基金为代表的影子银行体系开始发展。

6.3.3.2 生长期（20 世纪 80 年代到 20 世纪末）

20 世纪 80 年代以后，投资机构的迅速发展为影子银行体系的发展提供充足的养分，这些机构包括投资银行货币市场共同基金、保险公司以及私人养老基金等非银行金融机构。这阶段的标志是资产证券化等金融工具创新的膨胀，例如住房抵押贷款、回购协议方式、住房按揭贷款担保债券 CMO 等。资产证券化后在二级市场流通与买卖。传统银行的贷款业务模式发生了变化，通过将贷款证券化并销售，一方面将分散风险，另一方面也有利可图。这样，加快了资产的流动性。在这一时期，投资银行、货币市场基金等得到了快速的发展。1990 年，MMFs 的资产规模达到 3713 亿美元，较之 70 年代末增长了近 92 倍。

随着 1980 年美国对银行存款利率限制的放宽以及 1982 年颁布的《加恩—圣杰曼存款机构法》将废除和修正 Q 条例的办法进一步细化，大幅加速了利率市场化的进程。1986 年，美国所有存款和贷款利率的限制均被取消，利率市场化得以实现。影子银行开始迎来新的机遇，金融工具的创新也随之加快其发展步伐。1999 年《金融服务现代化法》的颁布为影子银行体系清除了法律障碍。此后商业银行等控股的金融机构纷纷成立并为其开展表外业务。

6.3.3.3 成熟期（21 世纪初至今）

随着经济的全球化及自由化发展，推动了金融创新的规模全球扩张，国际化的金融体系得以快速推进。商业银行的经济模式发生彻底转变，从原先的以发放贷款为目的获取存贷款利差变为获取低买高卖的价差套利收益。从金融市场的角度来看，影子银行体系进行的资产证券化与金融衍生品交易既提高了金融市场的

---

① Q 条例是指美国联邦储备委员会按字母顺序排列的一系列金融条例中的规定，对存款利率进行管制的规则正好是 Q 项，因此而得名。美国政府制定于 1980 年 3 月 31 日起，分 6 年逐步取消对定期存款利率的最高限，即取消了 Q 条例，1986 年 Q 条例完全取消。

流动性，又使金融衍生品的交易量和名义价值迅速增长。这也对实体经济的发展产生重要影响。实体经济难以支撑以影子银行体系为依托的虚拟经济的发展，最后导致以美国次贷危机为始的金融危机。此阶段影子银行体系最典型的产品是担保债务凭证（CDO）与信用违约互换（CDS）。

以货币市场基金为例，在 2008 年次贷危机爆发前，MMFs 的资产量达到顶峰约为 3.8 万亿美元。根据国际清算银行统计，截至 2007 年年末，CDO 全球市场估算达到 1.2 万亿美元，CDS 名义本金的全球市场估值达到 60 万亿美元。

6.4　影子银行存在的问题

影子银行的产生满足了市场的金融需求。当正规金融体系难以满足市场需求时，影子银行体系通过金融工具创新等设计安排，使得原先传统商业银行无法完成的借贷业务成为可能，进而拓展了金融服务领域。尤其是在中小企业的经营活动中，民间借贷对它们的发展起到重要作用。近二三十年影子银行快速发展，然而，在迅速发展的同时，由于其游离于监管之外，不受金融体制的指标等约束，使整个金融体系面临巨大的风险，影子银行体系在迅速膨胀过程中也存在着诸多问题。

6.4.1　影子银行体系内部问题

（1）流动性风险较显著。由于影子银行体系产品期限错配等特点，影子银行在短期资本市场融资，然后将其融到的资金放在长期金融市场去投资。如果市场出现预期之外的不稳定因素，影子银行很可能会遭到"挤兑"，而此时影子银行投资的长期资产却无法立即变现，进而导致流动性不足。加之风险跨境传播的特点，资本的国际流动性不足，可能引发全球金融危机。

（2）易导致系统性风险。海曼·明斯基（Hyman P. Minski）认为，在经济景气时扩大银行信贷投放、在经济衰退时收缩信贷规模的顺周期行为会加剧金融体系的脆弱性，增加发生金融危机的风险。影子银行体系在顺周期中利用高杠杆率使得信贷扩张过大，且影子银行体系与商业银行不同，其不受准备金约束。在自有资金较少的情况下，为了追求高利润，使潜在信用创造能力扩张甚至达数十倍，使得整个金融市场杠杆率达到较高水平。一旦出现资金断链的情况，影子银行体系将把这种风险通过资金链条传导给传统银行，可能带来整个金融体系的崩溃，从而引发系统性风险。

（3）监管缺失易引起逆向选择与道德风险。首先，造成逆向选择的主要原因在于事先的信息不对称，影子银行体系设计的产品复杂，而且金融创新产品大多在信息不完全的场外市场交易，投资者在购买金融产品前，对于其了解程度有限。其次，造成道德风险的主要原因在于事后的信息不对称，投资者无法对信用评级机构进行监督，无法判断评级机构是否公平尽责。而评级机构往往受利益驱动，隐瞒证券化资产的巨大风险，提高其信用评级。根本原因在于影子银行游离于监管之下，进而使投资者会面临很大风险，其权益也可能遭到损失。

6.4.2　影子银行体系的发展对商业银行的冲击

（1）挤出效应。由于传统商业银行的存款利率普遍低于影子银行体系的回报率，使得越来越多的投资者偏向于将其资金投放到影子银行机构中，导致"金融脱媒①"，资金流向影子银行体系。致使商业银行吸收存款相对减少，当影子银行体系过度膨胀，可能会影响商业银行正常经营。同时对商业银行经营模式产生冲击，促使其进行经营模式转变。

（2）传导风险。影子银行与传统银行在不同领域和不同层次进行合作，进行金融工具如银信理财合作等商业银行表外业务，两者联系紧密，业务的交叉合作性使得由表外业务引起的关联风险、信用违约引起的风险和民间融资等非法集资风险。这些风险由影子银行向传统银行传导、扩散与渗透或有传统银行表外风险向表内转嫁，对传统银行造成影响。

（3）增加商业银行流动性风险。过度发展的影子银行业务对商业银行造成一定挤压，存款流出传统银行导致存款更加短期化和波动化，使得商业银行流动性风险增加。此外资金大量从银行部门"脱媒"势必影响银行的信用创造功能，减少资金供应，扩大资金缺口，降低商业银行资金流动性，从而对金融体系稳定性产生影响。

6.4.3　影子银行体系以外的影响

（1）削弱货币政策的效果。近几年影子银行体系规模迅速扩张，其在社会融资规模的比重也逐渐提高。影子银行不同于传统银行，但又行使这信用创造的功能，而且其活动较隐蔽。影子银行体系的信贷规模等相关数据难以统计，导致严重信息不对称，各国中央银行所掌握的信息不足，在一定程度上会减少了央行货币政策的调控力度，并影响了中央银行货币政策的执行效果。

---

① 金融脱媒是指在金融管制的情况下，资金供给绕开商业银行体系，直接输送给需求方和融资者，完成资金的体外循环。

　　一方面，就金融业最基本的信用供给功能而论，传统银行业主要依靠的是吸收存款、发放贷款和创造货币；而影子银行体系则主要通过发展交易活动和提升金融市场的流动性，来向经济社会提供源源不断的信用供给，而对于货币当局紧紧盯住的货币存量，它们基本上不产生显著影响。正因如此，影子银行体系的发展不仅逐步侵蚀了商业银行的传统领地，而且从根本上削弱了货币当局的调控基础。

　　另一方面，由于影子银行不受存款准备金等金融指标的约束，使得货币政策工具效力减弱。当货币当局使用准备金率等货币政策来调控经济时，影子银行为传统银行提供规避调控的渠道。由于影子银行与传统商业银行存在广泛的联系，银行可以很容易地通过与影子银行之间的活动规避监管调控，如通过表外理财规避货币供应量控制，使得货币创造乘数被无限放大，导致直接针对银行的货币政策调控达不到预期效果①。

　　（2）易引发实体经济"空心化"。

　　首先，影子银行体系中主要的组织之一民间借贷，其借贷利率很高，使得部分贷款企业更愿意将资金投放于金融市场而非实体经济，以获取高额资本回报率。影子银行体系提供的资金很大程度上倾向于流入房地产、大宗商品等高风险、高收益领域，也只有通过这种操作方式才更有可能保证高投资回报。

　　其次，对于中小企业而言，由于在传统银行融资困难转而求助于民间贷款，但成本很大，所付利息甚至高出同期商业银行几十倍。企业为还本付息，将利润很大一部分抽空。过高的资金成本给实体经济带来负面影响。

6.5　影子银行监管及建议

6.5.1　国外影子银行体系监管的变革

　　尽管影子银行体系存在很多问题，但其对经济发展的重要作用是不可忽视的。次贷危机的爆发揭露了影子银行体系监管的缺陷，随后欧美各国以及国际组织等都着手制定相应的法律法规与监管措施来规范影子银行体系的运作。

6.5.1.1　国际上监管影子银行的法律法规

　　自 2008 年金融危机发生后，各国以及国际组织机构相继出台一系列对影子

---

　　① 中国人民银行调查统计司与成都分行调查统计处联合课题组. 影子银行体系的内涵及外延 [J]. 金融发展评论，2012（8）.

银行体系监管等的政策建议和调查报告,修改并完善了原有法律法案,同时颁布了新的法规与举措。具体内容如表 6.3 所示。

表 6.3 　　　　　　　　　　 国外影子银行监管的主要法规或报告

时间	机构或国际组织	法规或报告	主要内容
2008.7	G30（30 人小组）	《金融改革报告:促进金融稳定的框架》	提高审慎监管质量,加强对 OTC 市场衍生品的监管,提高结构化产品市场的透明度,改革评级机构
2009.3	美国财政部	《金融体系全面改革方案》	监管覆盖金融衍生品和一定规模的私募股权基金和风险投资基金
2009.3	英国金融服务局	《特纳报告》	应赋予监管者识别影子银行权利并纳入监管范围,强调各国监管当局加强合作以消除全球化范围内的监管套利
2009.4	巴塞尔委员会	《银行金融工具公允价值评估的监管指引》	确立了衍生品价格评估机制、风险控制和报告制度
2009.4	G20	《复苏和改革的全球计划》	把评级机构和对冲基金纳入监管范围,成立金融稳定理事会 FSB
2009.4	欧盟委员会	《另类投资基金经理指令（草案）》	完善对欧盟范围内对冲基金和私募股权基金的交易活动监管
2009.4	欧洲议会	信用评级机构监管	加强对欧洲信用评级机构的监管
2009.12	英国金融服务局和财政部	《衍生品场外交易市场改革方案》	加强对 OTC 市场衍生品的监管
2010.7	美国国会	《多德—弗兰克华尔街改革与消费者保护法案》	对对冲基金、私募基金等影子银行机构和活动的监管
2010.8	英国金融服务局	《交易行为的审慎制度》（讨论稿）	减少银行体系和影子银行体系之间的结构性套利机会
2010.1	FSB	影子银行体系研究组	确定影子银行范畴、监管框架和强化监管试验性的措施
2011.2	英国财政部	《金融监管的一个新路径:构建一个更强大的体系》	建立英国新的金融监管主体（金融政策委员会 FPC,审慎监管当局 PRA,消费者保护和市场当局 CPMA）
2011.6	英国财政部	《金融监管的一个新方法:改革的蓝图》	确定了三大金融监管主体的监管范围及工作任务

资料来源:相铮.论中国影子银行的风险防范[D].对外经济贸易大学,2012;周莉萍.论影子银行体系国际监管的进展、不足、出路[J].国际金融研究,2012(1).

6.5.1.2　国外影子银行监管的比较

（1）共同点。从各国政府以及国际组织机构等所颁布的法规与报告来看，他们对影子银行体系监管的措施主要表现在以下几方面。

第一，扩大纳入影子银行的监管范围。目前对于影子银行的定义与范围还未形成统一的界定。自影子银行产生以来，也一直处于监管的灰色地带。危机爆发后，私募股权基金和对冲基金成为各国政府加强监管的重点。欧盟的《另类投资基金经理指令》规定，在欧盟境内资金规模超过 1 亿欧元的私募基金和对冲基金必须向东道国披露公司的风险和业绩等情况，且其开展的业务必须得到本国许可。美国的《多德·弗兰克法案》规定，资金规模在 1 亿美元以上的私募基金和对冲基金必须以投资顾问机构的名义在证券交易委员会 SEC 进行注册登记并接受监管，资金规模小于 1 亿美元的需在州注册并接受州政府的监管。此外也将场外（OTC）衍生品纳入监管范围。

第二，加强影子银行的直接监管力度。在加强场外交易监管方面，2010 年 2 月，美国期货交易委员会要求标准化衍生品（如票据交换）在规范的交易平台上交易，以期提高其交易透明度。国际掉期交易协会 ISDA 对信用衍生品的标准化工作做了很多努力，于 2009 年 4 月和 7 月颁布了《2003 年信用衍生品定义文件》的两个附件，建立了 CDS 合约非实物交割的拍卖结算机制；此外，ISDA 从 2009 年开始还在 CDS 合约中推广标准化息差[①]。在加强传统银行表外业务监管方面，巴塞尔协议Ⅲ大幅度提高了对银行一级资本充足率的要求，加强表外交易相关业务的信息披露机制。

第三，建立宏观审慎监管框架，防范系统性风险。2009 年英国金融服务局发布的《纳特报告》提出结构性投资工具 SIVs 和其他金融创新有期限错配特点，易产生系统性风险，提出应赋予监管者识别影子银行权利并纳入监管范围，强调各国监管当局加强合作以消除全球化范围内的监管套利行为。2010 年 FSB 专门成立了影子银行体系的研究组，提议构建宏观审慎监管框架措施，有效地防范与化解了影子银行所引发的系统性风险。将宏观监管框架和微观监管措施相结合，对影子银行体系风险进行有效监管，减少监管套利，弥补监管漏洞。

（2）区别。主要国家对影子银行的监管侧重点不同。表 6.4 具体对比了美国、英国、欧盟以及金融稳定理事会（FSB）之间的监管。

---

① 巴曙松，尹煜. 金融衍生品的国际监管改革及其借鉴. 河北经贸大学学报［J］，2011（6）.

表 6.4　　　　　　　美国、英国、欧盟与 FSB 对影子银行的监管对比

	监管主体	监管手段或工具	监管特点
美国	美联储	影子银行机构或活动的准入/注册、退出等门槛要求	全面纳入监管视野，完善原有的监管体系缺陷
英国	英格兰银行	回购的预留扣减率、证券贷出的保证金比例	动态监管，鼓励竞争，增加交易的透明度
欧盟	欧洲中央银行	再证券化资产的标准和风险权重等	控制证券化产品交易产生的传染性风险
国际组织	金融稳定理事会（FSB）	杠杆、证券贷出的保证金比例、预留扣减率、买卖利差等	盯住影子银行体系的银行功能，尝试性措施

资料来源：周莉萍．论影子银行体系国际监管的进展、不足、出路．国际金融研究，2012（1）.

　　总体而言，尽管各国监管侧重点有些不同，但都意识到影子银行体系监管的重要性，致力于构建良好的监管制度，以促进其规范健康发展。然而，各国的监管改革总体力度不大，现有的监测工具不能全面覆盖影子银行体系，而且都抱有谨慎的试探性特征。另外，金融监管改革未能充分解决西方商业银行经营模式的根本缺陷，从美国、英国和欧盟公布的金融监管改革法案来看，金融监管改革的重点过于关注金融监管组织架构的调整，而不是通过强化监管能力建设来解决危机暴露出的根本性问题，仅从技术层面调整金融监管的组织架构不可能阻止金融危机的卷土重来。

6.5.2　中国影子银行体系监管的政策建议

　　中国影子银行体系目前处于监管真空状态，为了防患于未然，应该在借鉴国外对影子银行体系监管措施的基础上，强化对影子银行的监督管理，积极引导影子银行体系的健康发展。既要保证影子银行体系发展的积极性又不能过度放松，要在金融创新与金融监管之间寻求平衡点。国办发［2013］107 号文的发布，意味着政府扩大了影子银行监管范围并加强了对其审慎监管力度，各部门也将积极出台监管细则。同时，结合我国影子银行体系处于初级阶段的特殊性，充分了解我国影子银行体系的特点实施有针对性地监管措施。可以考虑从以下几个方面着手：

6.5.2.1　从影子银行自身的角度

　　（1）完善影子银行体系内部风险控制机制。第一，提高私募基金等从业人员准入门槛，加强管理水平，提升高级经理人自身素质，确保投资者的资金安全

和收益。第二，解决"委托人—代理人"机制中的道德风险问题，完善薪酬激励机制，防止影子银行体系代理人在追求高收益的情况下过度激进，冒险去投资风险过高的项目。第三，健全内控制度和风险预警机制，使影子银行机构及时掌握自身流动性风险缺口。

（2）加大信息披露程度。影子银行中金融产品存在信息不对称问题，销售人员往往趋利避害，最后可能造成投资者损失。把信息披露制度作为加强影子银行风险管理的重要手段。为减少影子银行产品的道德风险等问题，影子银行体系要加强自身产品的信息披露，使得投资者更好地认识金融创新产品中存在的问题，结合自身风险承受能力，做出理性投资。

（3）合理进行金融工具创新。金融创新能在提高金融机构和金融市场的运行效率的基础上，提高金融资源的开发利用和再配置效率，加大金融业对实体经济的服务度，推动经济发展。影子银行体系在金融创新中既要进行金融创新更好地服务实体经济，又要在金融创新中把握风险降低其副作用。

6.5.2.2 从政府的角度

（1）完善法律法规。欧美等国家近几年相继出台法律规范影子银行体系，而我国目前的金融业法律体系基本上都是基于传统商业银行的角度建立的，对影子银行体系的监管法律相对不足，且缺乏具体实施细则，致使影子银行体系利用监管漏洞从事高风险非正规的金融活动。因此从宏观方面，应健全影子银行监管方面立法，规范影子银行金融行为。首先，要确定影子银行定义与范畴，在制定具体细则时通盘考虑。其次，在混合经营的格局下划分影子银行体系及其业务边界。最后，加快民间借贷的金融立法建设，严厉打击高利贷行为和各种地下钱庄，杜绝各种非法集资、洗钱等行为，有序发展其他类金融机构。通过金融立法监管影子银行体系的发展动向。

（2）建立影子银行数据统计系统。在 2009 年 4 月召开的 G20 峰会上，国际货币基金组织（IMF）和金融稳定委员会（FSB）提交了"金融危机和信息缺口"的报告，明确指出"好的数据和好的分析是有效监管和政策反应的血液"。尽管中国影子银行体系处于初级阶段，但随着金融市场的深化和利率市场化的推进，影子银行体系的形态、发展规模、运行机制及其对金融系统的影响都将迅速发展变化。为减少影子银行体系给经济发展带来的风险以及对货币政策有效性的影响，密切关注其发展动态，则需建立一个完整的数据统计系统，弥补数据空白，加强对影子银行体系监管，深入分析影子银行趋势估计及存在的各种问题。

（3）完善货币政策，以应对影子银行体系的挑战。货币政策不应只片面地看待传统间接融资方式，更应全面地分析金融体系和市场的发展，尤其是更加多元化的融资方式及其货币政策传导功能，紧密监测广义流动性的创造及其资产价格变化对货币政策的影响。首先，完善货币政策工具，加强货币政策工具创新；其次，完善货币政策中介目标和操作指标；最后，完善货币政策传导机制。影子银行的发展，金融"脱媒"等现象的出现，使得传统的调控货币市场和金融机构的货币政策效果减弱，中央银行应加强对影子银行的监管力度，统计数据分析影子银行体系收益率对资金流量和结构的影响进而见机行事相机抉择及时对影子银行体系进行具体规范。

（4）逐步推动利率市场化改革。利率是资金的价格，在资金的优化配置中发挥重要的作用，中国对利率的管制也是导致影子银行体系发展的原因之一。影子银行体系的利率往往高于银行存款利率，导致资金很快流入影子银行，很大程度上影响了金融市场的稳定性。

推进利率市场化改革，引入竞争机制，有效促进金融体系的创新，建立利率工具作用的良好市场环境。但是，由于我国金融市场发展还不成熟，不能贸然立刻实现利率市场化。需逐步健全存款保险制度、完善货币政策传导机制、规范金融市场良性竞争、提高商业银行的存贷款定价能力，最终在决策者的信心下稳步推动利率市场化的发展。

6.5.2.3　从内外结合的角度

（1）健全危机救助机制。影子银行体系自身加强风险控制，增强应对突发事件的能力，建立风险预警系统和危机处理机制，一旦出现问题，先寻求内部解决。政府加强对其进行宏观审慎监管并针对性地建立救助制度，构建危机应急处理的高效网络，解决影子银行危机时的流动性困境。

（2）加强与国际监管部门的合作。随着全球化的发展，影子银行体系的分布及产品也在全球散布。尤其是影子银行跨境传播的特点，使得各国加强监管合作与协调具有重要意义。一方面，各国以及国际组织机构的监管部门应加强信任促进信息交流，达成对影子银行监管的共识，减少影子银行体系利用国际监管漏洞进行套利，在全球范围内形成统一监管框架，加强对离岸影子银行的监管；另一方面，在全球角度采取宏观审慎监管，掌握影子银行体系传导机制与传播途径，做到因地制宜的监管与完善风险预警系统。

第 **7** 章

互联网金融

近几年，互联网金融开始进入人们的视野，这一传统金融行业与互联网技术相结合的新兴领域引起了包括各界学者在内的广泛关注，而互联网与金融的结合并不是一个新生事物，早在 1996 年，美国电子股票信息公司就开始利用互联网为客户提供股票交易服务，越来越多的银行开通了网上银行业务，互联网金融业开始走入百姓家庭。最近，随着物联网、大数据、移动互联网等信息技术创新发展，互联网正在改变着传统金融存贷、支付等核心业务，开创了互联网与金融融合发展的新格局，互联网金融产业链正在形成。

互联网金融在我国发展时间不长，但其发展迅猛，交易规模快速发展壮大。2008 年以来，我国的网络银行、第三方支付及 P2P 网络借贷等互联网金融模式的交易规模得到了快速的发展壮大。互联网金融的快速发展使得包括互联网企业和通信运营商在内的众多企业加入到互联网金融的领域当中。截至 2015 年 3 月 30 日，中国人民银行共发放 270 张第三方支付牌照，其中包括阿里巴巴、腾讯、网易、百度、新浪等互联网巨头。各大商业银行的网上银行、手机银行、网上基金、手机钱包、电子商务金融平台等金融创新产品齐上阵。中国移动、中国电信、中国联通等各大通信运营商也纷纷加入互联网金融行业。阿里巴巴、平安与腾讯 3 家联手成立众安在线财产保险公司更是将互联网金融发展推向了高潮。

7.1 互联网金融的内涵与主要特征

当前，业界和学术界对互联网金融尚无明确的、获得广泛认可的定义，但对互联网支付、P2P 网贷、众筹融资等典型业态分类有比较统一的认识。一般来说，互联网金融是互联网与金融的结合，是借助互联网和移动通信技术实现资金融通、支付和信息中介功能的新兴金融模式。根据中国人民银行发布的《中国金融稳定报告（2014）》，广义的互联网金融既包括作为非金融机构的互联网企业从事的金融业务，也包括金融机构通过互联网开展的业务；狭义的互联网金融仅指互联网企业开展的、基于互联网技术的金融业务。本文所提到的互联网金融是指狭义的互联网金融。

互联网金融的主要特征是：一是以大数据、云计算、社交网络和搜索引擎为基础，挖掘客户信息并管理信用风险。互联网金融主要通过网络生成和传播信息，通过搜索引擎对信息进行组织、排序和检索，通过云计算处理信息，有针对性地满足用户在信息挖掘和信用风险管理上的需求。二是以点对点直接交易为基础进行金融资源配置。资金和金融产品的供需信息在互联网上发布并匹配，供需双方可以直接联系和达成交易，交易环境更加透明，交易成本显著降低，金融服务的边界进一步拓展。三是通过互联网实现以第三方支付为基础的资金转移，第三方支付机构的作用日益突出。

7.2 互联网金融的主要模式

互联网金融从服务的形式而言可以分为三种模式：传统金融服务的互联网延伸、金融的互联网居间服务和互联网金融服务。

传统金融服务的互联网延伸，是一种广义的互联网金融，它是借助互联网本身的便捷和广度实现传统金融机构在互联网上的服务延伸。电子银行、网上银行乃至手机银行都属于这类范畴。这一模式下，传统金融服务从线下扩展到线上，在时间和空间上外延了银行服务。

从狭义的层面，互联网金融只包括金融的互联网居间服务和互联网金融服务。前者的典型应用模式有第三方支付平台、P2P 信贷、众筹网络等；后者是网络形式的金融平台，包括网络小额贷款公司、互联网基金、保险销售平台等，这一模式多为电商向金融行业的渗透。

目前，市场对互联网金融发展方向已形成共识：包括第三方支付、网络信贷、众筹模式等。下面将对互联网金融发展的这几种主要模式作详细地论述。

7.3 第三方支付行业分析

第三方支付是随着我国电子商务发展而发展起来的电子支付方式。第三方支付平台（the platform of third party payment）是与各银行签约并具备一定实力和信誉保障的第三方独立机构提供的交易支持平台，这些机构提供与银行支付结算系统接口和通道服务，实现资金转移和网上支付结算服务。在通过第三方支付平台的交易中，买方选购商品后，使用第三方平台提供的账户进行货款支付，由第三方通知卖家货款到达、进行发货；买方检验物品后，就可以通知付款给卖家，第三方再将款项转至卖家账户。

7.3.1 第三方支付发展阶段

从行业应用的角度看，第三方支付市场经过十多年的发展，可以划分为三个阶段，每个阶段第三方支付市场有不同的业务发展重点，表现出不同的特征（如图7.1所示）。

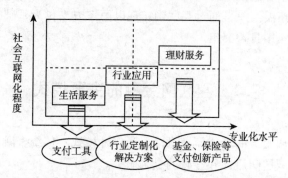

图7.1 从行业应用看中国第三方支付市场发展阶段

资料来源：易观国际，http：www.analysys.cn/.

（1）面向个人客户的生活服务应用（1999年至今）阶段。第三方支付市场创建之初主要是构建商户和消费者网上支付的渠道，实现互联网在线支付功能，服务于网上交易活动，所以网购领域是第三方支付较早服务的行业。随着互联网应用的不断扩展，以及用户希望依托电子支付方式实现更加便捷的支付，服务于个人客户的第三方支付市场逐渐从网购扩展到游戏、彩票、话费充值、信用卡还款等生活服务应用，这些应用几乎成为较早发展起来的支付公司的标配。

（2）面向行业客户的行业解决方案（2006年至今）阶段。随着电子商务的不断发展，以及行业互联网化趋势不断加强，第三方支付行业开始专门针对细分行业做定制化的解决方案，一方面帮助行业客户构建全面的线上、线下电子支付渠道；另一方面从产业链上下游的资金流转入手，构建完善的资金清算平台，提高整个行业的资金流转效率。这阶段出现了专门服务于行业的支付公司，如汇付天下、快钱、易宝等支付企业也开始定位于行业支付专家，细分行业覆盖航空、教育、保险、旅游、物流、游戏等。这一阶段，第三方支付市场从单纯的支付渠道，开始朝着专业性更强的方向拓展，深入细分应用市场，结算服务水平进一步提升。

（3）提供专业性更强的理财服务业务（2010年以后）阶段。随着第三方支付行业的发展，第三方支付企业的技术、运营、安全系统不断完善，特别是 2010 年《非金融机构支付服务管理办法》等一系列法规的出台，央行通过发放支付许可证的方式赋予支付企业合法地位，并加强对第三方支付市场的监管。第三方支付企业各方面实力的不断增强以及支付牌照的发放，使得第三方支付业务开始延伸到政策监管更严格、专业性要求更高的金融市场，如基金、保险等领域。未来几年将有更多的支付企业进入基金、保险等理财服务市场，理财服务市场的支付产品也会更加丰富。

7.3.2　我国第三方支付行业发展现状

（1）第三方支付牌照发放规模。截至 2015 年 3 月 30 日，中国获得第三方支付牌照的企业数量已达 270 家。牌照类型已覆盖 7 大业务体系，未来大规模、全国性和跨区域的多业务牌照发放可能性下降，行业格局基本划定；从地域分布来看，已经覆盖全国 28 个省市，上海、北京、广东行业集中度较高（如图 7.2 和图 7.3 所示）。

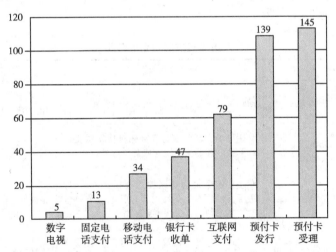

图 7.2　截至 2015 年 3 月底央行颁发第三方支付牌照类别分布情况

资料来源：证券公司研报。

（2）第三方支付企业分类。从终端载体和业务内容的具体差别来分类，我国的第三方支付企业分类如表 7.1 所示。

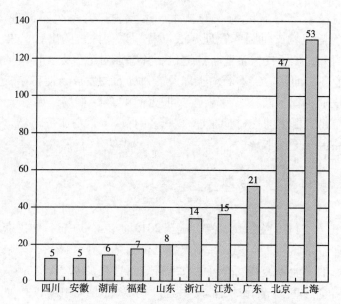

图 7.3　截至 2015 年 3 月底央行颁发第三方支付牌照地域分布情况

资料来源：证券公司研报。

表 7.1 　　　　　　　　　　　我国第三方支付企业分类

类别		服务内容	企业
网络支付	互联网支付	通过互联网进行货币支付或资金流转	支付宝、块钱、易宝支付、汇付天下等
	移动电话支付	利用移动终端向银行等金融机构发送支付或资金转移的指令，完成支付行为	钱袋宝
	数字电视支付	利用智能电视通过遥控器选择支付项目，进行支付操作，交易内容包括电视节目付费、电视购物、公用事业缴费等	银视通
银行卡收单	传统银行卡收单	经银行等金融机构授权负责开发和管理特约商户，为特约商户代收持卡人的货币资金，进行账单清算，并在清算时先垫付持卡消费者的交易金额	银联商务
	创新银行卡收单		拉卡拉
预付卡发行与受理		第三方支付机构向消费者发行的由持卡人预付货币资金的预付卡，持卡人可凭该卡跨行业到各特约商家刷可消费，第三方支付企业负责特约商户的开发和管理、账款清算	资和信

资料来源：中国人民银行网站，http：//www.pbc.gov.cn/.

（3）第三方支付市场交易规模。第三方支付的交易额也由 2009 年的 3 万亿元快速增长到了 2014 年的 23 万亿元左右，期间虽由于市场渐趋饱和，增速有所下降，但也达到了 18.6% 以上。未来增速将逐步放缓，市场保持健康稳定的发展趋势。经过十多年的发展，我国第三方支付行业已逐步由一个新兴行业发展成为一个成熟、合规、不断壮大的行业。未来随着业务领域的拓展、支付产品和服务的创新，将为用户带来更安全便捷的支付方式，推动我国零售消费市场的进一步增长；优化我国电子商务产业链资金、信息流，促进我国电子商务产业的发展；同时，借助其跨行业、信息化、互联网技术优势，提升我国传统行业互联网化进程（如图 7.4 所示）。

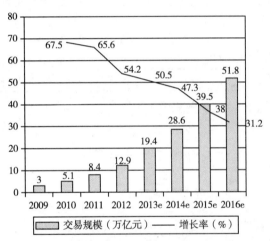

图 7.4　2009～2016 年第三方支付市场交易规模

资料来源：艾瑞咨询，http：//www. iresearch. com. cn/consulting/.

7.3.3　我国第三方支付的监管体系

随着信息技术的应用和第三方支付服务市场的不断创新，第三方支付业务不断扩展到更多的细分领域，而细分业务领域的管理办法也陆续出台，合规管理和市场规范已经成为市场发展必然趋势。

首先，通过加强客户真实信息的控制，有利于加强支付交易的安全和便捷性，同时也有助于运营商开发精准营销、个性化定制产品和服务等；其次，企业资质、职能、费率等权责方面的明确规定和限制，虽然短期或将导致行业市场结构调整、竞争加剧，增大企业运营成本，但长期来看，有助于产业链各方定位的明确，深化市场分工，促进行业良性竞争和稳定发展（如表 7.2 所示）。

表7.2 我国第三方支付市场监管管理办法

历程		时间	文件名称
总则		2010 年 6 月	非金融机构支付服务管理办法
细则		2010 年 9 月	非金融机构支付服务管理办法实施细则
细分	预付卡	2011 年 5 月	关于规范行业预付卡管理的意见
		2011 年 10 月	支付机构预付卡业务管理办法（征求意见稿）
		2012 年 9 月	单用途商业预付卡管理办法（试行）
		2012 年 9 月	支付机构预付卡业务管理办法
	备付金	2011 年 11 月	支付机构客户备付金存管暂行办法（征求意见稿）
	互联网支付	2012 年 1 月	支付机构互联网支付业务管理办法（征求意见稿）
	银行卡收单	2012 年 6 月	银行卡收单业务管理办法（征求意见稿）
		2011 年 10 月	银行卡刷卡手续费标准调整方案（讨论稿）
	移动支付	2012 年 12 月	中国金融移动支付系列技术标准

资料来源：中国人民银行网站《中国支付体系发展报告》，http：//www.pbc.gov.cn/.

7.3.4 我国第三方支付市场发展趋势

7.3.4.1 借跨境支付，开拓国际市场

在网络经济高速增长的刺激下，全球网上购物市场的迅猛发展，消费者跨境购物需求日益强烈。据有关数据统计，非银行部门跨境支付收付规模保持较快增长。据艾瑞咨询集团发布的统计数据显示，近年来中国跨境电商交易额年均增约30%，远远高于线下传统外贸交易增幅。中国跨境电商发展堪称春意盎然，将直接带动产业链上下游的发展，跨境支付也迎来新的发展机遇。在跨境电子支付业务方面，中信银行成为国内首批开展"跨境电子商务外汇支付业务"的试点银行，也是国内首个开发出"全流程、线上化"的跨境电子商务外汇支付业务的银行，开创了国内跨境电子商务"全线上"跨境资金清算的先河。据了解，2015 年中信银行跨境支付产品先后接入支付宝、钱宝科技、易极付、银联商务、银盈通、爱农驿站、易宝支付等7家支付机构，半年交易金额约15亿元人民币。中信银行近期将正式推出国内首个跨境人民币支付平台，并全新升级跨境电子商务外汇支付平台，该行即将成为业内首个具备"全流程、全币种、全线上"跨境服务能力的商业银行。

相较于境内支付业务，跨境支付利润更高。因此，随着监管层面的放开，中国支付企业在立足于本土优势，保持国内市场的同时也要抓住中国进出口贸易程度加深的契机，开拓全球市场。

为积极支持跨境电子支付业务的发展，规范支付机构跨境互联网支付业务，防范互联网渠道外汇支付风险，国家外汇管理局制定了《支付机构跨境电子商务外汇支付业务试点指导意见》，下发了《关于开展支付机构跨境电子商务外汇支付业务试点的通知》，在上海、北京、重庆、浙江、深圳等地区开展试点，允许参加试点的支付机构集中为电子商务客户办理跨境收付汇和结售汇业务。

7.3.4.2　支付企业积极开拓二、三线及农村市场

推动支付企业在二、三线及农村市场积极发展的推动因素：

（1）支付行业发展需要。目前国内一线城市的支付市场竞争几近饱和，过度营销可能造成资源浪费并带来经营风险。在这种情况下，支付企业有必要根据我国经济发展方向、经济结构特点和金融市场需要调整发展模式，大力发展数量众多、具有一定潜力的二三线中小型城市以及县城农村地区的支付结算业务，实现客户群体从高端向中低端的逐步覆盖。

（2）用户非现金支付的需求。中国人民银行于 2015 年 2 月 12 日公布了 2014 年支付体系运行总体情况。数据显示，2014 年，全国共办理非现金支付业务 627.52 亿笔，金额 1 817.38 万亿元，同比分别增长 25.11% 和 13.05%，笔数增速同比加快 3.19 个百分点，金额增速同比放缓 11.92 个百分点。其中，票据业务量持续下降，实际结算商业汇票业务量同比稳步增长。银行卡发卡量保持快速增长，汇兑业务继续较快增长。

（3）电商行业发展趋势。电子支付业务保持增长态势，移动支付业务快速增长。移动支付业务 45.24 亿笔，金额 22.59 万亿元，同比分别增长 170.25% 和 134.30%。近年来三四线及以下地区的增长速度远远高于一二线地区。

7.3.4.3　支付大融合，创造业务拓展新空间

随着政策环境的逐步规范，第三方支付市场呈现出运营主体企业多元化、支付形式多样化、支付领域纵深化发展，促进了行业的大融合；大融合将为整个第三方产业的发展带来更为广阔的发展空间和更加丰富的创新机会，促进支付行业差异化竞争格局的形成。而产业链参与各方应认清自身资源优势，有所为有所不为。大融合主要体现为支付方式的融合、支付账户的融合、服务方式的融合、线上线下的融合、支付与营销等行业的融合。

7.3.4.4　第三方支付助力传统企业互联网转型

根据发达国家互联网经济发展经验，我国居民生活、消费、娱乐等各个层面逐步网络化，同时互联网化商业模式也取得飞速发展，互联网经济正逐步成为国民经济的支柱产业。

互联网是以消费者、企业终端客户需求为主导的市场，传统企业互联网化要突破传统运营理念，引导业务和管理模式的变革，并积极广泛应用网络营销，借互联网实现再造。第三方支付源于电子商务的发展，然而随着第三方支付企业在支付结算服务、用户、商户资源、技术创新、线上线下渠道建设、跨行业产业链整合，资金交易数据等层面的不断积累，对传统行业互联网化转型服务将起到重要推动作用。

7.3.4.5 商业模式转型，从支付到金融

随着第三方支付企业逐步涉及基金、保险等个人理财等金融服务，第三方支付企业将成为银行金融机构的有意补充。电子支付企业逐步从提供基本的支付工具、行业应用解决方案向金融服务转型，第三方支付企业的金融属性逐步增强，这也是未来第三方支付企业发展的方向。

第三方支付借助其数据信息积累与挖掘优势，可实现对客户信用水平的准确、实时把控，有效降低金融风险。因此，在政策逐步放开的大背景下，利用其跨行、信息化和技术创新领先等优势，开始拓展多种衍生的创新业务，以范金融服务的方式提升资金流转效率将是支付企业发展的重要方向，也是用户的核心诉求。

7.4 网络借贷行业分析

网络借贷或称网络贷款，从广义上来说是以互联网为实现载体的融资行为，包括债权融资、股权融资等多种创新的融资形式；从狭义上来说，指由具有资质的网站（第三方公司）作为中介平台，借款人在平台发放借款标，投资者进行竞标向借款人放贷的行为。

7.4.1 网络借贷模式分类

根据网络借贷的贷款者性质分类：贷款者是个人的贷款网站称为 P2P 小额信贷平台，其贷款者一般也是个人。贷款者是金融机构和非金融机构企业的贷款平台称为第三方网贷平台。P2P（点对点）小额信贷平台根据其业务可分为纯信用模式、信用 + 担保模式、抵押模式和其他模式。第三方网络贷款平台的划分依据是将借款人的不同和平台的母公司属性。B2B（企业对企业）和 B2C（商家对客户）模式：B2B 的借款者属性是企业，B2C 的借款者是个人；线上 + 线下模式：网贷平台的母公司是金融机构；电商 + 银行模式：网贷平台从属于电商企

业，且主要贷款人是银行（如表7.3所示）。

表7.3　　　　　　　　　　　　　　　网络借贷模式分类

类型		代表企业	业务特点
P2P 小额信贷平台	纯信用模式	拍拍贷	撮合交易，提供技术支持，建设信用等级体系；由贷款人设定利率；纯中介作用
	信用＋担保模式	宜信	信息匹配，信用评定；平台根据借款者的信用决定利率；充当中介和担保方
	抵押模式	速贷邦	除提供撮合和信用中介服务外，还充当借款的抵押物托管人。无法偿还贷款时由平台处置抵押品
	其他模式	红岭创投	提供中介、担保、抵押托管服务，以投标方式撮合交易
		人人贷	推出理财计划，有"信托化"的倾向
第三方网络贷款平台	B2B 模式	阿里信贷	借款人为阿里巴巴的会员企业；根据电商平台的企业数据建立信用体系和授信依据；无须担保抵押；批量贷款
	B2B＋B2C模式	易货中国	充当银行和企业、个人的信用中介；整合银行、担保、典当、风险投资的资源
	线上＋线下模式	平安陆金所	线下与平安系的企业紧密结合，资源丰富，营销手段多样；线上提供标准化、担保本息的固定利率和期限的产品
	电商＋银行模式	敦煌贷款	主要为建设银行提供中介网贷平台；依据敦煌 B2B 电商网的小批发商用户资源；无担保抵押
		生意宝贷款	充当银行与企业之间的信用中介；纺织企业的 B2B 客户资源；介入第三方支付企业

7.4.2　网络借贷的特点

网络借贷企业在贷款者与借款者之间充当中介角色。网络借贷企业有降低交易成本、降低准入门槛、建设征信体系的作用。但是网络借贷对风险控制和监管提出了挑战。

（1）降低交易成本。网络借贷的审批和授信流程完全在网上进行，节省了线下网点铺设和运营的成本投入；网络借贷平台通过标准化和简易化审批程序，节约了时间成本。此外，网络借贷利用网络信息快速的、大范围的传播优势，能够以比较低的成本批量开发用户。

（2）降低准入门槛。网路借贷的借款者往往是小微企业或个人。他们通过网贷平台借款，大部分时候不需要抵押担保，获得贷款的门槛大大降低。

（3）建设征信体系。网络借贷日前暂无统一的行业规则和准入标准，国家相关的行业法规和民间征信法律缺失，行政监管远远跟不上行业爆发式发展速度。行业内的风险控制主要依赖各企业的内控，但网贷平台为了更快速的发展。容易提高杠杆率。网贷平台实力远不能跟银行相比，抗风险能力较弱，而且缺乏银行严密的抵押担保和追索制度，如果一旦坏账率徒增，网贷平台恐难以维持资金链不断裂，无法切实保障贷款人的利益。

7.4.3 第三方网上借贷平台

第三方网上借贷平台主要是指网上平台向消费企业和个人消费者提供的借贷服务，又称电商金融。电商金融凭借电子商务的历史交易信息和其他外部数据，形成大数据，并且利用云计算等先进技术，在风险可控的条件下，当消费者、供应商资金不足且有融资需求时，由电商平台提供担保，将资金提供给需求方。

7.4.3.1 电商金融形成背景

（1）电子商务成交量巨大。中国电子商务研究中心 2015 年 10 月 2 日发布的《2015 年（上）中国电子商务市场数据监测报告》（下称《报告》）显示，2015 年上半年，我国电子商务交易额为 7.63 万亿元，同比增长 30.4%。中国网购用户规模达 4.17 亿人，与 2014 年上半年相比，同比增长 19.1%。应当说，无论是市场交易规模，还是网购用户活跃度，我国的电子商务都处于历史上的最好时期。随着国民生活水平的不断提高，消费者对电商的需求已由"单纯追求低价"向"更加注重商品品质和服务体验"过渡。《报告》显示，中国网购的黄金时代已来临。从市场增速看，中国电子商务已经进入成熟期。2015 年上半年，我国电子商务交易额为 7.63 万亿元，同比增长 30.4%。从市场结构看，B2B 仍占主导地位，网络零售占比持续扩大。B2B 交易额 5.8 万亿元，同比增长 28.8%；网络零售交易规模 1.61 万亿元，同比增长 48.7%，该交易规模占社会消费品零售总额的 11.4%，同比增长 31%。巨大的电子商务成交量，蕴含着广阔的电商金融前景。

（2）小微企业融资困难。小微企业一般很难通过股权市场获得直接融资，也很难依靠银行等金融机构间接获得融资，民间借贷成了小微企业的无奈选择；这主要是受国家扶持政策不到位，商业银行的信贷政策约束，民间融资比例高、风险大、融资成本居高不下等因素的制约。相关数据显示，中国目前有 4 200 万家中小企业，其中有超过 3 800 万家企业需要贷款，这中间，又有 69.73% 的企业因为不能提供抵押物而没有机会获贷。根据阿里巴巴集团提供的数据显示，目前入驻天猫的卖家超过 6 万，淘宝卖家超过 700 万，阿里巴巴 B2B 平台的中国企业商铺达 800 万。在进行电子商务交易的企业中，大部分是中小微企业，依靠电商金融解决中小微企业的融资难问题，是非常有开创性和实效性的。

（3）电商金融交易成本低。电商金融不具有实体网点，能大量降低交易成本，同时互联网能利用大数据，边际成本很低。有关统计数据显示，网络银行与其他形式的金融机构相比较，在降低交易成本上具有明显优势，比如，单笔金融交易成本在传统柜台网点、电话银行、ATM 机和网络银行服务成本分别为：1.07、0.54、0.27、0.01 美元。阿里金融的数据显示，阿里小贷目前单笔信贷的成本平均为 2.3 元，而传统银行单笔信贷的经营成本在 2000 元左右。除了降低资金成本，电商金融能节约大量的时间成本，提高效率：一般线下贷款，从审批到放款要几个工作日甚至更多；而对于线上的电商金融，从申请到获批，不受工作日等时间限制，最快只要几分钟。

（4）信息共享，降低风险。以互联网为代表的信息技术，大幅降低了信息不对称性，使得风险可控性增强。在一些互联网平台的交易体系设计中（如 eBay 和淘宝等），不仅可以很容易地获得交易双方的各类信息，而且还能将众多交易主题的资金流置于其监控之下，与传统金融模式相比，这极大地降低了风险控制成本。

7.4.3.2　电商金融的模式分析

电商平台联结了下游的消费者和上游的中小微企业，针对不同对象，电商金融可分为消费者信贷和中小微企业信贷。中小微企业贷款根据信贷类型的不同，可以分为信用贷款和应收账款融资，针对不同类型的电商平台，对信贷类型可以进一步细化。

（1）消费者信贷。电商平台的消费者信贷包括两种模式：一种是电商平台通过对消费者的日常消费的数据分析，给予消费者信用支付额度，消费者在该电商平台上购买商品时可使用信用支付额度购物，由平台外资金提供方进行资金垫付，消费者在规定还款期限还款。电商平台将向签约支持消费者信用支付的商户收取服务费。电商平台这种模式类似于另类信用卡，适合在电商平台所形成的生态闭环内使用，比如 eBay 旗下 PayPal 的 Bill me later（如图 7.5 所示）。

另一种模式是电商平台对消费者的日常消费的数据进行分析，给予消费者信用支付额度，消费者在该电商平台上购买商品时可使用信用支付额度购物，其贷款来自平台自有资金，在消费产生后平台并不垫付资金，而是将其列入应收账款，消费者在规定期限内还款，平台向信用使用者收取一定的利息。如京东 2014 年 2 月 13 日推出的"京东白条"（如图 7.5 所示）。

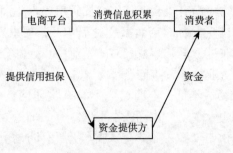

图 7.5　消费者信贷 1

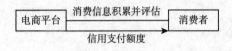

图 7.5　消费者信贷 2

（2）中小微企业贷款。

①信用贷款。当资金需求方需要贷款时，只需凭借在电商平台上积累的交易信用，无须提供任何抵押，向资金方进行申请，并由电商平台提供担保，即可获取贷款。根据信用贷款参与对象的不同，将信用贷款分为如下三种：

第一，自主 B2C 平台——供应商信用贷款。自主 B2C 平台（如京东商城）从供应商处进货，再依托电子商务网站直接销售产品。供应商在为自主 B2C 供货的过程中，积累了丰富的交易信息，可以凭借交易信用去申请贷款（如图 7.6 所示）。

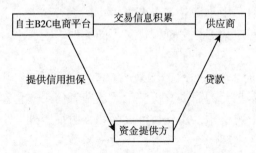

图 7.6　自主 B2C 平台——供应商信用贷款

第二，销售平台式电商——第三方网店信用贷款。销售平台式电商（如淘宝）并不直接销售产品，而是为商家提供 B2C 、C2C 的平台服务。第三方网店在销售过程中，在电商平台上积累了丰富的交易信息，可以凭借信用去申请贷款（如图 7.7 所示）。

第三，B2B 平台——企业信用贷款。B2B 电商平台（如阿里巴巴）上的企

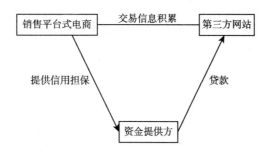

图7.7　销售平台式电商——第三方网店信用贷款

业，在购买产品、出售产品的过程中，积累了丰富的交易信息，可以凭借信用去
申请贷款（如图7.8所示）。

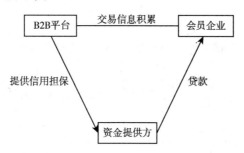

图7.8　B2B 平台——企业信用贷款

② 应收账款融资。应收账款融资，是需要提供抵押的信贷：当资金需求方
需要贷款时，需凭借抵押和电商平台上积累的交易信用，向资金方进行申请并由
电商平台提供担保，才能获取贷款。

第一，自主 B2C 平台——供应链贷款。供应商向自主 B2C 电商平台供货，
在商品入库后，可以向资金提供方申请贷款，同时电商平台提供信用担保，并用
入库商品作为质押，资金提供方批准后给予贷款。当电商平台与供应商约定的结
算账期到期后，电商平台把结算给供应商的货款以偿还贷款的方式还给资金方；
或由电商平台先把结算货款直接给予供应商，再由供应商给资金方偿还给贷款。
相比而言，前一种贷款偿还方式风险更小（如图7.9所示）。

自主 B2C 平台的应收账款融资，实质上是为供应商企业提供的供应链贷款。
依据商业规律，由于自主 B2C 平台的实力大于供应商时，议价能力强，自主
B2C 平台给供应商的账期会延长，导致供应商的资金被账期占用，造成供应商的
资金压力。所以，自主 B2C 平台的供应链金融是对供应商被账期占压货款的
优化。

第二，第三方网店——订单贷款。在电商交易中，当消费者购买第三方卖家

商品付款时，为了保障消费者权益，货款一般不会直接进入第三方卖家账户，而是先到电商平台或第三方支付平台（例如在淘宝上购买就是直接到达旗下的支付宝账户），当消费者确认收货后，再由电商平台将货款打给第三方卖家。从消费者付款到第三方卖家实际收款这过程中，一般会有若干天时间，造成了对第三方卖家资金的占用（如图 7.10 所示）。

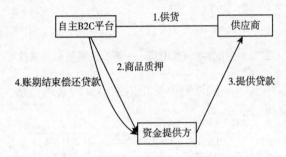

图 7.9　自主 B2C 平台——供应链贷款

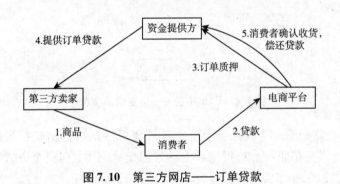

图 7.10　第三方网店——订单贷款

订单贷款，就是在电商平台上，当第三方卖家有符合条件的"卖家已发货"的订单，就凭借订单向资金提供方申请贷款，电商平台为资金方提供信用担保，并用已发货订单作为质押，资金方给卖家提供订单贷款，直接打入卖家在电商平台的资金账号中。当消费者确认收货后，由电商平台偿还贷款。订单贷款的实质是第三方卖家把之后收到的钱进行提前支取，加速资金周转。

7.4.4　阿里金融案例分析

（1）阿里巴巴集团发展历程。阿里巴巴成立于 1999 年，成立的背景是中国的互联网普及率开始爆发式增长，单是 1999 年到 2000 年这一年间，互联网用户数量首次超过 1 000 万，同比增长率为 153%。随着互联网的发展，电子商务也迅速发展起来。阿里巴巴快速进入的刚起步的中国电子商务市场，为中国中小企业贸易提供网络中介服务，这也是阿里 B2B 业务模式的起点。随着电子商务市场的蓬勃发展，阿里实现了全产业链的多元化进程，不仅在商业模式上不断创新，企业自身还获得了持续的发展壮大，更是影响着中国互联网市场的方向（如表 7.4 所示）。

表 7.4　　　　　　　　　　阿里巴巴集团发展历程

年　份	发展历程
1999	阿里巴巴成立
2000	西湖会议
2002	阿里巴巴 B2B 业务首次盈利
2003	淘宝网成立
2004	支付宝独立运营
2005	并购雅虎中国
2007	阿里巴巴 B2B 业务香港上市
2008	淘宝商城上线
2009	提出"大淘宝"战略、阿里云成立
2010	阿里小贷成立
2011	升级至"大阿里"战略
2013	提出拆分业务，成立 25 个事业部、余额宝业务上线
2014 年 5 月 7 日	阿里巴巴提交上市申请

（2）阿里金融模式分析。阿里金融亦称阿里巴巴金融，为阿里巴巴旗下独立的事业群体，主要面向小微企业、个人创业者提供小额信贷等业务。目前阿里金融已经搭建了分别面向阿里巴巴 B2B 平台小微企业的阿里贷款业务群体和面向淘宝、天猫平台上小微企业、个人创业者的淘宝贷款业务群体，并已经推出淘宝（天猫）信用贷款、淘宝（天猫）订单贷款、阿里信用贷款等微贷产品。

2004 年的第三方支付业业务是起点。第三方支付起初是为了淘宝网的信用安全问题而设立的。支付宝除了提供各家网上银行的统一入口外，还提供了交易信用担保。消费者完成支付后，资金暂留在支付宝，直到消费者收到并确认收货后款项才会打入商户的账户。其后，阿里扩大支付宝的适用范围，使其渗透到人们的生活中，并且加大发展第三方支付业务。除了网络金融支付业务外，阿里在 2010 年与其他企业共同设立的阿里小贷公司，主要为阿里巴巴集团内部的小微企业提供产业链条融资，如订单贷款等。

（3）阿里金融组织架构如图 7.11 所示。

阿里金融五大板块如图 7.12 所示。

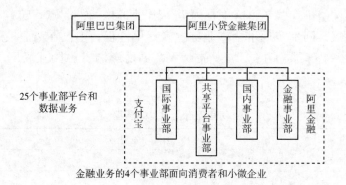

图 7.11　阿里金融组织架构

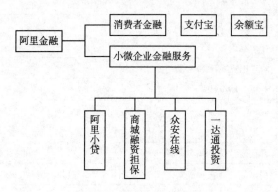

图 7.12　阿里金融五大板块

（4）阿里金融模式。阿里金融按照所针对的服务对象，可分为消费者金融和小微企业金融。

① 消费者金融。支付宝于 2003 年 10 月诞生于淘宝网，是中国目前最大的第三方网商支付平台，致力于为中国以及全球电商商务提供"简单、安全、快速"的在线支付解决方案；2004 年 12 月 8 日支付宝公司注册成立；2005 年支付宝提出"你敢付，我敢赔"的口号；2007 年 8 月支付宝发起信任计划，推出互联网信用标签，并在香港召开进军海外的新闻发布会，同年支付宝接入卓越和DELL，成功树立 B2C 行业标签；2008 年 8 月支付宝公共事业缴费正式上线，宣布推出手机客户端，强化手机支付服务；2011 年获得支付业务许可证，其业务范围包括：货币兑换、互联网支付、移动电话支付、银行卡收单。截至 2012 年，支付宝日均交易量达到 10 000 万笔，2013 年"双十一"支付宝全天交易额更是达到 350.19 亿元。支付宝交易流程如图 7.13 所示。

2013 年 6 月支付宝旗下余额增值业务——余额宝上线。用户将资金存入支付宝，可通过购买货币基金产生投资收益，且与银行活期存款利息相比收益更高。根据其官方介绍，2012 年，10 万元活期储蓄利息 350 元，如通过余额宝收益能超过 4 000 元。这意味着阿里金融开始介入理财领域。

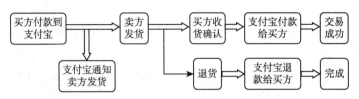

图 7. 13　支付宝交易流程

"余额宝"的"利息"实质上是用户购买货币基金的投资收益。是将基金公司的基金直销系统内置到支付宝网站中，用户将资金转入余额宝的过程中，支付宝和基金公司通过系统的对接将一站式为用户完成基金开户、基金购买等过程，而用户如果选择使用余额宝内的资金进行购物支付，则相当于赎回货币基金。整个流程简单快捷、易于操作。"余额宝"首期支持的是天弘基金的"增利宝"产品。

② 小微企业金融。阿里金融相继开发出阿里信用贷款、淘宝（天猫）信用贷款，淘宝（天猫）订单贷款等微贷产品，且均为纯信用贷款，不需要小微企业提交任何担保或抵押。而针对小微企业资金运用短平快的特点，这些微贷产品在设计上均支持以日计息，随借随还。

第一，淘宝（天猫）订单贷款。淘宝（天猫）卖家以个人（企业）名义，用店铺中处于"卖家已发货，买家未确认收货"状态的订单申请贷款，系统会对这些订单进行评估，在满足条件的订单总金额范围内计算出可申请的最高贷款金额，发放贷款。

第二，淘宝（天猫）信用贷款。淘宝（天猫）信用贷款提供给淘宝店主（天猫商户），无须抵押或担保。系统在综合评价申请人的资信状况、授信风险和信用需求等因素后自动核定授信额度。

第三，淘宝（天猫）聚划算专项贷款。淘宝（天猫）聚划算专项贷款是提供给有参加聚划算活动的淘宝（天猫）卖家。卖家成功参加聚划算活动，在冻结保证金之前，系统会根据卖家店铺的运营状况以及参团商品属性给予综合评估，最高可以申请到 100 万元的信用额度。聚划算专项贷款只能用于冻结聚划算保证金使用。

第四，阿里信用贷款。阿里巴巴 B2B 电子商务平台上的诚信通（中国站用户）或中国供应商会员（国际站用户）无须提供担保即可申请。在综合评价申请人的资信状况、授信风险和信用需求等因素后核定授信额度，额度从 2 万 ~ 100 万元。

7.4.5 P2P 小额信贷行业分析

P2P 信贷是一种个人对个人，不以传统金融机构作为媒介的借贷模式。它通过 P2P 信贷公司（通常不需要银行准入证）搭建的网络平台，借款人和出借人可在平台进行注册，需要钱的人发布信息（简称发标），有闲钱的人参与竞标，一旦双方在额度、期限和利率方面达成一致，交易即告达成。其中，P2P 信贷公司负责对借款人资信状况进行考察，并收取账户管理费和服务费等，其本质是一种民间借贷方式，起源于众包概念，P2P 信贷公司更多扮演众包模式中的中介机构。

7.4.5.1 我国 P2P 小额信贷市场的发展阶段分析

萌芽期（1976~2007 年）：P2P 小额贷款的理念起源于 1976 年，但鉴于当时并没有互联网技术，因此在该理念下的金融活动无论贷款规模、从业者规模还是社会认知层面都比较局限。直到 2005 年 3 月，英国人理查德·杜瓦、詹姆斯·亚历山大、萨拉·马休斯和大卫·尼克尔森 4 位年轻人共同创造了世界上第一家 P2P 贷款平台 Zopa，P2P 贷款才被广泛传播。次年 Prosper 在美国成立，如今这两家 P2P 贷款平台已经成为了欧美最典型的 P2P 贷款平台。

期望膨胀期（2007~2010 年）：P2P 贷款于 2007 年正式进入中国，拍拍贷是国内第一家注册成立的 P2P 贷款公司，同期还有宜信、红岭创投等平台相继出现。但总体来看，2007~2010 年间，我国社会融资的需求和导向还没有从资本市场中转移，大部分资金集团还寄希望于资本市场的再次转暖，尽管市场对于新形式的融资平台期望较高，但是从业者相对较少。

行业整合期（2010~2013 年）：进入 2010 年后，随着利率市场化、银行脱媒以及民间借贷的火爆，P2P 贷款呈现出爆发性的态势，大量的 P2P 贷款平台在市场上涌现，各种劣质产品也大量地涌向市场。由于缺少必要的监管和法规约束，导致 2012 年多家 P2P 贷款公司接连发生恶性事件，给我国正常的金融秩序带来不利影响。市场也因此重新审视 P2P 贷款行业的发展，对行业的期待开始回归理性，各 P2P 贷款公司也开始组成行业联盟、资信平台，并积极向央行靠拢，寻求信用数据对接，市场开始呼唤法律法规的监管。

泡沫化低谷期（2013~2015 年）：随着市场的理性回归，市场上不正规的劣质企业将被淘汰，企业数量增速放缓，幸存下来的优质 P2P 贷款公司将具有更多话语权。未来两年内将会有关于 P2P 贷款的法律法规出台，试点增多，P2P 贷款行业进入牌照经济时代。

正规运作期（2015 年至今）：我国个人及中小企业征信系统将因 P2P 贷款风

控体制的不足而进一步完善，同时 P2P 贷款的本土化进程基本完成，整体市场将形成三足鼎立局面：首先，更多国有金融机构将会以子公司或入股已有 P2P 公司的方式参与 P2P 市场竞争；其次，资历较深的正规 P2P 贷款公司，经过行业整合后实力将进一步加强；最后，地区性、局部性以及针对特定行业的小规模 P2P 贷款平台。

7.4.5.2 我国 P2P 小额信贷发展现状分析

根据艾瑞咨询的数据显示，截至 2014 年 12 月底，P2P 网贷平台数量达到 1 600 家，半年成交金额接近 1 000 亿元人民币，接近 2013 年全年成交金额，到 2014 年底全年累计成交额 3 000 亿元，期间增速甚至均达到了 200% 左右。虽然交易规模的上升速度较快，但是完成交易的手段和质量都相对较差，纯线上交易的份额占全部 P2P 贷款的 27.6%，其余 72.4% 均为复合交易。随着 P2P 贷款的逐步正规化，以及投资理念的普及，未来纯线上贷款的份额会缓慢提升。但是鉴于国内信用体系及投资者风险意识两方面因素的制约，P2P 贷款交易类型中涉及线下操作的复合交易在长时间内不会消失。2009～2016 年中国 P2P 贷款交易规模如图 7.14 所示。

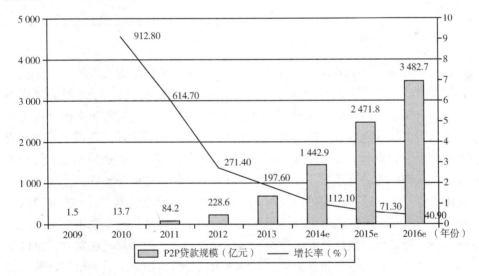

图 7.14 2009～2016 年中国 P2P 贷款交易规模

7.4.5.3 我国 P2P 小额信贷的主要模式

按照 P2P 信贷发放的责任大小，其业务可分为三种模式：无担保线上模式、有担保线上模式和线下模式。由于借款人对于无担保线上模式信用风险的担忧以及线下模式存在的潜在政策风险，目前主流的模式是有担保的线上模式（如表 7.5 所示）。

表 7.5　　　　　　　　国内主要 P2P 信贷平台基本信息

网贷平台	上线时间	模式
拍拍网	2007 年 8 月	无担保线上模式
红岭创投	2009 年 3 月	有担保线上模式
365 易贷	2010 年 2 月	有担保线上模式
人人贷	2010 年 4 月	有担保线上模式
E 速贷	2010 年 9 月	有担保线上模式
盛融在线	2010 年 9 月	有担保线上模式
808 信贷	2011 年 5 月	有担保线上模式
中宝投资	2011 年 5 月	有担保线上模式
人人聚财	2011 年 12 月	有担保线上模式
紫枫信贷	2011 年 12 月	有担保线上模式
温州贷	2012 年 3 月	有担保线上模式
宜信财富	2006 年 5 月	线下模式

资料来源：安信证券研究中心。

（1）以拍拍贷为代表的"无担保线上模式"。以拍拍贷为代表的无担保线上模式主要借鉴美国 P2P 网贷领导者 Prosper 的经验。网贷公司属于单纯的网络中介，只负责制定交易规则和提供交易平台，不负责交易的成交以及贷后资金管理，不承担借款人违约带来的损失，对出借人不承担担保责任。该模式下的网贷公司风险控制能力弱，投资风险比较大，投资收益较高。在行业后起之秀纷纷采用担保、抵押模式的背景下，拍拍贷坚持无抵押无担保的业务模式，采用纯技术的手段控制风险，这一方面可以控制网贷公司的运营管理成本，另一方面确保了网贷平台不承担系统性风险。其控制风险的手段主要是通过与全国十几家权威的数据中心展开合作，包括公安部身份证信息查询中心、工商局、法院等，由借款人通过认证核准真实姓名和身份信息。借款人的身份被验证之后，拍拍贷基于借款人的网络社交圈利用自有的信用审核系统对借款人进行综合评级，然后设定安全的信用额度。在违约事件发生时，拍拍贷会区分恶意违约还是确有困难。如果借款人确实是经营上出现问题，但还款意愿良好，拍拍贷会想办法帮助他渡过这个难关。对于恶意欠款人，拍拍贷会将其信息曝光到网站的黑名单中。

对于以拍拍贷为代表的线上无担保网贷公司，其盈利模式主要通过扮演中介信息平台的角色，在借贷成交以后根据借款期限的不同，对借钱的人征收不同额度的手续费。此外，当发生逾期时，收取一定的催收费用。需要特别指出的是，由于其起到的仅是纯粹的中介作用，因此盈利来源并不涉及类似银行存贷业务的息差。

（2）以红岭创投为代表的有担保线上模式。国内目前流行的有担保线上模式，主要借鉴 P2P 网贷模式的缔造者 Zopa 的经验。在这一模式下，网贷公司不再是单纯的中介：一方面网贷公司对出借人的资金提供担保，另一方面也重视贷后资金的管理，同时扮演了担保人、联合追款人的复合中介角色。这种模式的风险控制力度较大，投资风险比较小，而投资收益也相对较低。

2013 年，红岭创投网站总交易量及月均交易量都远远高于同行其他网站。截至 2015 年 6 月 24 日 24 时成交金额约 562.1615 亿元，投资人已获利息约 12.8447 亿元，待收利息为 22.5820 亿元。

从盈利模式来看，红岭创投与拍拍贷一样都是基于提供中介服务收费，只是在收费的类别和项目上有所不同。拍拍贷的收费只针对借款人，而红岭创投的收费来源既包括借款人也包括贷款人。

（3）以宜信为代表的线下模式。线下模式的网贷公司多由传统的民间借贷发展而来，网络只是一种宣传渠道，旨在吸引出借人和借款人到公司洽谈业务。其特点是往往对借款人要求抵押，对出借人提供担保。这种模式下的贷款质量相对较好，风险较低，收益也相对更低，但存在演变为非法集资的风险。

宜信财富的 P2P 信贷采用的是线下模式，规避了法人放贷而成为非法集资行为的风险。宜信财富设计了债权转让模式，先将资金借给借款人，然后从金额和时间上拆细债权，通过理财产品的方式在线下由数目庞大的业务人员转让给真正的资金出借人。

在风险控制方面，宜信提供个人对个人的小额贷款需求的实时匹配，将出借的资金分配到多个借款人手中，以分散资金风险，并引入信用分析和决策管理技术提供商 FICO（费埃哲）的信用评分技术制定信用评估和核查制度和流程。同时，它设立专门的还款风险金，当出借的资金出现回收问题时，用以补偿出借人本金及利息的损失。

由于线下布点的业务成本较高，借款人付出的实际成本往往超过 30%。宜信将超过法定贷款利率 4 倍的部分转化为比例不等的服务费、债权转让服务费（1%～2%）以及风险保证金（2%）等来进行规避。另一方面，其理财产品的收益率一般在 10% 左右的水平。由于包含了存贷之间的息差，宜信的盈利空间较之传统的线上模式更大。

综上所述，P2P 网贷三种模式最本质的不同在于平台发挥的作用、由此决定的责任以及对应的盈利来源。

7.4.5.4 我国 P2P 小额信贷发展存在问题

P2P 行业之所以受到各方关注，与其自身特点有关。一方面，有闲散资金的投资人能够通过 P2P 平台找到并甄别资质好的有资金需求的企业主，获得比在银行存款更高的收益；另一方面，有资金需求的企业主在 P2P 平台仅靠点击鼠标输入相关信息就可完成借款申请、查看进度以及归还借款等操作，极大地提高了企业主的融资效率。P2P 平台既解决了投资信息不对称、投资起点及风险高的问题，又解决了中小企业融资难、融资时间长的问题。正因如此，最近两年 P2P 行业在我国出现了爆发式的增长，人人贷、钱多多等 P2P 平台发展迅猛。

但是，随着 P2P 借贷平台的发展，一系列行业风险也开始显现。据有关数据显示，截至 2014 年为止，我国内地已有 80 多家 P2P 企业出现问题，其中 2013 年就有 75 家。2015 年 1 月以来陆续出现此类问题。这些出现问题的 P2P 平台，有的是关张倒闭，有的是老板跑路，更多的是出现延迟兑付，提现困难。P2P 小额信贷行业作为新兴事物目前仍然存在很多不完善的地方。

目前，我国 P2P 小额信贷行业主要存在的风险有：

（1）网络借贷平台的信用风险。网络借贷平台的信用风险来自于平台对出借者的违约，网络借贷平台对借款提供担保，将借款以债权转让的方式出让给投资人，并承诺一定的收益率，这就形成了一种契约关系。若网站无法履行这些承诺，导致投资人利益受损，就形成了网络平台对出借人的违约，也就是网络平台的信用风险。P2P 网络借贷自 2006 年就进入我国，但相应的监管措施没有同步出现，缺乏有效的监管，市场准入门槛低，各平台良莠不齐，为投资者的资金安全带来了不确定因素。2012 年，被披露的优易贷涉嫌"卷款跑路"事件，涉案金额达 2 000 万元，还有淘金贷等诈骗性网站，都为我国的网贷市场敲响了警钟。

P2P 网络借贷平台信用风险的存在大体是由以下原因造成的：首先，虽然 P2P 网络平台每笔贷款的数额并不大，但由于其覆盖面广，参与人较多，总的交易金额较大，这就需要平台有较为雄厚的资金提供保障，但实际上有些网站的资本实力非常有限。其次，网络借贷平台当期阶段的盈利主要来自借贷成功的手续费，如果网站收益太小以至于不能覆盖其成本，无法持续运营时，网站被迫倒闭，对投资人的资金安全构成了一定的威胁，哈哈贷和众贷网的被迫关闭就是如此。最后，有些网站更是带有不良企图，利用金融监管的漏洞，骗取投资人的钱财，对网贷中的资金出借人造成极大的伤害，我国近两年也出现了大批网站跑路的事件（如表 7.6 和表 7.7 所示）。

表 7.6　　　　　　　　　　　2014 年以来我国倒闭的 P2P 平台概况

平台名称	所在地区	事件性质	处理结果	涉及人数和资金（估）
中欧温顿	北京市	总经理跑路	警方介入调查	2 000 多人，4 亿元
中宝投资	浙江省	涉嫌经济犯罪	警方介入调查	1 100 余人，约 3 亿元
国临创投	浙江省	提现困难	警方介入调查	8 900 万元
中贷信创	广东省	提现困难	警方介入调查	7 500 万元
锋逸创投	上海市	提现困难	警方介入调查	6 700 万元
大家网	浙江省	涉嫌违规操作	法人被警方控制	2 000 万元左右
广融贷	浙江省	逾期	金额换成股份，平台逐步回购	2 000 万元
融宝贷	广东省	提现困难	不详	60 余人，近 1 000 万元
旺旺贷	广东省	提现困难	不详	600 人左右，超 1 000 万元
元壹创投	广东省	跑路	不详	20 ~ 30 人，30 万元
万汇通	福建省	跑路	不详	30 万元左右
海陵贷	江苏省	提现困难	不详	20 人左右，10 万元
大地贷	湖北省	停止运营	提前返还资金	不详
窑湾贷	江苏省	限制提现	余款由当地警方处理	不详
德赛财富	湖北省	资不抵债	平台写欠条	不详
富豪创投	湖北省	提现困难	不详	不详
华东理财	上海市	提现困难	不详	不详
贵福财富	陕西省	提现困难	不详	不详
中银资本	广东省	提现困难	不详	不详
奔富金融	福建省	停止运营	不详	不详
银都创投	湖南省	提现困难	不详	不详
天府投资	四川省	提现困难	不详	不详
贷易网	广东省	提现困难	不详	不详
东信财富	江苏省	限制提现	不详	不详
中 e 邦达	广东省	网站停运	不详	不详
投资传奇	山西省	提现困难	不详	不详
铭盛投资	广东省	提现困难	不详	不详
钱海创投	广东省	网站停运	不详	不详
卓忠贷	上海市	网站停运	不详	不详
智邦创投	上海市	一直处于系统维护中	不详	不详

表 7.7　　　　　　　　　　　　我国 P2P 网站"跑路"案例

2011 年 9 月	贝尔创投	利用 POS 机诈骗套现
2011 年 10 月	天使计划	携款 600 万元"跑路"
2011 年 11 月	给力贷	神秘倒闭失踪
2012 年 2 月	蚂蚁借贷	神秘失踪，用户资金追踪中
2013 年 4 月	城乡贷	4 月 10 日宣布歇业
2012 年 6 月	淘金贷	负责人携款超 100 万元潜逃
2012 年 10 月	众贷邦	10 月 20 日宣布网站关闭
2012 年 12 月	安泰卓越	12 月 17 日网站无法打开，公司人员无法联系，被骗资金超 130 万元
2012 年 12 月	优易贷	12 月 21 日网站停止运营，被骗资金超 2 000 万元
2013 年 3 月	同赢天下	积累超过 7 多亿元成交额后宣布"停止运营"，用户投资无法取出
2012 年 3 月	众贷网	运营 22 天后宣告破产

（2）借款者信用问题。借款者的信用风险指借款者未能履行合同，无法按期偿还利息和本金而给网贷平台及出借人经济利益带来损失的风险。P2P 网络借贷平台是在民间借贷基础上发展起来的，主要是为了满足中小型企业及个人在出现暂时性资金困难时的资金需求。一般由于缺少足够的抵押物，这类企业很难从银行贷款，因而转向民间借贷机构。由于借款者本人自身的原因使得借款无法如期偿还，就形成了借款者的个人信用风险。虽然很多平台，如宜信贷、红岭创投等都会对借款者的个人信用等级进行划分，以防范信用风险，但都是由借款者向平台提供信息，由平台做出信用等级的评价。由于个人提交信息的真实性还有待确认，其信用等级也仅仅可以作为一个参考，而人民银行的个人征信系统并不对网络借贷平台开放，全国性的个人信用评价系统又尚未建立，借款者在其他平台上的信息无法实现共享，都会影响所发放的贷款的质量。此外，P2P 网络上的借款者多为小型企业，有一部分由于不能向银行借贷而转向网络平台，所贷资金的实际用途难以确定，也增加了逾期贷款发生的可能性。即使有些平台对借款提供担保，但如果发生较大规模的逾期贷款，坏账规模大于其实际资产时，出借人的资金安全同样难以得到保障。

2015 年 3 月 26 日，博鳌论坛发布的《互联网金融报告 2015》称：P2P 是最能代表互联网金融的一种安排。互联网连接一切、高速匹配、海量信息以及边际成本趋向零的特征，使得 P2P 网贷具备任何一种传统金融体制不能比拟的优势：一是 P2P 网贷极大地扩大了金融交易边界，有效降低了金融活动的交易成本；二是 P2P 网贷最能体现互联网金融的精神，最能体现金融民主化和大众化的金融市场；三是 P2P 网贷促进了金融市场化进程，加快金融脱媒趋势，有效地降低了社会资金成本，有利于实体经济发展。

2007 年，P2P 网贷被引入中国，近年来国内 P2P 网贷行业出现了爆发式的增长，平台数量飙升，投资人、借款人、主要交易规模都成倍增长。报告显示，截至 2014 年末，国内 P2P 网贷平台总数近 1 600 家，当年累计交易规模 3 000 亿元，贷款余额 1 036 亿元。不过，国内既诞生出如陆金所等规模已是全球三甲的平台，同时 P2P 网贷行业因为缺乏必要的门槛及标准，也发生了不少平台倒闭、跑路等事件。

7.4.5.5　我国 P2P 行业发展趋势

（1）更多行业联盟将出现，并形成大范围的行业自律组织。基于国内信用环境和用户投资意识的局限性，P2P 贷款行业是"零起步、自生长"的发展路径。一方面，要在发展过程中，逐步普及投资知识，培养投资环境；另一方面，还要在公司运营过程中从零起步，完善信用体系。虽然取得了一定的成绩，但随着 2012 年业内不断有恶性事件出现，也使得 P2P 贷款的行业生存环境有所恶化。

有关分析认为，P2P 贷款自 2007 年登陆中国后，只经历了 6 年的时间，就形成了第一个地方性的行业联盟，这说明 P2P 贷款从业者吸取了以往互联网行业和金融行业的经验，意识到一个开放性强、兼容性强，同业间信息可以自由沟通的环境对行业健康发展的重要性。因此，在未来将会出现更多的 P2P 贷款行业联盟和行业自律组织，形成针对不同地域，不同贷款行业，不同运营模式等多维度的自监管体系。

（2）政府监管加强。政府对 P2P 贷款行业的监管可分为三个方面：第一，行业标准。随着 P2P 贷款行业联盟和行业自律组织的出现，业内标准逐步趋向统一，并且随着各联盟内企业数据的积累，风险控制体系的完善度将会大幅提升。政府的监管机构，如工商管理部门。司法部门、网络管理等相关监管机构可以将已有的监管控制体系与联盟内的普遍共识顺利对接，方便管理。第二，社会信用体系。目前我国唯一的地方性 P2P 行业联盟正在积极争取与央行的信用体系数据库进行对接，这种积极的态度对于未来我国信用体系的建设十分有益。由于现在 P2P 贷款企业在信用评价环节得不到央行的支持，因此他们所构建的信用评级方法和所收集的数据也是央行所缺失的。在这个层面，央行应该以积极的态度，挑选行业内声誉良好的企业或联盟，与他们的信用数据库对接，实现共享。第三，牌照发放。业务许可是我国金融行业由来已久的运作体系，这种体系在银行脱媒之前对我国的金融稳定做出了巨大的贡献。未来在面对金融脱媒的背景下，更多非传统的金融机构将大量出现，因此金融牌照的类型也应该根据市场情况增加相应的类型。未来 P2P 网路贷款牌照将成为国家监管的主要手段。

（3）风控理念更宏观和自动化。P2P 贷款在本土化的过程中已经积极地引入了抵押、担保等保证资金安全的金融技术，用以满足用户的投资需求。但是由于公司规模和专业性的限制，P2P 贷款公司不可能具备银行、保险、信托等大型金融公司的风险控制能力，因此不成熟的风险控制可能导致以下两方面不良后果：第一，投融资成本增加。P2P 贷款公司在展业阶段为了吸引客户有可能免除担保项目的收费，而实地考察、信用审核、抵押物定价等需要大量人工成本的业务势必增加 P2P 贷款公司的人力成本。这部分成本很难通过 P2P 贷款公司的企业道德而自行消化，一旦转嫁到投融资者的身上，势必提高本就高启的投融资成本。第二，公司经营不善。尽管目前多数提供担保的 P2P 贷款公司都要求筹资者根据协议及资信水平缴纳保证金，但还是不足以全额保证资金安全，存在杠杆风险。一旦风险爆发，资金追讨不利，那么 P2P 贷款公司将按协议承担实际赔偿责任或道义赔偿责任，全款赔偿会令 P2P 贷款公司面临资金紧张的局面，若不赔偿或不全额赔偿，将令 P2P 贷款公司失去平台信用。

为避免上述两种情况发生，P2P 贷款公司在投融资过程中所处的地位更加宏观，要运用平台提前设计的决策系统进行科学的决策。

（4）开放型的风险控制模型。风险控制是 P2P 贷款公司最核心的竞争力，而一个开放型风险控制平台的设计，是 P2P 贷款公司最优先考虑的事项。

开放型风险控制平台的设计原则和主旨体现在以下三个方面：

第一，数据的开放性。由于央行的个人征信系统并不完全支持 P2P 贷款公司，但也未对个人信用信息的范围加以限制，这为 P2P 贷款公司自行开发风险控制平台提供了宽松的政策环境。就国外经验看，用户的社交媒体账号、上传的照片，以及公开言行都可以作为 P2P 贷款公司审核个人信用的信息来源，这些信息不但在时效性、数据量以及精细化程度上都优于央行数据库，且收集成本非常低。

第二，数据的兼容性。我国社会信用体系的一大特点是自成一体，不同的机构掌握着仅供自己使用的数据库，这些数据在向外对接的过程中，往往会因为不同机构间的竞争、技术壁垒、标准差异而不能兼容。但是 P2P 贷款公司的信用数据库不存在这一问题，其从零开始积累的特性使得任何现有的数据库对其都意义重大，因此在数据平台设计之初，就会对其他企业的数据进行加权赋值并予以利用，这样就实现了数据跨企业跨行业的兼容。

第三，模型的普适性。由于兼容了其他行业、企业的数据，因此所形成的风控模型不仅适用于所有 P2P 贷款公司，也适用于所有企业，对于我国社会征信体系都将是有效的实践和数据补充。

7.5　网络众筹行业分析

众筹商业模式（crowd-funding business model），又称为大众集资、众筹或众融，是众包（crowd-sourcing）商业模式的变体，意为创意者或小微企业等项目发起人（筹资人）在通过中介机构（众筹平台）身份审核后，在众筹平台的网站上建立属于自己的页面，用来向公众（出资者）介绍项目情况，并向公众筹资小额资金或寻求其他物质支持。所筹资金起初由众筹平台掌握，并不直接到达筹资人手中。项目若在目标期限内达到筹资金额，则项目筹资成功，所筹资金被众筹平台划拨到筹资人账户，待项目成功，筹资人将项目实施的物质或非物质成果反馈给出资人。而众筹平台则是通过接受筹资人创意、整理出资人信息、监督所筹资金的使用、辅导项目运营并公开项目实施成果等价值活动，从所筹资金中抽取一定比例的付费作为收益。如果在目标期限内未达到募资金额，所筹资金就会被众筹平台退回至出资人，项目发起人则需要新一轮的筹资活动或宣告筹资失败。

从商业和资金流动角度来看，众筹其实是一种团购，却并不以股权或资金作为回报，项目发起人亦不许诺任何资金上的收益，而是通过实物、服务或媒体内容等回馈支持者。

7.5.1　众筹的起源与发展

众筹作为一种商业模式起源于美国，最早设立的众筹平台是 2009 年在美国成立的 Kickstarter。Kickstarter 的运营模式，是由筹资人提出其创意构思或产品概念，然后由 Kickstarter 通过视频、文字或图片向投资者发布该信息，作为其做出投资决策的基础。如果总的投资金额达到目标金额，筹资人便可用这笔钱进行产品的开发和生产，而 Kickstarter 则向其收取 5% 的筹资额提成。根据 Kickstarter 公布的 2013 年最新的数据显示，其平台上 300 万用户参与了总计 4.8 亿美元的项目众筹，平均每天筹集 130 万美元资金、或每分钟筹集 913 美元，有超过 80 万的用户参与了至少两次的项目众筹，并且又有 8.1 万用户支持了超过 10 个的项目，最终众筹成功的项目总共有 19 911 个。

从众筹的运营模式上看，全球的众筹模式分为四种表现形式：股权众筹融资、债务众筹融资、奖励众筹融资和捐赠众筹融资。其中，奖励众筹融资占众筹融资平台的数量最大，并且保持较快的复合增长率，复合增速达 79%；而债务众筹融资在众筹融资平台的占比最小，复合增速为 50%；股权众筹融资则保持最快的复合增长率，达到114%，主要在欧洲呈现高速增长。在我国，主要的众筹模式是奖励众筹融资和捐赠众筹融资，股权众筹融资和债券众筹融资因与相关监管政策抵触在我国的发展并不顺畅。根据现有法律，众筹网站若涉及股权、债券、分红、利息等财务回报，就有触及监管红线风险。众筹的运营模式还需要在我国的监管范围内更好的探索发展。

从盈利模式上看，目前全球众筹网站的盈利模式几乎都是抽取成功项目总集资额的部分比例作为佣金。如美国著名众筹网站 Kickstarter 收费比例是融资金额的5%；另一著名众筹网站 Indiegogo 收费比例是4%。中国首家众筹网站"点名时间"创立之初所采取的盈利模式也是通过向成功融资项目收取占融资额的10%的费用。专注于支持音乐创作的"乐童音乐"、致力于资助微电影的"淘梦网"等众筹平台等大多数众筹平台也采取该种收费模式。

但是近日"点名时间"开始推行免佣金模式，不再向成功融资项目收取占融资额10%的费用。国内的追梦网也采取了免佣金的模式。根据"点名时间"CEO 张佑的说法，网站之所以探索免佣金形式，主要基于两方面的考虑：首先，国内的项目支持者通常不希望再交一部分佣金给众筹网站，因此会直接联系项目发起人，为其直接打款，这样众筹网站就是去了存在价值。其次，免佣金模式可以吸引更多的创业者，在众筹发展的初期更有利于将市场做大，从而奠定网站的市场地位。

众筹模式在中国尚处于萌芽阶段，与国外相比，众筹总额及参与者都较少，募捐性质更为明显，行业内还没出现类似 Kickstarter 的具有较大影响力的标志性网站。我国最早出现的众筹平台是"点名时间"，之后出现的还有追梦网、淘梦网等。而近几年随着我国互联网金融的发展，众筹模式获得迅速发展。相信随着我国资本市场日益开放，投资者愈加成熟，众筹网站将以其显著创新特点成为互联网金融发展的重要方向之一。

7.5.2 众筹融资的基本模式及流程

7.5.2.1 众筹融资的基本模式

众筹包括四种基本类型，即：基于捐赠的众筹、基于奖励或事前销售的众筹、基于贷款或债务的众筹、基于股权的众筹。

（1）基于捐赠的众筹。基于捐赠的众筹是指众筹的过程中形成了没有任何实质奖励的捐赠合约。近10年来，很多非政府组织（NGO）都采用这种模式为特定项目吸引募捐。此种众筹模式，捐赠者可以知道款项的具体用途，并且能够对所捐款项进行持续跟踪，能够很好地激发捐赠者的慈善心和忠诚度。总之，基于捐赠的众筹的捐赠者的主要动机是社会性的,并希望长期保持这种捐赠关系。通常,基于捐赠的众筹所涉及的项目主要是金额相对较小的募捐,包括教育、社团、宗教、健康、环境等方面。

(2) 基于奖励或事前销售的众筹。基于奖励的众筹是指项目发起人在筹集资金时,投资人可能获得非金融性奖励作为回报。这种奖励仅仅是一种象征,也可能是由某投资人来提供。例如,VIP 资格、印有标志的 T 恤等。通常这种奖励并不是增值的象征,也不是必须履行的责任,更不是对商品的销售。基于奖励的众筹通常应用于创新项目的产品融资,尤其是对电影、音乐以及技术产品的融资。

(3) 基于贷款或债务的众筹。与向银行借款不同,基于贷款的众筹主要是指企业(或个人)通过众筹平台向若干出资人借款。这一过程中,平台的作用是多样的。一些平台起到中间人的作用;一些平台还担当还款的责任。同时,企业(或个人)融资可能是为自身发展,也可能是为某社会公益项目进行无利息的借贷融资。因此,基于贷款的众筹平台可能为出资者提供利息,也可能不提供利息。

(4) 基于股权的众筹。股权众筹融资是指众筹平台通过向出资者提供证券来为项目所有人筹集大量的资金。通常,股权融资常用于需要大量资金的初创企业或融资较困难的中小企业,尤其在软件、网络公司、计算机和通信、消费产品、媒体等企业中应用比较广泛。

7.5.2.2 众筹融资的流程

众筹网站的融资流程(如图 7.15 所示)通常分为 6 个阶段:

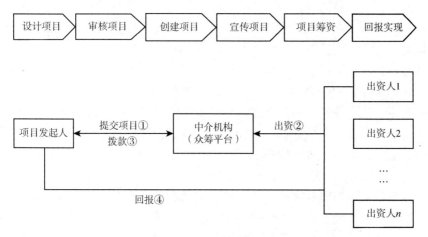

图 7.15 众筹融资流程

（1）设计项目。项目创建者筹资项目制定融资目标、设定融资期限，为醒目的整个流程制定可行方案。

（2）审核项目。众筹网站对申请融资的项目进行审核。网站一般具有严格的筛选机制以控制项目风险。通过审核者可以在众筹网站上创建项目。

（3）创建项目。通过审核项目在众筹网站上创建项目主页，主要使用宣传视频、文字叙述及图片等形式吸引投资者。

（4）宣传项目。项目创建者利用社交网络、亲友关系等社会资源宣传项目。项目宣传一般与项目筹资同时进行。

（5）项目筹资。融资时限内，投资者在众筹网站承诺向该项目投资一定的数额，并选择回报方式。筹资结束时，若完成融资目标，网站会根据投资者提供的银行账号统一转账，网站向项目创建者收取一定比例的手续费。若未完成融资目标，则不向投资者收款。网站不收费，项目发起人可等待时机融资。

（6）回报实现。在项目完成后，项目发起人按当初许诺的回报方式为投资者支付相应的报酬。

7.5.3 众筹在我国面临的主要风险及监管措施

作为新新媒介的众筹网站以一种新的形式出现在中国网络市场，虽然取得了一定的成功，但是这类网站要在中国网络市场占据一席之地仍面临着挑战。Kickstarter 的模式能够发展得如此迅猛，得益于美国良好的生态环境。美国的创意产业发展情形较好。既有广大的创意群体，也有一群很愿意支持创意，愿意为创意埋单的广大公众。把这样一个经营模式挪到中国来，首先要适应中国的市场。中国的创意市场与美国相比存在着很大的差距，最为明显的是中国缺乏创意市场的商业环境，缺乏相对应的机制。新新媒介有着独特的优势，新新媒介的消费者即是生产者，而这些生产者多数为非专业人士。个人可以按照自我的兴趣与爱好通过新新媒介进行表达和释放，新新媒介给予个人最大化的自由，使个人成为出版人、制作人和促销人，使我们进入自媒体时代。众筹网站通过网络营销在将创意变成一个产业链，实现创意的商品化的同时，也由于我国创意环境的不完善，出现了非法融资、欺诈、假冒伪劣、知识产权侵犯的等种种弊端。

（1）监管风险。目前国内对众筹并没有给出相应的监管政策。根据中国《证券法》的规定，公开发行证券，必须符合法律、行政法规规定的条件，并依法报经国务院证券监督管理机构或者国务院授权的部门核准；未经依法核准的，任何单位和个人不得公开发行证券。从股权众筹的角度来看，如果"不向特定对象发行证券"或者"向特定对象发行证券超过 200 人"的，必须经证监会核准。

根据《公司法》规定，成立股份有限公司的股东人数不能超过 200 人，成立的有限合伙制的股东人数不能超过 50 人。这也是众筹的人数限制。此前，央行副行长刘士余就强调，国内众筹平台的发展一定要注意 200 人的人数限制。

"点名时间"网则明确要求项目不能以股权或是资金形式作为对支持者的回报，项目的回报必须是以实物或者媒体内容。支持者对一个项目的支持属于购买行为，而不是投资行为。而对于高额的融资需求，"点名时间"网作出明确的要求："禁止发起涉及股权分红、贷款还贷、利润分红、版权出售等类型的资本运作相关的项目"，并且全程与律师紧密合作，以避免风险。

（2）知识产权的保护。知识产权保护问题是整个网络面临的一个大问题。随着新技术的发展，在网络环境下如何有效地实施版权保护，需要在版权制度的基础上寻求新的观念突破、新的理念构建和新的制度设计。

作为以创意为卖点，以集资、融资为运作手段的众筹网站，知识产权问题是关乎网站发展的重要领域。目前关于众筹网站的知识产权保护主要有以下几个问题：首先，我国的知识产权法律法规比较滞后；其次，关于知识产权的社会服务体系不够完善；最后，行业内知识产权保护意识匮乏。因此，要加强知识产权的保护，必须多方合作，首先必须要完善立法，进一步完善知识产权保护的法律体系。另外也要加强行业监督，制定统一的行业内监管标准。同时企业也要加强行业自律，摒弃在利益驱动下的种种恶习，公平竞争。

（3）信用环境差。由于国内整体信用环境较差，直接导致违约成本极低，加之网络环境的虚拟性和隐匿性特征，项目发起人的可审核材料并不会太多，导致广大公众的参与度不高，因此保证发起人的真实性和项目执行能力是每个众筹网站需要面临的重点。以 Kickstarter 举例，上线至今已经有超过 100 万名投资参与者，而国内全部的众筹网站加起来的投资参与者，则连 1/10 都没有。众筹网站必须加强与项目主的沟通，以判断项目的真实性，对项目主进行详细的身份认证和能力证明，并且要加强对所筹资金的管理，维护出资者的利益。

（4）众筹网站成为创意产品的营销手段。在我国监管界限不明以及信用环境较差的现状下，一方面，国内的众筹平台开始另辟生存之道，成为为创意产品提供的另类在线营销手段；另一方面，许多公司也通过这种方式作为一种营销策略，企图吸引媒体及公众的关注，激发市场对产品的广泛关注或需求。

针对美国近年来众筹蓬勃发展的态势以及发展中存在的诸多问题，美国总统奥巴马 2012 年 4 月 5 日签署 JOBS 法案。该法案的第三部分专门对众筹融资模式作出规定，进一步放松对私募的资本市场的管制，允许以公开方式劝诱或公开广告形式进行私募，包括创业公司和成熟公司在内的所有公司可以通过公司网站、印刷品、电视、社会媒体或通过第三方网站等形式进行私募发行和销售。创业公司的创始人能够更为合理地使用众筹这一手段获取发展资金，并探索市场反应。

而我国针对众筹模式发展过程中存在的风险，则可以从以下几方面进行规避：

（1）提示风险和披露信息。众筹平台有义务在其网站上详细介绍项目的运作流程和标准，特别是在显著位置向公众（出资人）提示可能存在的法律风险，明确各方的法律责任和义务及可能发生争议时的处理办法。

（2）保障资金安全。资金安全、项目的有序管理既是众筹平台的应尽义务，也是防范其自身法律风险的重要手段。众筹平台对涉及资金的环节，如从公众手中筹款、扣除一定比例的服务费、向项目发起人拨款或退回公众的预付款等，要严格管理，加强自律，必要时可引入外部监督机制。

（3）积极与政府沟通，尽快完善法律监管。众筹商业模式是一种涉及成百上千人的投资活动，属于比较松散的合伙关系，发生纠纷的概率很高，而且通过网络构建的信任基础比较薄弱，一旦出现资金使用或利益分配等问题时，矛盾极易爆发。这要求众筹平台需要积极与政府主管部门沟通，取得相应的政策指导、法律监管或进行项目备案，化解在法律模糊地带摸索的法律风险。

7.5.4 众筹在我国的发展趋势

（1）平台专业化。由于众筹平台希望借力于市场分工，专业的、按产业与项目分类的平台正随着市场分工呈现出来。一方面，平台的专业化使众筹平台与其他平台更好的区分开来；另一方面，众筹平台的项目是针对某一行业的投资，投资者会选择自己了解的领域进行投资，平台的专业化让投资者更好地明确投资方向。

（2）现场众筹。现场众筹或将成为企业融资活动的开始仪式活动，或现场融资展示。这一行为不仅能吸引媒体注意，创造巨大的市场机会，还能帮投资者获得网络所不能实现的排他性。现场融资展示在新产品新交易的排他性方面远超在线融资。投资者只要走进展台，就能参与以捐赠或报酬为基础的众筹活动，这一方式很好地吸引了投资者，并很大程度上扩大了市场影响力。

（3）企业众筹。公司、协会等开始把目光投向众筹集资，探索这一融资方式如何帮助团体提高社会知名度，检验市场，使得创业公司融入市场。在我国，企业尤其是中小企业融资比较困难，银行的贷款不能及时地满足企业的资金需求。通过众筹网络，中小企业获得快速便捷的融资，解决其在发展过程中的困难，实现企业与社会更好地发展。

7.6　我国互联网金融行业存在的风险及应对措施

7.6.1　我国互联网金融存在的风险

（1）互联网金融风险比传统金融行业大。金融行业和互联网行业本身就是高风险行业。互联网金融属于互联网与传统金融的融合与创新，其风险远比互联网和传统金融本身要大。此外，互联网金融中普遍存在的跨业经营，非传统金融行业进入到金融领域，对金融风险和管控存在认识不足和能力不够的问题。当下"余额宝"发展如日中天，但其实存在的风险与我国资本市场是一致的，任何企业都无法保证投资者能持续不断地获得高于银行存款的回报。一旦达不到所承诺的预期收益或出现基金困损，所带来的风险将是巨大的。

（2）互联网金融创新太快，而监管模式和手段还比较落后。由于互联网金融发展迅速，互联网公司、通信运营商等非金融类企业纷纷进入金融领域搅局，传统金融产品加快了创新步伐，互联网金融领域的新产品、新业态与新模式不断涌现，而我国对互联网金融的监管还相当滞后。传统金融监管缺乏对互联网环境下的金融监管，跨部门的监管协调机制尚未形成，部门间职能不清等导致互联网金融行业还存在很多不规范的地方。

（3）整个社会信用环境缺失，产业发展环境还不完善。社会诚信体系是互联网金融的心脏。而当前我国尚未建立完善的社会诚信体系。有的公司利用互联网非法吸收存款或非法集资，损害投资者利益；以个人信息牟利现象比较严重，个人信息安全得不到保护；社会民众对互联网金融知识还比较缺乏，影响了新型互联网金融业务规模进一步拓展；政府对促进互联网金融发展的相关优惠政策和有关公共服务未能及时配套。

（4）金融市场环境还不完善。当前，我国金融行业发展不充分，金融业开放度不够。金融牌照严格管制、行业垄断明显、利率市场化进程缓慢、存款保险制度缺失、多层次金融监管体系尚未建立等。金融市场环境不完善给互联网金融带来了诸多不确定性。

7.6.2　我国互联网金融风险防范措施

（1）建立互联网金融监管体系。第一，加强市场准入管理。将是否具有相当规模的互联网设备、是否掌握关键技术、是否制定了严密的内控制度、是否制定了各类交易的操作规程等内容作为互联网金融市场的准入条件，对互联网金融各种业务的开展加以限制和许可；根据开办互联网金融业务的主体及其申报经营的业务，实施灵活的市场准入监管，在防范金融风险过度集聚的同时，加大对互联网金融创新的扶持力度。第二，完善监管体制。互联网金融市场的发展突破了银行业、证券业、保险业分业经营的界限，对分业监管模式提出了很大挑战。我国应协调分业与混业两种监管模式，对互联网金融风险实行综合监管；互联网金融的发展打破了地域限制，对单独的国内监管提出了挑战，我国需与有较高互联网金融风险防范能力的国家和机构合作，学习对方的先进技术，对于可能出现的国际司法管辖权冲突进行及时有效的协调。

（2）加强防范互联网金融风险的法制体系建设。第一，加大互联网金融的立法力度。及时制定和颁发相关法律法规，在电子交易的合法性、电子商务的安全性以及禁止利用计算机犯罪等方面加紧立法，明确数字签名、电子凭证的有效性，明晰互联网金融业务各交易主体的权利和义务。第二，修改完善现行法律法规。修订现有法律法规中不适合互联网金融发展的部分，对利用互联网实施犯罪的行为加大量刑力度，明确造成互联网金融风险应承担的民事责任。第三，制定网络公平交易规则。在识别数字签名、保存电子交易凭证、保护消费者个人信息、明确交易主体的责任等方面作出详细规定，以保证互联网金融业务的有序开展。

（3）健全互联网金融业务风险管理体系。第一，加强金融机构互联网金融业务的内部控制。互联网金融业务的本质仍然是金融风险，从事互联网金融业务的机构应从内部组织机构和规章制度建设方面着手，制定完善的计算机安全管理办法和互联网金融风险防范制度，完善业务操作规程；充实内部科技力量，建立专门从事防范互联网金融风险的技术队伍。第二，加快社会信用体系建设。完善的社会信用体系是减少信息不对称、降低市场选择风险的基础。以人民银行的企业、个人征信系统为基础，全面收集非银行信用信息，建立客观全面的企业、个人信用评估体系和电子商务身份认证体系，避免互联网金融业务提供者因信息不对称作出不利选择；针对从事互联网金融业务的机构建立信用评价体系，降低互联网金融业务的不确定性，避免客户因不了解金融机构互联网金融业务的服务质量而作出逆向选择。

（4）构建互联网金融安全体系。第一，改进互联网金融的运行环境。在硬件方面加大对计算机物理安全措施的投入，增强计算机系统的防攻击、防病毒能力，保证互联网金融正常运行所依赖的硬件环境能够安全正常地运转；在网络运行方面实现互联网金融门户网站的安全访问，应用身份验证和分级授权等登录方式，限制非法用户登录互联网金融门户网站。第二，加强数据管理。将互联网金融纳入现代金融体系的发展规划，制订统一的技术标准规范，增强互联网金融系统内的协调性，提高互联网金融风险的监测水平；利用数字证书为互联网金融业

务的交易主体提供安全的基础保障，防范交易过程中的不法行为。第三，开发具
有自主知识产权的信息技术。重视信息技术的发展，大力开发互联网加密技术、
密钥管理技术及数字签名技术，提高计算机系统的关键技术水平和关键设备的安
全防御能力，降低我国互联网金融发展面临的技术选择风险，保护国家金融
安全。

第 *8* 章

科 技 金 融

　　科技金融是产业金融的重要组成部分，其研究的是在经济活动中科技与金融资源如何进行合理配置。科技金融的出现是现代经济发展的必然结果，随着科技进步与金融活动对经济影响的日益扩大，两者相互结合的趋势日益明显，将科技与金融作为一个整体进行研究对促进产业升级与发展具有积极的作用。

8.1　科技金融内涵界定与研究综述

8.1.1　科技金融的内涵界定

　　科技金融是由我国学者在 20 世纪 90 年代初提出的，它的前身可追溯到 20 世纪 80 年代我国出现的以科学技术进行贷款的模式。受邓小平南行讲话的启发，深圳市科技局在 1993 年提出了"科技金融携手合作扶持高新技术发展"的口号，首次使用了"科技金融"提法，但其原意是"科技和金融"。同年 7 月，全国人大常委会通过《中华人民共和国科技进步法》并成立了中国科技金融促进会，旨在"促进科技与金融的结合"，这标志着"科技金融"作为一个统一的整体而非"科技与金融"的简称开始登上舞台。1994 年 4 月 13 日在广西南宁召开的首届理事会年会认为，"我国科技金融事业是根据科技进步与经济建设结合的需要，适应社会经济的发展，在科技和金融体制改革的形势推动下成长发展起来的"①。作为一个有别于传统金融的新名词，"科技金融"开始在报纸、期刊、政府报告中频繁出现。

　　虽然科技金融一次词早在 20 世纪 90 年代就已提出，但关于科技金融的内涵却在较长的一段时间内缺乏较为确切的界定。直到 2009 年赵昌文等才提出了科技金融较为确切的定义"科技金融是促进科技开发、成果转化和高新技术产业

---

① 房汉廷. 促进科技金融深化发展的几个关键问题 ［J］. 中国科技产业，2011（1）.

发展的一系列金融工具、金融制度、金融政策与金融服务的系统性、创新性安排，是由向科学与技术创新活动提供融资的政府、企业、市场、社会中介机构等各种主体及其在科技创新融资过程中的行为活动共同组成的一个体系，是国家科技创新体系和金融体系的重要组成部分。"① 本书中关于科技金融的定义采用的正是赵昌文等提出这种说法。

此后，对科技金融内涵及本质的探究逐步深入。房汉廷（2010）认为科技金融本质有四个方面：科技金融是成果转化为商业活动中融资行为的一种创新活动；是一种技术—经济范式；是一种科技被金融资本孵化为财富创造工具的过程；是同质化金融资本通过科学技术异质化配置而获取高附加回报的过程。胡苏迪等（2012）引入企业发展周期，认为科技金融是基于科技创新发展需要，在科技创业企业与高新技术产业发展的各个生命周期，为其提供各项投融资服务的金融机构及创业投资、金融产品与服务模式以及金融政策的组合。

8.1.2　科技金融研究综述

目前国内外对科技金融问题的研究主要集中在以下 5 个方面。

（1）金融活动与技术创新的关系。熊皮特（Schumpeter）是较早研究金融活动与技术创新之间关系的外国学者，他在《经济发展理论》（1912）一书中，演示了货币、信贷和利率等金融变量对经济发展和创新的重要影响，他特别强调，功能齐全的银行可以识别并支持那些可以成功地应用新技术和生产工艺的企业，由此促进技术创新。拉文（lavine，1993）提出，金融和技术创新的结合是促进经济增长的主要原因，金融活动为技术创新提供四种服务，即评估企业家，筹集资金、分散风险以及评估技术创新活动的预期收益。Tadesse（2000）将不同国家的金融体系分为银行导向性和市场导向型，对 36 个国家 1980～1995 年的数据进行分析表明，银行导向型金融体系和市场导向型体系在促进技术进步方面所起的作用不同。卡洛塔·佩雷斯（Carlota Perez，2002）的《技术革命与金融资本》是目前国际上研究技术创新与金融活动间关系的重要著作，佩雷斯在书中通过对人类历史发生的 5 次科学技术革命的研究，发现每一次科技革命的扩散过程中，金融和信贷系统发挥了关键作用，特别是金融资本的出现对科技创新和扩散具有深远的影响，这一科技创新与金融活动之间的关系被称为"技术—经济"范式。

国内学者对金融活动与技术创新之间的关系也进行了深入的研究。学者们探讨了资本市场对高新技术产生与推广的促进作用，并在此基础上进一步分析了风

---

① 赵昌文，陈春发，唐英凯. 科技金融［M］. 北京：科学出版社，2009.

险投资的积极作用。学者们认为资本市场是自主创新的"助推器"，在自主创新战略实施进程中将发挥重要的作用，中国资本市场已经具备了支持科技创新的有利条件，并列出了我资本市场存在问题以及发展思路。

（2）金融活动与高新技术产业发展的关系。胡志强（2003）从高新技术产业的发展特征出发，讨论了整体金融市场、金融产品及金融服务对高新技术企业的重要支撑作用，在此基础上又从商业银行拓展高新技术产业金融服务的角度深化了科技金融支持高新技术企业的具体内涵。田霖（2007）收集分析了2002~2005年中国各省的相关平均数据，得出结论：金融相关比率每增加1个百分点，就会引起高新技术产业的产值增加0.69个百分点。

黄刚和蔡幸（2006）关于中小高科技企业融资的政策性金融支持的研究表明，建立多层次的融资体系是解决中小科技型企业融资难问题的有效途径之一。多层次的融资体系的核心机构是科技型企业政策性贷款机构，政策性担保机构、证券市场和风险投资基金共同构成多元化体系。

在开发性金融支持技术创新方面，买忆媛和聂鸣（2005）认为开发性金融机构积极参与企业的技术融资可以有效补充资本市场尚不发达的发展中国家风险投资的不足，特别是那些存在巨大的技术和商业风险而不被风险资本接受的项目。李坤和孙亮（2007）认为开发性金融能有效地将中小高科技企业与资本市场连接起来，既可解决中小高科技企业资金短缺问题，还能提高其技术创新能力，改善经营管理。房汉廷（2009）提出，以开发性金融解决高新技术产业化融资。我国高科技产业开发的瓶颈是投融资机制的制约，他认为，政府资金和商业金融资金的两张皮现象严重，高新技术产业开发出现了资金支持"真空地带"，而开发性金融在政府研发资金"转性"上具有独特优势。通过机制平移和机制创新，能将国家开发银行在实践凝练出的开发性金融模式运用于科技和金融的深度结合，较好地弥补目前科技投融资机制的缺陷。

（3）科技金融与金融危机的关系。房汉廷（2010）通过对国际科技金融发展历程的分析认为，科技金融和金融危机的发生之间确实存在伴生关系，但金融危机并不是科技金融过程的必然结果。房汉廷认为，为避免因科技金融发展导致金融危机，首先，需要从控制风险角度出发，谨慎选择战略性新兴产业；其次，为了避免发生产业发育断裂，必须要打造全产业链价值体系；最后，杠杆化要控制在合理范围之内，避免过度脱离实体经济。钱志新（2010）认为，之所以造成全球金融危机是因为金融脱离了产业，自我发展，过度膨胀，产生了严重的泡沫，这从反面证实了高新技术产业与金融活动结合的必然性，二者的结合是医治金融危机的最佳良药。

（4）科技金融运行机制。关于科技金融运行机制的分析，存在两种观点：一种不承认科技金融机制的创新。如樊星认为，科技创新与金融创新本身即是两个泛化的概念，在其自身概念范畴尚未得到明确界定时，二者的交叉领域也纷繁复杂，不仅仅只是产生科技金融机制创新问题；另一种观点同意科技金融运行机制具有特定内涵，而且这种观点也得到了大部分学者认可。

赵昌文等（2009）比较全面地描述了科技金融功能及其作用机制，他们认为，科技金融机制主要有三类：一是科技金融市场机制，包括价格机制、供求机制、竞争机制；二是科技金融政府机制，其作用包括政策的引导和行为示范、对市场失灵的补充、优化科技金融法律政策环境、对贷款和资本市场的监管等；三是金融社会机制，即特定社会制度和文化背景下形成的社会关系网络对高新技术企业融资的作用机制，如民间金融科技贷款不是以企业资产和盈利能力为依据，而是以双方之间的信任和关系为依据。其中，科技金融市场机制是配置科技金融资源、决定科技金融体系构成及运行效率的主导机制；科技金融政府机制对科技金融体系起着引导和调控作用；科技金融社会机制是对科技金融市场机制的补充，具有不可替代的作用。

（5）科技金融创新体系与模式。目前对科技金融创新体系的研究主要是从科技金融参与主体和科技金融内容结构两个视角开展的。杨刚较早地从科技金融参与主体角度进行研究，认为资本市场和各种中介组织（包括评估机构、投资银行、投融资管理顾问公司）是科技金融发展的客观需要。

根据国内外科技金融运行机制的不同，科技金融模式一般分为政府主导型、资本市场主导型、银行主导型和民间主导型 4 种。杨勇（2011）认为，广东省科技金融结合模式正处在以政府主导为主、资本市场和银行主导为辅的发展初期，其特色是：政府与金融机构合作搭建科技与金融结合的协作平台，设立高新技术产业投资基金和专项资金支持重点产业和科技型中小企业，初步建立起较完善的科技金融合作政策体系。唐雯等（2011）在对国内目前出现的科技金融创新模式的实施效果及存在问题进行分析的基础上，从加强政府的引导与支持、推广并完善现有合作模式、根据科技型中小企业成长阶段提供针对性金融服务等方面，提出推动科技金融深入合作的建议。

8.2 我国科技金融发展现状及存在的问题

科技金融作为促进科技开发、成果转化和高新技术产业发展的系统性、创新性安排，对高新技术企业的发展具有重要的影响。我国科技金融的发展与应用与高新技术产业的发展具有密切的联系。

8.2.1 高新技术企业的界定和金融需求特征

8.2.1.1 高新技术企业的界定

由于各国经济发展水平、科技发展水平以及企业的具体情况存在较大的差异，各国关于高新科技企业的界定有着不同的衡量标准，并且企业是处于发展变化中的，任何一项静态的指标都不能准确及时地反映这种发展变化，也就是说高科技企业的界定指标是相对的、动态的。高新科技企业的界定是需要符合各国各地的具体情况的。

美国商务部界定高新科技企业的三个主要指标为：企业生产的主导产品为高技术领域中前沿性技术或突破性技术；企业的研究与开发强度，即研究开发费用占总产出的比例和科技人员占员工总数的比例。经济合作与发展组织出于国际比较的需要，结合美国的研究开发强度评定方法和专家意见，于1994年开始采用研究开发总费用占总产值比重、直接研究开发经费占总产值比重、间接研究开发经费占总产值比重三个指标来界定高新科技企业。

在我国，国家科技部2008年4月颁布了《高新技术企业认定管理办法》，具体的认定方法如表8.1所示。

表8.1　　　　　　　　　我国高新技术企业认定管理办法

项目	具体内容
国家重点支持的高新技术领域	电子信息技术，生物与新医药技术，航空航天技术，新材料技术，高技术服务业，新能源及节能技术，资源与环境技术，高新技术改造传统产业
科技人员占职工数量比例	大学专科以上学历的科技人员占企业当年职工总数的30%以上，其中研发人员占企业当年职工总数的10%以上
研究开发费用总额占销售收入总额的比例	研究开发费用总额占销售收入总额的比例为4%～6%，其中，企业在中国境内发生的研究开发费用总额占全部研究开发费用总额的比例不低于60%
产品占总收入比重	高新技术产品（服务）收入占企业当年总收入的60%以上

资料来源：高新技术企业认定管理办法文件。

一般认为，高新科技企业是指企业掌握着某一项高新技术，并以这项技术为核心生产产品或提供服务，高新技术企业的产品和服务往往具有很大的垄断性和市场潜力。

8.2.1.2 高新技术企业的基本特征

目前，各国对高新技术企业的界定和衡量标准存在一定区别，但各国存在的高新技术企业具有以下五点一致的特征。

（1）企业从事某种专业技术。高新科技企业的成立与发展一般是依赖于某种专业技术，产品具有较高的技术含量。

（2）企业的资产以无形资产为主，有形资产较少。高新科技企业的资产主要为无形资产，包括企业的专利、专有技术、专业人才等，企业对于土地和厂房等有形资产的需求较少。

（3）企业需要高投入。高新科技企业具有知识密集和人才密集的特点，企业需要投入大量的资金。一方面，高新技术的研究需要投入成本大的高端设备，并且技术研究人员的工资较高；另一方面，为了开拓市场，也需要投入大量资金。

（4）企业具有高收益性。高新科技企业的产品依靠高端或创新技术，可以产生极高的附加价值。一般来说，高新科技企业能够带来首创利润，产生比一般商品高出很多的利润。

（5）企业具有高风险性。高新科技企业由于其产品的高创新性、知识密集性等，往往具有远高于传统企业的风险，主要表现在以下几个方面：一是开发风险，高新科技企业的专业技术大多处于科技前沿，技术本身的不稳定性、前景的不确定性等，使成败往往难以预料，所以相对传统技术成熟企业，存在着巨大的开发风险；二是市场风险，高新科技企业的产品从研发到生产历时较长，市场的接受度、产品的价格等都有可能在这段时间内产生较大的变动，这些不确定性可能带来技术开发良好，但新产品却销售不出去的风险；三是替代风险，高新科技企业相比传统企业更加依赖于高新技术，而高新技术却具有高度的时效性和更新换代性；四是财务风险，正如上文提到，高新科技企业需要大量的资金投入，但由于其自身的风险性，融资渠道较少，在资金需求量最大的起步期和成长期，容易出现资金供应链断裂的风险。

8.2.1.3 高新科技企业金融需求特征

依据企业发展理论，高新科技企业的发展过程可划分为四个阶段：种子阶段、起步阶段、成长阶段、成熟阶段。在不同的发展阶段，企业的规模、不确定性、金融需求、收入等都有明显的不同，发展阶段示意图如图 8.1 所示。

（1）种子期，即技术研究开发阶段。这一阶段，处于创意——研究阶段，通常是只有创意、或专有技术，不具备产业化的条件，一般没有经济效益。在这一阶段，存在较大的技术开发风险和技术产品的市场风险，对于金融服务的需求较少。

（2）起步期，即科技成果转化阶段。这一阶段，是产品试生产和销售阶段，随着技术和产品开发的成功，企业家们开始着手进行生产、销售的初期准备，包括购买生产设备、开拓销售市场等。在这一阶段，技术开发风险被逐步排除，主要面临市场风险，同时较种子期的一个显著变化就是对于金融服务的需求急剧增加，尤其是对于资金的需求。

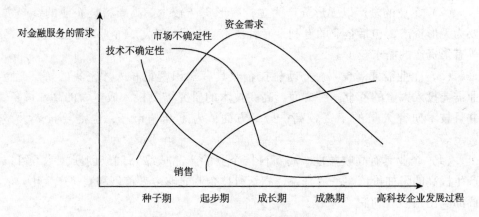

图 8.1 高新技术企业发展阶段划分

资料来源：赵洪江. 高新技术创业企业融资——融资契约与创业金融体系［D］. 西南财经大学，2005.

（3）成长期，即产业化阶段。这一阶段，是企业进入发展和生产扩大的阶段，企业开始正式的生产运作，其产品也被更多的消费者所接受。在这一阶段，企业面临的主要是技术替代风险和管理风险，同时企业为了扩大生产、开拓市场，增加销售收入和首创利润，对资本的需求快速增加。

（4）成熟期，即规模化阶段。这一阶段，是技术成熟和产品进入大工业生产阶段，企业的产品在市场上份额较大，利润增加，风险逐渐减少。在这一阶段，企业对于金融服务的需求仍然很大，但与起步期和成长期相比，企业对于金融服务需求的种类扩大，同时企业的需求和金融机构能够提供的服务的匹配性也变高。

综上我们可以看到，高新科技企业在不同的发展阶段，对金融服务有着不同数量和种类的需求，由此，我们需要建立能够满足不同阶段高新科技企业发展的金融体系。

8.2.2 我国科技金融发展现状

伴随着中国的经济体制改革不断进行，中国科技金融经历了从行政制到市场化、从单线条到多方面的发展过程，其发展大致可以划分为 6 个阶段：第一阶段自 1978 年至 1984 年，为行政供给制财政拨款阶段；第二阶段自 1985 年至 1987年，为科技贷款介入阶段；第三阶段自 1988 年至 1992 年，为市场机制介入阶段；第四阶段自 1993 年至 1998 年，为风险投资介入阶段；第五阶段自 1999 年至 2005 年，为资本市场介入阶段；第六阶段自 2006 年之后，为金融工具的全面深化及创新阶段。经过 30 多年的发展，科技金融的特征论述如下。

8.2.2.1 科技贷款是现阶段较为常用的科技金融融资方式

科技贷款包括科技开发贷款和技术改造贷款。科技开发贷款是指银行发放的用于支持新技术、新产品的研制与开发，科技成果向生产领域转化或应用于生产领域的贷款。科技开发贷款是科技贷款的主体，它与财政拨款、企业自筹一起成为我国科技投入的三大支柱，在推动我国科技开发、科技成果转化中发挥了重要作用。技术改造贷款则是银行发放给企业或事业单位的、用于支持现有企业以扩大再生产为主的技术改造和技术引进的贷款。

科技贷款不仅为科技开发、科技成果转化和产业化、高新技术企业的发展和高新技术产业的发展提供极其重要的融资支持，还在促进产业优化升级、提高国家创新能力和国家竞争力等方面发挥着重要的作用，具有较强的外部性。

我国科技贷款的放贷主体包括商业银行、政策性银行和民间金融机构等。近些年来，随着科技兴国战略的确定，金融机构服务高科技的意识和对高科技企业的金融服务力度增强。许多金融机构设立了专门的科技企业服务部门，认真分析高新科技园区内企业的生命周期和成长特点，并根据企业技术的成熟度和所处具体行业的产业化、市场化程度，以及企业自身的成长阶段和风险状况，加强和改善对园区内企业的服务。同时，金融机构还探索和开展了多种形式的贷款方式，如出口退税质押、股权质押、债券质押等，对园区内拥有自主知识产权并经过国家有权部门评定的高新科技企业，还开办了知识产权质押贷款。另外，各金融机构还不断完善服务产品种类，如理财、咨询等，为高新科技园区内的企业提供全方位的综合服务。

8.2.2.2 科技企业充分利用资本市场进行融资

我国在 20 世纪 80 年代开始出现了股票的萌芽，1987 年的上海真空电子器件公司公开发行的股票是我国真正意义上的股票，随后我国逐步成立了证券经营机构体系和资本市场监督管理机构，以及一系列的资本市场法规体系。随着我国资本市场的不断完善与发展发展，资本市场特别是股票市场逐渐成为我国高新技术企业进行融资的重要途径。

2000～2012 年间，共有 499 家公司在上海证券交易所申请上市，其中高新技术企业为 121 家，约占新上市公司的 24%，详细数据如表 8.2 所示。深圳证券交易所从 2000 年 10 月开始暂停新股发行和上市，直到 2004 年设立中小企业板才恢复新股发行，深圳交易所的中小企业板是高新技术企业融资的又一主要渠道。

表 8.2 　　　　　　　　　　上海证券交易所高科技上市公司统计　　　　　　　单位：个

年份	上市数目	高科技上市数目
2000	94	18
2001	64	24
2002	69	21
2003	66	22
2004	59	17
2005	3	0
2006	14	0
2007	24	2
2008	6	2
2009	9	0
2010	28	3
2011	38	7
2012	25	5

资料来源：2000～2003 年数据整理自上海证券交易所各公司招股说明书；2004～2012 年数据整理自《上海证券交易所统计年鉴（2005－2013 卷）》。

　　截至 2012 年 12 月，中小板共有上市企业 701 家，总发行股本约为 2 410.25 亿元，平均每家融资 3.44 亿元，中小板总市值达 28 804.02 亿元，流通市值 16 244.14亿元。目前，中小板已成为高新技术企业进行融资的重要渠道，自 2006 年起在中小板上市的高新技术企业数目占当年上市总数目的比例均超过 50%，且该比例有上升的趋势。中小企业板的设立成为了我国建立多层次资本市场的切入点，为高新科技企业打开了进入资本市场的大门，拓宽了高新科技企业的融资渠道和融资格局，缓解了高新科技企业融资难的困境（见表 8.3）。

表 8.3 　　　　　　　　　　中小板高新科技企业上市情况　　　　　　　　单位：个

年份	上市数目	高新科技上市数目
2004	38	11
2005	12	1
2006	52	28
2007	100	54
2008	71	42
2009	54	32
2010	204	108

续表

年份	上市数目	高新科技上市数目
2011	115	56
2012	55	21

资料来源:《深圳证券交易所市场统计年鉴》。

2009 年 3 月 31 日,中国证监会发布了《首次公开发行股票并在创业板上市管理暂行办法》,7 月 26 日,108 家企业上报中国证监会创业板,这意味着筹备了十余年的创业板在我国正式开启。随着多层次资本市场建设的推进,创业板和中小板之间存在较为明显的区别。创业板除发行上市条件与中小板不同外(不同处见表 8.4),功能定位也有不同。中小板发行上市条件与主板一样,主要是服务于进入成长期的后期阶段,比较成熟和经营相对稳定的企业,一般在中小板上市的企业所在的行业也较为成熟;创业板的主要服务对象为进入成长期前尚处于起步期的广大成长型企业。

表 8.4   创业板与主板、中小企业板首发上市条件比较

项目	主板/中小企业板	创业板
利润要求	近 3 年净利润为正,且累计超过 3 000 万元;同时近 3 年经营活动现金流量净额超过 5 000 万元,或者营业收入超过 3 亿元	最近 2 年连续盈利,累计不少于 1 000 万元,且连续增长 或最近 1 年盈利,净利润不少于 500 万元,最近 1 年营业收入不少于 5 000 万元,最近 2 年营业收入增长率均不低于 30%
股本总额要求	发行前总股本不少于 3 000 万元	发行后不少于 3 000 万元
净资产要求	最近一期期末不存在未弥补亏损	最近一期期末净资产不少于 2 000 万元,且不存在未弥补亏损
无形资产比例要求	最近一期期末无形资产(除土地、采矿权和水面养殖权等)占净资产比例不高于 20%	无规定

资料来源:根据证监会文件整理。

2006 年 1 月 16 日,《证券公司代办股份转让系统中关村科技园区非上市股份有限公司股份报价转让试点办法》出台,为北京中关村科技园区高科技企业提供股份流通的机会。该股份转让系统被称为"新三板",以区别于 2001 年为解决原 STAQ、NET 系统挂牌企业的股份流通问题和主板退市问题而成立的"老三板"。2009 年 7 月,《证券公司代办股份转让系统中关村科技园区非上市股份有限公司报价转让试点办法》正式实施,形成了目前的"新三板"市场格局。

2012 年 8 月，非上市股份公司股份转让试点扩大，除北京中关村外，上海张江、天津滨海、武汉东湖等国家级高新区也纳入了股份转让试点园区的范围。2013 年 1 月 16 日，全国中小企业股份转让系统成立，2 月 8 日证监业协会公布《全国中小企业股份转让系统业务规则（试行）》，自公布之日起实施，这标志着"新三板"迈入了一个新的阶段。2006 年"新三板"市场出现当年就有 10 家中关村企业在三板挂牌。三板市场的发展不仅在于完善了资本市场的退出机制，推动高新科技企业的发展，同时也成为了高科技企业上市的孵化器，为我国建立多层次的资本市场起到了积极的作用。

8.2.2.3 创业风险投资

近年来，中国创业风险投资机构与资本总量不断增长，资本结构已经日趋多元化，通过引入有限合伙制度使得束缚中国创业风险投资业务发展的企业组织形势得以改善。此外，创业风险投资的行业逐渐由集中走向分散，国内首次公开募投（IPO）退出逐渐盛行，本土创业风险投资初见成效。

截至 2012 年底，我国创业风险投资机构累计投资 11 112 项，投资高新科技企业 6 404 家，占比 57.6%；累计投资总额 2 355.1 亿元，其中向科技企业投资 1 193.1 亿元，占比 50.7%[①]。近年来，我国创业风险投资呈现出两大特点：投资行业集中在战略性新兴产业领域，传播与文化娱乐领域投资快速增加；重点投资阶段不断波动，投资周期不断延长。2007 年我国创业风险投资出现了自 2004 年持续下降以来的首次增加；2007～2009 年创业风险投资呈持续增长态势，但 2010 年开始我国创业风险投资呈现波动态势。2012 年我国国民经济保持持续增长，但受 IPO 暂停等政策影响，我国创业风险投资强度较 2011 年大幅下滑，为 1 322.66 万元/项，低于 2010 年水平。

2012 年，我国创业风险投资项目的首轮投资和后续投资分别占 80.1% 和 19.9%，首轮投资依然占据主导地位，但后续投资比例不断上升，基本延续了前几年投资轮次的格局，这与美国等发达国家创业风险投资的投资方式存在着巨大差别。统计显示，美国 2012 年创业风险投资中首轮投资的占比仅为 15.67%。

从我国创业风险投资的年度行业分布来看，近年来我国创业风险投资对高新技术产业的投资比例总体呈下降趋势，在投资项目比例方面尤为突出，详细数据见表 8.5。

---

① 《中国创业风险投资发展报告（2013）》。

表 8.5   我国创业风险投资项目与金额的年度行业分布   单位:%

年份		高新技术产业	传统产业
2003	投资项目	73.1	26.9
	投资金额	79.8	20.2
2004	投资项目	76.7	23.3
	投资金额	67.7	32.3
2005	投资项目	78.3	21.7
	投资金额	79.5	20.5
2006	投资项目	67.9	32.1
	投资金额	62.2	37.8
2007	投资项目	65.5	34.5
	投资金额	51.5	48.9
2008	投资项目	63.2	36.8
	投资金额	55.2	44.8
2009	投资项目	67.7	32.3
	投资额度	52.3	47.7
2010	投资项目	67.0	33.0
	投资额度	52.4	47.6
2011	投资项目	53.4	46.6
	投资额度	44.9	55.1
2012	投资项目	55.3	44.7
	投资额度	47.6	52.4

资料来源:《中国创业风险投资发展报告(2013)》。

2003~2006 年,我国创业风险投资出现了阶段前移的趋势,2007 年这种趋势有所减缓,至 2008 年,对种子期投资金额降低到总投资的 9.4%,投资项目比例为 19.3%;2012 年,我国创业风险投资的重心有开始呈现前移趋势,2012年创业风险投资对种子期的投资金额比例增加至 6.6%,投资项目数占比为12.3%,但仍明显低于 2010 年以来投资水平(见表 8.6)。

表 8.6   我国创业风险投资项目所处阶段:投资项目与投资金额   单位:%

	年份	种子阶段	起步阶段	成长阶段	成熟阶段	重建期
投资项目	2003	13	19.3	49.5	18.2	0
	2004	15.8	20.6	47.8	15.5	0.3
	2005	15.4	30.10	41	11.9	1.6

续表

	年份	种子阶段	起步阶段	成长阶段	成熟阶段	重建期
投资项目	2006	37.4	21.3	30	7.7	3.6
	2007	26.6	18.9	36.6	12.4	5.4
	2008	19.3	30.2	34	12.1	4.4
	2009	32.2	20.3	35.2	9.0	3.4
	2010	19.9	27.1	40.9	10.0	2.2
	2011	9.7	22.7	48.3	16.7	2.6
	2012	12.3	28.7	45.0	13.2	0.8
投资金额	2003	5.3	16.8	37.5	40.4	0
	2004	4.5	12.3	44.8	38.4	0
	2005	5.2	20	46.8	26.8	1.7
	2006	30.2	11.5	39.4	14.6	4.3
	2007	12.7	8.9	38.2	35.2	5
	2008	9.4	19	38.5	26.5	6.6
	2009	19.0	12.8	45.0	18.5	3.7
	2010	10.2	17.4	49.2	20.2	3.0
	2011	4.3	14.8	55.0	22.3	3.6
	2012	6.6	19.3	52.0	21.6	0.6

资料来源：《中国创业风险投资发展报告（2013）》。

8.2.2.4 科技保险试点工作已经开始

科技保险是指"运用保险分散风险，对科技企业或研发机构在研发、生产、销售、售后以及其他经营管理活动中，因各类现实面临的风险而导致科技企业或研发机构的财产损失、利润损失或科研经费损失等，以及其对股东、雇员或第三者的财产或人身造成现实伤害而应承担的各种民事赔偿责任，由保险公司给予保险赔偿或给付保险金的保险保障方式，对高新技术企业的创新创业发挥分散风险、支持保障的作用"[①]。

2007年7月20日，科技部和保监会举办了保险创新发展试点城市签字仪式举行，标志着北京市、天津市、重庆市、深圳市、武汉市和苏州高新区五市一区正式成为了我国第一批科技保险创新发展试点城市。此次试点城市首批推出了高新技术企业产品研发责任保险、营业中断保险、出口信用保险、关键研发设备保

---

① 张敏. 认识科技保险化解创新风险 [J]. 安徽科技, 2009 (9).

险、高管人员和关键研发人员团体健康保险和意外保险等险种（见表 8.7）。由此我国科技保险试点进入了实质性阶段。2008 年 9 月，科技部确定上海、无锡、成都、沈阳、西安国家高新区以及合肥国家高新区成为第二批科技保险创新试点城市（区），服务于高新技术企业开展。

表 8.7 科技保险险种以及经营的保险公司

经营的保险公司	保险险种
华泰财产保险股份有限公司	产品研发责任保险
	关键研发设备物质损失险／一切险
	营业中断保险
	高管人员和关键研发人员团体人身意外伤害险
	高管人员和关键研发人员住院医疗费用团体保险
中国出口信用保险公司	短期出口信用保险
	中长期出口信用保险
	商账追收
	投资保险
	国内贸易信用保险
	担保业务
	资信评估
	保险项下融资便利
中国人民财产保险公司	高新技术企业财产保险（一切险、综合险）
	产品责任保险
	产品质量保证保险
	董事会监事会高级管理人员职业责任保险
	雇主责任保险
	环境污染保险
	小额贷款保证保险
	关键研发设备保险
	营业中断保险（A 款—研发中断保险）
	产品研发责任保险
	高管人员和关键研发人员团体意外伤害保险
	高管人员和关键研发人员团体健康保险

续表

经营的保险公司	保险险种
中国平安人寿保险股份有限公司	平安高新技术企业特殊人员团体意外伤害保险
	平安附加高新技术企业特殊人员意外伤害团体医疗保险
	平安高新技术企业特殊人员团体重大疾病保险

资料来源：根据各保险公司资料由笔者自行整理。

自 2007 年启动科技保险试点工作以来，华泰财险、中国信保、平安寿险、人保财险四家保险公司开发出了高新技术企业产品研发责任保险和关键研发设备保险等 15 个险种，科技保险的险种不断丰富。另外，科技保险保费也有所突破，截至 2009 年底科技保险保费已达 13 亿元，其中商业性科技保险和政策性出口信用保险保费分别突破 1 亿元和 12 亿元，风险保额 3 874 亿元，已决赔款 7.2 亿元，地方财政补贴 4 187 万元。从保险公司承保角度看，截至 2009 年底，人保财险两年来累计承保科技保险业务 870 笔，保额达 864.55 亿元，累计赔款 1 082.5 万元。从试点城市发展情况看，北京、天津、重庆和无锡市政府较为重视试点工作，政府扶持力度较大，保险业务发展较好。北京市科委成立了科技金融促进会，做好保险公司和科技企业之间的交流沟通；天津市和重庆市分别指定天津市高新技术成果转化中心和重庆市生产力促进中心作为科技保险的专门服务机构，负责其补贴资金申请和审查等工作；无锡市则将财政补贴资金提高至 200 万元，有力地促进了科技保险业务的迅速发展。

8.2.3 我国科技金融发展存在的问题

《国家"十二五"科学和技术发展规划》中明确提出了科技金融概念并扩大了科技金融内涵，这充分表明科技金融已经纳入国家科技创新战略，科技金融将得到更多国家层面的支持，同时也为科技金融的发展指明了方向。但目前我国在科技金融发展过程中，还存在诸多瓶颈，极大地制约了科技金融的快速发展。

8.2.3.1 科技金融相关政策法规缺乏系统性和全面性

2006 年以来科技部、银监会、证监会、保监会、财政部、发改委等部门单独或者联合其他部门共同出台了一系列规范、引导科技金融发展的政策性文件，内容涉及创业投资、科技担保、科技保险、创业板市场、创业投资引导基金等多个方面。但这些政策缺乏系统性与全面性，政策效果仅在某一方面显现，对科技金融的发展缺乏整体的、系统的指导。有的政策是最近刚刚出台，在实施过程中的配套措施是否完备、落实力度与政策效果是否理想，需要相关部门加以重视，加强沟通，力争使政策落到实处。

对于促进科技金融发展所涉相关部门权力、义务、职权、责任的制度安排还存在明显缺失，管理科技金融工作的部门责权模糊不清，曾出现科技部门、发改委混乱管理的情形，缺乏统筹协调，责任难以落实。负责科技创新的科技主管部门与金融机构之间缺乏有效的信息沟通，导致科技资源和金融资源没有有效配置，风险和收益难以合理共担。

8.2.3.2 商业银行缺乏开展科技金融的积极性

目前我国的银行体系中，大型商业银行占据主导地位。这些银行一方面面临管理和考核上的制约，内部都建立了严格的风险控制和绩效考核机制，外部银监会等监管机构则对资本充足率、不良贷款率等都有明确的监管要求；另一方面，由于科技型中小企业规模小、获得担保能力弱，使得对中小企业信贷业务成本高、缺乏风险分担，普遍"不经济"。在这样的条件下，大型商业银行必然倾向于选择那些实力雄厚、单笔贷款数额大、放贷基本无风险的国有企业、大型民营企业作为主要客户，缺乏为中小型科技企业服务的积极性。而因受金融管制等原因，尽管以北京市为代表的部分地方政府引入了科技金融专营机构，但多数地方政府对本地科技金融的推动仍依赖大型国有商业银行进行，专门为中小型科技企业服务的中小银行、民营银行发育严重不足，对早期科技企业的服务很难到位。由此可以看出，目前以大型商业银行为主导的融资服务体系无法解决科技型企业的融资问题，由不同类型银行向不同企业提供差异化服务格局尚需加快建立。

8.2.3.3 多层次的资本市场有待完善

目前我国资本市场仍以主板市场为主，创业板市场尚处于起步阶段，产权交易市场和场外市场发展缓慢，三板市场整体规模小、覆盖面窄，无法满足中小企业融资需求，同时造成创业投资退出方式狭窄，限制了科技金融及科技企业创业投资的进一步发展。目前，我国资本市场体系对科技金融发展的阻碍存在于以下两方面。

（1）证券发审制度缺陷。证券发审制度是现阶段阻碍科技企业在资本市场融资的直接制度因素。证券发行制度对公司上市采用核准制，在此制度下公司上市是政府或专家选择的结果，而不是市场选择的结果。企业债券的发行制度同样存在缺陷，尽管 2008 年发改委将原有"先核定规模，后核准发行"两个环节，简化为直接核准发行一个环节，提高了企业融资的时效性，但仍未实质性改变政府干预的实质，长期来看不利于科技企业债券融资。证券审核制度方面，主板市场现行的审核制强调企业过去的经营业绩和盈利能力等硬性指标，不注重对企业的研发能力、科技含量、公司管理质量以及成长潜力等软性指标，较适用于成熟企业，但不适用于处于创业期的科技型中小企业。中小企业板从功能定位上仍属于主板市场的配套体系范畴，中小企业板在市场制度设计上与主板市场保持现行法律和上市标准不变，其发行上市程序也与主板市场完全一致。这样的证券发审制度显然难以满足大多数中小企业科技创新的融资需求。即便达到了上市标准的成熟科技企业，在目前 A 股发审制度下也要经历复杂的上市程序和漫长的等待，影响了资本市场对科技创新的有效支持。

（2）资本市场层次缺陷。我国资本市场的高度垄断性和层次单一性极大地抑制了科技型企业的融资需求，不利于资本市场发挥资源配置功能。主要表现在以下方面。

首先，缺乏真正意义上的二板市场，按照国际经验二板市场是在柜台交易市场的基础上发展起来的，主要为高科技企业或中小企业提供上市融资、资产估值、风险分散和投资交易等服务的市场，具有与主板市场显著不同的特征。反观我国现有的中小企业板，可以说是主板市场的复制版本，把大部分中小科技企业拒之门外。

其次，三板市场发展不完善，转板机制缺失，到目前为止，三板市场主要为"两网"系统的法人股公司和退市公司提供交易服务以及为以中关村科技园区企业为代表的科技园区非上市高科技企业提供报价转让服务。这种市场定位人为地将高新技术产业园区之外的高科技企业及中小企业阻挡在代办股份系统之外，阻碍了这些企业的科技创新和发展。此外，新三板市场在挂牌标准、信息披露制度、投资门槛、报价及交易方式、结算方式等方面的市场机制和法律规范的缺失，导致了挂牌交易公司要承担高昂的交易成本，极大地降低了市场交易的活跃性。更为严重的是，目前主板市场和三板市场之间缺乏升降级转板机制，从主板市场上退市的公司可以进入三板市场进行股份转让和交易，但是在三板市场中挂牌公司却很难转到主板市场，这就降低了中小企业和高科技企业试图通过进入三板市场而最终在主板市场上进行融资的积极性，抑制了三板市场和主板市场对科技创新的支持。

8.2.3.4　科技保险尚需深入

在科技保险试点过程中，科技保险发展虽然取得了突破性的进展，但也存在以下几点主要问题：

（1）科技保险有效需求不足。目前，我国对科技保险相关概念界定尚不明晰，研究甚少，市场上很多企业也对科技保险及相关政策了解很少，普遍缺乏保险意识。有些企业将科技保险当做未参加社保的一种补救方法；还有一些企业由于风险意识缺乏，过高估计企业抗风险能力，致使企业投保积极性不高。另一方面，科技保险保费一般要比传统保险高，再加上企业资金有限，科技企业宁愿将资金用于新产品的研发及其市场开拓，而不愿将资金投入科技保险。

（2）科技保险险种开发不足。科技创新活动不仅涉及技术创新活动，还与管理、人才、设备、经营、信用等有着紧密的联系。虽然目前市场上已开发出了营业中断险、研发设备险、高管人员和关键研发人员团体健康险和意外险等 20 个左右的险种，但这远远不能满足科技企业多样化的需求。科技保险虽然覆盖了技术开发到市场开拓整个过程，但保险公司仍不能有效供给针对性较强的保险品种，例如专利侵权保险、开发人员责任保险等。另外，科技保险在我国还处于试点阶段，因此保险公司还没有足够的承保经验和统计数据对科技风险发生的概率和保费标准等指标进行准确计算，致使保险公司因承担过高风险而缺乏承保科技风险的动力。在 2007 年的科技保险中，参保企业仅有 1100 家，仅占全部高科技企业的 3%，投保面和受保面都很小，不能够为全国的高科技企业提供全面有力的支持保障。

（3）政府对科技保险的支持力度有待加强。目前，虽然科技保险的试点都是由政府推动的，但政府职能部门与保险公司之间尚没有形成有效的协作机制和交流沟通机制，政府对高新技术企业的保险服务机制仍不完善。另外，虽然很多试点地区都已经出台了扶持政策，但几乎都没有真正落实，仍然存在补贴政策不稳定、补贴资金不能完全到位、补贴范围较窄以及补贴申请手续繁杂等问题，不仅不利于政府在推动科技保险工作中引导作用，而且极大地影响了企业参保的积极性，致使部分科技企业对科技保险持观望态度。

（4）科技保险人才极度匮乏。科技保险不仅涉及科技创新，而且还包括保险知识，因此急需掌握技术保险知识的复合型人才。但是现在的保险人才不仅数量少整体素质不高，而且一般都只是保险专业的人才，科技创新相关知识非常匮乏。而且在保险产品营销过程中，保险人员不是从每个企业的风险防范需求出发，而是仍然采用强行推销的方法，使得科技企业非常反感。

（5）市场失灵会影响保险公司的稳健经营。在给科技保险定价的过程中，存在着保险企业和保险公司之间的博弈。保险公司以自身承担的风险给保险产品定价，而科技企业则根据自己可能获得的收益为基础进行定价。科技企业更注重的是在风险最小的情况下获取最大利润，于是在购买了科技保险的情况下，企业会忽略风险防范而盲目投机，这就会给不知情的保险企业带来更多赔付的风险，给保险公司的稳健经营带来潜在的危机，也就产生了道德风险问题。

8.2.3.5　风险投资机制有待完善

（1）风险投资准入限制制约科技金融资金来源。依照国际经验，进入风险投资领域的金融机构包括商业银行、投资银行、养老基金和保险公司。在我国，尽管 2008 年多类金融资本获准涉足股权投资领域，如证券公司相继获准开展直投业务，社保基金获准投资经发改委批准的产业基金和在发改委备案的市场化股权投资基金等，这使风险投资的资金来源大为拓宽，但金融机构要想成为中国风险投资主体仍面临政策法规的限制和约束。此外，政府对民间资本进入风险投资领域仍持保守态度。私募基金缺乏相关法律支撑，一些筹集资金行为不规范，仍游离于法律的边缘。养老基金和保险基金还未正式进入风险投资市场，还没有形成一定规模。

（2）产权制度缺失不利于科技金融发展。按照西方发达国家经验，政府主要职责不是提供资金，不应成为风险资本资金来源的主体，而是为风险投资提供良好的外部环境，完善市场体系，做好风险投资的监管工作，规范投资行为。政府资金的作用主要是带动民间资本进入创业投资领域，发挥示范和引导的作用。但我国自从引入风险投资以来就一直是政策性风险投资机构占主导地位。这种"国有"性质导致了风险投资运作的低效率，风险投资者的行为将趋于保守和短期性，违背了风险投资向极具潜力的新兴企业或中小企业投资的初衷。

（3）缺乏完备的风险投资退出机制。风险投资的关键在于退出环节。能否成功地退出不仅是实现风险投资资本增值的基本前提，也是风险投资在时序上和空间上不断循环的保证。目前，中国的多层次资本市场体系尚未健全，完备的风险投资退出机制尚未形成，导致中国风险资本以上市方式退出的比例极其有限。

8.3　中关村国家自主创新示范区科技金融发展的示范作用

经过 20 多年的发展，中关村国家自主创新示范区（以下简称中关村示范区）已成为初具国际影响力的科教创新资源密集区、我国最具特色和活力的创新中心、我国高技术产业发展的引领区。在其发展过程中，始终坚持着"深化改革先行区、开放创新引领区、高端要素聚合区、创新创业集聚地、战略产业策源地"的战略定位和"需求拉动、机制创新、重点突破、开放合作"的原则，成为我国科技进步和首都经济发展不可缺少的重要力量。在建设具有全球影响力的科技创新中心和高技术产业基地的过程中，科技金融发挥了不可替代的推动作用。

8.3.1　科技金融政策健全

（1）中关村国家自主创新示范区"1＋6"政策。"1"即搭建首都创新资源平台，"6"是指支持在中关村深化实施先行先试改革的 6 条政策：第一，中央级事业单位科技成果处置和收益权改革试点政策；第二，税收优惠试点政策；第三，股权激励试点政策；第四，科研经费分配管理改革试点政策；第五，高新技术企业认定试点政策；第六，建设全国场外交易市场试点政策。

（2）中关村促进创新创业的金融政策层出不穷。在《国务院关于同意支持中关村科技园区建设国家自主创新示范区的批复》（国函〔2009〕28 号）和《北京市人民政府关于同意加快建设中关村国家自主创新示范区核心区的批复》（京政函〔2009〕24 号）的基础上，从 2009 年 3 月到 2011 年 9 月，关于中关村国家自主创新示范区的科技金融方面的政策文件层出不穷，从国家层面到北京市层面、再到中关村科技园及示范区（主要信贷融资文件见表 8.8），成为支持国家示范区科技发展和金融创新的重要支撑力量。

表 8.8　　　　　　　　中关村示范区的主要科技金融政策文件

文　件	内　容
	证券公司代办股份转让系统中关村科技园区非上市股份有限公司股份报价转让试点办法（暂行）
银监发〔2009〕37 号	关于进一步加大对科技型中小企业信贷支持的指导意见
发改高技〔2009〕2743 号	关于实施新兴产业创投计划、开展产业技术研究与开发资金参股设立创业投资基金试点工作的通知
财企〔2009〕160 号	中小外贸企业融资担保专项资金管理暂行办法
银监会、发改委等 7 机关令 2010 年第 3 号	融资性担保公司管理暂行办法
财企〔2010〕8 号	中关村国家自主创新示范区企业股权和分红激励实施办法
中科园发〔2010〕31 号	中关村国家自主创新示范区战略性新兴产业中小企业创新资金管理办法
中科园发〔2010〕42 号	中关村国家自主创新示范区信用保险及贸易融资扶持资金管理办法
中示区组发〔2010〕19 号	关于加快推进中关村国家自主创新示范区知识产权质押贷款工作的意见
中科园发〔2011〕10 号	中关村国家自主创新示范区创业投资风险补贴资金管理办法
中科园发〔2011〕31 号	中关村国家自主创新示范区支持企业改制上市资助资金管理办法
中科园发〔2011〕33 号	中关村国家自主创新示范区并购支持资金管理办法
中科园发〔2011〕36 号	中关村国家自主创新示范区股权质押贷款扶持资金管理办法
中科园发〔2011〕37 号	关于支持中关村国家自主创新示范区新技术新产品推广应用的金融支持若干措施

续表

文　件	内　容
中科园发〔2011〕40号	中关村国家自主创新示范区企业担保融资扶持资金管理办法
中科园发〔2012〕58号	关于支持瞪羚重点培育企业的若干金融措施
财税〔2013〕72号	中关村国家自主创新示范区技术转让企业所得税试点政策

资料来源：http://www.zgc.gov.cn/kjjr/.

8.3.2　科技金融体系完善

中关村促进创新创业的金融支持探索成为全国科技金融创新的"风向标"。2009年3月，国务院批复中关村科技园区建设国家自主创新示范区，重点在深化科技金融改革创新等方面先行先试。此后，中关村初步建成了"一个基础、六项机制、十条渠道"的科技金融体系。"一个基础"是以企业信用体系建设为基础；"六项机制"包括信用激励、风险补偿、以股权投资为核心的投保贷联动、分阶段连续支持、银政企多方合作、市场选择聚焦重点；"十条渠道"包括天使投资、创业投资、代办股份转让、境内外上市、并购重组、集合发债、担保贷款、信用贷款、小额贷款、信用保险和贸易融资。

8.3.3　科技金融种类丰富

中小企业是中关村园区内技术创新非常活跃的企业群体。然而，由于当前投融资体系中制度缺陷和市场失灵的存在，这些初创期和成长期的企业最难获得市场资金的支持。中关村科技园区高新科技企业每年仅流动资金贷款缺口就超过了200亿元，而每年获得创业投资总额也不过10亿美元左右，远不能满足创业活跃的中小企业的融资需求。担保难、贷款难、获得投资难及上市难已成为企业反映的主要问题。

中关村管委会为了满足创新企业多元化的融资需求，充分发挥政府引导作用，建立了促进不同阶段企业发展的投融资政策体系。推出了不同的应对措施，促进高新技术产业的发展。

针对初创期，中关村管委会在全国率先设立了创业投资引导资金，实施创业投资企业风险补贴政策，研究促进天使投资发展，搭建创业投资促进工作平台。针对快速成长的企业，设立了面对重点企业群体的担保贷款绿色通道，组织发行高新科技企业集合信托计划和企业债券，开展信用贷款试点，搭建专门服务于中小型高新科技企业的贷款担保平台。对于稳定发展的科技企业，实施改制上市资助政策，积极开展中关村企业股份报价转让试点，搭建产权交易平台和专业化的企业改制上市服务平台，促进具有一定规模的企业产权流动，使企业借助资本市场进一步做大做强起到了积极的作用。

（1）创业投资引导基金。创业投资引导基金是指通过对创业企业提供前期的部分资金支持和信用担保，引导社会资本进一步投资于该企业，起到一个杠杆作用，放大了政府资金的支持作用，如图8.2所示。

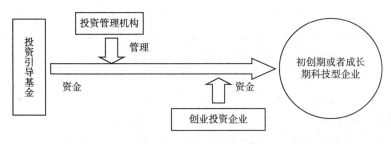

图8.2 创业投资引导基金

对初创期企业出现的投资空白，中关村管委会创新了财政资金的使用方式，建立了投资引导放大机制，促进创业投资在园区的业务聚集和物理聚集。2001年12月设立了"中关村科技园区创业投资引导资金"，对经认定的创业投资机构投资于园区企业给予一定比例的跟进投资资金支持。经过公开征集、专家评审等程序，创业投资引导资金出资1.65亿元，以参股方式分别与中国光大控股有限公司、联想控股有限公司、联华控股有限公司、启迪控股股份有限公司及中海创业投资有限公司合作，发起成立4家创业投资企业，资金总规模为5.5亿元。通过发挥公共财政资金的引导作用，引导4家创业投资企业投向园区电子信息、集成电路、通信和网络等重点产业领域处于初创期和成长期的企业。此举有助于帮助更多创新型企业渡过"死亡谷"，加快科技成果的产业化进程。同时，采用国际通行的创业投资运作机制委托境内外著名的创业投资管理机构进行管理，提高公共财政资金的使用效果。

（2）政府财政资金的担保扶持。中关村的发展与政府财政资金分不开，是政府担保扶持良好运作的典型代表。北京中关村管委会作为贷款平台，从1999年开始到现在，累计对科技型中小企业进行担保贷款80亿元，年担保额度达25亿元，每年2 000家次，贷偿率长年维持在1%以下，远远低于银行平均水平。通过多年的运营，自有风险准备金已达1亿元。

（3）创业投资企业风险补贴。为了引导社会资本投资园区高新科技企业，中关村管委会于2005年底出台《中关村创业投资企业风险补贴办法》，即对经认定的创业投资企业，当其投资园区处于初创期的高新科技企业时，按其实际投资额的一定比例给予创业投资企业风险补贴，引导和促进国内外创业投资机构投资园区初创业。办法自 2006 年 1 月 1 日实施后，已受理 IDG、盈富泰克、清华创投等 10 多家创投机构的风险补贴项目 50 多个，给予风险补贴 4 000 万元，引导社会投资总额约 6 亿元人民币，该项政策大大提高了创投机构投资园区企业的积极性。

8.3.4 科技金融创新成效明显

（1）集聚大量高端创新要素。中关村集聚了 30 多所国家重点高等院校和 100 多家国家骨干科研院所，60 多家国家重点实验室，60 多家国家工程中心，80 多家跨国公司研发机构。培育了一批行业领军企业家，留学归国人员数量占全国的近 1/4。中关村吸引的创业投资额占全国的 1/3，在纳斯达克上市的企业数量占全国的近 1/3。2009 年，国务院批准了新的中关村股份报价转让试点制度，证监会、科技部和北京市积极组织实施，在代办系统挂牌的中关村企业达到 66 家；支持中关村企业到境内外资本市场上市，2009 年新增上市公司 23 家，融资额超过 240 亿元，创历史新高，上市公司总数达到 145 家，其中境内创业板上市公司 19 家，占全国 1/5 左右；北京银行、中国银行、交通银行等设立了 12 家专营机构，为科技企业提供信用贷款、股权质押贷款、认股权贷款、知识产权质押贷款以及信用保险和贸易融资等创新产品，累计提供的融资额超过 300 亿元；设立了 100 亿元的北京股权投资发展基金，国家发改委支持中关村股权投资机构进行备案，中关村的投资案例和投资金额占全国的 1/3 左右，活跃的创业投资机构超过 100 家。

（2）涌现出大量重大创新成果。20 多年来，中关村开发出了一大批满足市场需求的紧缺技术和产品，掌握了一批满足国家战略需求的关键核心技术。获得国家科技进步一等奖超过 50 项，涌现出汉卡、汉字激光照排、超级计算机、非典和人用禽流感疫苗等一大批重大科技成果，创制了 TD-SCDMA、闪联等 30 多项重要国际技术标准，为航天、三峡工程和青藏铁路等国家重大建设项目实施提供了强有力的支撑。中关村已成为我国重要的技术创新源头，年技术交易额约占全国的 40%，其中 80% 以上输出到北京以外地区。

（3）成长为我国重要的高新技术产业基地。中关村科技园诞生了全国第一家实行股权激励制度的国有高新技术企业、第一家有限合伙制创业投资机构、第一家自然人与外商合资的企业。中关村率先开展了企业产权制度、投融资体制，企业信用、知识产权、股权激励、行政管理等方面的改革试点工作。并已形成六大优势产业集群、四大潜力产业集群、现代服务业集群。中关村初步探索出了一条适合我国发展高技术产业的道路，带动了全国高新技术产业开发区的发展。

8.4 国外科技金融发展经验借鉴

8.4.1 美国科技金融发展经验

美国是第三次科技革命的发源地，科技创新对美国经济产生了无比深刻的影响，尤其是高科技成果的转化，极大地提高了人民便利性的生活，对美国产业结构升级和国家经济快速发展起到至关重要的作用，而美国发达健全的金融体系在科技成果转化过程中起到至关重要的作用。因此，通过考察美国科技金融的发展经验，对我国科技金融发展具有重大借鉴意义。

8.4.1.1 以发达的资本市场体系为依托

证券市场是美国资本市场的重要组成部分，也是美国高新技术企业进行融资的重要平台。美国证券市场特色鲜明，既有统一集中的全国性市场，又有区域性的小型地方交易市场，形成了完善的多层次证券市场体系，体系结构如图 8.3 所示。

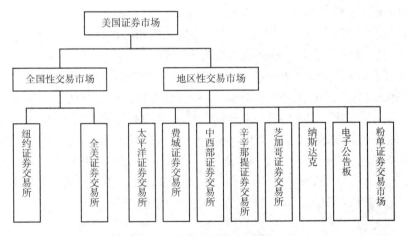

图 8.3 美国证券市场结构

美国证券市场体系具有以下特点：一是多层次性，各个层次的证券市场有着不同的上市标准和侧重点，能够满足不同实力、不同发展阶段的高科技企业对不同规模和性质的融资需求；二是各个层次的市场之间存在"优胜劣汰"的升降板机制，在满足不同的条件下，上市公司可以申请进入上一级市场或转入下一级市场，这一机制不仅能有效地促进从事高新技术成果转换的中小企业发展壮大，而且使资本市场充满活力，提高了资本市场的运行效率；三是纳斯达克能够为创新型小企业提供规模性融资，并且为风险投资提供了良好的退出机制，实现了证券市场与风险投资的相互联动；四是场外交易市场位于整个证券市场的底层，活跃的场外交易市场为美国证券市场奠定了良好的基础。

8.4.1.2 天使投资与风险投资的大力推动

美国是高新科技园区的发源地，出现于20世纪50年代的"硅谷"是世界上第一个高新科技园区。高新科技园区是高新技术企业的集散地，也是科技金融最为活跃的地区，天使投资与风险投资是高新科技园区内最为常见的科技与金融相结合的形式。

美国的高新科技园区内众多高新技术企业的发展都离不开天使投资的推动。天使投资高新技术企业的经典案例是1998年Sun公司的共同创始人安迪·贝托尔斯海姆向两位还未毕业的学生投资20万美元，这两名学生凭借自己的想法与技术，和这笔初始投资成立了Google公司，随着Google公司的发展，贝托尔斯海姆的投资增值了近3亿元，并且Google公司2004年在纳斯达克上市成为了互联网搜索引擎行业中的佼佼者。天使投资的另一个经典案例是1976年瓦尔丁投资20万美元创建了Apple计算机公司，4年后随着Apple的良好发展，瓦尔丁持有的股份价值达到1.54亿美元，增长了770倍。根据美国小企业局保守估计，美国的天使投资人约为25万人，平均投资额约为80万美元，每年平均投资总额约达100亿~200亿美元，投资企业高达3万多个。

在美国高新科技园区内企业发展历程中，风险投资也起到举足轻重的作用。美国约有300家风险资本公司设立在硅谷占全国风险资本公司的一半左右，每年投入近100亿美元。1990~1998年间，硅谷风险投资额年增长率接近300%，1999年硅谷的风险投资额达190亿美元，约占美国风投资总额的34.9%，在2007年经济危机发生前，该比例始终维持在30%以上（见表8.9）。在风险投资的促进下，硅谷发展最快的时期，每星期诞生11家新公司，风险投资有力地支持了美国高新科技园区企业对新产品和新技术的研发与生产。

表8.9 1998~2009年硅谷的风险投资年度数额

年份	风险投资总额（亿美元）		硅谷/美国（%）
	美国	硅谷	
1998	214	59.23	27.6
1999	547	191.03	34.9

续表

年份	风险投资总额（亿美元）		硅谷/美国（%）
	美国	硅谷	
2000	1 062	338.96	31.9
2001	408	127.57	31.3
2002	211	71.57	33.8
2003	196	65.63	33.5
2004	217	78.99	36.3
2005	223	79.01	35.3
2006	255	84.23	33.0
2007	267	82.77	31.0
2008	288	76.85	26.7
2009	177	—	—

资料来源：http://www.chinacir.com.cn.

8.4.1.3　专门的政府服务机构

美国于 1953 年成立了一个独立的政府机构——小企业管理局（SBA）。这一机构在 1958 年被美国国会确定为"永久性联邦机构"。局长和 10 个地区的负责人全部由总统任命，直接向总统负责和汇报工作。成立这一机构的宗旨是为小企业提供包括融资和担保在内的全面服务，以促进小企业的健康发展。

近年来，小企业管理局为各类小企业提供超过 900 亿美元的贷款担保组合，还利用政府采购项目为 100 万户小企业提供近 100 亿美元的免费咨询和技术援助。可以说，SBA 不仅在很大程度上解决了小企业融资难的问题，而且推动了小企业全面健康的发展。主要体现在：提供效率高、费率低的信用担保，SBA 已在全国范围内设立了 96 个网点为中小企业提供简便快捷且担保费用很低的服务，同时与绝大多数银行开展了合作；采用资助、控制等方式引导创业风险投资公司向科技型中小企业提供资金支持；在对中小企业资金进行直接贷款支持同时，还制定了一系列资金援助计划，以满足特定融资需求的科技型中小企业，如"微型贷款计划""小企业投资计划""担保开发公司计划"等；为了帮助落后地区的中小企业融资，联合民间资本成立了由私人管理的新市场风险投资计划公司，主要采用权益投资方式投资于国内落后地区的中小企业，特别是高新技术行业。

8.4.1.4　成功的科技创业银行

美国拥有世界上最大的科技创业银行，即总部位于美国加州硅谷地区的硅谷银行。硅谷银行通过有效的制度创新，创立了以支持科技创新和创业企业为主体的新型金融——创业金融，并据此形成了世界上第一个商业化运作的创业银行。自 20 世纪 80 年代硅谷银行实现转型以来，其业务始终是为高新技术产业和创业企业提供金融服务，其客户明确定位在受风险投资支持且没有上市的美国高科技公司。目前硅谷银行已发展成为一家银行控股集团，由硅谷银行、硅谷资本、硅谷全球等部分组成，其资产总额超过 100 亿美元，并通过位于美国的 27 家办事处和 3 家国际分公司以及在亚洲、欧洲、印度和以色列的广泛商业关系网，为风险资本以及创业企业提供了 26 亿美元的贷款，Facebook、Twitter 等明星企业中均有硅谷银行的注资。硅谷银行的成功得益于鲜明健全的商业模式。

首先，硅谷银行为风险投资及其投资的企业提供金融服务，风险投资则为硅谷银行提供优质客户信息和专业化支持。通过与创业投资机构的紧密合作，可以避免贷款发放前的信息不对称，并建立了庞大的客户关系网络。

其次，专注于特定的投资领域和客户群体。硅谷银行只为软件与网络技术、生命科学、信息与电子技术以及私募股权公司等行业以及处于成长阶段的企业提供金融服务，这一点与传统银行有很大区别。在对这些企业投资时，遵循三个原则：一是要有明确的发展方向和合理的企业定位；二是有价值和发展前途，符合经济发展趋势的产品和服务；三是完善的管理制度，包括财务、人力资源等方面。

再次，有效的风险控制措施。硅谷银行针对银企之间严重的信息不对称，采取了独特的风控措施，具体包括：借助风险投资机构进行持续风险监控，仅涉足熟悉的专业领域，重点关注企业现金流以及签订第一受偿顺序条款。据统计，硅谷银行的不良贷款率一直维持在 0.5% 以下。

最后，分享股权投资收益。硅谷银行通过直接投资的方式分享股权增值收益，进一步提高了贷款业务的综合收益。具体包括向风险投资基金或授信的科技企业收取部分股权或认股权。

8.4.2 日本科技金融发展经验

第二次世界大战结束后，日后确立了追赶并超越欧美发达国家的目标，并据此推行了赶超型的发展战略。在 1955 年至 1972 年间日本实现了连续高速的增长，一跃成为当时仅次于美国的第二大经济体。在经济快速增长阶段，日本的科技发展以吸收和消化欧美技术为主，即通过有选择地引进技术并对其进行吸收、模仿和改进，从而迅速提高了产品的核心竞争力和科技发展水平，缩小了与欧美发达国家科技水平的差距。20 世纪 80 年代日本经济进行了转型，其科技发展也由单纯模仿先进技术走向自主创新，日本的转型取得了令世界瞩目的科技成果。

这一过程中，政府对科技创新和科技进步进行了强有力的行政干预，形成了促进科技创新的强大的政策性金融支持体系；此外，日本发达的商业银行体系、信用担保体系和风险投资市场也有力促进了科技与金融的融合。

8.4.2.1　利用政策性金融体系支持高新科技园区发展

日本拥有发达的政策性金融体系，政策性金融体系是政府意志的主要体现者，是实现资源配置合理性目标的主要资源配置主体。首先，日本政府针对不同政策目标和不同领域建立了完善的政策性金融体系，主要包括 2 家政策性银行和 6 家金融公库，并在 2008 年进行了合并重组。其次，日本拥有雄厚的财力和完善的财政投入制度，政策性金融体系可以持续获得低成本、规模化的资金，从而具备了实现国家经济目标、完成政府任务的强大实力。最后，日本政府并不是通过简单的行政干预手段对政策性金融施加影响，而是以完善的市场经济法律制度来规范政府自身和政策性金融的行为，从而使政策性金融积极主动地实现政府不同时期的经济发展特定目标。

日本在通过高新科技园区带动科技企业发展与科研成果转化中充分发挥了政策性金融体系的作用。一方面，政府部门对园区内处于特定产业的高新科技企业实行减免税收、提供长期贷款优惠、发放补助金、保证外汇供给等政策，并对企业在发展过程中遇到的困难给予指导和提供支持；另一方面，日本中央银行利用本国居民储蓄率高的条件，掌握了大量的资金，根据战略产业计划，对商业银行进行窗口指导，影响商业银行的放款和投资方向，从而间接有力地支持高新科技企业的发展。

8.4.2.2　完善的"银行导向型"融资制度

日本政府长期实施超低利率和超额货币供给，日本金融市场以利率为核心的价格机制丧失其机能，传统的货币调节手段已无能为力。日本中央银行通过对商业银行进行窗口指导，同时配合信贷倾斜政策，使大量金融资源流入银行体系，从而形成了"银行导向型"的金融体制。日本"银行导向型"的融资制度与其确立的模仿型"技术立国"战略形成高度融合，直接推动了技术引进、模仿和再创新的效率。"银行导向型"的融资模式不仅实现了对技术创新成果转化为现实生产力的长期资金供给，对技术创新能力形成持续的支持，而且通过长期稳定的银企合作建立了两者间的显性和隐性关系，形成了对企业的有效监督，克服了科技融资中的信息不对称问题。

8.4.2.3　二板市场与创业投资的大力支持

随着日本金融体系的发展，日本大力发展资本市场，尤其是创业投资和二板市场，目前二者已成为为日本高科技企业发展融资服务的重要渠道。1991年日本模仿美国的NASDAQ引入了JASDAQ市场，该市场主要是为高科技的中小企业服务，截至2008年底，该市场拥有926家上市公司和939.04亿美元的市场价值，具体数据见表8.10。

表 8.10　　　　　　　　　　　　JASDAQ 市场 IPO 情况　　　　　　　　　　单位：家

年份	1999	2000	2001	2002	2003	2004	2005	2006	2007	2008
IPO 数目	73	97	97	68	62	71	65	56	49	19

资料来源：苏鹭. 日本 JASDAQ 市场的发展及对我国的启示 [J]. 现代日本经济，2010 (1).

日本的创业投资机构主要附属于银行或证券机构。在这种组织模式下，日本的创业投资机构投资的行业比较分散，对高科技企业，尤其是种子期和起步期投资相对不足。虽然近年来积极改变，注重更多的投向高科技行业和创业初期，但是由于日本的资本市场发展相对缓慢，尤其是二板市场尚不健全，导致创业投资退出渠道不顺畅，从而在一定程度上制约了创业投资的发展（见表8.11）。

表 8.11　　　　　　　　　美日创业投资公司在不同阶段的投资比例　　　　　　单位:%

时期	种子期、起步期	成长期	成熟期	其他
美国	23	36.7	17.4	22
日本	3	55	22	19

资料来源：俞自由. 创业投资理论与实践 [M]. 上海财经大学，2001.

总体来看，日本的资本市场和创业投资在金融改革后有了很大的发展，在高科技企业服务方面也有了进一步增长的趋势，但从高科技园区的需求方面看，日本的创业投资和二板市场还有待进一步发展。

8.4.3　美日科技金融发展比较及对我国的启示

通过对美国与日本科技金融融合、发展经验的借鉴，对我国科技金融的开展具有重要的启示。

首先，科技金融发展融合要与国情相适应。不同国家经济发展水平、金融体系完善程度、市场发育程度和历史文化背景有所不同，因此产生了不同的科技金融发展模式和机制。美国是典型的市场经济体制国家，美国已构建起以自由企业制度、平等竞争原则、健全的法律制度和尽可能少的政府干预为目标和准则的市场经济模式，并在此基础上形成了资本市场占主导地位的融资体制，因此美国主要通过发达的资本市场和风险投资市场促进科技金融的融合，各类金融中介机构发挥补充作用；而日本则是政府主导型经济，是后起的赶超型国家，而日本人口稠密、国土狭小，自然资源极度匮乏，形成了制约日本经济发展的瓶颈，从客观上迫使日本走科技强国的道路，在这两方面的共同作用下，日本形成了以银行间接融资体系为主的科技金融融合机制，资本市场和风险投资对科技创新的支持则处于次要地位。

其次，政策性金融在科技金融发展中具有支持和引导作用。通过比较美国和日本的成功经验可以发现，美国与日本都非常重视政策性金融对高新技术企业的支持和引导。大量社会闲散资金在政策性金融引导下，流向科技创新型中小企业，从而推动了本国科技进步和经济发展。为支持科技创新型中小企业的发展，美国政府设立了小企业管理局作为专门的政策性金融服务机构，日本的政策性金融对科技创新的支持力度则更大，曾设立"二行""九库"。可以看出，在两国政策性金融的大力支持的背后，是政府的有力推动和扶持，不仅体现在政府对政策性金融的财政投入和税收优惠，更在于政府在法律法规和体制机制方面的基础性工作，这一点值得我国借鉴和学习。

再次，商业银行的积极参与有助于加快科技与金融相融合。从日本的经验来看，在发展"银行导向型"金融体制的过程中，也存在大型金融机构缺乏对中小企业的支持和重视的状况，但日本通过大批设立中小金融机构较好地解决了这一问题，进而形成了"大银行支持大型企业科技创新、中小金融机构支持中小企业科技创新"的二元对接模式。地方性中小金融机构的经营范围通常在总行所在的中小城市周围 3 个县以内；全国有 2 000 多家分支机构，极大地方便了客户；信用公库、信用合作社均采用会员制，且会员限于本地小企业、小事业单位和个体业主。基于科技创新不同阶段的不同金融需求特征，银行不断地创新金融产品和服务，促进科技与金融的融合。但是也应看到，日本的商业银行对高新技术产业的支持力度有限，这是由商业银行体制决定的，即遵循谨慎经营理念的银行与存在巨大不确定性的科技创新企业难以完全匹配。此外，银行通常对资金进行集约化管理，在对中小企业进行市场化选择时缺乏一定的灵活性。美国硅谷银行通过与资本市场、风险投资展开紧密合作，并开展专业化的创新运行模式，为中小科技型企业提供了全面综合的金融服务，促进了中小科技型企业的发展，其效果优于日本。

最后，发达的资本市场和风险投资市场对科技金融发展具有加速作用。美国拥有世界上最发达的资本市场和风险投资市场，且二者与科技创新活动间形成了有效的联动机制，极大地促进了美国科技进步和经济可持续发展。相比之下，日本的资本市场和风险投资市场还不够完善，没有完全发挥金融市场的基础性作用和资源配置功能。日本的资本市场相比美国起步晚，同时受到"银行导向型"金融制度的制约而发展缓慢，日本金融机构和大型企业的出资构成了风险投资资金的主要来源，这在一定程度上削弱了对高科技产业的支持力度。

8.5　促进我国科技金融发展的对策

8.5.1　拓展科技金融融资渠道

8.5.1.1　强化政策性金融杠杆作用

（1）设立国家科技银行。首先，要依法明确国家科技银行的特殊法律地位。国家科技银行不同于一般商业银行，也不同于现有的政策性银行，国家科技银行是由政府设立或控股，代表国家利益、公众利益并注重自身财务稳健的特殊法人；其次，建立国家科技银行的业务运作机制。政府在国家科技银行的运作中，不应有过多的行政干预，而是扮演推动者角色，其经营管理要以市场化运作为基本原则。在保证政府财政出资的同时，通过鼓励专业化金融机构入股使之与政府主体形成良好的合作机制。同时适当引入地方性银行合作，组建地方科技银行，或吸收已建立的地方科技专营机构，形成系统化的科技银行运作模式。在业务开展方面，要明确国家科技银行的业务范围，避免与政策性银行和商业银行已开展的业务发生冲突。国家科技银行业务活动应集中在两大领域，一是对经国家有关部门认定并推荐的国家重大科技专项、科技成果转化项目、高新技术产业化项目以及高新技术产品出口项目等提供贴息或低息贷款；二是利用专业优势和资源优势，创新金融工具。

（2）健全覆盖广泛的政策性担保体系。首先是统筹规划好科技贷款的担保平台建设工作，尽快建立从中央到省、市、县多层次的担保和再担保平台体系，注重各层次平台之间的衔接，避免重复建设和资源浪费；其次，发挥政府在担保平台建设过程中的推动作用，建立健全资本补充机制、风险补偿机制和激励监督机制，引导和调动金融机构、担保机构、大企业和民间资本共同参与资源整合和平台建设，充分发挥政府资金的杠杆作用；再次，为避免政府以出资人身份干预担保业务活动，政策性担保机构应建立严格规范的管理制度，有效制约和规范政府的过度干预行为，实行企业化管理、市场化经营，并及时对外进行信息披露，接受外部监督。

8.5.1.2　加大商业性金融支持力度

（1）继续深化商业银行改革。近年来，国有商业银行实行了股份改造，但科技企业和中小企业融资难问题依然没有得到根本性解决。因此，政府需要进一步深化国有商业银行改革，增加国有商业银行的大股东数量和范围，适当降低国有股比重，改变国有商业银行产权主体单一以及由此所导致的控制权高度集中、内外部治理机制不完善等问题。

在深化国有商业银行改革的同时应积极推进地方性股份制商业银行建设，引导城市商业银行回归"服务地方经济、服务中小企业和服务城市居民"的市场定位。与国有大型银行相比，城市商业银行能以较低的交易成本获取资金需求者的信息，具有灵活的决策机制，可以充分保证贷款业务的效率，更符合中科技企业和小企业融资的现实需求。

（2）继续推进利率市场化改革。通过推进利率市场化改革，使利率作为资金价格更好地发挥基础性资源配置作用，改变现阶段科技贷款"高风险，低收益"的特征。在对科技型企业或科技创新项目贷款时，考虑到风险当期定价非常困难，可以借鉴硅谷银行的成功经验，即在基准利率的基础上对风险进行后期溢价处理。当银行对科技型企业或某个科技项目贷款时，按照国家有关规定实行基准利率，在企业科技研发成功或科技成果商业化并取得收益时，再按照预先约定的收益分配方法获得风险补偿。这一定价机制可提高银行发放科技贷款的期望收益率，使收益与风险相匹配；另一方面，这类风险补偿也可补充银行在科技贷款方面设立的风险准备金。

（3）依据科技创新的特点积极开展金融创新。创新金融服务，不同于传统企业，科技企业对资金需求有着很强的时效性，因此商业银行应对授权、授信、核查、审批等制度和业务流程进行改革和调整，保证资金能够及时满足科技企业的融资需求。银行应减少和简化业务环节，适当下放信贷资金审批权限，提高服务效率，建立适合科技企业和项目的信贷规则体系和运行机制。

积极探索和开展多种形式的担保业务。商业银行可以在法律法规允许的范围内，积极探索在动产和权利上设置抵押或质押，采取灵活担保方式，增加担保物品种。

拓展中间业务。银行应针对科技企业开办信托、委托、咨询、保管、结算等中间业务，发展票据业务和贴现业务。

8.5.2　加速发展多层次资本市场

（1）尽快规范和完善中小企业板和创业板。规范和完善我国中小企业板建设的首要任务是明确中小企业板的定位并在具体操作实施过程中将各项规章制度落实到位。中小企业板既不同于主板市场，也不同于创业板市场，主要是为已进入快速成长期、盈利相对稳定的创新型中小企业服务，因此在发行标准、发审制度、交易制度和监管制度等方面需要进行政策创新。中小企业板的上市标准应介于创业板市场和中小企业板之间，在关注中小企业财务状况和经营成果的同时，也要注重其科技含量、成长潜力和创新能力等方面。要提高发行审核的市场化程度，简化审核程序，缩短发审时间，提高发审效率。在交易与监管制度方面，抓紧建立适应中小企业板上市公司优胜劣汰的退市机制、股权激励机制和小额融资机制。在规范和完善创业板方面，应进一步降低企业财务指标和经营状况等硬性上市标准，更注重对企业研发能力、科技含量和成长潜力等软指标的考核。在发行审核方面应尽可能减少行政干预，充分发挥市场机制。为了净化创业板市场的投资环境，必须建立和完善针对亏损倒闭企业的退市标准及有效的兼并收购管理机制，以此来控制整体风险，保持总量平衡。

（2）完善场外交易市场。非上市股份公司代办股份转让系统是中国多层次资本市场体系重要的组成部分，是高新技术企业进入资本市场的"蓄水池"和"孵化器"。首先，明确代办股份转让系统在资本市场中的定位，即中小企业的股权融资平台。目前这一系统仍存在功能单一的问题，融资功能很不完善，还没有真正成为广大中小企业股份发行、挂牌、转让的平台；其次，要制定比中小企业板和创业板市场更为宽松的上市标准和条件，为达不到中小企业板和创业板上市条件的高科技中小企业更好地利用资本市场创造条件；最后，要引入做市商制度，提高市场流动性。

产权交易市场是多层次资本市场体系的重要组成部分，为风险投资提供了重要的退出渠道。完善产权交易市场，应从以下几方面进行改革和调整：制定产权交易的相关法律法规，规范产权交易的方式、程序及内容等方面；探索建立全国性产权市场交易平台，努力构建统一的产权共同市场，强化交易信息、交易方式、交易项目、交易市场和监管体系等方面的联动；加快产权交易品种的开发和创新；培育和提高产权中介机构的水平。

（3）发展企业债券市场。债券融资在降低企业融资成本，提高金融资产流动性等方面，具有股权融资不可替代的作用。美国等发达国家的经验表明，公司债券是企业外部融资的主要形式。对于形成一定规模的科技型企业，可以通过各种方式发行企业债券，对于缓解资金需求困难、提高企业信用评级以及促进科技创新发展方面有着重要作用。大力发展企业债券市场，一是要出台和完善企业债券相关法律法规，进一步规范企业债券发行和交易各个环节，逐步实现企业债券发行的注册制度，允许非国有企业行债券融资，放宽发行企业债券募集资金投向的范围；二是放宽对企业债券利率的限制，根据不同企业的资信状况，由发行人、承销商根据市场情况，确定市场化的利率以及还本付息方式；三是放宽企业债券上市交易的条件，有步骤地推进公司债券流通市场，提高公司债券的流动性与投资价值；四是稳步发展小企业集合债券和中长期债券。

8.5.3 规范引导天使投资与风险投资

8.5.3.1 天使投资发展对策

（1）拓宽天使投资人群。随着我国经济社会的发展，我国出现了越来越多的潜力天使投资人，包括海外归国的高学历新富阶层、成功商业人士、国内职业经理人等，我们应当将这些人作为发展天使投资的主要人群。

（2）加强宣传教育。在众多的潜在天使投资人中，虽然有着充裕的闲置资金，但由于缺乏投资高新科技园区的意识和不了解高新科技产业，往往不敢贸然进入，对此我们可以联系专业机构，比如投资公司，针对他们举办专门的培训和研讨会。

（3）发展天使投资人团队。可以通过建立天使投资人团队，加强天使投资人之间的联系，并逐步扩大其规模，拓展其影响力，同时建立相对稳定的管理和投资机制，促进整个天使投资行业稳步成长。

8.5.3.2 发展风险投资的对策

我国的风险投资兴起于 20 世纪 80 年代，截至 2008 年我国风险投资机构的数量已经达到 464 家，资金量达到 1 455.7 亿元，与 1994 年相比分别增长约 22 倍和 31 倍[①]，但与发达国家相比我国风险投资的发展还存在着一定的差距。未来我国可从以下几个方面加快风险投资。

（1）开辟多渠道资金来源。目前，我国的商业银行、养老基金、保险公司等金融机构资金实力雄厚，同时伴随着国民经济继续稳步增长的过程，银行资产也会随同居民财富的增长而进一步增加，并且随着财富的积累和人们理财观念的改变，养老基金和保险公司的资产增长空间也十分大，由此我们可以看出，这些金融机构是具备参与风险投资的条件。但是由于我国目前商业银行法、保险法以及养老基金管理办法等的规定，对这些金融机构参与风险投资有着很多的限制。在美国，从 1974 年对养老基金禁止投资风险投资的谨慎条款，到近年来逐步放宽养老基金的投资限制，风险投资中养老基金的占比也有 10% 左右上升至 60% 左右，养老基金的投入支持了美国风险投资筹集额的稳步增加。我国也可以借鉴国外的做法，在不影响养老基金、保险公司的投资安全性的前提下，放宽法律法规的限制。

（2）政府型和商业型风险投资共同发展。我国 2008 年非上市公司风险投资

[①] 《中国创业风险投资发展报告（2009）》。

中风险机构投资占42.9%，政府或国有独资投资机构出资占35.9%，比例差距不大①。从国外的经验来看，风险投资表现为商业行为和政府行为，比如在日本，既有商业性的风险投资机构，也有日本各级政府建立的风险投资机构或相应的政府基金。同样，在我国发展风险投资事业，需要将政府型和商业型有机结合起来。

（3）积极引进风险投资人才。可以从两个角度改善我国风险投资人才短缺的局面，一是建立合理的人才流动机制，实现人才优化配置，包括聘请国外有经验的专业人才和国内专业人才在不同企业需求之间流动顺畅；二是建立完善的人才培育机制，在大学教育改革的同时，提供合理的社会培训制度，自主培养出一批高端的复合型风险投资人才。

（4）完善相关法律法规和政策。风险投资的发展与其成长的环境关系密切，一方面要逐步建立和完善风险投资行业的法律法规；另一方面，在政府支持性政策上，要有一定的体现。

8.5.4 重视风险分担机制与信用环境培育

8.5.4.1 完善科技金融风险分担机制

建立科技金融的融合机制关键在于完善风险分担机制。在科技金融体系中，不同的主体和机构应承担其相应的风险，并通过风险分担的机制化、体系化，实现科技与金融的真正融合。其中，政府是科技金融体系中特殊的参与主体，因为政府既是科技金融的供给方、需求方，也是科技金融的中介机构，还是科技金融市场的引导者和调控者。在科技金融风险分担机制方面，政府应当从整体上进行政策支持和引导，建立多元投入机制，与各类金融机构共同分担科技金融风险。政府通过设立或参股创业引导基金、科技型中小企业专项基金以及高新技术产业贷款风险基金等方式，利用杠杆作用带动各类主体将资金投入到科技型中小企业。对于创业引导基金，政府应改变现有的行政化运作模式，将基金实施市场化、企业化运作，充分发挥市场对科技项目的识别和筛选能力，提高科技成果转化为现实生产力的效率。同时政府在引导基金中优先承担风险，最后分享利润，这样可以更好地引导社会各方面资金的大量投入，共同承担科技投资风险。对于科技中小企业专项担保基金，可以分为两部分：一部分基金承担政策性担保和再担保职能，与商业性担保机构共同承担科技金融的担保风险；另一部分基金对那些向科技型中小企业提供担保或贷款的金融机构予以一定比例的奖励和补贴，或

---

① 《中国创业风险投资发展报告（2009）》。

者直接入股科技银行或科技型企业担保机构，从而有助于形成多层次的风险分担机制，有助于改善科技型中小企业的融资环境。对于高新技术产业贷款风险基金，主要是为商业银行发放高新技术产业和企业贷款形成的不良贷款提供一定比例的风险补偿，提高商业银行对高新技术产业贷款的风险容忍度。

8.5.4.2 推进科技保险发展

（1）扩大科技保险的保险标的范围。科技创新活动涉及技术研发、知识产权、生产转化、市场开发和售后服务等一系列阶段，因此对应不同的阶段开发不同的风险种类。另外，在企业科技创新过程中，涉及企业研发人员、组织管理人员、产品生产人员、市场销售人员以及售后服务人员等不同的参与主体，他们同样面临着不同的风险立场。可见，科技创新活动风险具有复杂性和多样性。因此，为了满足分散不同阶段风险的需求，必须拓宽科技保险的保险标的范围，在原有险种的基础上，设计出专利保护、上产安全、市场开发、售后服务保障等多方面的保险内容，相应地降低分散研发、转让、生产和销售等多阶段风险。

（2）采取灵活的科技风险定价方式。根据概率统计原理，保险公司承保某一标的物的重要前提是必须存在众多独立同分布的风险单元。当这些风险单元足独立同分布时，保险公司就能够根据大数法则利用历史数据和风险模型较为准确地估计每个风险单元的损失概率，从而确定相应的保费和赔付金额。

目前，我国参保的高科技企业数量占其总数量的比例还不到 10%，即参与保险的风险单元很少。另外，企业技术创新并转化为现实生产力是一个极其复杂的过程，涉及多个阶段和多个参与主体，使得不同的创新企业在技术研发、组织管理、产品生产、市场开拓和售后服务等不同阶段以及在研发人员、组织人员、生产人员和市场开拓人员等不同参与主体之间存在相异程度较大的风险系数，所以不同创新企业的创新风险损失很难满足同分布的要求。最后，不同企业的创新风险损失并不总是相互独立的，如宏观经济环境和政府政策法规就会对处于同一行业的不同创新企业产生较为类似的影响。由于这三点因素的影响，风险单元很难满足数量众多且独立同分布的要求，因此传统的风险定价方式难以适用于科技风险的估算，我们必须采取更加灵活的风险定价方式。例如，在缺乏损失数据，难以衡量风险发生概率时，我们可以采用企业融资成功率、企业研发成功率和研发成果成功转化率等相关的项目数据来间接预测企业创新风险的发生概率。

（3）逐步推动科技保险由试点向常态化发展。自 2007 年 7 月科技部和保监会正式联合推动科技保险试点工作以来，不断推出新的科技保险险种，投保企业迅速增加，加大了企业的自主创新的积极性。随着科技创新企业对科技保险需求的日益增加，我们应该在 12 个试点城市（区）发展科技保险的经验教训基础之上，进一步丰富科技保险产品险种，提高承保风险的可保性，加大政府扶持力度，商业保险和政策性保险并举，建立和完善科技创新技术评定中介，逐步稳健地推动科技保险由试点向常态化发展，为各类科技企业的技术创新活动提供更加有力保障。

（4）进一步实施科技保险财税支持政策。科技保险作为一种准公共产品，其健康快速发展不能只依靠市场的自发调节，而离不开政府的政策扶持。财税优惠政策作为对企业投保行为和保险公司承保行为的一种激励，对科技保险的启动和初期发展起着不可替代的作用。一方面，扩大财政补贴范围，提高财政补贴额度。建议取消年销售收入1亿元以下这个财政补贴条件，将能享受财政补贴优惠政策的主体扩大到所有进行科技创新、生产高新技术产品的企业，而不论其规模的大小和研发人员的比例等因素。并从总体上加大财政补贴力度，适当提高补贴总额上限，并采取根据企业科技创新的层次高低实行不同标准的补贴额度的激励政策，为企业创新提供足够的动力。另一方面，加大减税支持力度。对保险公司承保科技风险所获得的收益和科技中介进行科技保险服务所获得的收益，可采取所得税优惠政策进行激励，提高保险公司和科技中介参与科技保险的积极性。

8.5.4.3 培育良好的信用环境

金融市场有序运行的一个重要条件就是信用体系基础牢固。无论是银行信贷、股权融资、债券发行，还是政策性担保等领域都要求良好的信用环境，可以说信用贯穿于整个科技金融体系，对于提高科技金融的融合效率具有重要意义。

针对科技信用体系的建立，可以在科技企业尤其是高技术企业密集的高新区等率先推行社会征信制度，开展科技评估机构的信用评级工作，建立创业企业、技术人员和创业者个人的信用记录，并以此为依托，扩大试点，逐步建立完备的科技信用评价体系。具体运作上，可以借鉴美国的做法，采用由政府出资、规则引导、市场化管理、竞争并存的运作模式，并与金融机构联合，汇总金融记录，建立金融信用制度。在此基础上，与有关部门密切合作，采取先易后难、逐步推进的方式，纳入其他信用记录，在全国范围内建立起统一、健全、规范的科技信用制度，最终实现科技信用评级。

虽然从国际趋势看，社会信用体系最终将由企业依据市场规律建立，但是作为一个处于经济转型过程中的发展中国家，我国信用基础薄弱，要尽快建立社会信用体系离不开政府的引导和大力支持。政府应充分利用其权威性，统筹全面规划，保证数据的及时性和完整性。同时应尽快出台相关的法律法规，以强化信用秩序管理，加强对不良信用的法律制裁。立法是建立社会信用体系的一项最为基础和根本性的工作，必须以法律的形式确定其地位，并且应根据经济社会的变化不断及时修订与完善。

第 9 章

农 村 金 融

9.1　农村金融概述

农业是国民生产的基础，与每一个产业都息息相关。进入工业化时代以来，对农业这一"第一产业"的重视程度日趋下降。各国政府竞相发展其他产业，究其原因无外乎其他产业相对于农业来说可以带来更大的利益。然而，随着经济的飞速发展，在巍峨高耸的摩天大楼和震耳欲聋的机器声背后，农业作为人类和社会存在基础的重要性才终于得到了重视。

我国是一个农业大国，改革开放以来，农村经济取得举世瞩目的成就，然而长期以来重工轻农的发展模式已经造成了我国城乡的贫富差距扩大化。从 2006 年至 2015 年中央连续 10 年发布以"三农"（农业、农村、农民）为主题的中央一号文件，强调了"三农"问题在中国的社会主义现代化时期"重中之重"的地位。农业农村工作按照稳粮增收、提质增效、创新驱动的总要求，继续全面深化农村改革，全面推进农村法治建设，推动新型工业化、信息化、城镇化和农业现代化同步发展。而农村金融改革又是"三农"工作的重点，中央对农业发展的重视程度可见一斑。农村是一个巨大的潜力市场，发展农村市场将有利于效扩大内需、解决我国经济对国际市场的高度依赖，对于我国的经济安全、国家稳定都具有重要意义。

金融体系是现代经济的核心部门，在资源配置中扮演着主导和枢纽的角色，发挥着优化资源配置、提高资本效率等关键的作用。货币资金作为沟通整个社会经济的媒介和命脉同样是农业经济发展所必需的，现代农村经济发展的一个重要特征就是经济与金融的关系日益密切，农村金融在农村经济发展中也逐步处于核心地位，在很大程度上将会影响农村商品经济发展的程度。

农村金融即指农村经济中的货币资金融通，是用信用手段调节和管理农村货币资金的流动的经济活动。农村金融主要服务于农村经济领域，由于农业经济自身的特点，使得农村金融在具有其他金融活动的共同点之外体现出了有其自身的风险特点（见表9.1）。总的来说，主要表现在：第一，农业生产受自然灾害影响导致产出的不稳定性，从而直接影响了农村信贷的还款率并形成了农村保险的高风险。第二，农业生产的较长周期导致了农村资金周转时间较长和高风险。农作物的生产的周期性形成了信贷需求的周期性，加之我国农村生产管理水平较低，增加了农村金融的风险性。而收获的年度性也造成了农业金融资金周转的较长周期。第三，我国幅员辽阔，地理和气候差异很大，各地生产的种植业和畜牧业种类繁多，难以形成标准化管理，综合反映在农业生产上就是风险的多样性和资金需求的不平衡性。

表9.1   农村金融的特点

特　　点	内　　容
季节性和区域性	农村金融活动受自然灾害，农业生产周期等影响较大，这些具有很强的季节性和区域性表现，不同地区和不同季节风险对金融需求和农户收入影响较大
抵押担保	农村金融往往缺乏现代金融意义上要求的抵押担保物
补贴	农村金融市场往往存在政府的信贷补贴，这与农村市场的最弱性和基础性有关
户均信贷规模	农村户均信贷规模较小
政策待遇	农村信贷市场受政策影响较大

9.2　农村金融的国内外实践

9.2.1　我国农村金融市场现状

9.2.1.1　农村正规金融机构功能缺失

中国农业发展银行作为专门支持"三农"的政策性银行，一直未能有效发挥其职能与作用；商业性金融机构如四大国有控股银行的商业化运作，农村网点的大量收缩，涉农业务大量缩减等；都直接导致了农村正规金融机构对农业信贷投入的逐年减弱。

9.2.1.2　农村合作金融效率低下

农村信用社在商业银行退出农村市场后承担起了重要责任，但是农村信用社经营绩效较差。2009年来，随着农村信用社改革的不断深入，不良贷款比例下降明显。截至2015年6月底，全国农村信用社不良贷款比例为2.3%，比2014

年末及上季度分别上升 0.4 个和 0.2 个百分点。此外，我国农村信用社并非真正意义上的农民合作金融组织，而是国有银行体系在农村的延伸，在现实运行过程中不可避免地出现其他国有企业中内部人控制、管理混乱、经营不善、亏损严重等问题，导致合作金融流于形式，难以发挥其应有的作用。

9.2.1.3 民间金融监管缺失

在农村金融的领域中由于正规金融机构发展缓慢而出现的空白地带迅速得到了民间金融的弥补。民间金融在促进农村经济发展中发挥了积极作用，但其自身的内在缺陷以及某些制度法规的不尽完善潜伏了巨大风险，同时也削弱了国家金融宏观调控的力度。由于游离在国家利率制定体系之外，民间金融机构常利用高于正常机构的利率吸引投资者，诱发资金以现金形式从正规金融体系流向非正规金融体系。资金大量流向民间金融机构，造成了风险的聚集，破坏了农村金融的正常秩序，影响了农村金融体系的稳定。

9.2.1.4 农村资金外流严重

这是近年来农村金融一直无法解决的问题。流失原因复杂多样，既有市场的原因也有政府的原因。市场的原因主要来自"金融城市化偏好"导致农村资金通过各种金融机构流向城市。据国家统计局的《中国统计年鉴》和中国金融学会的《中国金融年鉴》的数据测算，从 1979 年到 2011 年的 32 年时间，通过各种金融渠道流出的农村资金总额超过 20 000 万亿元。政府方面，主要是财政渠道，据相关测算，仅仅从 1979 年到 2005 年的 25 年时间，国家通过净税收方式，从农村抽走资金达 11 372.18 亿元。

9.2.1.5 金融供给品种单一

社会经济发展迅速，金融创新如火如荼，城市中各种金融机构、衍生品琳琅满目。在农村，虽然农村经济也有所发展，但与之相关的金融活动却依旧变化不大，农村金融机构单一，农信社居于垄断地位。在贷款方式上，仍以质押、担保为主，即使有信用贷款，额度也很小，且信贷投向的引导作用没有得到充分发挥。金融创新和金融电子产品严重缺乏，金融服务手段方式比较落后，服务水平和服务质量不高，不能满足农村经济发展对金融的多样化的需求。

9.2.2 日本与中国台湾的经验模式

9.2.2.1 日本的农村金融

日本与我国同属东亚地区，都是典型的人多地少的国家。日本通过政府主导的农村金融体系，为农村经济的发展提供了强大的动力，有效地解决了农村问题。作为农村金融合作实践成功典型的日本，对其农村金融体系的考察对中国农村金融改革具有较强的借鉴意义。

（1）以合作金融为主导的农村金融体系。互助性是农村合作金融组织最主要的特点也是其主要优势，其资金来源和资金利用都以满足会员的最大需求为首要目标。在日本，合作金融机构几乎覆盖了日本全部的农村金融市场，合作金融在农业经济发展的每个阶段都坚持"需求追随型"的发展战略，根据会员的资金需求特点提供有针对性的产品，极大地满足了会员的资金需求，逐渐形成了合作金融在日本农村信贷市场的主要地位（见表9.2）。

表9.2 日本各渠道农贷

年份		1960	1970	1980	1990	2000	2005
银行等金融机构	绝对量（亿日元）	535	2 363	6 104	11 930	13 287	7 517
	比例（%）	9.16	4.86	4.2	6.29	5.67	3.6
农协系统	绝对量（亿日元）	3 815	38 529	113 584	139 060	196 308	183 899
	比例（%）	65.28	79.28	78.14	74.77	83.83	88.03
财政资金	绝对量（亿日元）	1 494	7 706	25 679	38 561	24 571	17 478
	比例（%）	25.57	15.86	17.67	20.34	10.49	8.37
合计		5 844	48 598	145 367	189 551	234 166	208 894

资料来源：夏书亮. 日本农村金融体系的运行范式及经验借鉴 [J]. 金融研究，2008（6）：53.

（2）合作性和政策性相匹配。合作金融服务对象是农村中的一般资金需求，具有门槛低、成本低的优点，在很大程度上改变了农业的弱势产业地位进而促进了农业的发展。政策性金融主要是提供资金满足需求量较大、融资时间长、风险高或收益低但对农村经济发展有决定性作用的融资需求。政策性金融弥补了金融市场力量难以涵盖的部分，与合作金融形成了多层次的资金供给体系。

（3）政府在农村金融体系中发挥巨大作用。农业是弱势产业但又是整个国民经济的基础，因此需要各国政府提供形式各样的政策，扶持农村金融的发展。日本的农村金融体系是典型的"政府主导型"，政府提供包括法律支持、补贴、税收优惠等等在内的全方位支持。法律方面，日本政府关于创建政策性金融和合作金融的相关法律分别于1945年和1947年通过；在金融体系运行过程方面，政府通过财政对合作金融组织及农村贷款提供各种补贴，并且专门设立了基金弥补贷款的损失并在吸收存款和所得税方面为合作金融组织提供优惠。

9.2.2.2　台湾农业金融体系

台湾农业金融体系主要由农业金融行政管理机构、合作性金融机构、商业性金融机构、服务性金融机构组成。农业金融管理机构包括省政府及县市政府、台湾"行政院农业委员会"和台湾"中央银行农业金融策划委员会"。在这个体系中：（1）合作性金融机构包括台湾省合作金库、农会信用部和渔会信用部；（2）商业性金融包括专业农村金融机构和兼业的商业金融，其中兼业的商业金融中包括一些非农村的商业银行；（3）农村服务性金融机构主要有农业信用保证基金和台湾"中央存款保险公司"。

（1）农村金融网络体系健全，农贷资金管理严格。台湾地区农村金融网点众多，早在 1995 年平均每个农会就拥有 1.4 个农会信用部，农会信用部办理了 70% 的农民借贷往来。此外，台湾合作金库的网点也非常发达，其支库或办事处遍布全部主要市镇，并在重要业务地区设立了代理处。金库、农会信用部之间还以合同形式委托办理通汇业务，加强了双方的横向联系，结成覆盖更为全面的通汇网络，大大提高了农村资金融通的效率。台湾通过严格的农贷管理制度限定农贷资金的使用范围和对象，以便密切配合当局产业政策并保障农贷的性质，减少了农贷资金的外流。

（2）农村金融和合作金融之间完善的配合机制。台湾农村金融体系的另一大特征是农村商业金融与农村合作金融的一体化。台湾农村商业金融系统由"中央银行"农业金融策划委员会及农渔会信用部组成。台湾的合作金融系统由台湾省合作金库、农渔会信用部和城市信用合作社组成。合作金库是台湾合作金融系统的中枢，其基层的农渔会信用部和城市信用合作社又是台湾农村金融系统的重要组成，农渔信用部则是身兼双职，横跨农村金融和合作金融两部分。吸收农会会员剩余资金是农渔会的资金来源，各项农贷则是资金的主要运用渠道，农渔会发挥农村金融机构的功能，同时又承担全了省农村合作金融业务。农渔会这种能够将农村商业金融与合作金融进行有机组合的金融机构对活跃农村金融发挥了重要作用。

（3）农村资金来源渠道多，农贷规模较大。台湾的农村资金来源渠道众多。一是社会资金，农村金融机构大多是采取股份制形式，如合作金库、信用部都采取股份制，便于广筹资金。台湾合作金库则由台湾省政府、农渔会、农田合作社、合作农场合股组成。二是一些政府及事业机关如台湾粮食局。广泛的资金来源扩大了农贷的规模，为进行农业贷款提供了坚实的基础。

9.3 农村信贷市场

9.3.1 农村信贷的主要供给方

我国农村金融发展至今，形成了由正规金融机构与非正规金融机构组成的金融体系（如图9.1所示）。正规金融机构主要包括商业银行和贷款公司等非银行类金融机构，非正规金融机构主要包括民间私人借贷、合会等。

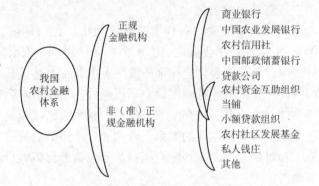

图9.1 我国农村信贷供给机构构成

9.3.1.1 我国的正规传统金融机构

（1）商业银行。商业银行是我国金融机构的主体，但随着商业银行的改革，商业银行大规模退出农村市场，以河北省为例，河北省银行类金融机构平均每个县城区域有6.9个网点，每个乡镇1.6个网点，而每53个行政村仅有1个网点。银行业金融机构在乡镇的覆盖率为16.8%，在行政村的覆盖率仅为0.016%，全省有60%以上的乡镇只有农村信用社和邮政储蓄机构，还有59个乡镇、38 313个行政村未设任何金融机构。中国农业银行是我国最大的涉农商业银行，设立于1979年2月，最初的设立目的是发展我国农村金融事业，统一管理支农资金和集中办理农村信贷，并对农村信用合作社进行领导。中国农业银行网点遍布中国城乡，是四大国有控股商业银行中国内网点最多、业务辐射范围最为广泛的。随着我国国有商业银行改革进程的不断推进，中国农业银行也拉开了商业化改革序幕，发展的指导思想变为遵照市场经济的规律运行，以收益最大化为经营导向，建立以市场调节为中心的信贷资金配置机制。进而进行经营战略方针调整，将市场重心由农村转移向城市，大规模进行农村网点布局的撤、并、改，调整信贷投资结构和方向以及上收分支机构的信贷权限等。造成农行对"三农"支持效应的大为缩减。

（2）中国农业发展银行。中国农业发展银行（以下简称农发行）成立于 1994 年 4 月，规定注册资本为 200 亿元人民币。经营宗旨为贯彻落实国家产业和区域发展政策，促进农业和农村经济的发展并完善我国农村金融体系。1998 年 3 月，国务院调整了农发行的业务范围，农发行开始专司粮棉油收购、调销、储备贷款业务，目前农发行主要将资金运用于发放粮棉油收购等流动资金贷款。农发行作为我国专职的农业政策性银行，是政府实施农村金融宏观调控的重要工具，但农发行事实上成了"收购银行"。并且在信贷支农方面，无论是规模、领域还是种类，也都无法有效弥补商业性银行退出农村金融市场后造成的资金空缺，也就难以有效缓解农村金融的短缺局面。

此外，资金严重不足也是影响农发行发展的主要问题。农发行成立之初，其注册资本为 200 亿元，包括从中国农业银行划转 70 亿元，中国工商银行划转 30 亿元，人民银行划转 10 亿元，其余缺口通过税收返还形式予以弥补，也就是说农发行的初始资本金只有 110 亿元。直到 2008 年农发行成立 14 年之时，其实收资本才首次达到 200 亿元，截至 2014 年，实收资本仍保持在 200 亿元。就目前来看，农发行唯一的资金来源是向人民银行再贷款和发行金融债券。以 2014 年为例，农发行向中国人民银行再贷款 3 220.00 亿元，共发行金融债券 21 663.56 亿元，二者占各项负债总额的比例达到 81% 以上。这种融资方式成本高，还款压力大，限制了农发行的农村资金投入，使农发行支持农村发展的政策性业务萎缩。

（3）农村信用合作社。农村信用合作社（以下简称农信社）是根据各地经济发展需求，遵照方便当地群众、便于管理、安全第一的原则，在县以下的农村按区域（一般主要是按乡）设立的一种农村集体经济组织，在较为发达的市区或城郊、县改制为农村合作银行或农村商业银行。其主要特点是：农民入股、会员民主管理、主要服务入股社员。农信社在正规金融机构中对农村的支持是最大的，农户得到农村合作金融的信贷支持占有贷款需求农户的 60% 以上。

但是农信社在发展中也存在着诸多问题。首先，盈利能力普遍较低，不良贷款率高。其次，人员素质偏低，服务质量不高。农信社地位特殊，底子较薄，缺乏吸收优秀人才的有利条件，造成农村信用社整体人员素质不高，服务质量与其他金融机构相比明显处于劣势。

（4）中国邮政储蓄银行。中国邮政储蓄银行于 2006 年 12 月 31 日被中国银监会正式批准成立，由中国邮政集团全资出资组建，注册资本为 200 亿。邮政储蓄银行从 2007 年挂牌组建到现在，在做好农村金融和小微金融服务的同时，也实现了邮政储蓄银行自身的发展和进步，其资产规模已经达到 64 000 多亿元。

截至 2015 年 8 月底，全行县及县以下农村地区网点数达 4 万多个，其中近 70%
的储蓄网点集中在县域，这些网点能够更好地服务于农村的金融，服务于小微企
业的发展，成为服务城乡居民个人结算的主要渠道，对发展农村经济有重要
意义。

在商业银行大规模撤出农村市场的同时，中国邮政储蓄银行在农村网点却有
增无减，与国家的支持政策有着巨大关系。但是在政策的大力扶植下，中国邮政
储蓄却未能起到应有的作用，一方面利用其自身的网点优势和"出身"优势源
源不断地从农村吸取资金；另一方面却把这些资金投入收益更高，风险更小的城
市，造成农村资金的严重"失血"，限制了农村信用社的放贷能力，加剧了农村
金融中的资金的供需矛盾。

9.3.1.2　我国农村新型金融组织

2006 年末银监会实施农村金融"新政"以来，村镇银行、小额贷款公司和
农村资金互助社等新型农村金融组织相继成立，拉开了我国农村金融组织"增
量"改革的序幕，迈出了探索创新农村金融形式的步伐。据统计，截至 2014 年
末，全国共组建农村新型金融机构 1 134 家，其中包括 1 071 家村镇银行、14 家
贷款公司、49 家农村资金互助社；地处中西部地区的占比达 62%，其中，直接
和间接入股村镇银行的民间资本占比达 71%，各项贷款余额中农户贷款和小微
企业贷款合计占比 90%。在政府主导下，我国农村新型金融组织从地区试点到
全面推进呈现出蓬勃发展的态势。

（1）小额贷款公司。小额信贷公司最早产生于 20 世纪 70 年代的孟加拉国。
小额信贷是一种特殊的金融扶贫手段，以农户的信誉为基础，向低收入的农户提
供小额、短期的贷款，以解决农民的农业生产需要和家庭应急之需。小额信贷在
发展中国家倍受青睐，迅速发展成为一种低成本、高效的扶贫方式。

我国于 2005 年 5 月在山西、四川、贵州等 5 个省区试点成立了 7 家小额贷
款公司。2008 年 5 月，中国银监会、中国人民银行出台《关于小额贷款公司试
点的指导意见》，此后全国各地相继出现小额贷款公司。小额贷款公司最大的特
点就是"只贷不存"，资金来源为股东缴纳的资本金，社会捐赠资金，以及从银
行金融机构融入的资金（不超过两家银行）。我国的农村小额信贷实践开始于 20
世纪 80 年代初期，模式主要是借鉴孟加拉国的乡村银行三线一体的运作模式，
即"政府 + 银行 + 扶贫合作社"。

小额信贷公司在我国农村建设中起到了很大作用，但我国小贷发展也存在一
些固有的不足和局限，比如监管尺度不一、违规经营、融资渠道狭窄、身份不明
等问题。从 2014 年下半年开始，国内经济面临下行压力，许多小额贷款公司无
法独善其身，面临经营困难、市场退出的困境，全国各地小额贷款公司问题逐渐

暴露，坏账攀升，部分地区已出现小额贷款公司倒闭的情况。据有关方面统计，2013～2014年初，全国已有72家小额贷款公司退出市场。2014年全国共有逾150家小额贷款公司注销牌照，2015年1～5月，又有90多家小额贷款公司停业退出。此外，不同地区对小额贷款公司的监管尺度上把握不一样，监管的专业水准欠缺。不少市、县等基层政府监管部门现有组织机构和人员配备应付审批工作尚应接不暇，在监管工具欠缺的条件下，日常监管难以深入。

（2）村镇银行。村镇银行是指经中国银行业监督管理委员会依据有关法律、法规批准，由境内外金融机构、境内非金融机构企业法人或者境内自然人出资，在农村地区设立的主要为当地农民、农业和农村经济发展提供金融服务的银行业金融机构。

2006年12月22日中国银行业监督管理委员在《关于调整放宽农村地区银行业金融机构准入政策更好支持社会主义新农村建设的若干意见》中首次提出设立村镇银行并规定其设立的条件。2007年3月首批村镇银行在国内6个试点省诞生，同年10月银监会将试点从6个省扩大到全国31个地区。2007年12月首家外资村镇银行——曾都汇丰村镇银行和国家开发银行作为主发起人组建的村镇银行相继挂牌。2008年8月中国农业银行发起的村镇银行在湖北、内蒙古分别成立，试点以来各地村镇银行如雨后春笋般迅速发展。根据前瞻产业研究院发布的《2015～2020年中国村镇银行市场前瞻与投资战略规划分析报告》显示，截至2009年末，全国仅有148家村镇银行开业，增长速度相较2008年出现了一定程度的下滑。为促进大型银行村镇银行的投资，银监会2009年12月召集5大行和12家股份制行开会，探索创新管理框架，取得一定效果，随后村镇银行又开始在全国各地开花。截至2014年底，全国已经组建村镇银行1233家，其中批准开业1152家。按照规定，村镇银行的主要业务包括：①可以吸收公众存款；②发放短期、中期和长期贷款，办理国内结算；③办理票据承兑与贴现；④从事同业拆借、银行卡业务；⑤代理发行、代理兑付、承销政府债券；⑥代理收付款项及代理保险业务以及经银行业监督管理机构批准的其他业务。同时，村镇银行还可代理政策性银行、商业银行和保险公司、证券公司等金融机构的业务。

作为农村金融改革中的创新产物，村镇银行的主要任务是为农村提供必要的资金支持，促进农村内部合理的金融竞争机制的建立，缓解农村金融抑制的状况，使农民能够获得更好的金融服务。但是农村经济具有风险高、效益低、受自然条件和市场条件的影响巨大。因而，村镇银行能否对农村市场从一而终，避免像国有商业银行一样出现信贷资金"农转非"现象将是村镇银行发展之路上必须要解决的问题。

村镇银行是银监会倡导设立的，却一直没有经过中国人民银行的批准，没有行号就不能纳入中国人民银行的支付结算系统，不仅影响到金融服务工作的开展，还会使客户对村镇银行的信誉和评价降低，村镇银行也就难以与其他金融机构正常竞争。行号问题还关系到征信系统的开通和对公业务的开展，没有纳入征信系统，不利于规避信贷风险；无法开展对公业务则意味着吸纳存款仅能够依靠农户，限制了可贷资金的规模。同时，村镇银行的拆借业务仅限于向当地金融机构拆借资金，不能进入全国拆借市场，这就进一步提高了村镇银行的运行成本。除此之外，作为"穷人的银行"，村镇银行还面临资金不足、风险管理能力较差，网点少等等问题。

9.3.1.3 非（准）正规金融机构

中国的民间金融有 4000 年的历史，曾繁荣一时，最早出现于夏商时期。明清时代达到了以钱庄票号为标志的鼎盛时期。城市的民间金融以当铺、钱庄、票号为主要表现形式，在农村则表现为当铺。

民间金融是与正规金融相对而言的，也被称为非正规金融机构。主要是指独立存在于我国银行保险系统、证券市场、农村信用社以外的经济主体所从事的融资活动，主要包括民间借贷、集资，典当行，地下钱庄、合会等。近年来四大银行进行商业化改革，撤销了大量在农村的经营网点，使本来就捉襟见肘的金融资源更加稀少；与此相对应的却是农业、农民、农村日益增长的资金需求。供需上的极度失衡催生了非正规金融机构的快速发展。农村民间金融是广大农村经济主体为解决资金需求问题自发开展和形成的，民间金融的发展在一定程度上是遵循市场需求产生的，是由下而上的诱致性制度变迁的结果。民间借贷的发展缓解了农村金融资源供需上的矛盾，缩小了城乡之间在金融资源占有上的差距，推动了农村地区经济社会发展。

（1）民间个体借贷。民间个体借贷泛指民间个人之间的借贷活动。民间个体借贷是一种自发性的金融活动，主要形式有：关系借贷、中等利率水平借贷和高利贷。民间借贷的主要特点是较为分散、利率差异较大且借款形式简单。关系借贷大都是在亲友、同乡、同事、邻居等熟人之间进行，借贷关系完全依靠双方间的感情及信用，无任何复杂手续，多为口头借贷，最多以借条形式予以明确借贷关系，且通常数额较小、利率很低或者没有利率。中等利率水平借贷在农村较为常见，其特点是借贷双方关系不十分密切，仅凭简单手续，如一张借条或一个中间人即可成交，一般数额中等且有中等水平的利率，借款期限由双方约定。高利贷在农村也是较为常见的借贷形式，个别富裕农户以获取高额回报为目的将资金以较高利率借给急需资金的农户或企业。高利贷往往风险较大，并且容易产生不良后果。

早期民间个体借贷主要是为了应对突发性事件如生病，婚嫁、建房等生活型支出，近年来随着农村生活水平的提高用于生产性的借贷需求也逐渐增加。随着国家宏观调控和利率政策调整的影响，民间借贷市场更趋活跃，尤其是在湖北、江西等"三农"问题比较突出的省份以及浙江、江苏等民营经济相对发达的地区这种古老的直接融资形式在我国农村地区重新焕发了生机。

（2）合会。合会是一种以血缘、地缘关系为基础的，具有合作和自发性质的群众融资组织。在国外叫做"轮转基金"，在国内有轮会、标会、摇会等多种形式。合会在我国有着较为悠久的历史，是民间金融的一种重要形式，集储蓄与信贷为一体。一般规定每隔一段时间开会一次，每次筹集发动一批资金，并将资金轮流由某个会员使用，基本上不以盈利为目的。在我国，规模较大的合会主要分布在经济较为发达的浙江、福建等沿海地区。对于合会中的违约事件，通常情况下对违反合会还款规定的会员进行社会排斥，而不会诉诸于法律，除非在大规模"倒会"现象出现后，农民才不得不诉诸法律。

近年来随着市场观念深入人心，非营利的合会也转向了盈利组织，利率通常也是随市场情况浮动。由于性质的转变，合会风险增大，2003 年就出现了曾经轰动一时的福建福安地区的标会倒会事件，此次倒会事件涉及金额约为 25 亿元，而当年福建福安地区的财政收入仅为 2.3 亿元。

（3）私人钱庄。私人钱庄是没有经过国家相关部门批准而设立的以吸收存款为放贷资金主要来源的民间金融机构。因为私人钱庄往往涉及非法运作，如从事外汇买卖、"非法集资""发放高利贷"等，因此在我国是非法的。中国人民银行曾于 2002 年 1 月 31 日发出了《关于取缔地下钱庄及打击高利贷行为的通知》，专门打击和取缔私人钱庄或者类似私人钱庄的非法金融机构。

（4）民间集资。民间集资是指某些社会经济体或者个人，利用其自身信誉，通过一定的形式和方法，筹集社会上各种形式的闲散资金用于投资、生产或者生活的一种经济活动。民间集资有期限长、简便快捷等优点，在很大程度上解决了中小企业融资难的问题。但是对于个体投资者来说，往往是听亲戚朋友介绍"跟风而进"，对筹资者信息知之甚少，于是在投资人与筹资者之间形成了信息的严重不对称，增加了风险，而民间集资是不受法律保护的，出现问题投资者也"呼救无门"。1998 年 4 月，国务院颁布了《非法金融机构和非法金融业务活动取缔办法》，提出了"变相吸收公众存款"的概念，同时设置了"未经依法批准，以任何名义向社会不特定对象进行的非法集资"的条款，其实就是将民间集资定性为非法活动。但时至今日，这种活动依旧在民间普遍存在，2009 年 11 月 23 日黑龙江鹤岗市爆发民间集资危机，100 多亿元人民币人间蒸发，涉及人数超过 20 万人。

（5）农村资金互助社。农村资金互助社（以下简称"互助社"）是由农民或者农村小企业按照自愿原则入股组成的，为社员提供存款、贷款、结算等业务的社区型互助金融机构。互助社实行社员民主管理，实行一人一票的表决制度，通过推选理事会负责日常决策与管理，推选监事会进行日常监督，社员有权通过社员大会理事会与监事会进行批评，乃至罢免。互助社以服务社员为宗旨，谋求社员共同利益，具有合作金融的基本特征。互助社的存在是社会需求和市场选择的结果，表明真正的合作金融仍具有广阔的市场空间和坚实的社会基础。截至2014 年底，经银监会批准设立的农村资金互助社全国已达 49 家。但是，我国农村资金互助社也存在相关法律法规不完善、监管不到位等问题。例如 2011 年初，中国银监会批准的全国首家农村资金互助社——梨树县闫家村百信农村资金互助社，就出现无钱可贷的情况。因此需要尽快制定和完善相关法律法规，规范内部治理机制，建立专门的信贷员制度，充分发挥外部监管的作用，规范政府对资金互助社的合理引导。

（6）典当业。典当是指当户将其动产、财产权利等作为质押物交给典当行即可取得贷款，在约定期限内还款付息并按贷款一定比例支付一笔费用后即可赎回当物的借款行为。目前典当业是合法经营，但存在一些其他形式的民间金融以经营典当业为名目逃避法律监管的现象。

9.3.2 农村金融供给

我国农村金融供给体系的特点归纳起来主要有以下几点：

（1）我国正规金融机构支农力度不断加大。近年来随着中央对"三农"重视度的提高，正规金融机构涉农贷款额呈逐年递增趋势，我国 2007 年 9 月开始正式进行金融机构本外币涉农贷款统计，图 9.2 显示了我国 2008~2013 年农业贷款额。2013 年我国金融机构本外币涉农贷款已达到 34 024 亿元人民币，比2008 年全年的 17 628.82 亿元增加了近48%。我国农业贷款主要包括农业短期、中长期贷款和农副产品收购贷款。主要是由中国农业银行、中国农业发展银行、农村商业银行、农村合作银行、农村信用社等金融机构发放。

（2）国有商业银行逐渐退出农村信贷市场。自 1993 年国有商业银行明确市场化改革的方向以后，各家银行纷纷调整自己的经营战略，不约而同地大量撤并农村地区和欠发达地区的分支机构与营业网点，同时发展方向逐步向城市集中并上收贷款权限。以中国农业银行为例，农业银行曾一直是农村地区最重要的金融机构，但商业化改革以后投向农业贷款比例不断下降，目前已不足总贷款的10%。与此同时，在农村出现了只存不贷的奇怪现象，使本已捉襟见肘的有限资金大量由农村外流向城市建设。近年来，与农村金融机构较快的贷款增长速度相对的是真正投向农村的贷款比例不断降低，正规金融供给对农业及农村发展资金支持力度的不断减弱，不仅削弱了农村经济发展的基础，更不利于整个国民经济的协调发展。

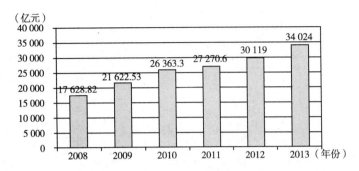

图 9. 2　2008～2013 年金融机构本外币涉农贷款变化趋势

资料来源：历年《中国金融年鉴》。

（3）民间金融信贷繁荣。民间金融是农村土生土长的金融方式，有着悠久的历史，在农村有着很高的地位。一方面，随着农民可支配收入的增加，形成了较强的民间资金供给能力；另一方面所有制形式多元化，个体经济和乡镇企业在发展过程中无法通过正规金融组织得到满足的资金需求，只能求助于民间信用。据银监会统计，中国 1. 2 亿个有贷款需求的农户中，只有不足 50% 的农户能够从正规金融机构取得贷款，大部分农户是通过民间渠道获取资金的。据国务院发展研究中心农村经济研究部调查看，农户生活性借款更多地来自非正规渠道，而生产性借款则较多地由正规金融渠道满足，但即使是生产性借款，近一半的资金需求仍需要通过非正规渠道满足。诸多因素造成了民间金融的繁荣，需要注意的是繁荣背后的监管缺失与高风险。

（4）农信社成为农村正规信贷市场的主体。近些年，随着国有商业银行在农村的大规模机构收缩，形成了农村信用社或者农村商业银行在农村金融市场的领军地位，农信社开始成为农村正规金融机构的主体，中央也在资金和政策方面积极扶持农信社。虽然商业银行的退出导致大量金融真空，审慎的农村金融市场准入机制，提高了农村金融市场的金融门槛，形成了农信社的垄断地位。表 9. 3 表示了农信社的各项经济指标。

表 9.3　　　　　　　　　　　　　农信社经济指标

年份	机构数（个）	职工数（人）	存款（亿元）	贷款（亿元）
2003	33 979	675 711	23 710. 2	16 978. 69
2004	32 869	651 664	27 289. 10	19 237. 84
2005	27 101	627 141	27 605. 61	18 680. 86
2006	19 348	634 659	30 341. 28	20 681. 90
2007	8 509	716 058	35 167. 03	24 121. 61

续表

年份	机构数（个）	职工数（人）	存款（亿元）	贷款（亿元）
2008	4 965	583 767	41 548.86	27 452.32
2009	3 056	570 366	52 580.55	54 924.95
2010	2 646	550 859	50 409.95	33 972.91
2011	2 265	533 999	55 698.92	36 715.91
2012	1927	502 829	59 724.84	38 370.09
2013	1 803	473 874	65 119.50	41 167.62

资料来源：历年《中国金融年鉴》。

（5）农村金融信贷区域差异显著。虽然同为农村地区，但各地经济发展水平的差异造成了农村金融市场发育程度的不同，导致我国农村金融供给在区域布局上的不均衡性：金融机构主要分布在东部沿海发达地区，东部经济较发达地区农村金融机构的区域布局和农村商业金融发展较为合理，农村金融商品的供给较为充分；反之，中西部地区尤其是农村地区金融机构分布密度较小，布局也不够合理。

（6）非正规金融机构地位不被政府认可。从前文的介绍来看，我国农村的非正规金融机构多为民间私下成立，有些甚至是国家明令禁止的，这与民间金融在农村的地位是极其不符的。主要原因在于大量不法分子利用正规金融机构留下的空白以进行诈骗等非法活动，造成了恶劣的社会影响，影响了民间金融正规化的步伐。

9.3.3 农村信贷需求

农业是整个国民经济的基础产业，但其准"公共物品"的特性决定了农业发展离不开政府的扶持。在我国，1978 年至今国家财政对农业支出总额增长了几十倍，但从 1980 年到 2009 年的 30 年中支农资金占财政支出的比重基本维持在 7%～8%之间，直到 2009 年才开始有所上升（如图 9.3 所示）。近年我国粮食产量年年攀升，增长缓慢的支农力度与高速发展的农业不匹配造成了农户贷款难的局面。

农户同时是一个生产经营单位和生活消费单位，既需要生产性借款，又需要生活性借款。农户生活性借款主要用于看病、教育、婚丧嫁娶、建房等；生产性借款分为农业生产借款和非农生产借款。据国务院发展研究中心农村经济研究部调查表明，农户生活性用途的借款笔数占了有效样本的 58.2%，而生产性用途的借款笔数占到了有效样本的 41.8%；生活性借贷需求的平均规模（6 329 元）

远小于生产性借贷的平均规模（11 826 元）。从总体上看，农户的生活性借款占借款总额的比重为 40.9%，而生产性借款占借款总额的比重为 54.6%。从借款用途的结构看，借款最主要的几项用途依次是孩子教育、购买农资、看病、建房和发展工商业等，分别占了借款笔数的 27.8%、18.5%、15.4%、11.6% 和 11.3%。

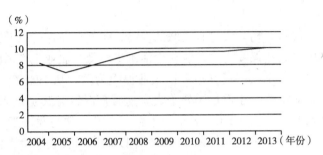

图 9.3　支农支出占财政收入比例

资料来源：历年《中国统计年鉴》。

在我国，农村中小企业已成为农村经济增长的主体，占据着经济增量的"半壁江山"。调整产业结构，增加农民收入，必须要走农业产业化之路。农村中小企业的发展影响着新兴经济的演进过程，地位举足轻重。农村中小企业在改革开放后发展迅速，对国民经济发展贡献较大，但资金供给问题却一直未能得到有效解决，融资难已经成为制约农村中小企业发展的主要原因。

中小企业融资难的症结主要在农村资金缺乏，信贷投向偏离农村领域。据相关部门统计，全国银行机构存款资金 40% 左右来源于县及县以下，与此形成鲜明对比的是用在县及县以下的贷款却不足其来源的 20%。实际上，乡镇企业对经济的贡献要明显大于金融的支持力度，大力发展乡镇企业有利于解决农村劳动力问题和提高农村收入，对国民经济的发展大有裨益。

农村中小企业要发展需要充足的资金，但中小企业自身发展不足、管理理念和生产方式都比较落后，财务运行机制和资产状况与信贷机构的放款条件仍有相当的距离。近年来我国资本市场逐渐繁荣，通过资本市场获取资金已成为企业获取资金的重要渠道。但是纵观近年我国农业类企业上市之路，农业类企业上市公司数量少，获取资金在资本市场所占比重小，难以满足农业企业发展的需求。我国股票市场起步较晚，1990 年、1991 年上海证券交易所和深圳证券交易所分别成立，而发展资本市场的目的又是深化国有企业改革，以国有经济为重点支持对象，造成股票发行"门槛"较高，农业部门与非农业部门的股票资源分配不均衡。

9.4　农村保险

9.4.1　我国农村保险概述

农村保险是泛指一切与农村有关联的保险，包括农业保险以及其他在农村推行的险种，其中以农业保险为主。农村生活水平较低，农业生产风险大，于是和农村相关的保险一直难以广泛开展。以农业保险为例，从 1985 年起，农业保险赔款占全国保险业赔款的比重总体处于大幅递减情况，尤其是进入 21 世纪以后甚至降至不到 0.5%，直到 2007 年开始才有所回升，这与我国近年保险业迅猛发展是积极不协调的。图 9.4 显示了 2006 年以来我国农业保险占保险赔付比例的快速增长趋势。

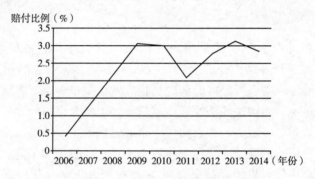

图 9.4　农业赔款占保险赔付的比例

资料来源：历年《中国统计年鉴》。

我国幅员辽阔，各地气候迥异，农作物种类繁多，生产以小规模生产为主导，同时由于农业保险长期不被重视，缺乏有效的农业损失历史数据，造成保险费率难以准确厘定，再加上保险销售管道有限，造成农业农村保险供给不足。再保险是农业保险分散风险的重要方式，但是我国保险公司难以将农业风险转移给国际再保险公司，自留了较高的风险敞口。究其原因，一方面由于我国历史损失资料有限，损失评估困难重重；另一方面我国农业保险缺乏固定法律、法规的约束，例如畜牧业保险，当遭遇类似猪瘟，蓝耳病等灾害时，政府下令对牲畜进行捕杀，但其后的补偿等规定却不够明晰，造成损失评估无法进行。

保费补贴是世界各国所认可的一种支持保险业发展的方式，WTO（世界贸易组织）在 1994 年的自由贸易协定中就允许成员国为农业保险提供补贴，目的是为了帮助农民减轻气候和自然灾害造成的经济损失。保监会提出了"政府引导、政策支持、市场运作、农民自愿"的原则支持农业保险发展。2015 年，中央财政对我国农业保险补贴力度继续加大，对于种植业保险，中央财政对中西部地区补贴 40%，对东部地区补贴 35%，对新疆生产建设兵团、中央单位补贴 65%，省级财政至少补贴 25%。对能繁母猪、奶牛、育肥猪保险，中央财政对中西部地区补贴 50%，对东部地区补贴 40%，对中央单位补贴 80%，地方财政至少补贴 30%。对于公益林保险，中央财政补贴 50%，对大兴安岭林业集团公司补贴 90%，地方财政至少补贴 40%；对于商品林保险，中央财政补贴 30%，对大兴安岭林业集团公司补贴 55%，地方财政至少补贴 25%。中央财政农业保险保费补贴政策覆盖全国，地方可自主开展相关险种。现在我国提供农业保险的公司既有包括中国人民保险公司、中华联合财产保险公司在内的大型综合性财产和意外险公司，还有如阳光农业相互保险公司、安信农业保险公司、安华农业保险公司及国元农业保险公司等专业性农业保险公司。中央财政已将农业保险保费补贴政策推广至全国，有 15 个关系粮食安全的品种被纳入中央财政补贴险种。此外，各级政府也根据各地实际情况对其他一些险种予以补贴。

9.4.2　农村保险的必要性

我国人口众多，对农产品的依赖度高、消耗大，同时也是农产品生产大国之一。据联合国统计，中国粮食产量占全球 1/5，肉类产品产量占全球 1/3，水产品产量占全球的 1/2 以上，水果蔬菜产量占全球 1/4。我国有 3.2 亿农村劳动力，农业产值达 47 486.2 亿元人民币，约占我国国内生产走总值的 10.04%。食品安全不仅仅是经济问题更是一个重要的政治问题，充足的农产品生产是中国健康发展重要的根基和保证。但是近年来我国人口持续增加，而耕地面积不足，水灾、旱灾和风灾等自然灾害出现频率持续增加，生产的减少趋势与需求的增长趋势形成了鲜明的不和谐。在过去 10 年里，干旱、水灾、台风、虫害和疾病每年毁坏我国大约 10% 的农作物，图 9.5 显示了我国最近 10 年的农田受灾面积，从图 9.5 中可以看出，我国农田受灾面积巨大，每年的受灾面积约为 4 亿公顷到 5 亿公顷，这对于一个人均耕地面积不到世界平均水平 40% 的人口大国来说，无疑是雪上加霜。同时也从侧面反映出大量风险单位的存在为农业保险的实施提供了可能。

随着近年我国农村经济的迅猛发展，农业保险需求呈现出明显的增加趋势，尤其在较为发达的农村地区，保险公司现有农业保险险种已经不能满足农村日益增长的农产品多样性需求。而现有险种和补贴险种通常是关系国计民生的，产品价值往往不高，而一些新型的作物或者养殖业产值大、风险高，农民往往是倾尽全力贷款开展，一旦出现问题，农民将有可能血本无归。例如在 2009 年 11 月山西省的一场大雪，摧毁了太原市晋源区姚村镇北邵村的养殖基地，农民新引进的蝗虫养殖大棚和名贵花卉大棚损失惨重，全村农户平均损失在 10 万元左右。此前该村农户多次到保险公司要求投保，但均以没有这项业务或是风险太高为由被拒保。此外还有在浙江农村出现的"农村建房险"，随着农村生活条件的提高越来越多农民开始建造楼房，但是跟城市建筑方式不同的是，农民建房习惯是找本地的泥水匠、木匠，他们没有正规的安全防护及设备，发生意外风险的概率很高。于是"农村建房险"应运而生，并且在当地备受追捧。此外，随着农业机械化的提高，出现的农村机械类险种以及与此相关的责任险；养殖业的创新催生的如蝎子、蛇、蟾蜍等有毒物种的责任险等；还有农村个人的寿险、投连险等都将在农村大显身手。农村保险对于农民增收，农民生活水平的提高是十分重要的。农村相关保险既是保障我国基本粮食作物生产、分担各地政府受灾压力的重要利器，也是农村创业增收的保障，对于我国建设新农村，发展高科技农业，优化农业品种等都将起到巨大的促进作用。

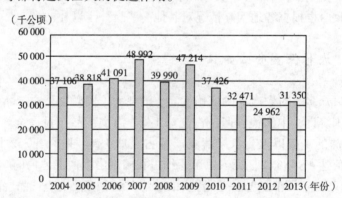

图 9.5　我国农田受灾面积统计

资料来源：中华人民共和国统计局数据库。

9.4.3　我国农业保险发展的建议

（1）重视农村保险在我国农村金融发展中的重要地位，推进农村保险的发展。保险是风险分散的重要方式，对于解决"三农"问题中农业的高风险问题是一种很好的解决方式。农村金融发展迟缓的一个很重要原因就是农村信贷的高风险和不良贷款率的持续走高，保险通过收取保费将风险从单个风险单位分散到众多风险单位，使遭受风险的个体的损失得到补偿。就农业信贷而言，放贷主体的贷款得到了基本的保障。随着经济的发展，农民的民生问题同样离不开保险，基本的社会保险制度和商业保险制度将使农户有效规避突袭的天灾人祸。积极发展农业保险对于促进农村金融的发展、提高农户生活水平都具有重要的意义。

（2）农村保险险种需要不断创新。农村保险需要根据农业生产和农村生活的现实以及各地区的具体情况有所创新、逐步规范和发展。现在中央大力提倡高科技农业，但是高科技农业的高风险使很多农民望而却步，这就需要农业保险作为坚强后盾。高科技农业是未来农业发展的趋势，对于保险公司来说也是巨大的市场和难得的机遇。因此，根据各地的实际情况，设计符合当地发展的险种将是我国农业保险发展的重要方向。

（3）通过各方的努力逐步在我国农村建立一种政策性农业保险与商业性农业保险相结合的制度。在农村可以先以政策性保险解决农村基本保险需求，然后根据各地农村需求，将商业保险的领域扩大到有条件的农村，逐步提高保险水平，开展更高层次的保险业务，满足不同层次农民的需求，在农村建立起医疗、养老、失业、财产等整套商业保险体系。

（4）建议首先由国家出资组建专业的中国农业保险公司，担负国家政策性保险业务，建立农业保险信息系统用以专业统计分析我国农业损失数据，为我国的农业保险险种设计提供数据资源。同时与国际再保险集团合作，做好我国农业再保险工作。

（5）支持建立农业互助合作保险组织。相互保险公司建立的目的就是在成员之间进行相互保险，是不以营利为目的的组织。这是一种符合农业保险这种低利润行业的机构组织形式。其好处就是承保风险针对性强，保险费率低，可以因地制宜，针对当地风险设计保险同时保费又比较低廉

（6）采取强制保险和自愿保险相结合，政府保险的方式。强制保险的一个好处就是可以降低道德风险和逆向选择，同时参保标的数量增加又可以使风险在更多风险单位之间分散。笔者认为对关系到国计民生的农作物可以实施强制性保险，而其他险种则可以由各地、各农户根据自身条件进行自愿投保。补贴保险是被大多数国家政府所认可和实施的重要支农措施，政府应该对政策性保险加大补贴力度，对于自愿保险要分类补贴，对于高科技农业项目和清洁农业项目要积极补贴，调动农民发家致富和产业升级的热情。

9.5　我国农村金融的改革创新

近年来，针对我国农村金融发展缓慢，信贷资金供给不足等问题，我国在农村金融的多个领域积极开展了改革创新实践，通过多样化的信贷产品、灵活的信贷方式和更加广阔的服务领域，在解决农村合作经济组织、中小企业和农民融资难等问题上取得了较大成效。

9.5.1 "九农"金融体系的创新

自 2009 年以来，北京市进一步加大了农村金融改革创新的力度，围绕建立现代农村金融体系，在全国率先构建和完善了现代农村金融结构，形成了较完善的"九农"现代农村金融体系，农村金融工作取得了突破性的进展。所谓"九农"指的是农村信贷、农业保险、农业投资公司、农业产业基金、农业担保、农村信用环境、涉农企业上市、涉农要素市场、农村金融综合改革实验区 9 个方面。北京市以农村信贷为核心、以农业保险为保障、以农业投资公司为指导、以农业产业基金为引导、以农业担保为支撑、以农村信用为基础、以涉农企业上市培育为衍生、以涉农要素市场为平台、以农村金融综合改革实验区为示范，积极推进农村金融创新工作。2010 年，北京市发布了《关于金融支持首都率先形成城乡一体化发展新格局的指导意见》，充分发挥金融在首都城乡经济社会发展一体化中的积极作用。同时，北京市推动新型农村金融组织设立，包括村镇银行、小额贷款公司、农村资金互助社、"三农"信贷专营机构、农业产业基金等，北京市在大兴区还设立了全国农村金融改革试验区。

9.5.2 担保模式的创新

2003 年，瑞安市供销合作社与市财政局共同出资成立了农信担保公司，成为我国农村金融组织模式较早的创新尝试。目前，已有辽宁、吉林、江苏、山东等地成立了农信担保公司，探索了一条解决农村融资难的新路。以金华市金东区农信担保有限公司为例，成立 3 个月就为农业龙头企业、转移合作社和种植大户提供贷款担保 53 笔，累计担保金额 1500 多万元，为推进农业担保体系建设和农业产业化做出了贡献。

农信担保公司具有一些更适合农村金融的优点：

（1）农信担保公司一般由供销合作社、政府扶持，资金使用具有针对性。农信担保公司一般是在农村合作经济组织联合会的基础上，为解决会员单位和农民在经营活动中存在的融资难问题，由供销合作社牵头，联合有关组织、当地的农业企业、种养大户共同出资，并争取政府部分配套资金组建起来的。如 2003 年浙江瑞安市供销合作社联合部分农村专业经济组织成立了农村合作经济组织联合会，以此为基础注册成立了农信担保公司，注册资金 500 万元，供销社和市财政各占 51% 和 49% 股份；又如由金华市希望果业专业合作社牵头成立的金东区农信担保有效公司以服务该合作社的成员为主，有效地解决了当地果农扩大规模、开拓市场的资金需求，在金东区农信担保社的帮助下，该合作社的柑橘行销北京、天津、东北以及俄罗斯,年销量5 000吨,销售额超过2 000万元,极大地促进了当地农村经济的发展。

(2)缓解了农村信贷资金城市化的问题,提高了政府补贴的使用效率。农信担保公司的运作机制为:成立后需要与一个或几个金融机构合作,将注册资金存入金融机构然后并以此为担保金,获得3~10倍的贷款,然后由金融机构向农信担保公司推荐的客户发放贷款。以瑞安市担保公司为例,该农信担保公司成立时,市财政占49%的股份即245万元,以此为担保,农村信用联社向农户发放贷款2 450万元,并且还将提供40%的利率优惠,使政府的支农资金真正用在了实处。同时农信担保公司作为专门的信用担保机构有效解决了因为农户经营风险大、缺乏有效担保物而造成的金融机构惜贷现象,由于农信担保公司由当地供销社牵头,对有资金需求的农户的经营情况、信用状况等都比较了解,从而为金融机构省去了尽职调查的环节并有效降低了信息不对称带来的风险,提高了金融机构向农村放款的积极性。

(3)拥有健全的风险防范机制。一是进行反担保。即对农村房屋产权证通过房管部门登记后作为反担保抵押,提供农用运输车、机器设备等其他物权进行反担保,由当地村干部或有一定经济实力的人员提供反担保以及专业合作社社员互保等等。二是分解代偿风险。如瑞安市担保公司与信用社达成协议,当贷款逾期3月后仍未能收回,担保公司承担80%代偿责任,信用社承担其余的20%。三是建立风险准备金。公司产生利润后,按年末担保责任余额的5%于税前提取风险准备金。四是严格贷后监督和服务。加强对已授信农户的更总管理,不定期地对已授信农户的生产经营和信用使用等情况进行走访了解,及时掌握已授信农户的资金使用投向、经营状况,分析其还贷能力,发现有不良贷款苗头,及时采取措施加以防范。

9.5.3 金融产品创新

(1)基于联合增信的联保贷款创新模式主要依靠信用协会或信用合作社等共同体,运用联保、担保基金和风险保证金等联合增信方式,为协会成员提供金融服务,满足其融资需求。比如,湖北推出"行业协会 + 联保基金 + 银行"信用模式,由当地粮油协会组织会员缴纳联保基金,共同承担联保责任,形成风险共担的联合担保体;农村信用社则以贷款担保金为基数,按照1∶4的放大比例对会员进行授信。

(2)紧密结合当地经济发展的实际及特点,各地金融机构还开展了形式多样的农村金融服务创新。如福建省利用本地丰富的自然资源大力推动林权抵押贷款、海域使用权抵押贷款、渔业船舶所有权抵押贷款等创新信贷产品,并着力推动由市场主体自发组成的农村担保机制创新；河北省推出了符合本省农业生产特点的"公司＋基地＋农户"的支农模式，并积极拓展了仓单质押贷款、棉包质押贷款、农合组织社员联保贷款等 10 多种产品；内蒙古自治区为满足农牧区多元化、多层次的融资需求，推出"信用协会＋互助基金＋风险补偿基金＋农业保险＋银行信贷"的"五位一体"信贷运行新模式；农业大省河南省推出适合"三农"特点的"一次核定、总额控制、随用随贷、周转使用、到期归还"的循环授信模式、"信贷＋担保协会＋风险补偿＋保险"模式、"订单＋信贷"模式，并针对外出务工人员发放返乡创业贷款。

（3）为有效满足农村金融服务需求，各地区涉农金融机构还以银行卡业务为依托，升级软硬件系统，实现银行卡"通存通兑"功能，并针对农村金融服务需求特点进一步扩充银行卡功能，不断提升农村金融服务的质量和效率。为改进农村金融服务，农业银行吉林省分行、重庆分行开展了一系列金融服务创新试点工作：一是推出"乡镇自助银行＋流动客户经理组＋社会协作"的农村金融服务新模式，延长金融服务半径；二是推行信贷业务调查、审查、审批"一站式"办理，提高金融服务效率；三是依托于"金穗惠农卡"，围绕现代特色农业产业链条和连锁农资公司，打造和完善用卡环境，解决农户用卡难问题，实现惠农卡客户市场整体覆盖，贷款、代理、支付功能整体覆盖。

（4）保险品种的创新。"苹果保险"和"借款者意外伤害"保险是陕西省金融机构根据当地特点创新的保险品种。前者的保险标的为繁育正常和管理规范的成龄挂果树，保险期限 1 年，保险责任包括暴雨、洪水（政府行蓄洪除外）、内涝、风灾、雹灾、冰冻等无法抗拒的自然灾害造成果树生长期内的直接成本损失，保险费为 80 元/亩，果农和财政各承担 50%，即农民 40 元/亩、财政补贴40 元/亩。而"借款者意外伤害"保险的投保对象主要是农户、农村个体经营者和农村经济组织法人等借款者，信用社在营销贷款时，向借款人宣传此保险产品，征得借款人同意后，办理借款者意外伤害保险，当借款人发生意外伤残或身故，无力履行还款责任时，由保险公司代为履行还款职责。

9.5.4　组织机构的创新

农村金融的增量改革，以组建村镇银行、小额贷款公司和农民资金互助组织为核心，着力于整合区域内的金融资源，鼓励新型农村金融的股权结构多元化，对动员民间资本、盘活金融资源起到了积极的作用。以宁夏的农村金融创新为例。宁夏第一家村镇银行吴忠市滨河村镇银行于 2008 年 8 月正式营业，注册资本金 3 818 万元，发起行为石嘴山市城信社，出资 786 万元，占总股本的20.12%，另外还吸收了 13 个自然人和 4 个法人的股本，其中陕西长陇石化出资

300 万元，占总股本的 7.8%，其他企业法人也大部分是外地企业，充分利用了区域外资本。滨河村镇银行成立仅 4 个月就有 686 个存款户，共计 3 583 万元，户均存款 6 万元；发放贷款 76 户，共计 2 565 万元，户均贷款 33.75 万元。滨河村镇银行坚持"立足地方、支持'三农'、服务高效、坚持微小"的市场定位，以灵活的机制和规范的管理服务于吴忠农村金融市场，极大地提高了当地农户、农村中小企业和农民专业经济合作组织信贷的可及性。

宁夏回族自治区金融办在推动小额贷款机构的试点过程中，特别强调小额贷款机构根据区域经济发展水平和当地农户需求的实际情况，进行经营管理和金融产品等方面的创新。银川掌政农村资金物流调剂中心成立的基础是 200 户农民的资金互助，但其中又吸收了几个民营企业的股份，且经营部分物流业务，比如为农民提供化肥、种子等方面的采购服务。所以掌政镇农村资金物流调剂中心是一个非常特殊的小额贷款机构，它是以农民资金互助合作为基础，以民间资本为主导，以市场化运作机制为保障，以扶贫性金融为手段，将农民信用合作、商业性小额贷款、农资物流调剂三者密切结合而构建的一个"三位一体"的商业化、可持续的微型信贷机构。2009 年初，掌政农村资金物流调剂中心在自治区金融办的指导下进行了增资扩股和内部治理规范化，实现了关联企业退出，吸引新的企业法人加入并实施企业联保；理事会进行了规范化改组，理事会成员 7 人，其中农民 4 人，农民任理事长和法人代表；设资格股、互助股（贷款额度与股份额度成一定比例）、投资股（可以投资分红，但无话语权）。掌政农村资金物流调剂中心秉承"植根乡土、关怀民生、日新其德、中道笃行"的企业理念，在提升当地农民信贷可及性、扶持当地农民增收创业方面，产生了良好的经济和社会效益。

第 *10* 章

中央商务区（CBD）金融

中央商务区（Central Business District，CBD）这一概念最早由美国学者伯吉斯（Burgess）在其 1923 年创立城市地域结构的"同心圆模式"中提出，当时定义为"商业汇集之处"。现代意义上的 CBD 集中了大量金融、商业、贸易、信息及中介服务机构，拥有大量商务办公、酒店、公寓等配套设施，具备完善的市政交通与通信条件，是便于现代商务活动的场所。国内外 CBD 建设发展迅速。纽约曼哈顿 CBD、巴黎拉德方斯、伦敦、东京新宿副都心、新加坡、香港中环、法兰克福、悉尼等大都市已经在 20 世纪后半叶基本形成自己的 CBD。中国著名的 CBD 包括北京 CBD、上海陆家嘴 CBD、广州天河 CBD 等。截至 2015 年底，全国主要大中城都在兴建自己的 CBD，例如福州、贵阳、南宁等。

随着世界经济的发展和交易规模的扩张，CBD 的职能发生了很大变化：一开始是零售业的集聚，而在金融业日益主宰资本市场的条件下，由于大量商业活动的需要，大量金融机构在商业街或购物中心周围云集，并形成城市金融中心和最便利的资金融通市场。又由于金融机构的聚集而吸引了更多类型的商务机构集中于此，从而构成了 CBD 的基本形态。

10.1 国内外 CBD 金融研究综述

10.1.1 关于金融地理学的研究

CBD 金融集聚和 CBD 的地理位置是极其相关的，金融地理学是一门经济学和地理学的交叉学科，是金融集聚的基础理论之一。目前国内的相关研究很少，绝大部分研究都见于经济地理学中。

劳拉詹南（Laulajainen）认为金融地理学是在经济地理学的基础上产生的，主要是把地理和空间因素运用到金融领域中。张凤超（2006）提出了金融地域运动理论，金融地域运动理论就是以金融地理学为基础，依靠研究金融的地理属性，得出金融是由"金融地域差异"向"金融地域运动"发展的。其理论为研究 CBD 金融集聚以及区域金融提供了理论的借鉴和依据。

10.1.2　关于金融集聚形成动因的研究

CBD 金融集聚成长的动因在于发掘金融集聚的特点及优势，并总结出适合 CBD 金融集聚的城市类型，关于金融集聚成长的动因的分析研究有三种：

第一种是关于其内在动因的研究。其中金融地理学中的信息流理论是广为专家认同的理论。信息流是形成金融集聚的关键因素，因为金融业是属于高增值的信息产业。波蒂尔斯（Porteous）关于金融集聚中信息流作用的观点，认为可以从"国际依附性""信息外在性""路径依赖""不对称信息"和"信息腹地"5 个方面来解释。有些学者将微观经济学的规模经济理论运用到金融集聚形成的动因分析上，认为行业内之间协作、基础设施和信息的共享形成的规模经济推动金融集聚形成。此外，认为地理位置、经济环境、政策因素也是金融集聚形成的内在动因。

第二种是关于区域金融成长的研究。从某种意义上来说，也是对金融集聚的动因分析。张凤超、王亚范等认为区域经济的发展和区域金融的发展之间相互促进，区域经济的发展为区域金融的发展提供了条件，区域金融的发展也促进了区域经济的发展。张凤超依据金融产业成长阶段和金融特征，将城市划分为三种金融级别类型：金融支点、金融增长极及金融中心。

第三种是产业集聚成长的动因分析，这为金融集聚的动因分析提供了借鉴。例如马歇尔针对产业集聚提出的空间集聚外在性理论，就可以用来解释金融集聚。

10.1.3　关于金融中心的研究

金融中心是金融集聚的目标，关于金融中心点的研究主要包括金融中心形成动因、政府在金融中心形成过程中的作用、金融机构区位选择的影响因素和国际金融中心的发展历程。

对金融中心形成动因分析中，一些专家学者从集聚理论和外部规模经济两个角度来解释的。金德尔伯格（Kindleberger）认为金融集聚促进了跨地区的支付效率和跨地区的金融资源的配置效率，这就是集聚效应。另外，他还认为金融集聚节约了资金、为融资和投资提供了便捷，由此分析了金融集聚促进金融中心形成的机制。杨晓凯通过一系列的假设建立了一般均衡模型，在模型中构建了城市化和分工演进的关系。最终得出结论：如果居民都集中在一个小范围的城市，那么交易距离的缩短，会促使交易效率大大提高，进一步会引起分工效率与生产力水平的提高。潘英丽（2003）认为，金融集聚会提高市场流动性，并降低融资成本和投资风险，从而形成了规模效应和集聚效应。冯德河，葛文静（2004）构建了"轮式模型"，认为三种推力（供给因素、历史因素、城市因素）和两种拉力（科学技术、经济发展），以及地方政府公共政策的作用力促进国际金融中心成长，这些会加速金融中心的形成。

关于金融机构区位选择的理论，戴维斯（E. P. Davis, 1988）是第一个将企业选址理论与金融中心研究结合起来。潘英丽（2003）在企业选址的理论基础上，研究了影响金融机构选址的因素并进一步分析了供给因素、需求因素以及技术因素对金融中心区位选择的影响。蒋三庚（2006）则认为金融集聚是现代服务业集聚的一种类型。现代服务产业的集聚首先体现为企业的集中，接着是产业的集聚，最后达到集群。现代服务业的集聚与制造型产业的集聚是不同的，对于金融服务行业，由于需要和客户接触，因此金融机构的选址非常重要。另外，蒋三庚提出 CBD 的发展是有生命周期的，一个城市的空心化会导致商务成本的增加，当企业不能负担这种成本而逐渐衰落时，会造成企业的外移。

关于政府作用的分析中，经济史学家格拉斯（Gras, 1922）提出都市发展阶段理论，他认为金融业的发展处于城市发展的最高阶段，这为发达地区政府建设金融中心提出了理论依据。潘英丽（2003）认为，政府可以在金融中心建设中发挥积极重要的作用，具体体现在：政府可以提供良好的政治经济环境、监管环境、通信网络设施建和基础设施建设等。宗晓武（2008）认为金融集聚无论是自发形成还是由政府规划的，政府的支持都必不可少，政府在土地规划、产业政策、市场管理等方面的扶持以及必要的基础设施投入，甚至直接的科技投入、技术投入等，使金融业迅速发展，形成集聚。

10.2　CBD 金融集聚的分类

CBD 的金融集聚按照不同的标准可以有以下几种分类：

（1）按照 CBD 产业的构成，可以分为单一型金融集聚和混合型金融集聚。

（2）按照 CBD 发展模式的不同，可以分为市场主导型金融集聚和政府主导型金融集聚。

（3）按照 CBD 不同种类的金融机构分类，又可分为银行业金融集聚，证券业金融集聚和保险业金融集聚。国内外典型 CBD 金融集聚划分，如表 10.1 所示。

表 10.1　　　　　　　　　国内外典型 CBD 金融集聚类型划分

CBD 金融集聚区	以产业划分		以发展模式划分	
	混合型	单一型	市场主导型	政府
纽约曼哈顿	√		√	
巴黎拉德芳斯	√			
伦敦金融城		√	√	
卢森堡金融区		√		√
东京新宿	√			√
香港中环	√		√	
法兰克福萨克森豪森	√		√	
北京 CBD	√			√
上海陆家嘴		√		√
广州天河 CBD	√			√
重庆解放碑 CBD	√		√	

10.2.1　单一型和混合型 CBD 金融集聚分类研究

（1）单一型金融集聚 CBD。单一型金融集聚 CBD，是指 CBD 区域内单一的以金融业形成产业集聚，金融业占绝对优势，围绕金融业形成了特色鲜明的现代服务业集群，一般具有以下特点：

第一，金融产业是主导产业。如伦敦的金融城、北京金融街、卢森堡金融区等，均为典型的金融业总部经济集聚区。

第二，围绕金融产业形成了完善的金融产业链。以伦敦的金融城为例，金融城不仅拥有大量的商业银行、证券公司、保险公司等机构，还设有全球最大的金融交易场所和期货市场。金融机构背后拥有大量的数据中心、银行卡中心以及灾备中心，从而形成了完整的金融产业链。

第三，金融产业业务彼此接近，有利于相互合作和创新，并且区内的经营和管理相互模仿和同构化，促使集聚区更加成熟稳定。

单一型金融集聚 CBD 对区域资源有较高的要求，不仅需要大量的金融专业人才和管理人才，而且一般建立在市场、信息发达的地区。另外，区内产业相对单一，这些就会导致产业转型和升级存在较大的风险。

（2）混合型金融集聚 CBD。混合型金融集聚 CBD 是指区内聚集着众多种类的支柱行业和配套行业，并且形成了一个产业关联度较高的产业群。混合型CBD 金融集聚区不仅是城市中金融、贸易的高度集中的区域，而且具有高档的商业、文化娱乐和现代服务业等配套行业。在产业上具有多元性，地域上具有多核性，功能上具有综合型，具体说来，有以下特点：

第一，多种类产业集聚发展。混合型金融集聚CBD不仅集聚了金融和贸易等现代服务业，还涉及了一大批制造业的企业总部、研发中心以及营销中心。在这类CBD的形成初期，传统的制造业是主要的产业形态；随着这些企业集聚逐渐发展成熟后，金融业得以不断集聚和发展，CBD内产业结构逐渐发生重大变化，以金融集聚为主要产业形态的现代服务业集聚逐步取代了制造业的地位，成为了主导产业。

第二，不同产业之间紧密联系。混合型金融集聚CBD不同产业之间相互依赖，关联度高，彼此间的来往频繁，产业之间产生了良好的服务和合作关系，从而推动了CBD区域的集聚效应。

第三，对其他服务业的需求大。混合型金融集聚CBD产业的多样化特点决定了不仅需要高质量的金融集聚，而且需要CBD内会计、审计、咨询、法律等现代服务业以及餐饮休闲娱乐等一般性服务业的共同发展。比如东京的新宿，虽然金融保险业是新宿的主要行业，但同时附近还有银座、秋叶原等高度发展的现代服务业及休闲娱乐中心。

目前，大多数CBD都是混合型金融集聚，这类集聚区不仅需要注重不同产业之间的关联性，而且要重视基础产业和现代服务业的共同发展，同时不断加强金融集聚区对周边地区的辐射作用。

10.2.2 市场主导型和政府主导型CBD金融集聚分类研究

（1）市场主导型CBD。市场主导型金融集聚是由历史因素和市场自发产生的，是需求推动型的发展模式，多是一些老牌CBD形成的集聚方式，如英国的伦敦、美国的曼哈顿等。

市场主导型CBD的特点：

第一，CBD的位置与城市中心区十分吻合，是全市高层建筑密集区之一，建筑密度、高度随着离CBD中心距离的增加呈梯度衰减；

第二，高地价、高租金特征明显，而且存在较为明显的地价峰值点（PLVI）或者峰值地块，同样存在着梯度衰减；

第三，业态种类繁多，综合性强，大量集聚生产性服务业、分配性服务业和制造业商务机构，业态空间格局按照承租能力的高低规律性分布在CBD内部；

第四，CBD的外形受地理条件和城市空间条件影响较大，空间上的变动方向、程度与城市各时期经济发展特征相关，边界模糊，地块零碎不规整。

在初期，集聚都是由市场自发形成的，随着集聚规模的不断增大，常会发生集聚的负外部性，例如空间布局不合理、环境及拥挤等社会问题，所以后期往往需要政府的规划，这样才能推动 CBD 的金融集聚。香港中环就是典型的代表之一，到 20 世纪七八十年代，中环由制造业为主转化为以金融服务业为中心。

（2）政府主导型 CBD。政府主导型 CBD 是指在城市之内，原来没有 CBD 发育迹象或者缺乏商业、商务活动集聚的区域中，城市政府借助规划设计的手段，确定 CBD 的选址、规模、功能、结构、外形等要素，通过城市财政直接投资公共设施，同时招商引资，吸引市场资本建设商务办公和商业设施，诱发商务、商业活动集聚，快速形成城市 CBD 的过程。政府主导性金融集聚是政府通过规划开发引导的金融集聚，是供给拉动型的集聚模式。政府为金融集聚提供了良好的环境，空间布局也相对较为合理。

政府主导型 CBD 的特点，有以下 4 个方面：

第一，政府承诺。即进行金融中心的准备工作，指明发展目标与方向。各国（地区）政府对建立国际金融中心的可行性进行分析论证后，会制定启动和发展金融中心的总体规划，明确发展目标和各阶段任务，向社会公布。例如，中国台湾地区在 20 世纪 80 年代初开始构想在台北建立区域性国际金融中心。台湾于 1982 年 7 月核定了《提高台湾在远东地区经济地位方案要点》，随后根据该方案 1986 年正式成立了境外金融中心。

政府向社会公布的发展规划包括建立国际金融中心的中、短期目标以及改革的各个阶段及其具体措施，虽非法律文件，却具有政府承诺之性质，表明政府建立国际金融中心的态度和决心。

第二，政府立法。国际金融中心的建立实质上是一国金融体制进行市场化和国际化改革的系统工程。整个改革进程起始于制度的变更，主要是相关法律的废、改、立。政府对此发挥了主要作用，即敦促立法机构修改旧法、出台新法律；在立法权限内制定或修改法规。在采用国家建设模式的国家（地区）内，关于金融改革的法规多由政府撰写草案，直接立法。

第三，政府推动。由于采用国家建设模式的地区金融体系尚不完备，金融运行环境落后于其他先行地区，如何吸引资金、鼓励运作便成了一个令人头疼的问题。对此，政府以两种方式为金融集聚区建设提供推动力量：一是出台创新市场或业务的政策；二是出台优惠政策。前者允许并鼓励开辟新的金融市场或金融业务，以有对无，取得新创优势。

第四，政府监管。金融风险与金融的市场化和国际化进程相伴相随，这就要求政府监管金融市场，维护公平竞争，制裁违规操作，以防范或抵制金融风险，使金融市场得以稳定地向前发展。

同时，政府可以采取给予金融机构以优惠政策、提供完善的基础设施、改善外部环境、提高从业人员的生活质量，制定吸引人才的具体措施，这些政策都是影响金融企业是否在该区域设立的重要条件。

10.2.3 银行业、证券业、保险业金融集聚分类研究

不同类型的金融机构在 CBD 的集聚效应往往差异很大，这在美、英国等发达国家的 CBD 发展历程中已经显现出来。具体说来，由于银行零售业需要与客户面对面地交流和沟通，因此大多数银行都设有众多的网点和分支机构，尤其是储蓄业务和住房抵押贷款业务。同样，保险公司营业点也相对很广泛，但是证券行业却显示出了证券公司不断集中的趋势，这正是由各类金融机构的各自特点所决定的。但目前，我国的 CBD 金融集聚在银行业、证券业和保险业上的集聚效应差别并不明显。一般而言，各类金融机构的总部都设立在相对发达的 CBD 中心区和其他发达城市中心；同时，银行的营业网点、分支机构广泛地分布在各个地区，但证券公司和保险公司的营业网点发展进度较慢，营业点分布也没有银行业广泛，我国银行、证券和保险业在我国的具体分布见表 10.2、表 10.3、表 10.4。

表 10.2　　　　　　　2014 年末银行业金融机构地区分布　　　　　　单位:%

地区	机构个数	从业人数	资产总额
东部	41.0	45.2	58.4
中部	22.7	20.3	15.3
西部	26.8	23.8	19.3
东北	9.5	10.7	7.0
合计	100	100	100

资料来源：《2014 年中国区域金融运行报告》。

表 10.3　　　　　　　　2014 年末各地区证券业分布　　　　　　单位:%

地区	东部	中部	西部	东北	全国
证券公司数	70.0	10.0	15.0	5.0	100
基金公司数	98.0	0.0	2.0	0.0	100
期货公司数	72.4	9.9	10.5	7.2	100
境内上市公司数	65.7	14.3	14.5	5.5	100
境外上市公司数	84.8	8.1	4.5	2.5	100

资料来源：《2014 年中国区域金融运行报告》。

表 10.4	2014 年末各地区保险业分布				单位：%
地区	东部	中部	西部	东北	全国
保险公司总部	87.1	3.4	5.6	3.9	100.0
保险分支机构	44.6	19.8	24.4	11.2	100.0
保费收入	54.4	18.7	19.0	7.9	100.0

资料来源：《2014 年中国区域金融运行报告》。

目前，我国银行、证券和保险业集聚有以下几个特点：

第一，银行、证券和保险业主要集聚在东部较发达的地区。

截至 2014 年末，全国各地区银行业金融机构网点共计 21.8 万个，从业人员 372.2 万人，资产总额高达 154.7 亿元，同比增长了 10.4%。从表 10.2 中可见，东部地区银行业金融机构网点个数、从业人员和资产总额在全国占比最高，其中，广东、北京、江苏、上海、浙江、山东、福建和河北等 10 省（直辖市）银行业资产总额合计占全国的比重为 58.4%，由此可以得知，银行业资产在地区上的集聚还是很明显的。

第二，银行、证券、保险在 CBD 地区主要还是呈现集中集聚的趋势，差别不是很明显，因为金融业的集聚和 CBD 所带来的良好的金融氛围是密不可分的。

第三，银行、证券、保险业的集聚一般都在独栋大楼，包括租赁、自建和购买，这不仅是由于办公的便利，更主要的是因为独栋大楼能够带来品牌效应，是一种地位的象征，这也是银行、证券、保险业本身的需要。因此，对于 CBD 金融集聚，注重楼宇经济的发展是至关重要的。

从表 10.3 可见，我国的证券业机构主要集中在东部地区，即证券业在东部的集聚更为明显；中西部及东北地区发展较为缓慢，仍有很大的发展空间。

随着保险业的发展，截至 2014 年，全年实现保费收入 2.0 万亿元，同比增长 17.5%。东部地区保费收入占比较高，达到 54.4%。由表 10.4 可知，我国保险公司总部同样集聚在我国发达的东部地区，保费收入也主要集中在经济发达的东部，集聚效应明显，保险公司分支机构相对比较平衡。

10.3　国内外主要 CBD 金融集聚现状

10.3.1　国内主要 CBD 金融集聚现状

随着我国经济的发展，20 世纪 90 年代中后期，CBD 建设悄然兴起。紧跟北京、上海开始建设 CBD 之后，天津、深圳、广州、成都、武汉、西安、重庆、郑州、南京、杭州、济南等 40 多个城市也提出了 CBD 建设规划，并逐渐开始了相应的建设工作。截至 2015 年底，全国许多大中城市都在着手建设 CBD，例如大连、银川、南宁、石家庄等。

10.3.1.1 北京 CBD 金融集聚现状

（1）北京 CBD 基本情况。1993 年由国务院批复的《北京城市总体规划》提出，在东二环至东三环之间"开辟具有金融、保险、信息、咨询、商业、文化和商务办公等多种服务功能的商务中心区。"1998 年《北京市区中心地区控制性详细规划》确定 CBD 四至范围：东起西大望路，西至东大桥路，南临通惠河，北接朝阳路 – 朝阳北路，面积为 3.99 平方公里。

北京 CBD 大致经历了四个阶段：

第一阶段（1993～2000 年）：处于一种自发成长的状态，商务办公设施达到一定规模，初具商务中心区雏形。

第二阶段（2000～2006 年）：政府推动全面建设，促进主导产业发展，北京 CBD 国际形象和区域功能渐趋突出。

第三阶段（2007～2009 年 5 月）：由规划建设为主过渡为产业促进和品牌培育为主，功能完善的国际化现代商务中心区加快形成。

第四阶段（2009 年 5 月至今）：CBD 东扩方案获批，CBD 沿朝阳北路、通惠河向东扩至东四环路，区域面积增至 7 平方公里。

（2）政策支持与提升。2008 年 6 月，北京市《关于促进首都金融业发展的意见》提出：要增强北京商务中心区国际金融功能。北京商务中心区是国际金融机构的主聚集区。加快北京商务中心区的核心区建设，提供适合国际金融机构发展的办公环境，提高国际金融资源聚集度。发挥朝阳区使馆、跨国公司、国际学校聚集的优势，吸引更多的国际金融机构法人和代表处、交易所代表机构、中介机构聚集，集中承载国际金融元素，形成国际金融机构聚集中心区。

在《朝阳区金融业发展三年行动计划》和《朝阳区"十二五"时期金融业发展规划》中，确定了"一区两园三中心"的金融产业空间布局，确立了北京 CBD 作为国际金融机构主聚集区的定位。为提高政策在金融业发展中的作用，政府先后出台了《朝阳区关于促进北京商务中心区金融产业发展的实施意见》等多项规定，落实了各项优惠政策，提升了服务意识和水平，同时，通过举办论坛、创办刊物以及参加活动等方式，向公众全方位展示了国际金融聚集区的形象。

（3）北京 CBD 金融集聚与发展。经历过"十一五"规划期的发展，CBD 已成为北京市国际金融机构齐全，聚集度高的区域，成为首都建设具有国际影响力的金融中心城市的重要力量。表现在：

第一，北京 CBD 国际金融、高端商务、文化传媒三大产业主导作用更加突出。目前，CBD 国际金融主聚集区域内，以国贸中心、华贸中心、环球金融中心三大国际金融聚集区为核心，北京 CBD 进驻了各类金融机构 1 000 余家，文化传媒企业超过 2 000 家，咨询、财会、中介等商务服务企业 9 000 余家；壳牌、丰田、三星等 50 家跨国公司地区总部进驻本区，世界 500 强企业中进驻 160 家，约占北京市比重的 70%。2014 年，北京 CBD 中心区新增企业达 4 000 多家，其中注册资本过亿企业 165 家。目前，CBD 已成为北京市外资金融机构最多、种类最全的区域。

第二，北京 CBD 已经形成较为完整的现代金融体系。在北京 CBD 区域内，除银行、证券、保险等主流金融行业外，还聚集了其他多元金融要素，包括期货公司、资信评估机构、信用卡公司、汽车金融公司、要素市场、投资基金及公司等诸多新兴金融行业。体现了北京 CBD 的金融产业体系逐步健全，同时也进一步完善了北京 CBD 的金融产业格局。北京 CBD 的金融业态表现在：银行等间接金融机构发达，直接金融机构快速聚集，汽车金融后来居上，要素市场从无到有，金融组织层次不断升级，现代金融业态日益丰富，金融创新能力不断增强，金融业发展充满活力。

第三，国际金融总部集聚。据统计，截至 2015 年，北京 CBD 共聚集企业 19 000 多家，其中世界 500 强企业 160 家，跨国公司地区总部数量达到 50 余家，占北京市的 80% 左右。仅在朝阳区，就有德意志银行、友利银行、新韩银行、蒙特利尔银行和中信银行，中法人寿、中韩三星人寿、中国人民财产保险、中国人民人寿保险、民生人寿、中信建投、中德证券、民生证券等一批国际金融总部在北京 CBD 落户发展，世界银行、亚洲银行、国际货币基金组织、伦敦金融城代表处等国际金融组织，标准普尔、惠誉、麦肯锡、普华永道等国际知名中介机构，进入中国的五大证券交易所（纳斯达克、纽约泛欧交易所、德意志交易所、东京证券交易所、韩国交易所），全市三大外资再保险公司（慕尼黑再保险、瑞士再保险、法国再保险），全市六大汽车金融公司（丰田汽车金融、大众汽车金融、梅赛德斯 – 奔驰汽车金融、沃尔沃汽车金融、东风标致雪铁龙汽车金融、宝马汽车金融）等，并且从 2013 北京 CBD 国际金融论坛获悉，朝阳区率先在北京市实施跨国公司外汇管理改革试点，目前已有施耐德、中粮集团、壳牌、三星、卡特彼勒 5 家跨国公司获准试点，北京 CBD 有望成为跨国公司外汇资金结算中心。凸显了北京 CBD 在国际金融网络中的重要地位。

10.3.1.2　上海陆家嘴金融集聚现状

上海陆家嘴是我国金融集聚相对最完备的城市了，是我国唯一的以"金融贸易"定位的国家级开发区，其金融贸易占地 28 平方公里。陆家嘴 CBD 集中了

证券、期货、产权、黄金等市场，要素市场相对完备。另外，350 多家国内外的
金融机构，以及 180 多家跨国公司地区总部，还有 100 多家国内大型企业和
4 000 多家涉及会计、法律、咨询等中介服务机构落户其中，因此上海陆家嘴金
融集聚的分析对我国建立其他金融集聚区具有一定的借鉴意义。

上海 2014 年银行、证券业和保险业基本情况如表 10.5、表 10.6、表 10.7
所示。

表 10.5　　　　　　　　　　2014 年上海市银行类金融机构情况

机构类别	机构个数（个）	从业人数（人）	资产总额（亿元）
合计	4 087	139 106	112 657
其中外资银行	219	20 341	13 215

资料来源：《2014 年上海市金融运行报告》。

表 10.6　　　　　　　　　　2014 年上海市证券业基本情况　　　　　　单位：个

项目	数量
证券公司总部数	20
基金公司总部数	44
期货公司总部数	28
国内上市公司数	204

资料来源：《2014 年上海市金融运行报告》。

表 10.7　　　　　　　　　　2014 年上海市保险业基本情况　　　　　　单位：个

项目	数量
保险公司总部数	50
保险公司分支机构	88
保费收入（亿元）	987

资料来源：《2014 年上海市金融运行报告》。

上海陆家嘴金融集聚取得的成就表现为以下几方面：

第一，相对成熟的金融市场和要素市场。上海集中了我国主要的要素市场和
金融市场，比如货币、资本、期货、外汇、黄金、金融衍生品和产权市场等。且
黄金、外汇、金融市场和金融衍生品市场都只设于上海。上海证券市场是国内的
主要市场，2014 年末，上海市证券公司总资产 9 168.4 亿元、净资产 1 923.3 亿
元、净资本 1 449.2 亿元。上海期货市场是我国三大期货市场之一，期货公司客
户权益达 701 亿元，占全国的 25.9%；代理交易额 182.4 万亿元，占全国的
31.4%。2014 年，管理公募基金产品 797 只，较上年同期增加 122 只，增长

18.1%；总净值 12 768.8 亿元，较上年增长 35.8%。相对最完善的金融市场和要素市场为 CBD 金融集聚提供了有利的条件。

第二，金融机构数量不断增多，层级不断提升。在浦东开发之前，上海的金融业发展仍然比较落后的，银行仅有一些数目很少的营业点，基本没有分行。1990 年浦东开发之后，中国农业银行率先在上海设立分行。之后，工行、建行、中行、交行相继在上海设立分行。1995 年，中国人民银行上海分行也迁移到浦东新区。这样，上海的金融机构数量不断增多。加入 WTO 以后，我国金融市场对外资银行开放，首批成立了 9 家外资银行，且均在上海注册落户。截至 2014 年末，上海市共有中资银行法人 5 家，外资银行法人 22 家；证券公司 21 家，保险公司 50 家。中国银行上海人民币交易业务总部、韩国央行上海代表处、银联国际有限公司、台湾银行上海分行、中国信托商业银行上海分行、浦发硅谷银行正式在沪成立。由此可见，上海的中外金融机构数量和资产处于我国领先水平。

上海不但金融机构数量不断增加，而且金融机构的层级也得到不断提升。国内外大型银行的总分行都已入驻浦东地区，例如交通银行总行、太平洋保险集团公司、汇丰、渣打、花旗、德富泰国际银行等。

另外，我国五大商业银行、中国银联等 27 家银行的数据、研发、营运及信用卡中心都集聚在了浦东地区，这进一步巩固了上海人民币交易中心的地位。一些非银行金融机构也纷纷进驻上海，其中有货币经纪公司、基金公司、汽车金融公司、农业保险公司等。可见，金融机构数量上升以及层级的提升更加推动了浦东的金融集聚。

第三，金融市场开放程度不断提高，金融产品创新层出不穷。中国加入 WTO 后，对外资金融机构的限制不断放宽，使得外资银行在中国的人民币业务不断增多；相应地，国内银行离岸金融业务也在不断增多。QFII 制度的设立也为 A 股市场对外开放的提供了便捷。

在金融产品种类上，可转债、短期融资券、人民币期货、股指期货以及燃料油期货的推出，很大程度上丰富了金融产品的种类，这进一步推动了上海金融市场的发展。

10.3.1.3　天津滨海新区金融集聚现状

2006 年 5 月 26 日，国务院发布了《关于推进天津滨海新区开发开放有关问题的意见》，批准天津滨海新区成为 CBD 金融集聚的试点。在金融企业、金融业务、金融市场及金融开放等方面的众多改革，都可以先在滨海新区试行。这为天津滨海新区带来了一次巨大的发展机遇，也为我国 CBD 金融集聚提供了宝贵经验。

天津滨海新区的开放是金融集聚的一次巨大机遇。许多企业和金融机构已经意识到滨海新区未来的发展前景，竞相在此发展业务。滨海新区的政策支持和定位也推进了未来滨海新区的金融发展。随着天津市商业银行在滨海新区设立了第一家分行，汇丰银行和朝兴银行也在滨海新区设立了支行。外资银行包括韩国有利银行、日本三菱东京日联银行、渣打银行、花旗银行、瑞穗实业银行、东亚银行等也在争取设立分支机构。同时，摩托罗拉公司也在积极申报设立财务公司。

2008年3月，国务院正式批复了《天津滨海新区综合配套改革试验总体方案》，支持天津滨海新区进行金融业的改革和创新，为滨海新区的金融服务业的发展提供了契机。经过近10年的快速发展，2014年，滨海新区已完成生产总值8 760.15亿元。随着天津滨海新区金融业的快速发展，金融集聚效应已初现端倪。截至2014年末，天津滨海新区的金融机构（含外资）本外币各项存款总额达4 648.94亿元，各项贷款余额达7 236.12亿元。在天津股权交易所挂牌的企业发展到556家，累计融资达到262.53亿元。

滨海新区融资租赁和股权投资基金的发展走在全国同行业前列，消费金融公司、国际保理、小额贷款公司、要素交易所等各类新兴金融业企业也相继落户滨海。到2012年底，总部在滨海新区的租赁企业可达百家。国内外的金融机构高度重视滨海新区的发展，这为滨海新区的金融集聚带来了新的契机。

滨海新区开发开放的整体环境使得滨海新区金融集聚的优势初现端倪。

（1）金融生态环境优势。经过了近几年的发展，滨海新区已经初步建立了良好的金融生态环境。银行和企业之间建立了新型关系，银行在不良贷款处置方面，维护自己的债权等方面都已初步建立了公平竞争的关系。社会信用体系建设和金融监管都取得了一定程度的改进。

（2）基础设施优势。硬件设施方面的优势表现为：首先，新区交通设施便利，拥有两条高速公路、一条轻轨列车和一条高等级公路连接了天津市区和滨海新区，极大地方便了人们的出行；其次，滨海新区的政府机构都设立于投资服务中心大楼内，人行和银监会也将在此设立分支机构，形成了"一站式"服务，从而方便了金融机构，提高了工作效率。在软件设施方面，滨海新区的通信网络、金融物流体系等方面的优势，都促进了滨海新区的金融集聚。

（3）创新优势。滨海新区得到了国家政策支持，这必然会给金融创新带来前所未有的历史机遇。例如中国银行试点NDF（无本金交割远期外汇交易）组合售汇、浦发行新增国内应收账款保理、深发展推出中小企业动产以及货权质押等业务，多家银行相继在此推出了特色理财产品。

天津滨海新区的金融集聚也存在一些不足之处，具体表现为：集聚规模相对较小。滨海新区金融业务量虽然有较快增长，但相对于发达地区水平较低。2014年实现金融产业增加值382.47亿元，增长12.7%，但金融产业增加值占GDP比重和金融产业增加值占第三产业比重仍然较低（简称两个比重），2014年两个比重分别为 4.37% 和 13.09%，而同期的全国两个比重的平均水平为 7.32% 和 15.18%，我国金融相对发达的浦东新区，金融的增加值占 GDP 之比高达 21%。由此可知天津滨海新区金融服务业发展基础相对薄弱，金融服务业的规模总量较小，对于经济的贡献度较低。

10.3.1.4 国内 CBD 金融集聚及发展的启示

CBD 区域是第三产业的集聚中心，尤其以现代服务业最为发达，是区域内的主导产业。CBD 区域凭借所在城市较大的国际影响力或区域影响力、较为完善的基础设施、本身具有的集聚条件等优势，为现代服务业在 CBD 发展创造了良好的基础。但现代服务业是一个体系，包含众多子产业，不同的 CBD 具有不同的特色，如上海陆家嘴以金融业为显著特色，天津滨海新区的中央商务区规划的响螺湾商务区以研发为突出特征，但 CBD 区域的产业基本是以总部和金融业为共性产业。由于 CBD 区域是全球资源配置最优的版块，具有总部企业发展的适宜条件，跨国公司及大型企业总部都倾向于在 CBD 区域办公。如大连中山区 CBD，丹麦马士基等 41 家世界 500 强企业设立了 58 个地区总部或分支机构；有 27 家中国 100 强企业在此落户。同时，CBD 也是金融机构追逐的区域，其在不大的面积内形成了比较系统完整的金融产业链。如重庆渝中区 CBD 汇集了 90% 以上的驻渝外资银行、商业银行市分行和所有的政策性银行市分行，云集了 75% 的保险机构、驻渝所有票据（专营）机构、证券法人机构、分公司及管理总部，以及重庆 50% 的证券营业部；集聚重庆 50% 以上的金融中介（服务）机构。正是由于 CBD 汇聚了众多总部和金融机构，其通过强大的通信网络联系、掌握和管理所辐射区域的经济活动，大量多样化的专业服务支持，包括法律、会计、咨询、广告、中介等，也都因需要接近管理和金融服务业而集聚在 CBD 区内。

10.3.2 国外著名 CBD 金融集聚现状

10.3.2.1 曼哈顿 CBD

曼哈顿是纽约市的中心区。"二战"后，纽约金融市场的地位不断提高，曼哈顿的华尔街逐步成为了美国财富的象征，成为了美国金融垄断的标志，并且成为了世界 CBD 金融中心，影响着全球各个角落。

曼哈顿包括曼哈顿岛，依斯特河（即东河）中的一些小岛以及马希尔的部分地区，占地 57.91 平方公里，是纽约市总面积的 70%。纽约著名的百老汇、华尔街、中央公园、帝国大厦、联合国总部、格林威治村、大都会歌剧院、大都会艺术博物馆等名胜都集中在曼哈顿岛，岛中的部分地区形成了纽约的 CBD。曼哈顿 CBD 主要分布在曼哈顿岛上的老城（downtown）和中城（midtown），著名的街区包括格林威治街和第五大街。

曼哈顿作为纽约经济活动的中心，具有如下特点：

（1）第一，曼哈顿的人口、产业和文化高度集中。曼哈顿就业人口高达 240 万人，占纽约各类经济活动总就业职位的 70% 左右，其中金融、保险以及房地产等就业职位占全纽约市 90% 以上。曼哈顿经济增长量占纽约市 82%。曼哈顿 CBD 实现的产值超过纽约全市的 65% 以上。此外，曼哈顿也聚集了很多文化娱乐设施，例如纽约著名的百老汇、大都会艺术博物馆、大都会歌剧院、中央公园等。

（2）是全球企业总部的集聚地。随着曼哈顿 CBD 内各类服务功能的不断完善，大批国际性和跨国性行业逐渐聚集到区域内，由此曼哈顿 CBD 也逐渐成为了全球企业总部的重要聚集地，纽约随之也因此确立了世界城市的形象。2013 年，就已有 22 家世界 500 强跨国公司将其总部设在了纽约。外国企业也争先在曼哈顿 CBD 设立总部，早在 20 世纪 80 年代，就有 277 家日本公司、175 家法国公司、213 家英国公司和 80 家瑞士公司等在纽约设立了区域总部及分支机构。

（3）形成了以金融业为主导的服务业集群。曼哈顿是世界上著名的金融中心之一，在长仅 1.54 公里、面积不足 1 平方公里的华尔街 CBD 区内，就聚集了 3 000 多家银行、保险公司以及交易所等金融机构。金融行业的就业人口也在不断增加，仅华尔街的金融从业人员就多达 28 万人左右，约占曼哈顿就业总人口的 20%。同时，专业技术服务业，房地产、信息服务业等生产性服务业也迅速发展起来。因此，曼哈顿 CBD 逐渐形成了以金融业为主导的生产性服务业集群。

（4）政府适当规划引导，曼哈顿的配套服务功能得以不断提升。曼哈顿 CBD 包括老城和中城两部分，其中老城主要是市场自发形成的，而政府在中城的建设发展与规划发挥了很大的引导作用。由于功能单调，商业等配套不完善，在老城的发展过程中出现了夜晚"空洞化"现象，而中城则通过政府规划建设较好地解决了这些问题。

曼哈顿 CBD 的发展对于我国建立 CBD 有很强的启示作用，金融业是现代经济的核心，不仅内生于现代服务业，而且又对生产性服务业发挥着外部变量的推动作用。内生支持效应表现为金融市场和金融体系的自身发展促进了生产性服务业的发展，而外生支持效应表现在金融发展为生产性服务业中的各个行业提供了经济资源转移途径、金融资源支持和风险补偿，推动了区域产业的合理布局以及提高了生产性服务业的综合竞争力。大力发展金融业，以金融业发展推动生产性服务业发展，以金融业集聚促进生产性服务业集聚，是曼哈顿 CBD 成功的关键因素。

10.3.2.2　伦敦金融城

早在工业革命之前，伦敦就已成为世界金融中心，这里有世界最大的外汇市场和国际保险市场，有最古老的证券交易所和黄金市场，聚集着最密集的金融机构。完善而灵活的法律框架和监管体系帮助"伦敦金融城"发展成为英国经济的巨大资产，成为国际上最重要的金融中心之一。

伦敦金融城发源于泰晤士河畔，最初只有 1.4 平方英里的范围。在这个大名鼎鼎的寸土寸金之地，有近 2 000 家金融机构，180 多个外国证券交易中心、近 300 家外国银行，日外汇交易量高达 6 300 亿美元，为纽约华尔街的两倍之多，金融就业人口 30 多万，但仅有不到 1 万常住人口。随着这"一平方英里"（Square Mile）的饱和，在金融城往东不远的地方，又规划建设了金丝雀码头（Canary Wharf），这里高楼林立，设计现代，被称为"新金融城"，与"一平方英里"那边的"老金融城"遥相呼应。

目前，伦敦金融城拥有 44% 的全球资产，每天有价值 7 530 亿美元的外资交易。同时，伦敦金融城是世界上最大的国际保险市场，世界 500 强企业中有 75% 已经在伦敦金融城设立了分公司。在伦敦金融城有 287 家外国银行——比欧洲其他的金融中心，甚至比纽约和东京都要多。聚集了近 500 家外国银行，近 200 个外国证券交易中心，经营着全球 20% 的国际银行业务，全球 1/3 的外汇交易在伦敦进行，而纽约只有 16%，东京 9%。几乎一半的国际股权交易额在这里进行，管理着 28 290 亿英镑的全球资产，在伦敦股票交易所上市的外国公司数量（453 家）超过世界上任何其他交易所，并且有着全球最大的黄金交易市场以及世界上最大的有色金属交易市场，黄金交易量曾达到世界黄金交易总量的八成，有色金属交易占全球 90% 以上。由此，伦敦金融城被世界各地金融巨头奉为"全球的力量中心"，更有媒体形象地将伦敦金融城称为"全球动力之都"。

伦敦金融城的成功因素可以归纳为以下几点：

（1）强大的金融产业集群提升竞争力。在原有城市金融中心的基础上发展壮大的伦敦金融城，历经百年发展，形成了非常大的金融集群，汇聚了许多非常著名的金融服务机构，形成了多层次、多元化和多重覆盖、风险分散的市场体系，为金融产业发挥了重要的作用，大大稳固和提升了伦敦金融产业的国际竞争力。

（2）高端人才形成良性支撑。人才要素是支撑 CBD 发展的核心要素。人力资源是伦敦金融城实力主要的一个方面，伦敦有来自世界各地的各类高素质的金融人才共计 40 万人，几乎覆盖了整个产业的每一个环节。英国有 11 所到 18 所世界前 100 名的顶尖大学，除了每年自己培养的人才外，来自海外的精英占据大多数，因为金融城本身的影响力和区域内世界知名企业的吸引力，成为全球高端金融人才追求的象征之地，这样便形成了良性的人才循环。

（3）"金融城自治式"管治模式。自治式管理、独立经营是伦敦金融城 CBD 的一大特色。通过自治管理，伦敦金融城实现了规划、设计、建设和运营的一体化理念，确保了规划的权威性和可执行性，提高了行政效率，有力地促进了 CBD 的健康发展。虽然伦敦金融城只是伦敦市 33 个行政区中最小的一个，但其却设有自己的市政府、市长、法庭，是伦敦名副其实的"城中城"。其政府由伦敦金融城市长、参事议事厅、政务议事厅、商业行业公会组织委员会以及由选举产生的市政委员会委员、城市管家等重要机构和人员组成。这样的组织使得金融城在政治地位上非常有优势。而且，这种具有一定独立性质的管理方式对金融业的促进有非常明显的表现，因为其主要职能就是发展金融、商业服务业，保持金融城国际金融中心的地位，为金融服务业创造良好的运营环境。

10.3.2.3 世界著名 CBD 金融集聚对我国的启示

综观历史，产业集聚是一国新兴工业化道路中提升国家竞争力最重要的发展动力。金融集聚一旦形成，以国际金融中心和 CBD 为空间载体，以跨国公司总部为微观主体，以全球城市作为网络节点，通过资金融通和资本运作来实现资源在全国乃至全球范围内的优化配置，并能带来集聚地及周边地区交易的持续增长、投资的繁荣和产业的扩张，从而不断提升了该城市的地位和功能。

金融产业集聚对外部环境、制度背景以及配套产业发展基础的敏感度要高于制造业集聚。无论是由何种模式主导了集聚形成，由于金融服务对象的广泛性和金融业务对信息处理的特殊性的存在，其对区域内的社会总体经济发展水平、市场开放度、已有产业基础及高级专业人才的聚合都有较高的要求。集聚形成的基本要素有：

第一，得天独厚的区位优势。CBD 一般都是设立在城市最繁华的地方，便捷的地理区位占据着最优越的时区位置和最便捷的自然交通位置，而且基础设施完善。这就不仅保证了金融市场可以在其他时区金融市场关闭前继续交易，而且可以使金融信息的收集和传递更及时迅速有效。

第二，强大繁荣的经济实力。即便是政府主导型的金融产业集聚，同样需要一定基础的经济发展水平和相对完善的市场经济机制，因为 CBD 集聚有巨大的资金需求和供给。

第三，自由开放的金融制度。经济市场化和外向程度越高，金融政策越宽松灵活，越能吸引国外金融机构进入市场，同时也是金融产业集聚形成、发展和升级的制度保证。

第四，充足的高素质金融专业人才储备。区域内汇聚有大量高级专业人才不仅是吸引金融机构进驻的基础，更是区域金融市场繁荣以及金融产品创新活跃的有力支撑。

第五，透明有效的法制监管以及灵活优惠的财税政策。统一监管标准，降低市场准入壁垒，不对外国金融机构实行差别化严格的规制，这将有利于金融业集聚羊群效应的迅速扩大；同时，灵活优惠的财税政策则成为追求利润最大化的金融企业选址迁移的关键因素之一。

10.4　发展我国 CBD 金融集聚的建议

目前我国已有 40 多个城市和地区提出了 CBD 金融中心的建设规划，但是与国外著名的 CBD 相比仍有很大差距，具体表现在 CBD 金融集聚、产生规模经济、对 CBD 周边地区发生的辐射作用，成为对国内甚至是世界有的影响力的国际金融中心等方面，与国外著名的 CBD 相比仍有很大差距，这就要求我们学习和借鉴其他国家成功经验，发挥本土特色优势和特点，实现全面可持续的 CBD 金融集聚。

10.4.1　发挥政府作用，推动我国 CBD 金融集聚发展

（1）政府在我国 CBD 金融集聚中发挥的作用。纵观 CBD 历史发展过程，CBD 金融集聚早期是自发的，即经济发展的需要而自然形成，其发展是脱离政府的作用依靠市场机制自发形成的，比如美国的曼哈顿，英国的伦敦等，这是诱导自发型模型。其发展过程可以分为三个阶段。第一阶段，由于环境、历史等原因自发形成的大都市由于市场需求和自身发展，逐渐形成了以现代服务业为主的产业基础；第二阶段，金融服务业的不断发展和集聚；第三阶段，政府的推动作用促进其国际化发展（诱导自发型示意图如图 10.1 所示）。

图 10.1　诱导自发型示意

资料来源：CBD 发展资讯。

到了在 CBD 金融集聚的后期，有部分也是在经济条件发展不足的情况下，集聚依靠政府政策促动而成的，尤其体现在例如新加坡和东京等上。这种 CBD 金融集聚模式被称为引导培育型模式，其发展同样也经历了三个阶段。第一阶段，政府的优惠政策吸引了大量的专业人才，建设基础设施的建设等以促进了金

融业集聚发展；第二阶段，金融产业的集聚带动整体产业集聚；第三阶段，CBD 的多样化、层次化，以及网络化的全面发展（引导培育型示意图，如图 10.2 所示）。

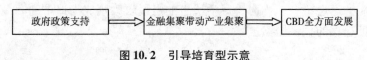

图 10.2 引导培育型示意

资料来源：CBD 发展资讯。

虽然 CBD 金融集聚的过程很大程度上依赖于其产业的集聚、经济的发展以及金融体制的逐渐不断完善，但是在 CBD 金融集聚过程中，政府仍然可以发挥重要作用，比如具体体现在：提供有利于金融集聚的政策和创造良好的制度环境，加快 CBD 金融自然集聚过程和推动 CBD 金融集聚的发展。

目前，我国经济体制仍是仍然是社会主义市场经济，政府的规划作用必然在 CBD 金融集聚过程中发挥重要的作用。根据环境地理学和产业集聚的理论，我国的 CBD 金融集聚和与东京 CBD、香港 CBD 以及新加坡 CBD 有着非常相近似的经济发展历程和地理环境，这些地方的金融集聚都是由政府引导培育的，因此对于我国的 CBD 金融集聚，需要积极地发挥政府的作用，来推动 CBD 金融集聚。

（2）政府应在 CBD 金融集聚中应发挥的具体作用。为了推进 CBD 金融产业集聚，使金融集聚带动区域经济发展，优化经济发展环境，我国必须坚持政府有为的原则，使金融集聚带动区域经济的发展，优化经济发展环境，政府应在以下几个方面发挥作用：

① 降低 CBD 金融机构运行成本。随着 CBD 地区基础设施的完善，集聚作用会逐渐的凸显，越来越多的企业和金融机构将落户于城市的 CBD，然而土地的供给是一定的，这将不可避免地导致 CBD 地区房价和租金的升高。从以前香港和东京房地产领域泡沫给经济造成的危害可以看出，房地产泡沫的破灭会导致经济的衰退，最终影响 CBD 金融集聚。因此，从宏观层面上来看，政府应在规划宏观调控方面，注意抑制房地产市场过热。从微观层面上来，CBD 地区房价升高必然会增加企业的运行成本，因此政府应该制定相关土地补贴等优惠政策吸引企业和金融机构入驻 CBD 区域。

② 建设 CBD 金融安全区。由之前对 CBD 集聚风险的分析可以得知，突发事件对 CBD 金融集聚产生的风险是难以估量的，不仅是风险本身带来的危害，而且 CBD 自身的连锁效应也会放大风险。因此，政府应该积极控制 CBD 风险，具体措施有：

第一，建立和完善企业评级系统。CBD 所在地的政府可以发挥牵头的作用，协调当地各部门如税务、工商等对 CBD 内的金融机构进行信用评级。这样可以根据本地区金融机构的运行状况和纳税等情况，为金融机构顺利开展业务提供依据。

第二，加强法律支持。司法部门应充分发挥作用，提供高效的法律服务，并且定期进行法律宣传，从而保障金融机构的安全和合法权益。

第三，加大 CBD 区域的安全保障力度，大量的金融机构的总部聚集在 CBD 区域内，这就要求政府加强安保工作，确保金融机构的资金和交易安全。

③ 增加与 CBD 金融机构的服务与沟通。利用政府信息化平台，提供资源信息服务。政府应充分利用其信息化平台，为 CBD 金融机构提供政策、土地、人才、环境等方面信息。

给 CBD 金融机构高级人才提供优惠政策。政府应与相关部门协调，为 CBD 区域内的金融机构所属高级职员及其家属提供户口、子女入学等方面的优惠政策，从而吸引更多的金融机构进入。

④ 完善 CBD 金融机构外部环境。第一，创造一流的硬件环境。政府应发挥融资引导作用，积极发展基础设施建设，减少拥挤、噪声和环境污染等 CBD 负集聚效应，推进 CBD 配套基础设施和绿化建设。在传统公共事业领域，例如通信和电力等领域运用市场化手段，鼓励企业竞争，从而提高服务质量和降低服务价格，为 CBD 金融集聚创造一流的硬件环境。在计算机等网络服务方面，政府加大投资以及减免税收，保证网络的安全性和先进性，从而为 CBD 金融集聚提供安全保障。

第二，提供良好的政务环境。CBD 地区的政府应加强和 CBD 内的金融机构的沟通，政府应采用多渠道听取金融机构的意见和要求，及时帮助金融机构解决难题。外资金融机构之间可以通过设立俱乐部的方式加强外资金融机构之间以及与政府部门之间的联系。此外，政府还可以简化一些金融机构入驻的审批手续，以及协调相关部门例如税务和工商部门对入驻的金融机构提供政策优惠。

第三，完善 CBD 金融机构发展的各种配套体系。CBD 金融集聚不仅需要相应的会计师事务所、律师事务所、咨询公司等专业服务机构，还需要一体化的酒店、餐饮、娱乐和快印等一般性服务业。另外，还需要国际化的医疗卫生、教育等生活服务设施。

第四，营造良好的舆论氛围。要充分利用 CBD 地区的电视、广播、网络、报纸等媒体，对 CBD 区域进行大力宣传，从而形成品牌效应，以及创造良好的舆论环境。

第五，加强监管环境建设。应加强司法部门执法的有效性，加快政府办事效率，维护投资者的合法权益，使市场更加透明。

第六，加大人才教育和培训。首先，政府与社会要加大金融相关人才教育和培训，促进学科的改进和建设，培养出适应企业发展和社会需要的人才。其次，提供良好的居住环境、就业环境和优惠的移民政策，以吸引国际高端专业人才以及海外留学生。最后，与海外教育机构合作，并且鼓励海外知名大学前来投资办学，培养出符合国际标准的金融专业人才。

10.4.2 统筹兼顾，推进我国 CBD 金融集聚发展

（1）统筹规划，因地制宜，发挥本地优势。目前，我国已有40多个城市和区域提出了建设 CBD 中心的规划，这势必会引起 CBD 城市之间的竞争。一方面，竞争可能会引起市场效应，实现企业、机构和区域的优胜劣汰；另一方面，竞争可能会给 CBD 区域内带来不必要的资源浪费，因此在市场化作用机制的基础上，由政府对 CBD 区域的统筹规划显得尤为重要。各个城市和区域发挥地域特色和优势，建立适合本地区特色的金融集聚，相互合作，扬长避短，才能实现 CBD 金融集聚的健康可持续发展。以武汉为例，作为一个港口城市，可以充分利用港口资源等相关产业的发展实现 CBD 金融集聚；东北老工业基地同样可以利用其制造业的优势；另外，一些拥有旅游资源等其他地区特色的城市也需合理定位，发挥本地区特色。

（2）提高 CBD 区域产业的竞争力。从对 CBD 金融集聚成长动因分析及国内外经验分析中，我们可以得知，由于 CBD 区域内产业集聚为金融集聚提供了良好的市场环境，故 CBD 金融集聚首先是建立在一定产业集聚基础上的。各城市和地区应选择适合本地优势的竞争策略，大力发展有利于提高产业竞争力的创新型产业，这样才能在激烈的市场竞争中生存和发展。

（3）加强 CBD 基础设施建设。CBD 内基础设施建设包括交通、计算机网络以及电讯等产业。政府要加大投资、减免税收和制定产业优惠政策来推动这些基础设施产业的创新和现代化，为金融产业集聚提供先进安全的服务。同时，可以鼓励企业加入公共设施建设，提高服务质量以及降低服务价格。

（4）大力发展专业服务业和一般性服务业。CBD 金融集聚不仅是大型的专业服务业的集聚，包括会计事务所、律师事务所、咨询公司以及评估公司等，而且还需要周边快捷方便的酒店、商店、休闲、娱乐一系列一般服务业的发展。

（5）加快 CBD 金融软环境建设。一方面，加快货币市场、证券交易市场、期货市场、外汇市场以及黄金市场等要素市场的建设和完善。另一方面，要加快金融专业人才及其他相关人才的培养和引进。

（6）加强 CBD 金融生态环境建设。良好的金融生态不仅包括自然环境，还包括开放的国际化人文环境。由于金融机构需要良好形象和信誉，地区的环境是金融机构选址的重要因素之一。

第 *11* 章

文化创意金融

随着世界经济步入知识经济时代，文化创意产业作为一种新兴产业，正在快速发展，得到了全世界的普遍重视，成为全球公认的"朝阳产业"或"黄金产业"。一定程度上讲，文化创意产业正在引领着世界经济的发展，改变着世界经济的增长方式。

早在 18 世纪，英国便已展开文化创意产业发展的实践，虽然当时文化创意产业并没有作为一个独立的产业得到重视和发展，但对于文化创意产业的实践和研究却一直都在进行。直到 1986 年，著名经济学家保罗·罗默（Pawl M. Romer）指出：新创意会衍生出无穷的新产品、新市场和创造财富的新机会，所以新创意才是推动一国经济成长的原动力。此观点的提出引起了全世界的普遍关注。1997 年，英国创意产业特别工作小组从国家产业政策和战略的高度，首次明确提出文化创意产业的理念，并对其概念进行界定。从此，文化创意产业这一概念逐渐被多个国家采用，各国文化创意产业实践的大潮正式拉开帷幕，文化创意产业在除英国以外的美国、澳大利亚、韩国、丹麦、荷兰、新加坡等国家逐渐兴起，并以惊人的速度蓬勃发展，不但产生了巨大的经济社会效益，而且成为拉动经济发展的强大引擎。

面对世界文化创意产业的发展大潮，中国政府审时度势、抓住契机，制定并颁布了一系列的政策和措施，强调文化创意产业在经济和社会发展中的重要地位和作用。2006 年 9 月 13 日印发的《国家"十一五"时期文化发展规划纲要》，明确提出将抓好文化创新能力建设作为"十一五"时期文化发展的六大重点之一，将逐步完善有利于文化创意群体创业发展的市场环境和政策环境，培育文化创意群体和内容提供商，这标志着文化创意产业已在国家层面上被提升为一种战略性产业。与此同时，一些经济较为发达的中心城市如北京、上海、香港、台北、深圳等，凭借其较为雄厚的文化产业基础，文化创意产业迅速发展并初具规模，建成了一些具有一定影响力的文化创意产业集聚园区和一批具有一定竞争优势的文化创意企业，并逐步从国内走向世界，参与到世界经济发展浪潮之中。此外，一些二线城市如重庆、郑州、成都、西安、青岛等，对于文化创意产业发展具有强烈的欲望，纷纷制定并实施了一系列促进文化创意产业发展的战略规划和政策措施，文化创意产业发展实践在全国范围内如火如荼地展开。

伴随文化创意产业喜人发展的同时，以中小企业为主的这一产业正日益受到资金短缺的困扰，就连"创意之父"约翰·霍金斯（John Howkins）也曾经说过，创意市场是比较难把握的，很难用传统行业数据来对创意市场进行调研，且文化创意企业没有厂房、设备等作抵押，融资存在较大困难。的确，文化创意产业发展面临的最大的瓶颈就是资金的匮乏，再好的创意，如果没有资金的支持，仍是"巧妇难为无米之炊"，如何解决文化创意产业融资难问题，成为当今社会普遍关注的一个热点问题。

11.1 文化创意产业内涵和产业范畴

文化创意产业是 20 世纪 90 年代发达国家提出的发展理念，是信息时代知识经济的产物。在全球化趋势不断加强、国际间竞争日趋激烈的今天，文化创意产业有着巨大经济效益和社会效益。文化创意产业是无烟工业和朝阳产业，是当今发达国家和地区产业发展的一个重要趋势。因此，不少国家和地区都把这一产业作为战略产业和支柱产业大力发展。在我国经济快速发展的过程中，在资源紧张，传统产业缺乏核心竞争力的前提下，文化创意产业对于改变经济增长方式，提高我国产品的国际竞争力，具有重要意义。

11.1.1 创意的内涵

创意就是我们通常所说的与众不同的想法和发明，而且这些想法和发明是独特的、原创的和有意义的，是人智力中的创造力在社会经济活动中的体现。源于个人的创造力、个人技能和才华的创意来自人的头脑，它会衍生出无穷的新产品、新服务、新市场和创造财富的新机会，它强调人的创造力、人的技能、人的天赋对文化艺术和其他知识产品、智能产品的一种智慧运用，是推动科技进步和人类文明发展进程的动力。

创意的结果最终通过产品和服务表达出来，从广义上分析，创意产品应包含两个基本含义：一是被赋予特定文化内涵和某种艺术想象力的产品，如艺术品、电影、出版物等产品，是高端的文化产品；二是以大规模认同和普遍接受为特征的标准、经营和管理规则，如产品制造过程中的技术标准，保证生产效率和创新能力实现的组织设计规则等。

从创意产品的形成过程分析，创意者的经济活动与一般的经济活动有着很大区别，具体表现为：创意活动要求生产者有多种技能、创意人员关注自己的原创产品、消费者需求具有不确定性、创意产品具有很大的差异性等。

11.1.2 文化创意产业的内涵

文化创意产业简单地说就是文化创意产品的产业化，是在全球化消费的社会背景中发展起来的、推崇创新、个人创造力、强调文化艺术对经济的支持与推动的一种新兴的理念、思潮和经济实践。

文化创意产业的概念是由英国率先明确提出的，1998 年英国创意产业特别工作小组首次明确其定义为："源于个人创造力和技能及才华、通过知识产权的生成和取用、具有创造财富并增加就业潜力的产业。"文化创意产业涉及具有高科技含量、高文化附加值和高创新度的任何产业。2003 年的《伦敦创新战略与行动方案》指出："创意不能仅仅局限于高科技产品和过程，还要涵盖于 21 世纪欣欣向荣经济的所有产生附加值的创造活动和服务部门。"

借鉴国内外对于文化创意产业的界定，北京市提出文化创意产业的概念，是指依据人们创造性的想象力，通过开发和运用知识产权，为产品和服务注入新的文化元素、为消费者提供新的文化体验，具有高附加值和高成长性的产业活动集群。

11.1.3 文化创意产业的产业范畴

文化创意产业作为新兴的产业类型，国际上尚未形成一致的定义和产业范畴。文化经济理论家查理德·凯夫斯（Richard Caves）对创意产业的分析认为：文化创意产业提供我们宽泛的与文化的、艺术的或仅仅是娱乐的价值相联系的产品和服务。它们包括书刊出版，视觉艺术（绘画与雕刻），表演艺术（戏剧，歌剧，音乐会，舞蹈），录音制品，电影电视，甚至时尚、玩具和游戏。约翰·霍金斯（John Hawkins）在《创意经济：人们如何从思想中创造金钱》一书中，把创意产业分为：版权、专利、商标和设计共四类，这一分类实际上包含了所有以科学—工程—技术为基础的产业部门的研究和开发，从而共同构建了创意产业和创意经济。从目前各国对文化创意产业的表述来看，主要包括：广告、建筑、艺术、古董市场、手工艺、设计、时尚造型、电影、音乐、游戏软件、电视广播、表演艺术、出版等。这些内容既包括了传统的艺术部门、又包括商业化的传媒，也包括数字化的新经济部门。代表性国家和地区文化创意产业范畴如表 11.1 所示。

表 11.1　　　　　　　　　代表性国家和地区文化创意产业范畴一览

定义	国家	分类
创意产业	英国	13 类：广告、建筑、艺术及古董市场、工艺、设计、流行设计与时尚、电影与录影带、休闲软件与游戏、音乐、表演艺术、出版、软件与电脑服务业、广播电视
	新西兰	9 类：广告、软件与资讯服务业、出版、广播电视、建筑、设计、时尚设计、音乐与表演艺术、视觉艺术
	新加坡	3 类：第 1 类艺术与文化：摄影、表演及视觉艺术、艺术品与古董买卖、手工艺品；第 2 类设计：软件设计、广告设计、建筑设计、室内设计、平面产品及服装设计；第 3 类媒体：出版、广播、数字媒体、电影
	中国上海	5 类：研发设计创意、建筑设计创意、文化艺术创意、时尚消费创意、咨询策划创意
文化创意产业	韩国	17 类：影视、广播、音像、游戏、动画、卡通形象、演出、文物、美术、广告、出版印刷、创意性设计、传统工艺品、传统服装、传统食品、多媒体影像软件、网络
	中国香港	13 类：广告、建筑、漫画、设计、时尚设计、出版、电玩、电影、艺术与古董、音乐、表演艺术、软件与资讯服务业、电视
	中国台湾	13 类：视觉艺术、音乐与表演艺术、文化展演设施、工艺、电影、广播电视、出版、广告、设计、品牌时尚设计、建筑设计、创意生活、数字休闲娱乐
	中国北京	9 类：文化艺术；新闻出版；广播、电视、电影；软件、网络及计算机服务；广告会展；艺术品交易；设计服务；旅游、休闲娱乐；其他辅助服务
版权产业	美国	4 大类：第 1 类核心版权产业，包括出版与文学；音乐、剧场制作、歌剧；电影与录像；广播电视；摄影；软件与数据库；视觉艺术与绘画艺术；广告服务；版权集中学会 第 2 类交叉产业，包括电视机、收音机、录像机、CD 机、DVD、录音机、电子游戏设备以及其他相关设备 第 3 类部分版权产业，包括：服装、纺织品与鞋类；珠宝与钱币；其他工艺品；家具；家用物品、瓷器及玻璃；墙纸与地毯；玩具与游戏；建筑、工程、测量；室内设计；博物馆 第 4 类边缘支撑产业，包括发行版权产品的一般批发与零售；大众运输服务；电讯与因特网服务
	澳大利亚	3 大类：第 1 类核心版权产业，包括报纸印刷或出版、广播服务、电视服务等 16 个产业 第 2 类部分版权产业，包括印刷、计算机咨询服务、测量服务、广告服务等 8 个产业 第 3 类版权分销产业，包括摄影设备批发、书籍杂志批发、报纸书籍文具零售、图书馆、博物馆等在内的 18 个产业
	芬兰	3 类：核心版权产业、版权依托产业及其他版权相关产业
	加拿大	2 类：核心版权产业、非核心版权产业

定义	国家	分类
感性产业	日本	3 大类：第 1 类内容产业，包括个人计算机、工作站、网络；电视；多媒体系统建构；数字影像处理；数字影像讯号发送；录像软件；音乐录制；书籍杂志；新闻；汽车导航 第 2 类休闲产业，包括学习休闲；鉴赏休闲；运动设施、学校、补习班；体育比赛售票；国内旅游；电子游戏；音乐伴唱 第 3 类时尚产业，包括时尚设计；化妆

11.2　我国文化创意产业发展实践

在国际文化创意产业发展大潮的影响下，我国对文化创意产业的认识从陌生到熟悉，并逐步提升到国家战略层面。目前，文化创意产业已成为国内各大城市竞相追逐的热点，各地方政府纷纷根据自己的区位特征制定文化创意产业的发展规划，文化创意产业在中国正以令世界惊叹的速度迅速崛起。

1978 年党的十一届三中全会后，随着改革开放的深入展开，我国对于文化产业的实践活动逐步展开。1992 年党中央、国务院印发的《关于加快发展第三产业的决定》，正式把文化产业列入第三产业；2000 年中国共产党十五届五中全会通过的《中共中央关于制定国民经济和社会发展第十个五年计划的建议》指出：要"完善文化产业政策，加强文化市场建设和管理，推动有关文化产业的发展"，"文化产业"这一概念首次在中央正式文件中被提及，表明我国政府从国家层面对文化产业给予了高度关注；2002 年中国共产党第十六次全国代表大会报告，明确提出"发展文化产业是市场经济条件下繁荣社会主义文化、满足人民群众精神文化需求的重要途径"，从此发展文化产业被提升至国家战略高度；2003 年中共十六届三中全会进一步指出了文化体制改革目标和文化产业政策方向，使文化产业的国家战略计划落实到各个具体层面。2011 年 10 月，中共十七届六中全会审议通过了《中共中央关于深化文化体制改革、推动社会主义文化大发展大繁荣若干重大问题的决定》，明确提出，深化文化体制改革、推动社会主义文化大发展大繁荣，在全国范围内掀起一场文化产业发展的浪潮；2012 年《国家"十二五"时期文化改革发展规划纲要》，将建立健全文化创新机制、作为建设文化体系重点内容之一，尤其强调健全文化经纪代理、评估鉴定、投资、保险、担保、拍卖等中介服务机构，将文化创意金融推上文化发展舞台；2013 年中共十八届三中全会将进一步深化文化体制改革作为我国文化新一轮发展战略，对我国文化监管指出明确方向。

随着国家层面对文化创意产业越来越重视，相继出台各种政策措施促进其发展，我国文化创意产业的发展空间快速扩大，从最初的几个大城市快速辐射到全国各个大中城市，文化创意产业呈现出快速发展的强劲态势。

2004 年第一次全国经济普查中，文化创意产业作为一个新兴产业进行了单独统计。《中国经济普查年鉴（2004）》数据显示，2004 年全国文化创意企业法人单位数共有 385 915 个，占所有企业总数的 11.88%；全国创意企业法人单位就业人数为 955.15 万人，占全国企业就业总人数的 5.72%；全国创意企业资产总额为 104 935.26 亿元，占所有企业资产总额的 10.85%；全国创意企业年营业总收入为 22 997.06 亿元，占全部企业营业收入的 5.22%。可见，文化创意产业在我国已经具有良好的发展势头。

2006 年是中国文化创意产业发展的元年。这一年制定出台的《国家"十一五"时期文化发展规划纲要》，首次将"创意产业"单列并写入其中，指出"以建设文化创意产业中心城市为核心，加快产业整合""加快文化创意产业园区建设""培育文化创意群体和内容提供商""促进文化创意企业发展"等具体措施。至此，我国发展文化创意产业的政策框架初步确定，其大规模的实践活动在我国正式拉开帷幕。

2012 年 2 月，中共中央办公厅、国务院办公厅印发《国家"十二五"时期文化改革发展规划纲要》，明确提出将建立健全文化创新机制、创新文化管理体制作为建设文化体系重点内容之一，加快培育产权、版权、技术、信息等要素市场，办好重点文化产权交易所，规范文化资产和艺术品交易。健全文化经纪代理、评估鉴定、投资、保险、担保、拍卖等中介服务机构，引导行业组织更好地履行协调、监督、服务、维权等职能。文化创意产业作为一个新兴产业得到政府的高度重视，其相关制度保障措施也日渐完善。

近几年，文化创意产业在我国的香港、台湾地区发展迅速，而经济基础较为雄厚、文化产业较为发达的大中城市如北京、上海、深圳、杭州、南京、重庆、青岛等，也纷纷依托自身的人才、区位及资源优势，将文化创意产业作为经济发展的新亮点和新举措，并制定出台文化创意产业发展规划和优惠政策措施，通过设立各种创意产业基地或园区，抢占文化创意产业发展战略高地。

11.2.1 北京

作为全国的政治、文化和国际交往中心，北京不但经济基础雄厚，而且文化底蕴深厚，加上各类专业人才资源极为丰富，为文化创意产业的发展提供了坚实的基础和保障。2005 年，北京市委九届十一次全会做出大力发展文化创意产业的战略决策，明确提出要将文化创意产业作为首都经济未来发展的重要支柱产业之一，使其成为首都未来经济发展的新"引擎"。2007 年，《北京市"十一五"时期文化创意产业发展规划》正式发布。其目标是进一步提升北京作为全国文化中心和文化创意产业主导力量的影响，增强文化创意产业创造社会财富和就业机会的能力，使文化创意产业成为首都经济的重要支柱。2011 年 11 月，《中共北京市委关于发挥文化中心作用加快建设中国特色社会主义先进文化之都的意见》正式发布，提出打造中国特色社会主义先进文化之都，建设具有世界影响力的文化中心城市。2012 年 6 月，北京市设置了国有文化资产监督管理办公室，全面推进北京市文化创意产业发展。在政府的积极引导下，经过 5 年的发展，文化创意产业呈现加速发展态势。

此外，在文化创意产业集聚区方面，北京也走在全国的前列。2006 年 12 月、2008 年 3 月、2010 年 3 月、2010 年 11 月分 4 次认定了 30 个文化创意产业集聚区，涉及全市 13 个区县的多个行业领域。

2013 年 1 月，在北京市十四届人大一次会议第四场新闻发布会上，北京市国有文化资产监督管理办公室主任周茂非表示，北京市文化创意产业目前有 30 个文化产业集聚区存在着同质竞争，这是一个非常突出的问题。对此，北京拟考虑在 16 个区县设立 19 个文化创意产业功能区。北京市文化创意产业集聚区如表 11.2 所示。

表 11.2　　　　　　　　北京市文化创意产业集聚区一览

认定批次	认定时间	认定个数	集聚区名称
第一批	2006 年 12 月	10 个	中关村创意产业先导基地、北京数字娱乐产业示范基地、国家新媒体产业基地、中关村科技园区雍和园、中国（怀柔）影视基地、北京 798 艺术区、北京 DRC 工业设计创意产业基地、北京潘家园古玩艺术品交易园区、宋庄原创艺术与卡通产业集聚区和中关村软件园
第二批	2008 年 3 月	11 个	北京 CBD 国际传媒产业集聚区、顺义国展产业园、琉璃厂历史文化创意产业园区、清华科技园、惠通时代广场、北京时尚设计广场、前门传统文化产业集聚区、北京出版发行物流中心、北京欢乐谷生态文化园、北京大红门服装服饰创意产业集聚区、北京（房山）历史文化旅游集聚区
第三批	2010 年 3 月	2 个	首钢二通厂中国动漫游戏城、北京奥林匹克公园
第四批	2010 年 11 月	7 个	八达岭长城文化旅游产业集聚区、古北口国际旅游休闲谷产业集聚区、斋堂古村落古道文化旅游产业集聚区、中国乐谷—首都音乐文化创意产业集聚区、卢沟桥文化创意产业集聚区、北京音乐创意产业园、十三陵明文化创意产业集聚区

11.2.2　上海

上海是我国文化创意产业发展较早的地区，早在 20 世纪 90 年代中期，上海就形成了四行仓库、田子坊等一批初具规模的文化创意产业集聚区。近几年，随着经济社会的发展、产业结构的调整和城市功能的转换，上海文化创意产业在短短几年中快速发展，建立了一批具有较高知名度的文化创意产业园区，集聚了一批具有创造力的文化创意产业相关人才，文化创意产业已形成一定的集聚效应。

在园区建设方面，鉴于文化创意产业的快速发展，2005 年，上海市成立了创意产业协会，启动了"上海国际创意产业活动周"，并制定出台了《上海市创意产业"十一五"规划》，明确提出将上海打造成为亚洲最有影响的创意中心的发展战略。2005 年 4 月 28 日，上海市正式授牌首批 18 家"创意产业集聚区"，来自世界各地的 400 余家文化创意企业入驻这些集聚区内，吸引了 1 万多名各类文化创意专业人才，为上海开辟了一个新型的充满无穷潜力的新兴产业。2006年底，上海已有 4 批 75 家园区被正式授牌，建筑面积达 225 万平方米之多，聚集了 2 500 余家文化创意企业和 3 万余名文化创意相关人才。2012 年，上海制定了《上海市促进文化创意产业发展财政扶持资金实施办法（试行）》和 2012 年度资金申报指南，共有 122 个平台项目和 18 个课题项目列入扶持范围。上海市文化创意产业集聚区如表 11.3 所示。

表 11.3　　　　　　　　　　上海市文化创意产业集聚区一览

批次	时间	个数	集聚区名称
第一批	2005 年 4 月	18 个	M50、田子坊、8 号桥、创意仓库、同乐坊、周家桥、卓维 700、昂立设计创意园、设计工厂、传媒文化园、旅游纪念品发展产业中心、静安现代产业园、虹桥软件园、乐山软件园、天山软件园、时尚产业园、工业设计园、文化科技创意产业基地
第二批	2005 年 11 月	18 个	海上海、创意联盟、天地园、车博会、德邻公寓、智慧桥、通利园、马利印象、合金工厂、数码徐汇、东纺谷、空间 188、尚建园、建筑设计工场、2 577 创意大院、旅游纪念品设计大厦、风尚之城、逸飞创意街
第三批	2006 年 5 月	14 个	JD 制造、优族 173、98 创意园、数娱大厦、创邑河、创邑源、西岸创意园、老杨坊、湖丝栈、绿地阳光园、新十钢、华联创意广场、E 仓、尚都里
第四批	2006 年 11 月	27 个	外马路仓库、汇丰、智造局、老四行仓库、新慧谷、中环滨江128、孔雀园、静安创艺空间、时尚品牌会所、原弓艺术仓库、物华园、建桥 69、聚为园、金沙谷、新兴港、彩虹雨、文定生活、长寿苏河、SVA 越界、名仕街、梅迪亚 1 895、3 乐空间、南苏河、SOHO 丽园、古北鑫桥、第一视觉创意广场、临港国际传媒产业园

11.2.3　其他地区

除北京、上海外，文化创意产业在我国其他大中城市也表现出了迅速发展的态势。

早在 2003 年，深圳就率先提出了"文化立市"的理念，并计划将深圳打造成为"设计之都""图书馆之城"和"钢琴之城"。在政府一系列政策和资金的支持下，文化创意产业快速发展，已成为继高新技术、物流和金融之后的第四个支柱产业，而其中新兴的文化创意产业又占有绝对的比重，发挥着重要的作用。在园区建设方面，深圳打造了一批具有明显产业特色的创意园，包括号称中国油画第一村的"大芬村"、以建筑设计为主题的"华侨城创意文化园"、以工业与平面设计为主题的"田面设计之都"、以珠宝首饰设计为主体的"罗湖创意文化广场"等。

此外，文化创意产业在广州、青岛、天津、成都、长沙、重庆、苏州等城市也有很大程度的发展。广州是国家网络游戏和动漫产业的四大基地之一，其动漫网游产业一直走在全国的最前列。青岛通过政府推进、专项支持等方式，文化创意产业快速发展。天津市大力推动创意产业园区建设，发展特色创意产业，天津市已建成各类创意产业园区、聚集区 50 多个，其中市级创意产业园区 20 多个，天津市创意企业 2 万家左右。成都的文化创意产业近些年呈现出高速发展的趋势，正逐步形成以创意园区为载体，以重大项目为带动，以骨干企业为支撑，以传媒、文博旅游业、创意设计、演艺与艺术、动漫游戏、出版发行等行业为重点的文化创意产业格局。长沙市以创建"文化名城、休闲之都、创意中心"为目标，以"创作、创新、创造"为手段，建设了一批颇具特色的创意园区，成为中西部地区的创意中心。苏州市从城市本身特点入手，打造特色创意产业，积极在建、规划文化创意产业园，在工艺美术、丝绸纺织、古玩交易、戏剧服装、广告设计、数码娱乐等方面显示出了新的活力。

11.3　我国文化创意产业融资现状

文化创意产业投融资，是文化创意产业发展中的核心问题。随着文化创意产业的快速发展，我国对文化创意产业的金融支持，经历了从无到有，从弱到强的过程。虽然各地政府纷纷制定出台多项措施来解决文化创意产业融资难问题，但与蓬勃发展的文化创意产业相比，目前的金融支持仍不能有效满足文化创意产业的发展需求。中国文化创意产业从起步至今的现状表明，经济市场中整体投资方向并不均衡，尤其是艺术市场项目资金不充裕。因此，总体上看，融资难仍是制约我国文化创意产业发展的重要瓶颈。

11.3.1 融资难问题正在逐步缓解

11.3.1.1 从时间角度看

自 1978 年改革开放以来，我国的文化产业得到了前所未有的大发展、大繁荣，文化创意产业作为文化产业中的一个新兴产业，也得到了快速的发展。但文化创意产业至今为止并没有被作为一个特殊的新兴产业引起全社会的普遍关注，融资的政策环境、市场环境都不尽完善，在融资方面也还依照一般企业的标准，鲜有特殊的优惠政策。这一时期我国的文化创意产业中，占比少数的文化创意大型企业或资金充裕，没有融资需求，或以内部融资为主，而占比较大的中小型文化创意企业虽然有广泛的资金需求，却因为企业规模小、有形资产少、无形资产多、投资风险大等原因，很难获得社会资本的青睐。因此，总体上看，文化创意产业面临既没有政策支持，也没有市场关注的尴尬融资困境。

（1）政策方面。2006 年是中国文化创意产业发展的元年，随着文化创意产业阵营的不断扩大和对经济拉动作用的日益凸显，我国各级政府和社会各界对文化创意产业这一新兴产业越来越重视，各种层面上支持文化创意产业发展的政策措施不断制定出台，社会资本对文化创意产业越来越关注，各种金融中介和配套服务体系逐步形成，总体上看，文化创意产业融资难问题得到了一定程度的缓解。

2010 年 3 月 19 日，由中央宣传部、中国人民银行、财政部、文化部、广电总局、新闻出版总署、银监会、证监会、保监会九部委联合制定的《关于金融支持文化产业振兴和发展繁荣的指导意见》（银发〔2010〕94 号）正式发布。作为新中国成立以来国家层面颁布的首个金融支持文化产业发展的政策性文件，《指导意见》针对文化企业有形资产少、无形资产多、抵押担保品不充足等具体问题，在充分认识金融支持文化产业发展的重要意义的基础上，积极开发适合文化产业特点的信贷产品，完善授信模式，发展资本市场，培育保险市场，建立健全金融支持文化产业发展的配套机制等具体措施，"金融支持文化产业新政"有望破解文化创意产业发展的融资瓶颈。

2010 年 10 月，《中共中央关于制定国民经济和社会发展第十二个五年规划的建议》中明确提出要推动文化大发展大繁荣，提升国家文化软实力，推进文化创新，繁荣发展文化事业和文化产业推动，使文化产业成为国民经济支柱性产业。

（2）实践方面。2009 年 5 月 8 日，首个国家级版权交易系统在位于北京中关村科技园区雍和园的国际版权交易中心正式开通，2010 年 8 月 19 日，国家版权交易网（www.copyrightmall.com）上线试运行，最初两个月就吸引了近 20 个国家的 1 000 多名会员，挂牌交易项目达 1 600 多项，挂牌总额超过 12 亿元。它的开通为文化作品的创作方与使用方搭建了信息沟通和交流的平台，对促进版权交易与版权相关产业的发展发挥了重要的作用。此外，中国工商银行、北京银行等金融机构都在同中国国际版权交易中心展开合作，加紧研发和创新文化类的投融资服务产品，以满足蓬勃发展的文化创意产业需求，创造新的利润增长点。

2010 年 5 月，文化部文化产业投融资公共服务平台正式开通，有融资需求的文化创意企业可以在线申请贷款，文化创意产业与各类资本之间形成了有效的对接。

2010 年 6 月，国内首只专注文化与传媒行业投融资的人民币私募股权基金——华人文化产业投资基金（China Media Capita）宣布完成首期 20 亿元人民币资金募集，正式投入运营，该基金将主要专注于文化与传媒领域的改制重组、行业整合和业态创新，特别是国家级重大文化产业项目及跨国项目。

2011 年，财政部规定文化企业享受税收优惠的主要税种，主要有增值税、营业税、企业所得税、关税等。在文化产业支撑技术等领域内，依据有关规定认定的高新技术企业，按 15% 的税率征收企业所得税。对于文化企业开发新技术、新产品、新工艺发生的研究开发费用，允许按国家税法规定在计算应纳税所得额时扣除。

11.3.1.2 从区域角度看

我国在文化创意产业融资方面，经济较为发达的地区文化创意产业发展较快，对融资问题的重视程度较高，融资渠道和融资体系较为完善，典型代表为北京、上海、杭州、成都等城市。

（1）北京。近年来，为更好地解决当前文化创意产业融资难的现状，北京市政府、北京市金融管理部门、各级金融机构等积极行动，共同努力，并取得了一定的成效。

① 政策支持方面。自 2005 年北京市委九届十一次全会做出大力发展文化创意产业的战略决策以来，2006～2009 年 4 年之中，北京已出台发挥财政资金使用效率、扶持重点文化创意行业、加强产业配套支持等方面的政策 19 项，对中国文化走出去、知识产权保护、影视动画、网络游戏等文化创意产业发展中遇到的各类问题均提出了探索性的解决办法。

2006 年，北京市财政局发布《北京市文化创意产业发展专项资金管理办法（试行）》（京财文〔2006〕2731 号），2008 年和 2009 年，北京市文化创意产业领导小组办公室先后发布《北京市文化创意产业贷款贴息管理办法（试行）》（京文创办发〔2008〕5号）和《北京市文化创意产业担保资金管理办法（试行）》（京文创办发〔2009〕3号），2009年7月3日，中国人民银行营业管理部和中国银行业监督管理委员会北京监管局联合发布了《关于金融支持首都文化创意产业发展的指导意见》，这些政策的发布，使北京市逐步探索建立了一系列的财政补贴、贷款贴息、融资担保、融资上市等文化创意产业投融资政策体系，并通过多种方式鼓励金融资本与文化创意产业实现对接，形成了财政资金带动、社会资本跟进、多元投入并举的新格局，为解决文化创意产业融资难问题起到了良好的政策保证和带动作用。

2011年，《北京市"十二五"时期文化创意产业发展规划》将全力打造世界出版创意之都、亚太演出中心，推进首都文艺演出业集聚区等不同特色的文化功能区成为关注。此规划主要对30个文化创意产业集聚区进行资源整合和功能升级，建立若干个文化产业功能区，提升整个文化创意产业发展的总体水平。

② 专项资金方面。自2006年起，每年有5亿元的文化创意产业发展专项资金被北京市市政府安排投入到文化创投上面，分别采用贷款贴息、项目补贴、政府重点采购、后期赎买和后期奖励等方式，对符合政府重点支持方向的文化创意产品、服务和项目予以扶持；此外，市政府还设立文化创意产业集聚区基础设施专项资金，用于支持首都文化发展。

③ 融资服务体系方面。为有效解决文化创意产业在投融资领域中存在的信息不对称问题，2007年起，北京市文化创意产业领导小组办公室就开始全力推进文化创意产业投融资服务体系的构建工作。2007年11月，依托着北京产权交易所，北京市建立了文化创意产业投融资服务平台，成立专业的服务机构为文化创意企业在增资扩股、债权融资、上市融资、私募融资、并购与重组等方面提供增值服务，并通过开展推介会、洽谈会、研讨会、博览会等形式，发布有关文化创意企业的资金需求信息。文化创意产业投融资服务平台还致力于培育一批高素质的中介机构，并促进其积极开展项目推广、投融资中介服务，推动社会资本流向文化创意产业。

2010年5月6日，全国首家金融服务文化创意产业专营机构"北京文化创意产业金融服务中心"正式挂牌成立，它将为北京市文化创意企业融资活动提供快速的审批渠道和优质的金融服务方案，促进全市文化创意产业的快速发展。

2012年，北京成立了注册资本金50亿元的北京市文化资产投资发展集团。作为首都文化投融资平台及重大文化项目的实施运作主体，集团投资34亿元，相继成立了1家基金管理公司、1家融资担保公司、2家小额贷款公司；安排5 000万元资金设立了文化融资担保基金；投入8亿元发起设立了北京文化创意产业投资基金，并将扩大募集规模至100亿元；与国家开发银行、中国建设银行合作，建立了针对中小文化企业融资的统贷平台。

2013 年 3 月，北京市文化创意产业投资基金管理有限公司成立，通过政府引导资金吸收其他社会资金，按照影视、传媒、网游、动漫、广告、文化艺术品交易等行业以及重大文化项目分别设立若干子基金，投资北京市的文化产业。基金总规模超过 100 亿元人民币，计划设立 10～20 只子基金，每只子基金规模在 10 亿元左右。

④ 社会资本方面。在政府的政策导向、专项投入的带动下，各类金融机构纷纷加大了对文化创意产业的重视程度。北京银行、交通银行、中国工商银行、中国农业银行等纷纷创新金融产品，为文化创意企业开辟贷款绿色通道、推出了无形资产质押贷款试点、设立专项授信额度、建立快速审批机制等措施，有效地支持了文化创意产业的发展。

2007 年 10 月 31 日，交通银行在为中小企业提供金融服务产品的"展业通"品牌下，正式推出"文化创意产业版权担保贷款"，至此文化创意企业除了利用固定资产抵押、有价证券质押外，还可以采用自有版权为担保物申请贷款，或采取多种担保方式（包括商标权质押等）组合申请贷款，以满足文化创意企业正常的资金需求。

2007 年 11 月，北京银行率先与北京市文化创意产业促进中心签署战略协议，开辟了金融资本与文化创意产业的对接通道。此后，北京银行推出了"创意贷"文化创意金融品牌，并根据北京市对文化创意产业细分的 9 大行业特点及文化创意集聚区建设，创新性地提出了 10 种子产品。截至 2009 年末，北京银行已累计审批通过文化创意贷款 650 余笔，合计 84 亿元，涉及设计创意、影视制作、出版发行、广告会展等 9 类文化创意领域。2010 年 1 月 14 日，北京银行又与北京市文化局签署战略合作协议，承诺未来 3 年为北京以古玩与艺术品交易、文艺演出、动漫为代表的文化创意企业提供 100 亿元人民币的专项授信额度。

2010 年 1 月 12 日，中国工商银行北京分行与北京文化创意产业促进中心签署战略合作协议，计划每年为文化创意企业贷款提供 100 亿元的授信额度，优先支持中心推荐的优质文化创意企业、文化创意产业集聚区和重点文化创意项目集群建设。

2010 年 10 月 28 日，农业银行北京分行与北京市文化创意产业促进中心签署战略合作协议，农业银行每年将提供 200 亿元的信用支持额度。

2013 年 11 月，农行北京分行携手文创产业促进中心举办第七届北京文化创意产业投融资项目推介会，并与信心控股有限公司、北京春晖园文化娱乐有限责任公司等三家文创企业签订了总额 30 亿元的战略合作协议，用于支持重点文化创意企业发展。

据北京市金融工作局政策法规处统计，北京地区有 16 家银行推出了文创贷款，有 3 家信托公司成立了文化信托，有 3 家保险公司可以提供文创保险，有包括国际版权中心在内的 4 家交易所可以针对文创企业进行新型交易。

（2）上海。

① 政策支持方面。2008 年 6 月 30 日，为促进上海市创意产业持续、健康、快速发展，上海市经济委员会、市委宣传部联合印发《加快创意产业发展的指导意见》。意见分为 9 大部分，其中，第 8 部分为"加大资金支持，拓宽创意产业融资渠道"。《意见》指出，要通过设立创意产业发展专项资金、整合和加大政府资金支持、完善中小企业融资担保机制、为创意企业在国内外资本市场融资创造条件 4 个主要方式来解决创意产业融资瓶颈问题。

2010 年 7 月，上海率先出台《上海市金融支持文化产业发展繁荣的实施意见》，来促进文化产业的繁荣和发展，当然，这一《意见》也适用于文化创意产业。《意见》分为 6 个部分，共 23 条，旨在鼓励符合条件的文化企业上市融资，依托资本市场进行并购重组，拓宽融资渠道。在银行信贷方面，引导金融机构对本市列入《国家文化出口重点企业名录》的文化企业、符合本市《文化产业投资指导目录》导向、列入国家或市文化发展规划的文化产业项目、列入国家或市重大文艺创作项目的重点项目优先给予信贷支持；对于中小规模的文化企业，通过加强与融资性担保公司的合作，扩大担保贷款规模，并根据文化产业的特点创新信贷审批流程，适当提高对中小文化企业不良贷款的风险容忍度；在直接融资方面，通过建立"拟上市文化企业资源库"，支持文化企业通过债券市场进行融资，并推进风险投资基金、股权投资基金与文化企业逐步对接；在保险方面，进一步开发创新符合文化产业需求的保险产品，适时引入文化企业高管责任险；在综合金融服务方面，促进文化产权交易市场的发展。

2012 年 8 月，为贯彻落实《中央宣传部、中国人民银行、财政部、文化部、广电总局、新闻出版总署、银监会、证监会、保监会关于金融支持文化产业振兴和发展繁荣的指导意见》（银发〔2010〕94 号）精神，上海出台了《上海市金融支持文化产业发展繁荣的实施意见》，主要从加大对文化产业的信贷投入，积极推动文化产业直接融资，积极培育文化产业保险市场，加强和改进对文化产业的综合金融服务建立以及健全金融支持文化产业发展的配套措施几方面进行改进，从而推进上海国际文化大都市建设，加快形成上海金融与文化产业相互促进、共同发展的局面。

② 融资服务体系方面。2009 年 6 月 15 日，上海文化产权交易所正式揭牌成立，从此符合国家有关规定、产权清晰、能成为标的物的各类文化产权，包括电影的版权、电视剧的版权、动漫的版权、音乐会的版权等以及著作权、各类文化专利权等，均可进入上海产权交易所进行交易，寻找适合的融资渠道。

③ 社会资本方面。早在 2009 年 12 月，浦发银行上海分行就创新知识产权质押贷款模式，在由银行、评估机构、担保机构同时参与并共担风险的基础上，通过知识产权质押，为易保（上海）网络技术有限公司提供了 500 万元贷款，开创了商业银行风险共担、知识产权质押融资的新模式。

上海市新闻出版局与交通银行股份有限公司上海市分行签订战略合作关系，交通银行授信百亿元支持上海市新闻出版及版权产业的发展。

此外，北京银行为东方尚博创意产业园授信，解决园区在建设、管理、招商、维护等过程中所遇到的资金困境，并承诺开发创新金融产品，提供知识产权融资服务的方式，切实解决园区及园区内企业的融资难问题。北京银行上海分行与唐人电影制作有限公司就融资问题达成战略合作协议，唐人电影制作有限公司以目前正待播映和即将筹拍的影视剧版权质押为主，结合部分固定资产进行联合抵押，获得北京银行上海分行上亿元综合授信额度。这是继华谊兄弟成功融资之后，全国影视制作行业第二单过亿元的融资项目，也是上海影视制作行业目前为止获得的最大一单信贷计划，创上海最高纪录。

（3）杭州。

① 政策支持方面。为进一步推动文化创意产业发展的发展，打造全国文化创意产业中心，杭州市先后出台了《中共杭州市委、杭州市人民政府关于打造全国文化创意产业中心的若干意见》（市委〔2008〕4 号）、《杭州市人民政府办公厅关于统筹财税政策扶持文化创意产业发展的意见》（杭政办函〔2008〕122 号）、《杭州市人民政府办公厅关于印发杭州市本级财政专项资金管理暂行办法的通知》（杭政办〔2009〕20 号）和《杭州市人民政府办公厅关于规范财政扶持企业专项资金管理有关工作的通知》（杭政办函〔2010〕244 号）等一系列重要文件。

尤其是 2010 年 9 月 13 日印发的《关于鼓励为文化创意企业提供融资服务的实施意见》（杭政办〔2010〕12 号）中明确指出，将加大对文化创意产业融资的支持力度，建立健全投融资配套服务体系。此外，杭州市文化创意产业办公室相关负责人表示，他们正在根据《意见》筹建文化创意产业融资战略合作机制，制定出台《银行业金融机构文化创意产业融资考核奖励办法》，对向文化创意产业提供信贷服务、为文化创意产业发展做出突出贡献的银行业金融机构，通过综合考虑各项指标后，每年给予一定程度的奖励。

② 专项资金方面。从 2010 年起，杭州将连续 5 年每年为本市文化创意产业安排不低于 1 000 万元的专项资金，专门用于支持文化创意产业的健康、快速发展，打造全国性的文化创意产业中心。

③ 融资平台方面。通过定期与合作金融机构召开联席会议，共同研究文化创意产业融资工作，制定相关措施，不断改进和完善对文化创意企业的金融服

务；通过建立多层次的贷款风险分担和补偿机制，采取担保费补助和担保代偿损失补助的方式，鼓励在杭担保机构为文化创意企业提供融资担保服务；通过加快文化创意产业园区投融资服务平台建设，鼓励金融机构加大对文化创意产业园区建设及入驻文化创意企业的金融支持力度，加快推进文化创意产业园区融资体系建设；通过加强知识产权保护，建立知识产权评价机制、知识产权保护体系、知识产权交易平台等，为文化创意产业融资提供便捷高效的配套服务。

此外，杭州还探索建立文化创意企业上市项目信息库，完善文化创意企业上市培育机制，对符合上市培育条件的文化创意企业，经有关部门审核后，在上市辅导期内可享受财政税收、土地资产处置、人才落户及住房、相关手续费用减免等优惠政策，通过这种方式引导和培育一批较大规模和较强实力的文化创意大企业实现在主板上市，而成长性较好、具有一定规模的文化创意中小企业在中小企业板、创业板上市，帮助文化创意企业打开直接融资通道。

④ 社会资本方面。在政策的鼓励和支持下，多家银行纷纷创新金融业务，重视和加强了对于文化创意产业的金融支持。

由国家开发银行浙江省分行牵头，推出支持杭州文化创意产业发展的信贷产品"满陇桂雨"，集合了政府财政、银行、信托、担保以及风险投资等各方面的资金力量，为杭州多家中小文化创意企业提供金融支持。

北京银行杭州分行不仅设立了单独的"创意贷"和专门的文化创意产业指标，而且将"创意贷"细分为10类子产品来支持文化创意产业发展，并通过制定专门性文件《"创意贷"文化创意中小企业客户营销与管理指引》来指导支行开展文化创意产业融资业务。

杭州银行除了把"毕升贷""连锁贷""订单贷"等金融产品引入文化创意产业，还根据动漫产业的具体特点，创新性地推出了动漫版权质押贷款这一金融产品，使得动漫产业能够通过"版权质押"的方式向银行进行贷款融资，为文化创意产业的发展注入了新的动力。

11.3.2　融资难仍然是制约我国文化创意产业发展的重要"瓶颈"之一

总体上看，随着我国文化创意产业的发展，广大中小文化创意企业对资金需求的欲望越来越强烈，政府政策、金融市场对文化创意产业也越来越关注，一定程度上缓解了文化创意产业融资难问题。但文化创意产业作为一种新兴产业，在蓬勃发展的同时，其所获得的金融资源与其在国民经济和社会发展中的地位和作用极不相称，在融资实践方面还备受困扰，许多效益高、前景好、信用优的文化创意企业尤其是中小文化创意企业，其合理有效的资金需求仍然难以得到满足。

2009 年，国内 67% 的文化创意企业均依靠自有资金发展，绝大多数文化创意企业出于融资无门，只能选择"自力更生"。因此，整体上看，文化创意产业融资还处于"内忧外患"之中，即面临内部融资有限、外部融资政府投入不足、债权融资难以取得、管权融资又遥不可及的融资难困境。

（1）内部融资有限。文化创意产业一般以中小企业为主，绝大多数企业处于种子期和成长期，在创办的初期阶段多是以内部积累的自有资金为主，随着企业的不断发展和壮大，其简单再生产和扩大再生产所需的资金规模越来越大，企业规模和实力的有限性决定，单纯地依靠内源融资已远远不能满足企业的有效需求，过度依赖内部资金只能把文化创意企业带入资金困境。

（2）政府投入不足。文化创意产业作为一种新兴产业，在发展的初期需要政府在各方面给予支持，资金支持尤为重要。政府的资金投入作为文化创意产业初期发展资金的重要来源之一，对文化创意产业的发展起着重要的引导作用。

随着我国文化创意产业的发展，其在国民经济中的地位和作用日益凸显，各级政府对文化创意产业的发展越来越重视，对文化创意产业的资金支持也从无到有，从少到多，但与我国蓬勃发展的文化创意产业发展态势相比，政府的资金投入与文化创意产业的有效资金需求之间还存在巨大的缺口，政府资金只能起到一种导向的作用，带动更多的社会资金进入文化创意产业领域，缓解文化创意产业资金匮乏的局面。

从支持方式上来看，我国目前更多的是采取政府预算中预留专项资金的方式对文化创意产业进行支持，现有的银行体系中，国家开发银行、中国进出口银行和中国农业发展银行三家政策性银行与文创意产业之间并没有直接的联系，文化创意产业在发展中缺少专门性政策银行的支持，这与我国把文化创意产业提升为关系未来民生发展的战略性产业进行重点支持的定位很不相符。

（3）债权融资困难。目前，我国文化创意产业债权融资的主要方式是银行贷款和民间借贷。

在我国，银行贷款主要依赖国有商业银行，而我国的商业银行已经根据金融体制改革的要求，完成了商业化、市场化改造，成为自负盈亏的经营实体，在经营中依据稳健性原则，在追求利润最大化的前提下，最大限度地防范金融风险。因此，银行往往倾向于将贷款发放给那些规模大、盈利强、前景好、风险小的大企业，而文化创意产业由于企业规模普遍较小、经营变数多、市场风险大、信用能力低、缺乏足额的财产抵押、又无人担保等一系列原因，难以得到商业银行的青睐；此外，我国的商业银行对各个类型贷款程序都有明文规定，贷款需层层上报，不但手续繁杂，而且环节多、时间长，这与文化创意产业融资往往注重时效性的特点不符；再者，文化创意产业中的企业大多处于起步和发展阶段，往往忽视"银企关系"的建立和维持，使得企业和银行之间缺乏有效沟通，一定程度上加重了文化创意产业融资难问题。

民间借贷方面，由于我国存在有别于其他国家的高储蓄率现象，使得我国的民间资本相对充足，但由于立法、监管等方面的不完善，民间借贷目前还存在着法律界定不清晰、借贷行为不规范等问题，处于地下或半地下状态，且民间借贷融资成本一般较高，高利贷现象普遍存在，一定程度上提高了文化创意产业融资成本，加重了企业的融资负担和融资风险。

（4）股权融资遥不可及。文化创意产业的股权融资，主要是采取吸收风险投资、私募融资、上市融资的方式来进行。

对于文化创意产业这种高风险、高收益的产业，获取风险投资的支持是一条简便、可行的融资渠道，但目前在我国，风险投资体制尚不完善，风险投资对文化创意产业还处于"想投不敢投、想爱不敢爱"的尴尬境地，这就使得能获得风险投资资金支持的文化创意企业凤毛麟角。

私募融资虽然自20世纪90年代开始在我国快速发展，但到目前为止还没有正式的法律文件来明确私募这一概念，并缺乏有效的规范和监管，使得具有诸多优点的私募融资并没有被光明正大地进行广泛推广，而是基本处于地下或半地下状态。

上市融资方面，随着2009年10月创业板的正式推出，我国建立了主板市场、中小板市场、创业板市场和场外交易市场四个层次的资本市场，资本市场体系逐步完善，但从实际来看，无论是哪个市场，在准入条件方面都有严格的限制。即便是适合高成长性企业的创业板市场，能够成功登陆的文化创意企业也为数不多。面对上市融资方面严格的准入条件，面对《公司法》和《证券法》有关上市融资企业必须具备规范的现代企业制度和完善的法人治理结构等方面的诸多规定，广大的文化创意企业由于规模普遍偏小，尚不具备健全的法人治理结构，即便通过改制成为股份公司，也往往因为企业规模不足、信用等级低、融资金额少、资产评估、信息披露费用高等一系列原因难以进行上市融资。因此，通过上市进行融资对以中小企业为主的文化创意产业而言，是一个可望而不可即的遥远目标。

11.4 文化创意产业融资难的原因探析

是什么导致了目前的创意产业融资难的问题？究其原因，既有文化创意产业自身特点的内部原因，又有外部环境等其他的因素。

11.4.1　内部原因

创意产业自身特点是导致文化创意产业融资难的内部原因，具体包括：

11.4.1.1　企业规模小，产权不清晰

在我国，文化创意产业虽然总体市场规模很大，但较为分散。近几年，创意产业迅猛发展，创意企业也随之做大做强，出现了一批在国内外具有一定知名度的企业。但总体来看，创意企业仍以小型或微型企业为主，企业规模普遍偏小，创新能力不强，仍处于起步阶段。统计显示，超过 1 000 人的企业只占总数的 8.33%，而规模在 100 人以下的企业超过 70%；民营企业相对较多，占 1/3 左右，国际化程度不高；外资和合资企业占 1/5。有专家表示，"目前中国的创意产业处于'小作坊'阶段"。而且，创意企业的市场化运作程度不高，尚未成熟的市场体制及不规范的竞争导致大多数文化创意企业尚不具备清晰、成熟的商业模式，缺乏经营管理和资金融通的专业人才，管理团队更像是艺术家，而不是企业家，并且尚未建立规范的财务管理体系，盈利模式不清晰，致使企业难以进行产业链式的拓展。目前一系列的现状使得文化创意产业成了一个叫好但不叫座、吸引眼球却不赚钱的行业。

11.4.1.2　市场价值不确定性强，投资风险大

尽管创意企业蓬勃发展的势头极为强劲，但是创意企业面临着较高的风险。首先，创意产品较高的市场不确定性决定了创意企业的高风险性。创意企业以生产和经营创意产品为主。创意产品是满足人们精神需求的精神产品，精神产品的需求既多样化又多变化性，需求弹性很大，影响需求量的因素很多，从而使创意产品的需求具有不确定性的特点。以电影产业为例，2013 年，中国每年约有 360 部电影能上院线，其中国产电影达到 326 部，同比增长 27.51%。全年票房收入 217.69 亿元，其中国产电影票房收入 127.67 亿元，同比增长 54.32%。如前所述，消费者需求对创意产品的市场销售起决定性作用，需求的不确定导致创意产品的供求矛盾更加突出，创意企业难以预料创意产品的市场销售情况，经营风险较高。其次，随着经济全球化的加快，创意企业面临着国内和国外的挑战，外来的文化冲击使得欠发达国家的传统文化受到挑战，并且导致本民族创意企业与世界创意企业巨头之间摩擦不断，竞争加剧。同时，几乎所有的创意企业都面临着显著的集中化现象。比如，在音乐、电影和媒体界，国际性大集团主导了全球市场，其创意产品的传播方式也呈现出霸权性。最后，创意产品的时代感非常强，时效性明显，很多创意产品只是顺应"潮流"的炒作。这种潮流可能会在短时

间内迅速扩张，也可能会迅速消退。因此，对创意企业而言，新产品的风险性很大。

11.4.1.3 无形资产比重大，致使担保困难

在我国，商业银行发放贷款主要有信用贷款、抵押贷款、担保贷款三种方式。《中华人民共和国商业银行法》第三十六条第一款规定：商业银行贷款，借款人应提供担保，商业银行应当对保证人的偿还能力、抵押物、质物的权属和价值以及实现抵押权、质权的可行性进行严格审查。经商业银行审查、评估，确认借款人资信良好，确能偿还贷款的，可以不提供担保。抵押和担保贷款是目前银行推行的主要贷款方式。对于前来借贷的企业，无论其性质如何都采取单一的评估体系和抵押贷款方式。而文化创意企业主要是以品牌价值和知识产权这样的无形资产作为资产存在的表现形式，想要获得资金的投入，通常会遭遇到很大的困难。华谊传媒董事长王中军认为："文化创意企业最大的特点是轻资产，核心产品或资产价值难以评估，银行产品或资产价值难以评估，银行审批一项申请所投入的人力成本、管理维护成本相对其他行业都要更高。"一般评估机构很难对此类无形资产做出准确的估值。由于无形资产的贬值空间巨大，银行是很难承担巨额的风险损失的，因此需要文化创意企业提供实物抵押或者个人连带责任担保等信用保障。然而对一个创意企业而言，并不需要拥有大额的房产或者实物资产便可进行商业活动；并且随着品牌的成功推广，其生产周期较短，扩大再生产需要的资金投入逐渐频繁，此时如股权质押等实物抵押方式的个人连带责任担保就难以适用于企业融资。如果商业银行采用对于一般制造企业的评审标准去评价文化创意企业的财务情况和市场表现，要求企业提供能够覆盖贷款风险的固定资产抵押，文化创意企业尤其是中小企业就十分难以企及。

11.4.2 外部原因

导致文化创意产业融资难的外部原因有很多，以下几个方面尤其重要：

11.4.2.1 投融资政策不完善导致融资渠道缺失

我国目前文化创意产业投融资政策不完善是导致其融资难的一个重要原因。客观上看，文化产业投融资渠道的缺乏和民间资本投入的积极性不高或者无法进入，在一定程度上与文化产业投融资政策的不完善是密不可分的。首先，准入政策的不完善。虽然国家有关文件指出"非公有制文化企业在项目审批、资质认定、融资等方面与国有文化企业享有同等待遇"，不能否认这对民营文化企业来说是个好政策。但是从开放领域来看，这些领域或者是民间资本早已进入、市场

已发展的比较成熟，或者就是长期需要补贴，甚至是无利可图的领域，所以对于民间资本来说，其经营范围还是较小。其次，财政税收的政策不完善。我国文化产业尤其是文化创意产业规模较小，其发展与财政的扶持力度有着密不可分的联系。在西方发达的国家，政府非常重视财政税收对文化产业领域的扶持，这也就是他们的文化产业如此发达的重要原因之一。而在我国，文化产业的财政税收政策虽然在不断地向着鼓励投融资主体进入文化产业领域的方向变革，但力度始终不够，对投资者还没有足够的吸引力，不能有力地引导资金流入这个领域。这样，文化创意产业就面临资本市场融资难、民间资本进入不畅、财政资金有限、银行信贷困难的四面包围之中，融资渠道明显缺失。

11.4.2.2　版权价值评估体系尚未完整建立导致创意产品"质押"存在很大障碍

随着创意产业的飞速发展，各类文化创意企业要求用版权"质押"来获得资金支持的呼声越来越高。由于知识产权质押融资具有很强的专业性，其政策的制订需要多个部门共同配合，因此目前还处于协调沟通阶段，加上我国作为质物的版权在评估和交易机制上的不完善，以及可作抵押物的有形资产的缺乏，对文化创意企业的融资造成了不小的障碍。知识产权的价值评估比较于企业价值、商标价值的评估难度相对较大，因为后者在国际上有通行的评估指标，比如地区占有率等，而对文化创意作品的著作权、影视版权、软件的知识产权等的价值评估目前为止没有任何通用的指标，这就造成对创意产品现有价值评估困难。至于对其将来的市场前景评估、衍生品价值评估等就更难上加难了。由于我国版权评估的相关机制还没有建立完善，在二级市场上的交易也并不顺畅，为了控制风险，银行不得不同时采用担保方式。但目前为止，我国的信用担保体系尤其是对中小文化创意企业的信用担保体系尚不完善，第三方担保在很多情况下存在巨大困难，这样银行不得不采取多种担保方式来降低风险，包括要求中小创意企业负责人同时承担个人无限连带责任。

11.4.2.3　资本市场体系不健全导致文化创意企业尤其是中小企业融资难

当前我国资本市场面临着股权分裂、层次性不够、资金多元化困难和透明度低等方面的问题，这些都是资本市场不完善的重要表现。如今我国的文化创意企业大多数是中小企业，资本市场的不完善为其上市融资造成了不小的障碍。首先，是现行的上市制度比较有利于规模较大的国有企业，而不利于中小规模的文化创意企业。我国现行上市条件中的企业规模、盈利记录与融资的额度和净资产规模挂钩等规定无疑是阻碍大量中小文化创意企业的上市融资的壁垒。其次，多层次的资本市场体系不健全，有限的市场容量难以容纳成千上万的拟上市公司。

目前主板市场占据着国内资本市场的绝大多数份额，尽管 2004 年 5 月中小企业板在我国深圳的设立打破了这一局面，但离完善的多层次资本市场尚有很大差距，而且发行体制并没有变化，文化创意企业的上市融资环境也就难有实质性的变化。最后，上市制度的烦琐漫长与中小文化创意企业的企业文化存在着冲突。中小文化创意企业灵活性较高，注重高效率，漫长的上市等待期及巨大的不确定性在一定程度上降低了中小文化创意企业上市的积极性。

11.4.2.4 相关法律法规不完善导致文化创意企业融资难

目前，我国文化创意产业领域的投融资主体逐渐向多元化方向发展，与之相比，相关的法律法规仍不完善，影响了文化创意产业的快速发展。一是缺乏法律法规保障，民间资本进入文化创意领域顾虑重重。主要因为：在市场竞争中，民营企业和外资企业与国有企业没有处于一个平等的地位，创业性的文化创意产业投融资与资本扩张受限，民间资本缺乏进入渠道与吸收机制，制约了非国有主体投融资的积极性；文化创意产业投融资具有相对的长期性、高风险性，缺少法律法规的保障，没有产业退出机制，民间资本难以有持久的投融资目标。二是中小文化创意企业缺乏法律法规保障的融资途径，通过基金等投资手段间接进入文化创意领域的金融资本，对文化创意产业的发展起了一定的推动作用，但控制风险、注重短期收益是这类资本投入的基本考虑，而需要产业政策支持的大量中小文化创意企业在融资渠道上仍缺乏法律法规保障的途径与地位。

11.5 文化创意产业融资国际经验借鉴

随着全球文化创意产业的蓬勃发展，美国、英国、韩国等文化创意产业发达国家都不同程度地采取措施对其发展进行金融支持，虽然政策方法各有特点，但大都发挥了较好的作用，值得我们学习和借鉴。

11.5.1 美国经验

美国是世界上公认的文化产业大国，其文化产业十分发达，产值占 GDP 的20% 左右，其总体竞争力位居世界首位。早在 20 世纪 60 年代，美国在进行产业结构调整时就将发展高科技文化产业作为经济发展的方向，并采取了一系列包括经济、法律、行政等措施加以扶持，因而可以说，美国文化产业的强势得益于政府为文化产业发展创造的良好的外部环境，尤其值得一提的是，其完善的融资体制、多样化的融资方式、多元化的融资渠道也为美国文化产业发展提供了重要的保障，从而奠定了美国文化产业的世界霸主地位。

11.5.1.1 加大政府支持力度

美国非常重视文化创意产业的发展，通过放松以往对文化产业的各种管制，鼓励广大文化创意企业通过兼并、联合、重组等途径，走集团化、规模化发展道路，在此基础上，制定多种政策促进资本与文化产业的结合，以解决文化创意产业发展中遇到的融资难问题。

对于主要的文化创意产业，美国通过成立专门的文化创意资助机构，运用政府财政进行直接资助。早在 1965 年，美国就通过了《国家艺术及人文事业基金法》，创立了国家艺术基金和国家人文基金，成立国家艺术拨款委员会，规定每年将基金总额的 35% 以上用于向各州及联邦各地区艺术委员会拨款，并将其余款项直接用于向各个艺术人文领域内的个人及团体有关项目提供直接资助和对优秀艺术成就的奖励；1996 年，美国又组建了国家博物馆图书馆学会，专门负责对博物馆、美术馆、图书馆项目进行资助。据统计，美国联邦政府及其他机构每年向文化创意产业提供资金资助就有大约 11 亿美元，而州、地方政府和企业为文化创意产业提供的资金资助高达 50 亿美元。

美国对创意经济的重视，不仅体现在联邦政府在宏观政策方面的支持，如1917 年，美国联邦《税法》规定，对非营利性文化团体和机构免征所得税，并减免资助者税额；1996 年出台的《电信法》，大大放宽了对媒体所有权和跨媒体所有权的限制，在商业化的运作模式和市场优胜劣汰机制的作用下，形成规模空前的媒体兼并浪潮，逐步形成了一批"巨无霸"型的文化产业集团，一定程度上实现了规模经济。美国对创意经济的重视，还体现在地方政府乃至具体的社区在推动和协调方面不遗余力的付出。纽约市政府在政策的制订上对该市文化创意产业的发展有战略性帮助，比如在税收上对纽约的媒体公司和时尚设计公司给予优惠。纽约文化事务局为创意产业发展做出很大努力，每年大概有 1.31 亿美元的专门预算，在未来还有 8.03 亿美元的预算投入到艺术发展中。

11.5.1.2 采取多元的混合资助方式

美国主要采用的是多元的混合资助方式对文化创意产业进行资助，这种方式除政府直接对公益性的文化领域提供支持外，还积极地引导配套的社会资金及产业资金。政府通过对公益性文化领域的投入，一方面完善了整个文化创意产业发展的基础，使它的增长空间更大；另一方面也实现了国家艺术文化政策的目标。但是，美国政府对于文化艺术的资助一般不会超过文化组织所得的 20%，其余部分则必须由申请者从政府机构以外筹集。通过法律法规和政策杠杆来鼓励各州、各企业以及全社会对文化事业进行赞助和支持是美国政府尤其注重的。在立法条文中明确地要求各州、各地方拨出相应的地方财政经费与联邦政府的文化发展资金相配套，并规定与文化公益事业相关的单位或群体一律享受免税待遇。另外，美国的文化产业还得益于财团的资助。第二次世界大战后美国形成的梅隆财团、芝加哥财团、杜邦财团、第一花旗银行财团、得克萨斯财团、洛克菲勒财团、克利夫兰财团、摩根财团、加利福尼亚财团、波士顿财团10大财团中有不少财团都与文化产业有着千丝万缕的联系。

11.5.1.3 不断创新金融制度尤其是融资方式

美国金融制度的不断创新也为文化产业发展注入了大量的资金。其具体融资方式包括股权融资、夹层融资、优先级债务贷款和发行AAA级债券。股权融资的融资时间通常在5~7年之间，制片商一般会和投资方协议在特定的时期内回购融资方的股份，既保全影片版权的完整，又保证投资方良好的退出通道；夹层融资一般采取次级贷款的形式，也可采取可转换票据或优先股的形式。夹层次级贷款期限较短，一般为几个月。投资方要求制片商找一个权威性的销售代理商，评估未完工影片可能的未来收入，核定贷款额度，同时有专门的保险公司承保，为银行提供完工保证，制作公司将制作费的2%~6%支付给保险公司；优先级债务贷款是指制片商把地区发行权卖给指定地区发行商时得到"保底发行金"，这相当于发行商的预支。优先贷款实际上是以预售发行权合约为担保，以保底发行金为还款来源；发行AAA级债券一般由投资银行以影片的DVD销售收入和票房收入为基础资产，向投资者发行证券化产品。

11.5.1.4 充分利用国际直接投资

美国虽然是世界上自由贸易叫得最响的国家，然而却经常采用贸易保护主义政策对外国进口商品课以重税，限制进口，造成市场封闭。在这种情况下，别国的文化产品要打入美国市场，只能采取直接投资的方法。美国实施贸易保护主义政策的目的是限制文化产业国际竞争国内化，这在一定程度上促成了美国国内较高的利润回报率，客观上造成了大量国际投资进入美国文化产业。因而从很大程度上来说，美国文化产业是由外国跨国公司来运作的。如在好莱坞最具实力的电影制片厂之中，哥伦比亚三星的老板是日本的索尼公司，福克斯的老板则是澳大利亚的新闻集团。在流行音乐产业部门更是如此，除了美国的WEA公司之外，更多在美国市场上赚取钞票的是日本的索尼、荷兰的宝丽金、德国的BMG、英国的Thorn-EMI公司等。美国电影与音乐等产业部门对外来资本的依赖尤甚。近些年来美国好莱坞影片的制作成本越来越高，那些更重人文内涵的小制作影片则受到排挤，大制作影片的投资达到了天文级的数字。这些膨胀的资金必定被制片商转嫁给市场的资本融合，依靠强有力的金融市场来支撑美国电影产业。美国文化产业的商业神话，背靠的不仅是国内资金的集中，而是更有赖于外来投资的激活和推进，从而得以在国际市场上继续立于不败之地。

11.5.1.5 重视知识产权保护

文化创意产业的核心内容就是通过创新来提高经济效益，因此文化创意产业的发展和知识产权保护密切相关。美国政府充分认识到这一点，把加强知识产权保护作为文化创意产业发展中的一项重要工作。

美国政府机构设有版权办公室、美国贸易代表署（负责知识产权方面的国际贸易谈判）、商务部国际贸易局和科技局、版权税审查庭、海关（主要负责知识产品的进出口审核）等相关的行政部门，加大对知识产权的立法和执法工作。美国是第一个进行文化立法的国家，早在 1790 年，美国政府就颁布实施了第一部《版权法》，并根据经济、科技、社会发展的需要，分别于 1831 年、1856 年、1865 年对其进行了修改和完善。1980 年颁布实施的《计算机软件保护法》、1982 年美国国会通过的《反盗版和假冒修正法案》、1984 年通过的《半导体芯片保护法》、1986 年通过的《伪造访问设备和计算机欺骗滥用法》、1997 年通过的《反电子盗版法》、1998 年通过的《跨世纪数字版权法》等一系列知识产权保护方面的法律法规，渗透到了出版发行业、新闻业、广播影视业、网络服务业等各行各业，为文化创意产业的发展营造了良好的外部环境。

11.5.2 英国经验

融资支持是英国创意产业可持续发展的重要保证。英国创意经济获得成功，除了英国具有国际水平的创新能力，还源于英国政府帮助创意产业解决最初的融资困难。英国文化、媒体和体育部出版了"Banking on a hit"手册，指导相关企业或个人如何从金融机构或政府部门获得投资援助。更重要的是英国政府与行业共同推动成立了众多基金，建立了政府、银行和行业基金及创意产业之间紧密联系的融资网络。

英国政府 2006 年发表的报告显示，英国创意产业融资主要有两大来源，一是公共资金，二是私人投资。公共资金主要来源于英国文化、媒体和体育部扶持电影、多媒体等行业的国家科技与艺术基金会、英国电影协会、艺术协会、高校孵化基金；此外，还有贸工部在地区发展局下建立的创意产业特殊基金、西北地区发展基金，以及在小企业服务局下建立的伦敦种子基金、西北地区种子基金、早期成长风险基金等；政府设立的高科技基金和苏格兰企业发展基金也为创意产业提供融资。此外，英国的创意产业还可申请欧盟的发展基金进行融资。在政府融资支持下，英国的私人资金也为创意产业的发展提供了重要融资来源。具体来看，英国创意产业的金融支持方面的经验主要有：

（1）注重行业自律。英国金融监管部门很注重行业自律机构作用的发挥，金融监管部门主要通过宏观政策进行必要的引导，为创意产业融资创造一个较为宽松的经济与法律环境。

（2）增加支持方式。在创意产业的发展过程中，政府支持非常重要。英国政府对文化创意产业资金方面的支持可谓是多种多样，如英国政府对符合一定要求的创意企业提供"天使投资"，对表现英国文化的电影制作企业实施减免税优惠政策，通过发行彩票等形式为文化创意产业的发展筹集大量资金；此外，政府通过直接拨款、提供担保等方式，支持创意企业的发展。如伦敦的公共政策包括支持文化活动和支持创意产业两个部分，不同的是，前者不能获得任何补贴，而后者是可以获取一部分发展资金的。与此同时，为缓解文化创意产业融资难问题，政府还与行业共同推动，通过成立行业基金，鼓励文化创意产业充分利用其他各种类型的基金，建立文化创意产业与政府、银行、各种基金之间紧密联系的融资网络。

值得一提的是，英国政府不但从宏观上制定支持文化创意产业的政策措施，而且还从小处着手，为文化创意产业融资问题的解决提供贴心服务。例如，为了解决文化创意中小企业担保难问题，英国政府启动了"小企业担保计划"（Small Firms Loans Guarantee Scheme），为那些拥有良好创意与市场前景，但缺乏担保而无法成功融资的项目提供担保支持，从而解决其融资问题；为了帮助那些有创新能力的个人或企业成功融入所需资金，解决困扰其发展的资金短缺问题，英国政府出面出版了《融资一点通》《创意产业资金地图》，为其融资提供智力支持，指导相关文化创意个人或企业从政府部门或金融机构获得资金上的支持。

英国政府对文化创意产业的支持模式很特别，实行的是"政府陪同资助"方式。即如果金融机构、其他企业或个人决定资助文化创意产业的发展时，政府将采取陪同措施，共同资助这一项目，从而为这项资助活动打上"双保险"，降低资助风险。为鼓励金融机构、其他企业或个人多次投资文化创意产业，政府还采取一定的激励措施。对于第一次投资，政府陪同资助的资金比例为1:1；对于再次资助，政府将扩大出资比例，对企业高于上次投资额的部分，政府陪同资助的资金比例将提高为1:2。这种方式不但一定程度上为文化创意产业吸引到了资金支持，提高了企业、个人从事文化创意产业的积极性，同时政府角色的介入，也起到了良好的广告效应，在全社会范围内营造投资文化创意产业、促进其繁荣发展的良好氛围。

（3）拓宽融资渠道。英国文化创意产业的融资渠道多种多样，除了政府拨款、准政府组织资助、基金会资助外，还有两个特点鲜明的融资渠道：

① 文化创意产业采用了国家彩票基金的新模式进行融资，通过法规的形式，

将国家彩票的部分收入用于投资文化设施的建设，支持有代表性的优秀艺术门类的发展和人才的培养，为文化创意产业的发展筹措了大量的经费，使得一批重大的文化创意产业项目有了强大的资金支持。据统计，1995～1999 年间，超过1 000 个艺术项目从"彩票基金"中获得了 10 亿英镑以上的资助。仅彩票收入一项，一年就可以为文化艺术事业筹集到赞助费 6 亿多英镑，极大地弥补了政府文化投资的不足。

② 英国大力鼓励风险资金投资文化创意产业。英国金融业实行混业经营，其风险投资资金来源具有多样化特点，既可以来自保险公司、养老基金，也可以来自银行或其他的金融中介机构。近年来，政府特别鼓励个人进行风险投资，文化创意产业中个人投资的比重呈现明显上升态势。此外，英国政府还通过特殊优惠政策吸引国外风险投资，因此国外风险资金也成为英国创意产业融资的重要渠道之一。

（4）创新融资模式。英国创意产业的融资模式很特别。英国创意产业以信托方式作为融资的主流模式。英国的创业资本信托从 1995 年开始生效。它们在结构上类似投资信托，但法律限制其向私人投资者提供税收优惠。在初次筹集资金后，创意企业股票在伦敦证券交易所挂牌交易，这样投资者就有比较好的退出机制。设立这种投资工具的目的是鼓励个人投资于较小的私有贸易公司，使之发展壮大。

（5）提供海外发展援助。英国政府特别注意强化创意产业的出口，开拓国际市场。1998 年，英国政府成立了创意产业输出顾问团，该顾问团通过政策研究，为文化创意产业的发展提供广泛的咨询建议，并对不同部门间协调文化创意产业出口政策等提供政策意见，在英国文化创意产业开拓国际市场方面发挥了重要作用，它不仅增强了文化创意产业与政府之间的合作关系，还促进了金融机构对文化创意产业的了解，为文化创意产业获得金融机构的资金支持建立了良好的基础；同时还帮助签订文化创意产业出口协议，促进共同基金的使用。2002 年，为了帮助文化创意产业更好地开拓海外市场，英国文化传媒与体育部（DCMS）和英国贸易与投资机构等组织合作，通过互联网、开展推介活动等方式，积极为开展出口及海外投资业务的文化创意企业提供有效的市场信息、商业机会及专家咨询活动，帮助他们走出国门，开拓市场，在更大的舞台上创造奇迹。

（6）注重融资配套环境建设。为保证文化创意产业的健康发展，英国注重发挥政府的职能作用，通过多种措施建立适合文化创意产业发展的公平竞争环境。如英国金融监管部门很注重行业自律机构作用的发挥，通过金融监管部门的宏观政策引导和行业自律机构的自我管理、自我约束作用，为文化创意产业融资创造一个较为宽松的经济与法律环境。政府还针对软件业、音像业等行业的盗版现象十分严重、市场秩序十分混乱的现状，通过制定出台一系列相关法律法规、建立专门的知识产权网站、定期和不定期地通过组织论坛交流等方式，加强对知识产权相关政策、知识、法律、法规等的宣传工作，并为文化创意产业知识产权保护工作提供在线服务，为文化创意产业的健康发展营造良好环境。

11.5.3　韩国经验

韩国正式提出发展文化创意产业，是在亚洲金融危机之后。1997年，韩国经济遭受了亚洲金融风暴的袭击，为了摆脱困境、重振经济，韩国政府把发展文化创意产业正式纳入国家总体发展战略，将其作为"21世纪国家发展的战略性支柱产业"，集中力量加以扶持。经过10年的发展，2007年，韩文化产业产值达到650亿美元，连续5年年均增长达到9%以上，是同期经济增长率的近2倍，文化产业占GDP的比重将近7%，文化产品出口额达100亿美元，占世界文化市场5%的份额，成为世界前5强。文化产业不仅将韩国拉出金融风暴的阴霾，而且将韩国推向世界文化产业大国的行列。

纵观作为国际文化创意产业发展典范国家之一的韩国，其瞩目成就的取得与健全的金融支持制度密不可分。具体来看，韩国在对文化创意产业金融支持方面的成功经验主要包括：

（1）逐年增加文化产业预算。韩国从政府层面提出了"文化立国"的方针，将文化产业确定为21世纪发展国家经济的战略性支柱产业来予以大力推进。表现在：

第一，韩国政府通过一系列重大的国际活动如奥运会、世博会、世界杯等，挖掘和宣传本土特色文化，并力求将传统文化与现代生活有机融合，通过游戏、影视、时装、舞蹈、饮食文化等，建立机构，打造品牌，形成一股席卷全球的"韩流"，在全球塑造"文化韩国"形象。

第二，政府财政高度支持，文化产业预算逐年增加。面对亚洲金融危机，韩国在国家财政全面吃紧的情况下，文化事业预算不但没有减少，反而逐年增加。1997年前，韩国政府对文化产业投入的资金仅占当年政府总预算的0.02%，2000年首次突破国家总预算的1%，2001年大幅提高为9.1%，进入"1兆韩元时代"，2003年达1兆1673亿韩元，比1999年增长140%多。1998年到2003年，文化产业预算额由168亿韩元增至1878亿韩元，占文化事业总预算的比重由3.5%增长为17.9%，为文化产业振兴提供了必要的财政支撑。

第三，韩国对创新企业实行多种形式的资金援助。在税制上，通过出台优惠措施，吸引机构、法人和个人的资金流向创新企业，多渠道筹措文化产业发展资金；在专项资金支持方面，按照"集中与选择"的原则，有目的、有重点地对文化创意产业实施资金支持，从经费上确保其健康发展。

第四，在国家层面上建立一整套的激励机制，对文化创意产业的重点行业如影像、游戏、动画、音乐等所取得的突出成绩进行奖励，近年来奖励力度和权威性不断增强。如 2002 年，游戏、动画业分别评出 15 个、12 个获奖产品和单位，"国务总理奖"（大奖）为最高奖项，奖金 1 000 万韩元，"文化观光部长官奖"（优秀奖）奖金 500 万韩元，"特别奖"奖金 300 万韩元。文化观光部计划 2003 年把"大奖"升格为"总统奖"，提升奖励的权威性，这一系列的措施有效地促进了文化创意产业的发展。

（2）设立系列专项基金。为引导和扶持文化产业的发展，韩国专门成立了文化主管部门和相应机构。1998 年韩国文化观光部设立"文化产业局"；2000 年设立"韩国工艺文化振兴院"和"文化产业支援中心"；2001 年将"文化产业支援中心"扩建为"文化产业振兴院"，全面负责文化产业的具体扶持工作。一系列文化产业专门机构的设立，为解决文化产业发展中的具体问题起到了重要作用。如在解决文化产业融资方面，韩国文化产业振兴院 2000 ~ 2001 年两年期间，成功运作"投资组合"17 项，为文化产业成功融资 2 073 亿韩元，2001 年，韩国电影振兴公社通过"电影专门投资组合"融资 3 000 亿韩元，有效保障了电影事业的发展。

根据《文化产业振兴基本法》，国家设立文化产业、文艺、电影、出版、广播及信息通信化等系列专项基金，集中扶持相关产业。1999 年基金设立当年总额仅为 549 亿韩元，到 2002 年增至 2 329 亿韩元。

（3）建立官民共同投融资体制。以动员社会资金为主、官民共同融投资的运作方式，是韩国解决文化产业资金的有效办法。具体做法是运作"文化产业专门投资组合"。韩国文化产业振兴院 2000 ~ 2001 年两年期间，成功运作"投资组合"17 项，融资总额高达 2 073 亿韩元（政府 350 亿韩元，民间 1 723 亿韩元）。在此基础上，运作日臻成熟，成功率大幅提高，年融资达 1 000 亿韩元以上，为产业发展提供了有力的资金保障。

此外，银行贷款也是韩国文化创意产业资金的主要来源之一。韩国银行积极贯彻政府产业政策，在市场化运作的基础上，择优提供贷款和金融服务。如进出口银行从 2008 年起 5 年计划安排 4 000 亿韩元对文化、软件出口提供贷款扶持。

（4）完善相关文化经济政策。利用税收、信贷等经济杠杆，实行多种优惠政策。例如，为重点发展的游戏、动画等风险企业，对进驻文化产业园区的单位提供长期低息贷款，减少甚至免除税务负担。在文化产业园区建设中，免除农田、山林、草场转让费和再造费，以及交通设施补偿费等。

在税收优惠方面，韩国政府还根据文化产业发展的需要，进行政策调整，加大支持力度，提高扶持的针对性和有效性。2007 年 12 月，韩国召开经济政策协调会议，通过了《第三阶段服务产业竞争力强化对策》，明确"要像扶持制造业一样扶持文化产业"，把全方位扶持提高到新的水平。

第一，改编标准产业分类体系，新设"出版、音像、广播、通信及信息服务"的大分类，以使文化软件产业在研发及人才培养方面享受政府融资扶持和税收优惠。同时将广告和电影制作业、录像带及记录出版业、专门设计业归为"知识基础产业"，由此首都圈里的650多家中小企业可享受减免10%法人税、所得税的优惠。2008年上半年之前，将完成对富川、釜山等11个地区的"文化产业振兴区"指定工作，区内拟实行免除注册及取得税、5年内减免50%财产税等项优惠。

第二，在创作阶段，对设立"创作研究所"的企业，对其创作、研发费用给予税收优惠，年减免额达280亿韩元；2012年前，将软件振兴院的培训企划、创作人员的师资增加233%；赋予文化部职员"特别司法警察权"，以强化著作权保护。

第三，在制作阶段，决定试点推广"文化软件完成保障制度"，每年提供保障资金100亿~150亿韩元，防止优秀文化软件在创作过程中因资金短缺而半途而废。未来5年内，在文化软件企业起步和成长阶段，分别给予追加支援，总额达3 500亿韩元。

第四，在流通和出口阶段，中小文化软件企业如使用国内代理商开辟海外市场，咨询费支援最高可达费用总额的80%。另外，今后5年里进出口银行将安排4 000亿韩元对文化软件出口提供贷款扶持。

（5）注重法律法规建设及知识产权管理，创造良好融资环境。为支持文化创意产业的发展，韩国注重法律法规建设，建立了较完备的法律法规体系。1997年起，韩国制定《创新企业培育特别法》，对数字内容等创新产业进行激励；之后，又陆续制定通过了《文化产业促进法》《文化产业振兴基本法》《文化产业发展5年计划》《文化产业前景21》《文化产业发展推进计划》，并根据文化产业发展的最新情况，对《影像振兴基本法》《著作权法》《电影振兴法》《演出法》《广播法》《唱片录像带暨游戏制品法》等作了部分或全面修订，被废止或修改的内容达70%左右，为文化创意产业的发展营造了良好的外部环境。

韩国把知识产权保护工作提升到了战略的高度进行重视，特别重视对文化创意产品原创性的承认和保护，并通过立法来加大对知识产权的保护力度。韩国制定的有关知识产权方面的法律包括《专利法》《商标法》《版权法》《计算机程序保护法》《外观设计法》《半导体电路设计法》《不正当竞争防止与商业秘密保护法》《海关法》等；此外，韩国还设有独立的专利厅（KIPO），专门负责管辖专利、商标、知识产权相关问题；为加强保护力度，韩国还实行知识产权联合执法行动，专利厅、检察机关、警察局、海关、地方政府等成立联合调查队，共同行动打击侵犯知识产权的违法犯罪活动，为文化创意产业的健康发展净化了环境。

（6）瞄准国际市场，支持创意产业走向世界。由于国内市场规模有限，韩国鼓励文化创意产业在做大做强的基础上，积极构筑海外营销网，开拓国际市场。为此，韩国提出以中国、日本为重点的东亚地区作为登陆世界的台阶，通过与创意产业发达国家开展跨国合作，解决资金不足，学习先进技术，打入世界文化高端市场。2002 年韩国政府拿出 17.1 亿韩元支持企业参加在中、日、美、法、德、芬兰等国举办的 12 项有关音乐、动画、漫画、游戏、数字化文化产品的展销活动。此外，韩国还在包括西班牙在内的 6 个国家举办 7 次文化产业投资洽谈会，进行招商引资。

韩国还集中资金对重点出口项目进行支持和奖励制度。例如，1999 年 1 月韩国广播文化交流财团设立"影像制品出口支援中心"，为每年生产 1 000 部以上出口影像制品提供资金支持；2002 年文化产业振兴院选定 10 个出口唱片项目，各支持 3 000 万韩元制作费和 2 500 万韩元外文版制作费，签约时先提供80%，制作完成检验合格后再提供 20%；2002 年韩国政府新设"出口奖"，由文化观光部和文化产业振兴院对过去一年的出口产品和单位评选出 10 个奖项，给予 1 000 万韩元、500 万韩元、250 万韩元不等的奖金。

11.6　解决文化创意产业融资难的对策建议

创意产业的发展关键是要解决融资问题。创意产业要发展，资金投入是重点。我国目前创意产业投资主体仍相对单一，需要进一步拓宽投融资渠道，降低市场准入门槛，鼓励社会资本对创意产业进行投资经营，实现投资主体的多元化、社会化。因此，应该按照创意产业市场规律来制定和健全相关法规和制度，进一步改善投融资环境，促进企业、民间、外商对我国创意产业投资的积极性。形成"谁投资，谁受益"的产业化运作机制，搭建创意产业化的平台，营造有利于创意产业发展的投资环境，从而积极推动创意产业的发展。

11.6.1　积极改善文化创意产业融资的外部环境

针对外部环境不健全、严重制约文化创意产业有效融资这一现状，我们要积极出台各种政策措施，具体包括：

11.6.1.1　搭建文化创意企业与银行的沟通合作平台

近年来，随着商业银行经营管理体制改革的深入，成本管理、风险管理受到了前所未有的重视。银行对中小企业的贷款金额小、笔数多，而信贷管理环节如客户调查、资信评估、贷后监督等一样也不能省略。据统计，银行对中小企业贷款的成本是大企业的 5 倍。如果两者之间建立了紧密联系，便可简化许多工作，从而创造了降低信贷成本的条件。因此，如何理清发展思路，运用产业政策引导银行资金流向是相关部门急需思考的问题。由主管单位与当地商业银行合作，定期或不定期召开各层次文化创意企业与银行的座谈会以及多种形式的银企对接活动，由主管单位介绍文化创意产业的发展经营情况，商业银行通报金融运行情况及有关货币信贷政策，文化创意企业推广介绍自己的项目，再由银企双方根据市场原则，进行双向选择。这种长期稳定的交流与沟通，有利于培养两者间互信、互补的战略合作关系。事实上，银行与企业是利益共同体，企业的发展离不开银行的支持，银行的成长也需要一批效益好、守信用的企业的支撑。把银行的目光引向中小型文化创意企业，不但可促进文化创意产业的发展，也拓宽了银行的客户群，有助于促进金融与产业的协调发展。

11.6.1.2 设立文化创意企业贷款担保基金

商业银行为降低信贷风险，普遍采用抵押贷款和担保贷款的手段。从抵押贷款看，由于大多数文化创意企业主要是知识密集型企业，固定资产少，技术或创意的价值难以认定，要么无物可抵，要么手续烦琐，操作起来费时费力；从担保贷款看，中小型文化创意企业发展之初自身实力较差，效益好的单位不愿为其担保，一般企业的担保银行不认可，需要考虑建立更高层次的信用担保基金。长期以来，我国以国家经贸委发布的《关于建立中小企业信用担保体系的指导意见》为依据，一直进行着以政府出资为主建立中小型企业信用担保体系的试点。该体系在支持中小企业发展、促进经济增长方面发挥了一定的积极作用，但运行过程中，其负面影响也逐步显现。一方面，由政府拿出大量资金来维持如此多担保机构的运转已成为一个沉重的负担；另一方面，以政府信用为担保，被担保企业逃避债务的动机增强，银行的风险防范意识下降，反而加大了贷款风险。为保证商业银行与文化创意企业关系型贷款的持续稳健发展，在此领域可作出探索性的尝试，通过设立产业贷款担保基金来改善商业银行的信贷预期。初步设想是：由相关管理部门出面，对辖区内的文化创意企业进行全面、客观的资产规模、经营现状、资金来源渠道及需求缺口等综合调查，在掌握情况的基础上，由政府出资设立相应的产业贷款担保基金，由行业内企业自愿认购基金单位。基金对行业内企业开放，对其他投资者封闭，主要原因是文化创意企业发展的风险应由企业自身与政府共担，而不能把其他投资者牵涉进去以出现信息不对称的逆向选择。基金由向申请担保的企业收取费用而取得收入，也可在条件成熟时开展投资运营以保值增值。待担保基金能够正常运转后，政府资金再逐步有序退出以实现基金自身的良性发展。对担保基金应当有一套完备的管理制度，如基金章程、业务范围、机构管理、账务管理等，有高素质、责任心强、业务过硬的从业人员。政府对基金的资产情况、业务状况应保持积极关注，并在必有时采取有效措施以保障中小型文化创意企业的合法权益。

11.6.1.3　建立文化创意企业信用信息库

关系型贷款建立和维系的前提是对彼此真实情况的透彻了解。由于在借贷关系中，风险主要在提供资金的一方，而我国目前的市场经济还处于初创阶段，信用关系混乱、不讲信用已经渗透到社会生活的方方面面，信用危机严重困扰着银行。为了从更高层次进一步缩短中小型文化创意企业与银行之间的信息距离，可以借鉴发达国家的经验，利用现有的信息中介，广泛搜集相关企业的贷款偿还记录，特别是债务拖欠记录，建立和完善文化创意行业的企业信用信息库。一旦有企业申请贷款，借助于计算机的信息传播能力，可以十分容易地让所有银行方便地做到信息共享，使企业因资金使用不当等原因造成的贷款损失降到最小。由于征信行业涉及面广，采集数据、管理数据、分析数据均需要大量的人力、物力投入，至今为银行服务的大规模企业信用数据库尚未形成，也没有形成权威的标准化信用评价体系。为了支持新兴产业的发展，可以考虑以文化创意行业为切入点，把相关企业分散在银行、财政、税务、工商、统计等领域的信息数据集中起来，可以以省为单位建立有公信力的版权评估、登记、转让、确权的中介机构，分类处理，形成客观、及时、完整的信用信息库，为关系型贷款的开展提供真实的、低成本的模块化信息，满足商业银行业务创新模式下尽职审查的依据要求，尽可能减少信贷市场中因信息不对称而造成的道德危害，进而提高银行对不良客户的抵制能力，增加优质客户的融资机会。

11.6.1.4　发展版权交易的中介服务机构

由于文化创意产业门类多、专业性强，因此对文化创意产品价值的评估是商业银行自身难以胜任的。首先，应建立专门从事版权价值评估的中介机构，通过专业的人员、特定的程序和严格的市场分析，给出与其市场价值大致相符的价格，使版权交易有价可寻。其次，要建立版权监理机构，代表商业银行对文化产品的生产进度、生产质量和生产费用等进行监督和管理，以保证形成最终产品并获得版权。最后，要发展版权担保机构，通过专业化的行业分析和市场调查，为符合条件的文化创意企业提供担保，以分散商业银行的授信风险，扩大文化创意企业的融资面。

11.6.1.5 完善资本市场体系

与其他类型的企业一样，一个成功的创意企业一般也要经历创业、成长、成熟和衰退 4 个阶段。在创意企业的初期，个人投资、政府资金和产业基金是主要的资金支持，但在创意企业成长阶段的后期或成熟期，除银行贷款外，只有借助一个强大的资本市场的支持，通过发行股票才能筹集所需的资金量。当前，我国应加强资本市场制度建设，构建多层次资本市场体系，支持创意产业发展。一是做大做强国内主板市场，支持有条件的大型文化创意企业在主板市场上市融资；二是创业板的《创业板发行上市管理办法》应按行业类别设定上市公司净利润、净资产和无形资产占比的标准，放松创意企业无形资产占比上限的规定，为中小创意企业提供上市融资"绿色通道"；三是加快建设全国性的场外交易市场，包括柜台交易市场和产权交易市场，为达不到上市资格的创意企业提供融资服务。这样，有条件的文化创意企业就可以积极申请上市融资，而那些尚不具备进入主板市场的文化创意企业则可通过中小企业板、二板市场进行融资。目前尚不具备上市条件的文化企业还可以通过与上市公司合作，采用资产注入、置换等方式达到"捆绑上市"或"借壳上市"的目的，获得来自证券市场的资金，同时也可以利用上市公司的"品牌"和"资信"得到银行的青睐。这种方式对于那些不具备上市条件而又急需资金的文化创意企业来说是一种可行的融资方式。

11.6.1.6 规范文化创意产业相关法律法规

当前我国文化产业的发展秩序并不规范，发展环境并不很完备，文化法制体系也并不完善，文化创意产业作为文化产业中的一种新生事物，在以上各方面的表现尤为突出。因此，建立健全我国文化产业尤其是文化创意产业相关的政策法规就显得尤为重要。具体包括：一是制订合理的准入法规，继续扩大民间资本可以进入的领域，比如娱乐、体育俱乐部、体育会展、大型体育赛事的转播等领域；二是确立不同投融资主体平等的法律地位，法律地位的平等，有利于不同投融资主体公平竞争，有利于文化产业资源的优化配置；三是完善知识产权保护政策，只有知识产权得到保护，经营主体利用新技术、开发新产品的积极性才会提高，才能提高我国文化产品的科技含量和竞争力，同时也提高了经营主体的经济效益；四是合理地运用 WTO 有关文化的例外条款，制定适合中国特点的文化安全政策，建立科学的国家文化安全预警系统。通过建立完整、科学、有效的国家文化安全体制，建立文化创意产业投资安全风险评估和风险管理体系，始终掌握中国文化创意产业发展和文化管理的主动权。

11.6.2　加大政府对文化创意产业融资的政策性支持

中小型文化创意企业的特点决定了其融资需要政府的引导与扶持，特别是在发展初期，政府应该在支持中小型文化创意企业发展方面发挥积极的作用。韩国、日本等国家的文化创意产业在短期内得到了较快的发展与政府强力的政策支持是密不可分的。由此看来，根据中小型文化创意企业的发展特点和所处的发展阶段，构建促进企业发展的政策性融资体系势在必行。

11.6.2.1　适度加强财政支持力度

加大文化创意产业发展的财政支持力度，国家设立文化创意产业发展专项基金，或者像韩国一样各个行业分别设置发展基金。对于处在产业化初期、技术含量较高、市场前景较好的科技型中小企业可以积极利用技术创新基金及信托公司、风险投资公司发放的专项基金谋求发展。基金的来源靠政府财政投入、基金收益、社会捐赠等。政府要制定相应的税收政策，鼓励社会对文化创意产业发展基金的捐赠。政府每年安排相应的资金用于贷款贴息、项目补贴、支持信用体系建设、创意奖励等，以此鼓励文化创意企业技术创新，研究开发文化新产品、新项目，促进文化创意产业的较快发展。北京等省市已经设立了专项资金支持文化创意企业的发展，经济条件较好的其他省市也要设立相应的专项资金，用于鼓励企业的创新，促进企业的发展。

11.6.2.2　制定适合的税收优惠政策

税收的征收与否、起征点的高低、纳税环节的多少、税率的高低等，直接影响纳税主体的投融资偏好，进而影响行业、产业的发展，当然文化创意产业也不例外。文化创意产业是以知识内容为主的产业，具有自主知识产权，是知识经济的重要表现形式。文化创意产业的发展能够提高一个国家和地区的核心竞争力，是建设创新型国家的重要内容。政府有必要制定相应的税收优惠政策，支持企业的创意研发，鼓励企业的自主创新。具体包括：一是降低税率，我国文化产业中各行业的税负比较重，我国政府应该给文化创意企业减负，以提高各投融资主体进入文化创意产业领域的积极性；二是完善文化创意产业投融资中的差别税率政策，文化创意产业当中的差别税率应该根据不同种类的文化事业和不同社会效益文化产品或服务，实行不同的税率；三是通过优惠的税收政策加大鼓励企业和个人赞助或捐赠行为，对于赞助或捐赠的企业，实行税前列支或相应减少纳税基数，对赞助者采取多种方式给予回报，包括广告、冠名、庆典演出以及给予捐赠者一定的精神鼓励等。

11.6.2.3 加大对文化创意企业贷款的政策性支持

商业银行是以营利为主要目标，而政策性银行负担了政府的部分金融职能，体现的是政府的意志，不像商业银行那样以市场化营利为单一的目标。我国的三大政策性银行自成立以来，按照各自的职能在促进重大项目建设、进出口、农业发展等方面发挥了重要的作用。中小型文化创意企业要获得较快的发展，有必要加大对中小型文化创意企业贷款的政策性支持。具体的做法可以在国家开发银行成立面向中小型文化创意企业的贷款部门，建立相应的法规制度，确保对中小型文化创意企业的贷款比例，扶持中小型文化创意企业的创新和发展。

11.6.3 探索适合文化创意产业的融资方式

企业的资金来源主要包括内源融资和外源融资两个渠道，其中内源融资主要是指企业的自有资金和在生产经营过程中的资金积累部分；外源融资即企业的外部资金来源部分，主要包括直接融资和间接融资两类方式。直接融资是指企业进行的首次上市募集资金（IPO）、配股和增发等股权融资活动，所以也称为股权融资；间接融资是指企业资金来自于银行、非银行金融机构的贷款等债权融资活动，所以也称为债务融资。随着技术的进步和生产规模的扩大，单纯依靠内部融资已经很难满足企业的资金需求。外部融资成为企业获取资金的重要方式。外部融资又可分为债务融资和股权融资。由于文化创意产业具有不同于其他产业的显著特征，所以并不是所有的融资方式都适合于创意产业的发展，即其融资方式具有较强的选择性。

11.6.3.1 拓展关系型贷款

信贷融资是间接融资，是市场信用经济的融资方式，它以银行为经营主体，按信贷规则运作，要求资产安全和资金回流，风险取决于资产质量。信贷融资需要发达的社会信用体系支持。银行借款是企业最常用的融资渠道，但银行的基本做法是"嫌贫爱富"，以风险控制为原则，这是由银行的业务性质决定的。对银行来讲，它一般不愿冒太大的风险，因为银行借款没有利润要求权，所以对风险大的企业或项目不愿借款，特别是处于起步和创业阶段且风险较大的企业，哪怕是有很高的预期利润。相反，实力雄厚、收益或现金流稳定的企业是银行欢迎的贷款对象。希望获得银行借款的企业必须要让银行了解企业有足够的资产进行抵押或质押，有明确的用款计划，企业或项目利润来源稳定，有还本付息的能力。这无疑会给文化创意企业的融资带来困难。

在我国现有经济环境下，传统银行体系中的关系型贷款应该是绝大多数文化创意企业，尤其是中小型文化创意企业最具可行性的融资渠道。所谓关系型贷款，即由银行向自己了解的企业发放贷款，或者由企业向了解自己的银行申请贷款，并因此而形成长期稳定的业务合作关系。小企业之所以很难从银行尤其是大银行得到贷款，关键在于它与银行之间存在信息距离。在关系型贷款技术下，银行倾向于与中小企业建立长期关系，从而有着共同的长期利益。在这种制度安排下，中小企业有动力向银行披露更多的信息，而银行基于充当长久的主要贷款人角色，基于自身利益的选择，而不会透露这些信息。同时，通过长期的合作关系，银行对中小企业经营状况的了解程度逐渐增强，由此减少了银企之间的信息不对称，降低了交易成本，改善了中小企业贷款的可得性和贷款条件。因此，当前解决我国文化创意中小企业贷款难的问题，关系型贷款是一种较好的方法。

2011 年，北京国华文创融资担保有限公司成立，此公司是一家专属文化领域的担保公司。公司在所投文创项目版权尚未形成时先由基金进入，制作结束后再由担保取得银行贷款，从而实现对全流程的覆盖。针对我国国情，应多建立第三方担保、评估体系，通过有资质条件和业务经验的中间组织联系，采取既能被文化创意产业接受，又能被银行和政府认可的评估体系，进行知识产权评估和担保，在企业和银行之间架设一座桥梁，为企业发展提供充足资金。

对于文化创意产业企业而言，要想疏通关系型贷款并进而获得稳定的融资渠道，需要多方面的共同努力，特别是应得到政府的积极支持。

11.6.3.2　发展和规范民间借贷

民间借贷是文化创意企业与正规金融机构之外的其他主体开展的资金融通行为。与其他融资方式比，民间借贷手续简便，时效性强。中小型文化创意企业在资金短缺又难以找到别的融资来源时，可以以债务人的身份借入资金，也可在资金暂时闲置时，以债权人的身份借出资金，取得高于银行存款的收益。但民间借贷由于在操作上不够规范，很容易产生纠纷。

文化创意企业在参与此类融资活动时，需要注意以下问题：第一，借据要素齐全。债权债务双方应就借贷金额、利息、期限等订立书面借据或协议，必要时办理法律公证手续。约定需要第三方担保的，应在借款协议中明确，并经保证人签字确认。借据应该用语规范，不会产生歧义，且具有可保存性；第二，利率不能超过法定范围。按照我国目前规定，民间借贷的利率可适当高于银行贷款利率，但最高不得超过银行同期贷款利率的 4 倍。超过此限即被认定为高利贷，不受法律保护，也不得将利息计入本金。一方以欺诈、胁迫手段或者乘人之危，使对方在违背真实意愿的情况下所形成的借贷关系无效。无效借贷关系因借出方引起者，借入方只需返还本金，因借入方引起者，借入方除返还本金外，还应参照银行同期贷款利率给付利息；第三，冷静处理争议。在民间借贷中，借据是证明借贷行为的凭证，一定要将其视为特殊的有价单证加以妥善保管。借贷双方对有无约定利率而发生争议又不能提供证明者，可参照银行同期贷款利率计息。借贷双方对约定的利率发生争议又不能提供证明者，可按不高于银行同期贷款利率的4倍计息。借贷一方权利受侵害者，被侵害方应从知道或者应当知道权利被侵害之日算起的2年内向法院提起诉讼。

市场需求决定了民间借贷旺盛的生命力。为扬长避短，目前许多银行开办的个人委托贷款即是规范民间借贷行为的一种有效方式。所谓个人委托贷款，即个人作为委托人提供资金并确定贷款对象、用途、金额、利率、期限等，银行作为受托人，根据委托人的意愿代为发放贷款，并监督使用，协助收回贷款本息的业务。2002年1月，经中国人民银行批准，民生银行成为第一家开办该项业务的内资银行，被其他银行仿效。个人委托贷款业务的出现，使银行以合法中介的身份为民间借贷的规范化起到了牵线搭桥的作用，也为中小型企业开辟了一条融资的新渠道，能够较好地保障借贷双方的权益。在个人委托贷款中，贷出方必须具有完全民事行为能力，持有合法有效的证件，在贷款经办行存入委托贷款资金，且资金来源正当、合法。银行接受委托贷款的金额原则上不低于人民币5万元，外币不低于等值1万美元。贷款期限最短不少于3个月，最长不超过3年。委托贷款利率由委托人与借款人在中国人民银行规定的利率范围内协商确定。

11.6.3.3 引入风险投资或私募股权投资

风险投资VC（Venture Capital）又称"创业投资"是指由职业金融家投入到新兴的、迅速发展的、有巨大竞争力企业中的一种权益资本，是以高科技与知识为基础，生产与经营技术密集的创新产品或服务的投资。风险投资在创业企业发展初期投入风险资本，待其发育相对成熟后，通过市场退出机制将所投入的资本由股权形态转化为资金形态，以收回投资。在风险投资中，还有一种非正式的"天使投资"。天使投资（Angels Invest）是指个人出资协助具有专门技术或独特概念而缺少自有资金的创业者进行创业，并承担创业中的高风险和享受创业成功后的高收益。或者说是自由投资者或非正式风险投资机构对原创项目构思或小型初创企业进行的一次性的前期投资。它是风险投资的一种形式。而"天使投资人（Angels）"通常是指投资于非常年轻的公司以帮助这些公司迅速启动的投资人。在我国，对风险投资的关注开始于20世纪80年代，虽然已经过近20多年的发展，但总的来说市场仍然很不成熟，不仅资金有限，而且有限的资金并没有真正用于风险投资、高新技术成果的转化以及创办小企业。一些有幸得到风险投资的创业者，不负责任地铺张浪费，产生了非常不好的示范效应。因此，能够说服风险投资者投入资金，是一个让创业者极为头痛的问题。所以，从政府角度考虑，国家可以制定相关政策，把发展风险投资纳入经济和社会发展总体规划之中，鼓励风险投资基金的发展并给予其优于其他基金的税收政策，通过政策性银行每年向有资质的风险投资公司提供一定数额的低息或无息贷款，使更多的文化创意企业能够通过此条融资渠道得到有效的发展。

私募股权投资（Private Equity，PE）是发达国家金融市场的重要组成部分，在国外已发展了 50 多年。全球私募股权资金总额高达 702 亿美元，2006 年在美国私募股权并购项目总额也高达 250 亿美元。目前美国私募股权基金的交易量已经占美国 GDP 的 3.2%，而且还在继续增长。在中国，私募股权基金目前占GDP 的比例还不到 0.1%，未来投资空间非常大。当前我国发展私募股权市场的时机已经成熟，世界著名的像凯雷、KA2、黑石、贝恩等有实力的私募股权基金已纷纷进入中国市场，对我们的创意产业融资是一个非常大的利好消息，因而创意企业应积极加以利用。对引资企业来说，私募股权融资不但能够为文化创意企业带来资金，还可能给企业带来管理、技术、市场和其他需要的专业技能。而且，如果投资者是大型知名企业或著名金融机构，他们的名望和资源在企业未来上市时还有利于提高上市的股价、改善二级市场的表现。此外，与传统的银行贷款相比，私募股权基金的周期相对较长，通常都在 5～7 年，比较符合文化创意企业投入周期、投资回报相对较长的特点。

11.6.3.4 设立文化创意产业基金

借鉴韩国设立"文化产业基金"，为新创文化企业提供贷款的经验，我国应考虑设立文化创意产业专项基金，用以支持文化创意产业的发展。产业投资基金是一种对具有高增长潜力的未上市企业进行股权或准股权投资和提供经营管理服务，以期所投资企业发育成熟后通过股权转让实现资本增值的集合投资制度。我国产业投资基金的出现始于 1998 年，其投资领域主要涉及基础设施、金融、新能源、高新技术等项目。但到目前为止，创意领域尚未设立或筹建产业基金。

针对我国创意产业已出现蓬勃发展势头的现状，建议尽快采取措施，设立创意产业基金，支持创意产业发展。具体措施包括：一是国家相关立法机构应尽早制定出台《产业投资基金法》，为发展产业投资基金提供法律环境。目前我国已有的产业投资基金之所以能够设立或筹建，靠的是国务院和机关部委的特批，若要大规模推进必然要靠完善的法律法规；二是加快设立文化创意产业投资基金。在《产业投资基金法》尚未出台情况下，领跑国内创意产业的北京、上海或深圳等城市可率先申报国务院特批设立创意产业投资基金；其他城市可待《产业投资基金法》面世后设立。创意产业发展基金适宜采用政府引导、市场主导、企业主体模式，吸引保险资金、大企业资金、地方投资机构资金加入，以股权投资的方式，对未上市的具有自主知识产权的文化创意企业进行股权或准股权投资，促进创意成果向生产转化。

在此方面，我国目前已经开始逐步尝试，并取得了一定成果。2009 年 5 月，由中国光华科技基金会发起的中国文化创意产业发展基金成立，基金主要通过募集的方式来吸收资金，为创意产业中的中小企业提供资金支持，规模达到 1 000 万元。创意产业类中小企业可以向中国光华科技基金会申请资金，还可以通过基金会组织的活动向全国、甚至全世界展示自己的优秀原创作品，推进版权价值转换。它的成立，意味着本市创意产业类中小企业又多了一条方便快捷的融资渠道。

11.6.3.5　利用国外资本直接投资

借鉴国际经验，考虑利用国外资本直接投资，有利于推进文化产业资源配置的国际化。吸收外资进入的方式很多，可以直接投资建厂，也可以将资金引入大型项目，抑或对我国文化创意企业进行并购或股权互换。这不仅仅意味着资金的借助，更意味着的是先进管理模式的引入，引导内地文化创意企业的公司治理结构走向完善，增强其核心竞争力。当然，考虑到文化产品的意识形态属性，在引入国外资本的同时，要保持中华文化的主权和独立，抵御外来文化的消极影响。

参 考 文 献

［1］ Beck, Thorsten, Asli Demirguc-Kunt, Ross Levine. Finance, Inequality and Poverty: Cross-Country Evidence. World Bank Policy Research WorkingPaper, 2004.

［2］ Clarke, George, Xu, Lixin Colin and Zou, Heng-fu. Finance and Income Inequality: Test of Alternative Theories ［J］. World Bank Policy Research Working, 2003.

［3］ Diamond, Douglas W. Financial Intermediation and Delegated Monitoring. Rev.
Econ. Stud, 1984.

［4］ Gehrig .T. Cities and the Geography of Financial Centers. Cambridge University Press, 2000.

［5］ Greenwood, Jeremy and Boyan Jovanovic. Financial development, growth and the distribution of income ［J］. Journal of Political Economy, 1990.

［6］ He Ying Hua Ronghui. What Government can Do to Foster a Financial Center ［J］. Studies of International Finance, 2008.

［7］ Jayaratnej Worken J . How Important are small banks to small business lending? NEW evidence from a survey firms ［J］. Journal of banking & Finance, 1999.

［8］ Li Jiaxiao. On the Inherent Law of the Formation and Development of Financial Center ［J］. Commercial Research, 2009.

［9］ Lindstrom G. Olofsson C. Early stage financing of NTBFs: an analysis of contributions from support actors ［J］. Venture Capital, 2001.

［10］ Maryse Farhi Et Marcos Antonio Macedo Cintra. The Financial Crisis and the Global Shadow Banking System. Revue de la Rgulation, 2009.

［11］ Mei Jun. The Global Consolidation of Securities Exchanges and Chinese Srrategy ［J］. Economic Theory and Business Management, 2008.

［12］ Qi Jingyu. The SWOT Analysis of Beijing CBD Financial Development ［J］. Journal of Beijing Institute of Economic Management, 2007.

［13］ Richard I. Rydstrom. Coping with the national mortgage meltdown and thecollapse of the shadow banking system. USA Today, 2007.

［14］Tan Yigitcanlar，Koray Velibeyoglu，Scott BaumSpatial. Transformations in Istanbul CBD：The Role of ICT？［J］. 2008.

［15］Wu Nianlu Yang Haiping. On the Establishment of International Financial Center in China［J］. Journal of Financial Research，2008.

［16］Wu Wei，Liu Weidong，Liu Yi. Progress in Financial Geography in Western Countries and Its Implications for Chinese Geographers［J］. Progress in Geography，2005.

［17］Xia Hui，JIN Run-gui. The Research on the Trend of International Financial Centers in the Times of Network［J］. Future and Development，2008.

［18］Yang Junyan，Wu Mingwei. Suitability Index System for the Con-struction of CBD in China's cities：quan-tification study of CBD in China［J］. City Planning Review，2006.

［19］Ye Yaoming，Zhang Yunhui，Wang Sheng. The Reflection of Enhancing the international level of Finance in Shanghai［J］. Shanghai Journal of Economics，2009.

［20］艾洪德，郭凯，高新宇. 金融脆弱性、不完全信息、制度变迁与金融风险［J］. 财经问题研究，2006（7）.

［21］安玉侠. 安徽省科技创新的金融支持研究［J］. 广东石油化工学院学报，2011（1）.

［22］安媛媛. 甘肃金融发展与区域经济增长的关系研究［D］. 兰州大学，2011.

［23］巴曙松，尹煜. 金融衍生品的国际监管改革及其借鉴［J］. 河北经贸大学学报，2011（6）.

［24］巴曙松. 从改善金融结构角度评估"影子银行"［J］. 新金融评论，2013（2）.

［25］巴曙松. 应从金融结构演进角度客观评估影子银行［J］. 经济纵横，2013（4）.

［26］巴曙松. 转轨经济中的非均衡区域金融格局与中国金融运行［J］. 改革与战略，1998（4）：21－27.

［27］卞志村，杨全年. 货币政策区域效应的研究现状及评述［J］. 财经问题研究，2010（1）.

［28］卜乐乐，姚佐文. 关于影子银行体系相关问题的研究［J］. 对外经贸，2014（4）.

［29］步国旬，陈君君. 金融支持科技创新的路径及策略研究——以资本市场为例［J］. 金融纵横，2013（4）.

［30］"创新型企业成长的融资机制研究"课题组；纪玉山，张忠宇，白英

姿．发展政府型担保机构 促进高科技型中小企业融资［J］．经济纵横，2009.

［31］蔡剑．新三板市场的发展、创新与监管［D］．上海交通大学，2014.

［32］蔡洋萍．互联网金融：以降低金融交易成本为目标的普惠金融实现模式［J］．西部经济管理论坛，2014（4）.

［33］蔡泳，马园园．区域金融促进区域经济发展的思考［J］．经济研究导刊，2013（30）.

［34］蔡真．中国影子银行：特征、模式与监管［J］．商业银行，2012（11）.

［35］蔡真．中国影子银行：特征、模式与监管［J］．银行家，2012（11）.

［36］曹诚，王彦东，朱琳．美国利率市场化路径选择及对我国的启示［J］．西部金融，2012（12）.

［37］曹志领．浅析对完善我国农村金融体系的思考［J］．经营管理者，2012（13）.

［38］陈伯明，裘华鸣．底特律破产案对我国地方政府性债务管理的启示［J］．现代商贸工业，2015（2）.

［39］陈桂玲，赵倩．上海文化创意产业集聚效应研究［J］．商业时代，2013（23）.

［40］陈和午．金融背后的利益［J］．南风窗，2014（8）.

［41］陈胡婕．泉州金融支持实体经济发展问题研究［D］．华侨大学，2014.

［42］陈华，李国峰．互联网金融：现状、存在问题及应对策略［J］．金融发展研究，2014（5）.

［43］陈柯．高新技术产业布局优化研究［J］．山东社会科学，2015（2）：153 – 158.

［44］陈丽萍，王霄冲．文化产业资本支持体系存在的问题及对策分析［J］．商业经济，2013（5）.

［45］陈亮，杨静．中国区域金融发展问题的研究进展与评述［J］．经济学动态，2005（8）.

［46］陈全功，程蹊．人民币国际化的条件和前景［J］．华中科技大学学报（社会科学版），2003（1）.

［47］陈锐．对新疆跨境人民币投融资问题的分析［J］．金融发展评论，2013（9）.

［48］陈炜．第三方支付走俏理财服务市场［N］．国际商报，2011（4）.

［49］陈希．传播学视域下的我国文化创意产业发展现状浅析［J］．青春岁月，2013（19）.

［50］陈先勇．中国二元经济结构影响因素解析及对策［J］．湖北社会科学，2005（10）．

［51］陈新．云南省沿边金融开放的税收支持政策研究［J］．合作经济与科技，2014（20）．

［52］陈益青．行业演变中我国P2P借贷平台的法律性质认定［J］．金融法苑，2013（2）．

［53］陈雨露，张成思．全球新型金融危机与中国外汇储备管理的战略调整［J］．国际金融研究，2008（11）．

［54］陈喆．浅谈互联网金融时代下银行业的金融创新［J］．科技经济市场，2014（8）．

［55］陈振云．影子银行监管的国际金融法制改革及对我国的启示［J］．广东第二师范学院学报，2014（2）．

［56］陈正凯，马丹．浅论区域金融发展与经济增长［J］．价值工程，2007（2）．

［57］程嘉．互联网金融发展与风险防范［J］．青海金融，2014（5）．

［58］程琳，孟超．国内外影子银行比较研究［J］．经济研究参考，2013（32）．

［59］程书芹，王春艳．金融产业集聚研究综述［J］．金融理论与实践，2008．

［60］崔健，刘东，林超英．后金融危机时代城市基础设施建设投融资模式选择与创新——基于政府融资平台视角的分析［J］．现代城市研究，2013（7）．

［61］戴健．我国民间金融的发展与中小企业融资［D］．吉林大学，2010．

［62］戴淑庚．高科技产业融资理论模式创新［M］．北京：经济发展出版社，2005．

［63］戴志敏，郭露．江西金融体系协调发展模型设计与实证［J］．华东经济管理，2010（10）．

［64］邓丽．试析人力资本的投资与回报［J］．鞍山师范学院学报，2005（5）．

［65］邓敏，蓝发钦．各国金融开放效应差异的金融发展视角——基于经济增长效应和金融风险效应的分析［J］．上海金融，2013（3）．

［66］邓敏．发展中国家金融开放的时机抉择及政策选择［D］．华东师范大学，2013．

［67］邓平，邓娥．金融服务与科技创新研究综述［J］．学习与实践，2010（9）．

［68］邓平．中国科技创新的金融支持研究［D］．武汉理工大学，2009．

[69] 丁健. 国际大都市 CBD 的功能特征、增长机制、发展趋势及其启示 [J]. 外国经济与管理, 1994 (2).

[70] 董金玲. 我国区域金融研究综述与展望 [J]. 经济学动态, 2008 (11).

[71] 段杰, 张娟. 基于灰色预测的深圳文化创意产业发展对经济增长贡献研究 [J]. 中国人口·资源与环境, 2014.

[72] 范家琛. 众筹: 创意者与消费者的无缝对接 [J]. 企业管理, 2013 (10).

[73] 范家琛. 众筹商业模式研究 [J]. 企业经济, 2013 (8).

[74] 范建华. 论节庆文化与节庆产业 [J]. 学术探索, 2011 (2).

[75] 范杰. 银行理财产品并非"影子银行" [J]. 中国信用卡, 2013 (4).

[76] 范琨. 重庆推进金融机构空间集聚的路径选择 [J]. 科学咨询 (科技·管理), 2012 (9).

[77] 范小舰. 美国文化创意产业培育与启示 [J]. 求索, 2012 (7).

[78] 房汉廷. 促进科技金融深化发展的几个关键问题 [J]. 中国科技产业, 2011 (1).

[79] 房汉廷. 关于科技金融理论、实践与政策的思考 [J]. 中国科技论坛, 2010 (11).

[80] 房汉廷. 开发性金融能解决高新技术产业化融资吗? [J]. 中国科技财富, 2009.

[81] 房汉廷. 科技金融的价值和规律 [J]. 现代产业经济, 2013.

[82] 封北麟. 地方政府性债务风险及其防范 [J]. 中国金融, 2013 (2).

[83] 封帆. 衍生金融场内交易与场外交易的区别 [J]. 合作经济与科技, 2014 (21).

[84] 冯德连, 葛文静. 国际金融中心成长的理论分析 [J]. 中国软科学, 2004 (6).

[85] 冯威: 金融产业集聚研究——以太原市为例. 山西财经大学 [D]. 2013 年 3 月 1 日.

[86] 冯永辉, 钱龙. 黔中经济区略论 [J]. 现代交际, 2012 (3).

[87] 付铭. CBD 风险研究 [J]. 首都经济贸易大学学报, 2007.

[88] 傅军. 青岛市财富管理金融综合改革试验区发展报告 (2015) [N]. 青岛日报, 2015.

[89] 高立, 韩洁, 何雨欣. 疏堵结合: 地方债监管新框架 [J]. 金融世界, 2014 (11).

[90] 高丽敏, 陈昱霖, 史彦军. 国际商贸中心总部基地建设特点研究

[J]. 北京财贸职业学院学报，2012（2）.

[91] 高峦，钟冠华. 中国场外交易市场发展报告（2011 – 2012）[M]. 北京：社会科学文献出版社，2012.

[92] 高峦，钟冠华. 中国场外交易市场发展报告（2012 – 2013）[M]. 北京：社会科学文献出版社，2013.

[93] 高太平. 融资性担保公司经营问题探析 [J]. 企业经济，2013（1）.

[94] 高云飞. 包钢企业发展战略在资金管理中的贯彻和实践 [J]. 财经界（学术版），2011（8）.

[95] 葛扬，朱弋. 论我国城市化进程中土地融资运行模式 [J]. 现代城市研究，2013（9）.

[96] 龚莉. 江苏科技保险实践、问题及对策研究 [J]. 企业科技与发展，2012（8）.

[97] 龚明华，张晓朴，文竹. 影子银行的风险与监管 [J]. 中国金融，2011（3）.

[98] 龚强，王俊，贾珅. 财政分权视角下的地方政府债务研究：一个综述 [J]. 经济研究，2011（7）.

[99] 管斌，张东昌. 金融法面向风险的治道变革 [J]. 经济法论丛，2012（1）.

[100] 管荣伟. 第三方支付平台竞争局势分析 [J]. 电子商务，2011（1）.

[101] 郭晖. 金融改革要与政策配套 [N]. 中国信息报，2012.

[102] 郭金龙，王宏伟. 中国区域间资本流动与区域经济差距研究 [J]. 管理世界，2003（7）.

[103] 郭文帅. 交通基础设施投资中地方政府行为取向研究 [J]. 综合运输，2014（7）.

[104] 郭霄. 河北省 A 县政府性债务风险管理的研究 [D]. 河北大学，2014.

[105] 郭晓蔚. 论交通科研风险保障体系的构建 [J]. 甘肃科技，2015（10）.

[106] 韩汉君. 上海自贸区与滨海、前海的金融创新比较 [J]. 浦东开发，2014（8）.

[107] 韩俊，罗丹，程郁. 农村金融现状调查 [J]. 农村金融研究，2007（7）.

[108] 韩可胜. CBD 的经济结构与政府管理模式研究 [D]. 华东师范大学，2008.

[109] 韩冷. 我国文化产业发展中的政府行为 [D]. 四川省社会科学

院，2013.

[110] 韩志花. 内蒙古积极推动科技保险创新发展 [N]. 中国保险报，2012.

[111] 何广文. 中小企业投融资 [M]. 北京：中国人民大学出版社. 2012.

[112] 何龙斌. 省际边缘区增长极城市培育研究——以陕西省汉中市为例 [J]. 陕西理工学院学报（社会科学版），2014（3）.

[113] 何文茜，王颜波. 基于大数据平台的互联网小微企业贷款——以阿里小贷为例 [J]. 现代经济信息，2014（13）.

[114] 何仙珠. 基于层次分析法的福建省农村金融实效性研究 [J]. 福建金融，2015（4）.

[115] 何晓夏，章林. 论区域金融发展模式的选择 [J]. 时代金融，2009（12）.

[116] 贺欢. 众筹商业模式探析 [J]. 财经界（学术版），2014（20）.

[117] 胡鞍钢. 胡鞍钢：加快西部开发需要新思路 [J]. 科学新闻，2000（3）.

[118] 胡怀邦. 为中国经济改革转型提供强大金融动力 [J]. 金融世界，2013（11）.

[119] 胡今天. 网络贷款的主要模式、特点及风险分析 [J]. 当代经济，2014（14）.

[120] 胡九龙，李海波. 金融支持北京建设科技创新中心探究 [J]. 前线，2014（10）.

[121] 胡苏迪，蒋伏心. 科技金融理论研究的进展及其政策含义 [J]. 科技与经济，2012（3）.

[122] 胡旭鹏. 我国影子银行的金融法规则 [J]. 保险职业学院学报，2014（2）.

[123] 胡志强. 高新技术、经济发展与金融支持 [J]. 科技进步与对策，2003（15）.

[124] 华伟. 科技金融的融合机制及对策建议 [D]. 山东财经大学，2013.

[125] 华晓龙，王立平，康晓娟. 区域金融发展与经济增长关系的实证分析 [J]. 内蒙古财经学院学报，2004（1）.

[126] 黄飙，屈俊. 国外P2P和众筹的发展 [J]. 中国外汇，2013（12）.

[127] 黄海龙. 基于以电商平台为核心的互联网金融研究 [J]. 上海金融，2013（8）.

[128] 黄晖. 云南省科技与金融有效结合模式的研究 [D]. 云南财经大学，2013.

[129] 黄健青，辛乔利．"众筹"——新型网络融资模式的概念、特点及启示 [J]．国际金融，2013（9）．

[130] 黄凌超．商业模式创新的网络金融分析 [J]．财经界（学术版），2013（18）．

[131] 黄琪琦．我国场外交易市场的体系和制度构建 [D]．复旦大学，2012．

[132] 黄蓉．科技创新与金融研究综述 [J]．时代金融，2011（12）．

[133] 黄筱喆．对加强农村信用体系建设的思考 [J]．金融经济，2012（16）．

[134] 黄鑫，蒲成毅．低碳经济浪潮下科技金融的发展动态及前瞻 [J]．西南金融，2013（12）．

[135] 黄英君，赵雄，蔡永清．我国政策性科技保险的最优补贴规模研究 [J]．保险研究，2012（9）．

[136] 黄育华．积极应对"后过渡期"加快 CBD 金融产业发展 [J]．中国城市经济，2005．

[137] 黄志军．个人理财产品的选择与运用 [J]．产业与科技论坛，2014（17）．

[138] 回广睿，徐璋勇，师荣蓉．科技金融相关文献回顾与综述 [J]．未来与发展，2012（9）．

[139] 惠建军，高晓燕．场外交易市场法律监管制度设计的博弈分析 [J]．财经理论与实践，2014（4）．

[140] 霍洪涛．论证券交易所对场外业务的介入 [J]．北京科技大学学报（社会科学版），2013（2）．

[141] 霍志辉，叶枫，姜承操．地方政府债券前景 [J]．中国投资，2014（7）．

[142] 霍志辉．规范地方政府发债体系 [J]．中国金融，2014（17）．

[143] 纪汉霖，李曙．我国影子银行体系研究 [J]．金融经济，2013（14）．

[144] 纪宏奎．担保公司应当如何纳税 [J]．税收征纳，2013（5）．

[145] 纪敏，刘宏．关于产业金融的初步研究——兼论我国财务公司改革的一种思路 [J]．金融研究，2000（8）．

[146] 贾希凌，张政斌．近期中国信托业监管理念评析 [J]．云南大学学报（法学版），2013（3）．

[147] 贾壮．央行：经济增长对投资和债务依赖仍在上升 [N]．证券时报，2014．

［148］江国成，王栋．激发经济发展的强大活力［J］．中小企业管理与科技（中旬刊），2012（6）．

［149］江小毅．基于业务角度的融资性担保公司风险控制探讨［J］．特区经济，2013（12）．

［150］姜伟．地方政府负债风险及控制研究［D］．东北林业大学，2011．

［151］蒋大兴．论场外交易市场的场内化——非理性地方竞争对证券交易场所的负影响［J］．法学，2013（6）．

［152］蒋丽华．我国创意产业发展与高职人才培养对策研究 ——基于文化软实力的视角［J］．浙江纺织服装职业技术学院学报，2015（1）．

［153］蒋三庚，逄金玉．中国区域金融及发展研究［M］．北京：经济科学出版社，2012．

［154］蒋三庚，宋毅成．金融的空间分布与经济增长［J］．经济学动态，2014（8）．

［155］蒋三庚．现代服务业研究［M］．北京：中国经济出版社，2007．

［156］蒋三庚等．创意经济概论［M］．北京：首都经济贸易大学出版社，2008．

［157］蒋三庚等．文化创意产业研究［M］．北京：首都经济贸易大学出版社，2006．

［158］金融业发展和改革"十二五"规划［J］．中国金融家，2012（9）．

［159］金声．解析央行报告首论互联网金融［J］．中国城市金融，2014（6）．

［160］金雪军，田霖，章华．演化视角下的区域金融成长度差异［J］．金融理论与实践，2004（5）．

［161］井凯．互联网金融对传统金融模式影响研究［J］．山东青年政治学院学报，2014（4）．

［162］居敏敏．科技金融支持种子期企业发展的研究［D］．上海交通大学，2013．

［163］瞿笔玄，国世平．论影子银行监管［J］．开放导报，2013（2）．

［164］康晓蓉，石兰英，赵越，甘森．科技金融：双核驱动进步——专访四川大学副校长赵昌文［J］．西部广播电视，2009（7）．

［165］康永信，孔凡匀．美元霸权体系下的人民币国际化问题研究［J］．云南财经大学学报（社会科学版），2012（5）．

［166］孔艳．安徽省农村金融改革效率因素研究［J］．现代商贸工业，2015（10）．

［167］雷海波，孙可娜．天津构建新型资本市场的战略谋划［J］．吉林工商

学院学报，2014（5）.

[168] 雷鸣. 滨海新区场外交易市场与环渤海经济发展 [J]. 天津师范大学学报，2010（3）.

[169] 雷启振. 台湾农村金融体系及对大陆的借鉴 [J]. 当代经济，2010（23）.

[170] 雷婷. 浅谈互联网金融对传统银行业的挑战 [J]. 经营管理者，2014.

[171] 李博，董亮. 互联网金融的模式与发展 [J]. 中国金融，2013（10）.

[172] 李丹，褚志远，何炼成. 西北地区金融发展的导向分析与模式设计 [J]. 未来与发展，2014（10）.

[173] 李根. 对德国经济发展的研究及其启示 [J]. 经济研究导刊，2012（27）.

[174] 李海涛. 我国影子银行发展研究 [J]. 兰州学刊，2013（12）.

[175] 李海亭. 美国文化产业发展的经验启示 [J]. 环渤海经济瞭望，2012（9）.

[176] 李红梅. 浅析江西中小企业融资难的原因与对策 [J]. 理论导报，2011（4）.

[177] 李佳佳，谭理. 农村消费信贷供给与需求约束因素分析 [J]. 时代金融，2011（11）.

[178] 李江，冯涛. 转轨时期金融组织成长与经济绩效的关联性——区域差异的考察与分析 [J]. 数量经济技术经济研究，2004（10）.

[179] 李京. 欠发达地区的金融布局研究 [D]. 西南财经大学，2010.

[180] 李婧. 从跨境贸易人民币结算看人民币国际化战略 [J]. 世界经济研究，2011（2）.

[181] 李军. 试论我国民间金融之法制完善 [D]. 苏州大学，2013.

[182] 李坤，孙亮. 开发性金融理论发展与实践创新研究——从解决企业融资瓶颈的角度 [J]. 北方经贸，2007（10）.

[183] 李林森，古旻，邹沛思. 探索金融支持"三农"发展新途径 [N]. 金融时报，2014.

[184] 李宁. 欧美互联网金融对我国的监管启示 [J]. 金融科技时代，2014（11）.

[185] 李萍，张道宏. 金融发展与地区经济差距 [J]. 统计研究，2004（12）.

[186] 李奇泽，张铁刚，何长松. P2P借贷模式的发展及商业银行的应对策

略 [J]. 海内与海外, 2013 (11).

[187] 李巧莎. 我国科技金融发展的实践与思考 [J]. 武汉金融, 2012 (6).

[188] 李蕊, 张弘, 伍旭川. 美国曼哈顿金融业的发展及其对北京 CBD 的借鉴 [N]. 河南金融管理干部学院学报, 2006.

[189] 李少亮. 风险投资对中国经济增长的影响研究 [D]. 山东财经大学, 2013.

[190] 李思呈, 张友棠. 科技金融 "银投企" 协同运作模式创新设计 [J]. 武汉金融, 2013 (8).

[191] 李薇. 中国农业银行理财业务发展战略 [J]. 财经问题研究, 2013.

[192] 李伟. 我国文化创意产业融资瓶颈的原因与对策 [J]. 商场现代化, 2014 (15).

[193] 李炜. 银行刍议 [J]. 国际金融, 2001 (1).

[194] 李文博, 孙冬冬, 刘红婷. 浅谈互联网金融的机遇与挑战 [J]. 商场现代化, 2013 (2).

[195] 李文博, 孙冬冬. 浅谈互联网金融的机遇与挑战 [J]. 商场现代化, 2013 (20).

[196] 李希义, 郭戎, 张俊芳. 我国科技金融合作发展存在的问题及相关政策建议 [J]. 科技创新与生产力, 2011 (3).

[197] 李小彤. 创业板并非灵丹妙药 [N]. 中国劳动保障报, 2009.

[198] 李晓圆. 我国 P2P 网络小额借贷的现状研究 [J]. 时代金融, 2014 (6).

[199] 李兴伟. 中关村国家示范区科技金融创新分析与趋势预测 [J]. 科技进步与对策, 2011 (9).

[200] 李学峰, 秦庆刚, 解学成. 场外交易市场运行模式的国际比较及其对我国的启示 [J]. 学习与实践, 2009 (6).

[201] 李雪静. 众筹融资模式的发展探析 [J]. 上海金融学院学报, 2013 (6).

[202] 李亚敏, 王浩. 伦敦金融城的金融集聚与战略发展研究——兼议对上海国际金融中心建设的启示 [J]. 上海金融, 2010 (11).

[203] 李艳杰. 浅谈文化创意产业的特征及对经济发展的作用 [J]. 经营管理者, 2011 (6).

[204] 李艳杰. 文化创意产业集群与金融支持 [J]. 特区经济, 2010 (3).

[205] 李焱. 科技金融缔造中关村未来 [J]. 投资北京, 2012 (10).

[206] 李扬, 殷剑峰. 影子银行体系: 创新的源泉, 监管的重点 [J]. 中国

外汇，2011（16）.

[207] 李扬. 监管影子银行不要简单粗暴 [N]. 中国证券报，2013.

[208] 李扬. 影子银行功与过 [J]. 新理财（政府理财)，2013（5）.

[209] 李扬. 影子银行体系发展与金融创新 [J]. 中国金融，2011（12）.

[210] 李银环. 我国农村金融发展对经济增长影响的区域差异研究 [D]. 华南理工大学，2011.

[211] 李颖. 科技与金融结合的路径与对策 [M]. 北京：经济科学出版社，2010.

[212] 李治堂，高海涛. 北京市海淀区创新型城区建设模式分析 [J]. 科研管理，2013.

[213] 李中. 绿色金融创新与我国产业转型问题研究 [J]. 当代经济，2011（7）.

[214] 李中义. 地方政府债务：现状、成因与管控 [J]. 国有经济评论，2013（1）.

[215] 李宗华，马忠海. 青海省互联网金融发展刍议 [J]. 青海金融，2016（2）.

[216] 利率市场化提速 [J]. 时代金融，2014（22）.

[217] 梁春丽. 第三方支付有望"持证"跨境结算 [J]. 金融科技时代，2013（6）.

[218] 廖静. 我国第三方支付存在的风险及对策 [J]. 市场观察，2015（2）.

[219] 廖秋子. 网络交易中的第三方支付规则：作用、局限及启示 [J]. 发展研究，（5）.

[220] 廖周敏. 场外交易市场挂牌企业成长能力评价体系研究 [D]. 西南财经大学，2014.

[221] 林小文. 浅谈温州金融综合改革试验区的发展前景 [J]. 对外经贸，2012（11）.

[222] 林毅夫，孙希芳，姜烨. 经济发展中的最优金融结构理论初探 [J]. 经济研究，2009（8）.

[223] 刘碧玉. 中国区域金融结构与产业结构的相互关系研究 [D]. 湖南大学，2010.

[224] 刘非凡. 基于 ECM 模型的区域金融深化影响因素分析——以江苏省为例 [J]. 财经界（学术版），2014.

[225] 刘国强. 美英日韩四国文化发展战略简介 [J]. 国际资料信息，2010（3）.

[226] 刘红，叶耀明. 金融集聚与区域经济增长：研究综述 [J]. 经济问题探索，2007.

[227] 刘积余. 我国县域农村金融服务市场研究 [J]. 金融理论与实践，2012（6）.

[228] 刘健钧. 加快完善我国创业投资体制的思考 [J]. 中国科技投资，2011（1）.

[229] 刘琅. 从产业集聚视角看上海金融中心的建设 [J]. 中外企业家，2012（6）.

[230] 刘蕾. 中国金融产业集聚程度及影响因素的空间计量分析 [D]. 兰州商学院，2011.

[231] 刘仁伍. 充分发挥金融对海南经济发展的"第一推动力"作用 [J]. 海南金融，2003（9）.

[232] 刘仁伍. 区域金融结构和金融发展理论与实证研究 [D]. 中国社会科学院研究生院，2001.

[233] 刘睿. 西部高新技术产业布局对区域经济的影响 [J]. 合作经济与科技，2006（7）.

[234] 刘士余. 大力加强农村支付服务环境建设 [J]. 中国金融电脑，2012（3）.

[235] 刘松竹，聂勇. 沿边金融综合改革：广西的先行先试 [J]. 开放导报，2015（3）.

[236] 刘夏村. 富人理财转向信政合作信托 [N]. 中国证券报，2014.

[237] 刘湘云，杜金岷. 区域金融结构与经济增长的相关性研究 [J]. 武汉大学学报（哲学社会科学版），2005（3）.

[238] 刘兴. 加快上海集聚总部型功能性金融机构政策研究 [J]. 经济师，2014（5）.

[239] 刘亚丹. 地方金融发展中的政治关联问题研究 [D]. 吉林大学，2013.

[240] 刘亦文，胡宗义. 区域金融资源差异对经济发展的影响 [J]. 经济地理，2010（4）.

[241] 刘雨宣. 论我国担保公司的经济法规制 [D]. 长安大学，2012.

[242] 刘彧. 降低科技创新金融风险策略 [J]. 合作经济与科技，2014（15）.

[243] 刘宗歌，李小军. 中小企业融资问题及对策——国内外研究综述 [J]. 经济研究导刊，2012（1）.

[244] 龙菊. 论关系型贷款与创意产业的发展 [J]. 江苏商论，2007（7）.

[245] 卢健. 融入多层次资本市场之路到底有多远 [J]. 产权导刊，2011 (5).

[246] 卢威，李曼. 国内外文化产业与融资模式概述 [J]. 中国资产评估，2014 (11).

[247] 鲁军. 新三板交易制度研究 [J]. 中国科技财富，2011 (13).

[248] 陆畅. 影子银行对银行经营的影响及风险分析 [J]. 时代金融，2013 (6).

[249] 陆文喜，李国平. 中国区域金融发展的收敛性分析 [J]. 数量经济技术经济研究，2004 (2).

[250] 陆燕春，朋振江. 我国科技金融理论研究综述 [J]. 科技进步与对策，2013 (16).

[251] 鹿朋. 中国影子银行体系的发展与影响：国际比较视角的政策选择 [J]. 北京科技大学学报，2013 (2).

[252] 吕臣，林汉川，王玉燕. 我国民间金融监管协调机制研究 [J]. 上海经济研究，2014 (10).

[253] 吕大军，高晓玲. 国外发达国家影子银行监管措施对我国的启示 [J]. 金融发展研究，2014 (10).

[254] 吕巍. 构建"九农"现代农村金融体系 [N]. 人民政协报，2011.

[255] 吕文. 湖南融众鑫担保公司业务风险控制体系研究 [D]. 湘潭大学，2014.

[256] 栾相科. 第三方支付：电商跨界发展的基石 [J]. 中国战略新兴产业，2014 (22).

[257] 罗春婵，陈慧. 紧缩性货币政策对地方政府债务风险的影响 [J]. 时代金融，2012 (8).

[258] 罗华，方晓萍. 创意产业的投融资分析 [J]. 当代经济，2008 (1).

[259] 罗绍国. 邮政金融应对互联网金融冲击的对策探讨 [J]. 邮政研究，2015 (1).

[260] 马霏霏. 我国柜台交易市场建设浅析 [J]. 产权导刊，2012 (7).

[261] 马金华. 地方政府债务：现状、成因与对策 [J]. 中国行政管理，2011 (4).

[262] 马莉. 论我国影子银行体系的产生、影响及监管 [J]. 晋中学院学报，2013 (1).

[263] 马千芸. 高新技术产业发展的科技金融创新研究 [D]. 广东工业大学，2014.

[264] 马瑞永. 经济增长收敛机制: 理论分析与实证研究 [D]. 浙江大学, 2006.

[265] 马腾跃. 稳健货币政策营造稳定金融环境 [J]. 中国金融家, 2014 (2).

[266] 马晓曦. 定向降准并非意味货币政策趋向改变——盛松成解读金融统计数据和宏观调控热点 [J]. 中国金融家, 2014 (8).

[267] 毛泽盛, 万亚兰. 中国影子银行与银行体系稳定性阈值效应研究 [J]. 国际金融研究, 2012 (11).

[268] 门洪亮, 李舒. 资本流动对区域经济发展差距的影响分析 [J]. 南开经济研究, 2004 (2).

[269] 米佳. 主体功能区战略背景下的现代服务业发展构想——以重庆渝中区现代服务业核心区建设为例 [J]. 重庆行政 (公共论坛), 2014 (3).

[270] 莫兰琼, 陶凌云. 我国地方政府债务问题分析 [J]. 上海经济研究, 2012 (8).

[271] 倪蔚颖. 文化创意产业集聚水平评价指标体系研究 [J]. 现代商贸工业, 2011 (2).

[272] 牛娟娟. 更加注重松紧适度适时适度预调微调 [N]. 金融时报, 2015.

[273] 牛娟娟. 上半年我国社会融资规模 10.57 万亿元 [N]. 金融时报, 2014.

[274] 牛娟娟. 央行着力服务民生薄弱环节 [N]. 金融时报, 2014.

[275] 牛涛. 当代中国文化产业发展的社会主义核心价值担当 [J]. 齐齐哈尔大学学报 (哲学社会科学版), 2015 (6).

[276] 潘文卿, 张伟. 中国资本配置效率与金融发展相关性研究 [J]. 管理世界, 2003 (8).

[277] 潘跃新, 张祎胤. 有哪些渠道可以融资 [J]. 施工企业管理, 2011 (10).

[278] 潘越峰. 科技金融的"舟山模式"构建 [J]. 浙江经济, 2014.

[279] 庞丽静. 青岛财富管理金改试验区运行 [J]. 宁波经济 (财经视点), 2014 (3).

[280] 庞岩, 张勇. 新疆与中亚地区实施人民币跨境贸易结算的发展探讨 [J]. 对外经贸实务, 2014 (10).

[281] 彭世清, 秦亚丽. 基础设施融资租赁的模式选择及创新思考 [J]. 华北金融, 2011 (5).

[282] 齐芳. 中国创投业发布白皮书: 创投业三大问题急需解决 [J]. 国际

融资，2010（11）.

[283] 钱志新."互联网＋"商业模式的精髓［N］.新华日报，2015.

[284] 钱志新.产业金融［M］.江苏：江苏人民出版社，2010.

[285] 邱红，金广君，林姚宇.CBD新区规划设计中的低碳理念探讨［J］.华中建筑，2011（1）.

[286] 任春阳，陆雪.影子银行的国际比较及对中国的监管启示［J］.时代金融，2014（5）.

[287] 任晓.央行：继续加快推进利率市场化改革［N］.中国证券报，2015.

[288] 尚福林.新时期小微企业金融服务工作［J］.中国金融，2012（16）.

[289] 尚铁力，王娜.支持网络新媒体发展的财税政策分析［J］.税务研究，2012（4）.

[290] 邵丽娜.我国跨境贸易人民币结算的影响因素研究［D］.南京理工大学，2013.

[291] 邵伟红.探讨科技创新金融支撑体系的构建［J］.财经界（学术版），2014（3）.

[292] 邵延进.影子银行资金流向图谱及风险：以河北省为例［J］.中国金融，2011（18）.

[293] 申志刚.北京CBD现代服务业发展研究［D］.首都经济贸易大学，2012.

[294] 沈杭."四大体系"建设成效显著［N］.金融时报，2014.

[295] 沈骏.主要国家货币国际化经验及启示［J］.安庆师范学院学报（社会科学版），2010（1）.

[296] 沈坤荣，张成.金融发展与中国经济增长——基于跨地区动态数据的实证研究［J］.管理世界，2004（7）.

[297] 沈悦，谢坤锋.影子银行发展与中国的经济增长［J］.金融论坛.2013（3）.

[298] 盛松成.从地区社会融资规模能看出什么［J］.中国经济报告，2014（4）.

[299] 师沛竹.经济新常态下商业银行经营转型的思考——基于组织架构改革的视角［J］.金融经济，2015（24）.

[300] 石陈.村镇银行发展现状及对策［J］.中小企业管理与科技（上旬刊），2012（3）.

[301] 石峰.推动科技成果转化的若干对策［J］.科技成果纵横，2011.

［302］时化雨．人民币走出去利弊之我见［J］．中国总会计师，2012（12）．

［303］史锦华，张博文．民族地区地方政府债务状况的评价与建议［J］．广西民族研究，2015（1）．

［304］宋慧媛．依据大学城功能与运行模式分析承德高教园区现状及发展对策［J］．科技经济市场，2009（9）．

［305］宋建波，文雯，苑新．中国影子银行信息披露问题研究［J］．国际商务财会，2015（6）．

［306］宋麒麟．新一轮沿边开放下云南省与周边国家贸易便利化的现状、问题与对策［D］．云南财经大学，2014．

［307］宋新伟．跨境电商人民币结算政策管理框架研究［J］．时代金融，2015（8）．

［308］宋毅成．场外交易市场下中小企业融资能力的国际比较［J］．浙江金融，2014（1）．

［309］宋云雁．基于云计算的中小企业全面信息化建设分析［J］．中国管理信息化，2014（10）．

［310］苏阳，冼海钧，邹智，杨喜孙．人民币在滇桂两省周边国家区域化进程研究［J］．区域金融研究，2012（12）．

［311］孙安妮，王晶．互联网金融研究——以电商平台为核心［J］．现代商业，2014（18）．

［312］孙柏．阿里金融帝国：马云的野心和梦想［J］．金融博览（财富），2013（7）．

［313］孙翠兰．论区域金融存在的主、客观基础［J］．区域金融研究，2010．

［314］孙飞，王吉如．文化金融攻坚战［J］．金融世界，2014（1）．

［315］孙慧玲，王帆，刘伊婉．促进辽宁省文化产业发展的有效方式——融资租赁［J］．大连海事大学学报（社会科学版），2012（6）．

［316］孙林．中国区域经济发展与金融和谐的理论分析［D］．兰州商学院，2008．

［317］孙苗飞．"文化与语言"对于陆家嘴金融城建设的作用——以伦敦金融城为借鉴［J］．广西经济管理干部学院学报，2012（4）．

［318］孙弢，王吉如．当文创与金融"相恋"［J］．金融世界，2013（10）．

［319］孙弢．文企王文忠"直融"之困［J］．金融世界，2012（12）．

［320］谭谟晓．行业风险不断显现［J］．金融世界，2014（2）．

［321］汤克明．影子银行体系发展及其对货币政策传导机制的影响［J］．武

汉金融，2013（3）.

[322] 汤欣. 论场外交易及场外交易市场 [J]. 法学家，2001（4）.

[323] 唐雯. 新一轮科技革命在即钢企该如何应对？ [N]. 现代物流报，2013.

[324] 滕莉莉. 完善我国多层次证券市场的思考 [D]. 广西大学，2005.

[325] 田书华. 我国场外交易市场研究 [J]. 中国市场，2013（43）.

[326] 田鑫. 我国地方政府债务风险及预警研究 [D]. 西南财经大学，2014.

[327] 田园，孔赟，陈爱芬. 规范"影子银行"发展的政策探索 [J]. 科技视界，2013（29）.

[328] 田云，高祥，王建忠. 基于 DNA 双螺旋原理的科技金融体系构建研究 [J]. 黑龙江畜牧兽医，2013（10）.

[329] 佟丹丹. 我国文化创意产业发展的现状及对策研究 [J]. 企业导报，2012（15）.

[330] W. D. 比格利夫，J. A. 蒂蒙斯. 处于十字路口的风险投资：美国风险投资的回顾与展望 [M]. 刘剑波等译. 太原：陕西人民出版社，2001.

[331] 万钧. 改善中小企业技术创新的融资环境 [J]. 中小企业管理与科技，2011

[332] 万亚兰. 中国影子银行对银行体系稳定性影响的实证分析 [D]. 南京师范大学，2013.

[333] 汪晗桢. 重庆内陆开放型经济发展的金融支持研究 [D]. 重庆工商大学，2014.

[334] 汪敏. 探索微小型企业中的绩效管理 [J]. 中外企业家，2014（17）.

[335] 汪兴隆. 货币资金区域配置失衡的考察及其调整——金融支持西部大开发的思考 [J]. 财经研究，2000（6）.

[336] 王爱俭等. 建设天津金融创新运营中心以运营服务塑造金融新优势 [J]. 华北金融，2014（8）.

[337] 王斌. 天津滨海新区金融服务业发展研究 [D]. 吉林大学，2013.

[338] 王浡力，李建军. 中国影子银行的规模、风险评估与监管对策 [J]. 中央财经大学学报，2013（5）.

[339] 王传辉. 国际金融中心产生模式的比较研究及对我国的启示 [J]. 世界经济研究，2000（6）.

[340] 王春娟. 国际知名中心商务区发展及启示 [J]. 中国市场，2014（45）.

[341] 王达. 论美国影子银行体系的发展、运作、影响及监管 [J]. 国际金融研究, 2012 (1).

[342] 王丹妮. 城市核心商业区的更新发展研究 [D]. 重庆大学, 2011.

[343] 王德凡, 王昕. 网络借贷的法律审视 [J]. 重庆行政 (公共论坛), 2015 (2).

[344] 王栋. 个人借款的风险防范 [J]. 检察风云, 2015 (3).

[345] 王刚. 融资租赁公司参与地方政府融资平台项目的可行性探讨 [J]. 现代经济信息, 2015 (1).

[346] 王广谦. 20 世纪西方货币金融理论研究: 进展与评述 [J]. 北京: 经济科学出版社, 2010.

[347] 王吉发, 陈航, 敖海燕. 辽宁省科技与金融深度融合发展的对策研究 [J]. 中国商贸, 2014 (34).

[348] 王骥, 刘向明, 项凯标. 掘金场外市场——经济转型浪潮下的资本宴席 [M]. 北京: 中国社会出版社, 2013.

[349] 王杰. 互联网金融发展的业务模式及优势探析 [J]. 经济研究导刊, 2014 (5).

[350] 王金霞. 韩国文化产业发展对中国区域文化产业战略确立的启示——以对辽宁省的启示为例 [J]. 战略决策研究, 2015 (1).

[351] 王景武. 金融发展与经济增长: 基于中国区域金融发展的实证分析 [J]. 财贸经济, 2005 (10).

[352] 王景武. 运用再贴现工具支持实体经济 [J]. 中国金融, 2013 (8).

[353] 王莉娜, 徐朱之. 浅议 P2P 网络借贷平台经济犯罪特征及防范对策 [J]. 上海公安高等专科学校学报, 2015 (2).

[354] 王露祎, 宁秀云. 阿里金融小微信贷运行模式及其风险控制研究 [J]. 现代商业, 2014 (9).

[355] 王曼怡, 刘同山. 我国中央商务区金融集聚问题研究——以天津滨海新区为例 [J]. 经济纵横, 2010.

[356] 王美娜. 我国区域金融中心布局的发展现状及对策 [D]. 吉林大学, 2014.

[357] 王敏. 论区域性股权市场的制度构建 [J]. 湖南社会科学, 2014 (6).

[358] 王娜. 新加坡对吉林省文化创意产业发展与建设的启示 [J]. 经济研究导刊, 2014 (36).

[359] 王念, 王海军. "中国式" 互联网金融: 技术基础与基本模式 [J]. 西南金融, 2014 (6).

[360] 王鹏鹏. 陕西科技型中小企业与银行对接面临的问题与对策研究 [D]. 西北农林科技大学, 2014.

[361] 王琦. 融资性担保公司会计核算方法探析 [J]. 财会研究, 2012 (21).

[362] 王琴, 王海权. 网络金融发展趋势研究 [J]. 商业时代, 2013 (8).

[363] 王森, 周茜茜. 影子银行、信用创造与货币政策传导机制 [J]. 经济问题, 2015 (5).

[364] 王舜. 浅析当前我国互联网金融发展现状及其对策 [J]. 经营管理者, 2016 (3).

[365] 王卫彬, 俞杰龙, 朴基成. 科技金融与高新技术产业发展的实证研究: 来自浙江嘉兴的例证 [J]. 科技管理研究, 2012 (24).

[366] 王文明, 史杨洋. 浅谈中等城市中央商务区的发展趋势 [J]. 建设科技, 2011 (2).

[367] 王文婷. 影子银行对宏观调控的影响 [J]. 甘肃金融, 2014 (5).

[368] 王晓秋, 王申成. 关于人民币区域化的几点思考 [J]. 大连干部学刊, 2013 (10).

[369] 王晓雅. 次贷危机背景下影子银行体系特性及发展研究 [J]. 生产力研究, 2010 (11).

[370] 王旭祥. 主要货币国际化对货币政策的影响: 比较视角 [J]. 上海金融, 2013 (8).

[371] 王雪祺. 国际游资与金融泡沫的产生和催化 [J]. 中国证券期货, 2011 (7).

[372] 王雪祺. 金融支持北京市沟域经济发展问题研究 [D]. 首都经济贸易大学, 2012.

[373] 王妍, 王登荣. "互联网 +" 时代电子商务发展与金融支持 [J]. 西部金融, 2015 (7).

[374] 王艳, 付裕. 互联网浪潮中银行国际业务的创新与发展 [J]. 农村金融研究, 2014 (1).

[375] 王阳阳. 地方政府负债融资风险的控制机制研究 [J]. 现代经济信息, 2015 (1).

[376] 王宇. 人民币跨境业务发展与展望 [J]. 金融纵横, 2014 (11).

[377] 王元. 货币政策非对称效应研究 [D]. 中国社会科学院研究生院, 2012.

[378] 王蕴, 胡金瑛, 徐策. 我国地方政府债务性融资模式选择 [J]. 经济研究参考, 2012 (2).

［379］王智轶．影子银行对金融体系的影响及国内现状研究［J］．对外经贸，2013（3）．

［380］王子威．互联网金融模式总览［J］．首席财务官，2014（17）．

［381］王宗鹏，石峰．对互联网金融缓解小微企业融资难问题的思考［J］．西部金融，2016（1）．

［382］魏后凯．西部开发任重道远［J］．中国纺织经济，2000（6）．

［383］魏李良．P2P网络信贷影响因素分析［D］．内蒙古农业大学，2014．

［384］魏世杰．新三板促进企业融资和创投退出研究［J］．中国科技坛，2013（5）．

［385］魏涛，刘义，杨荣，曾羽，王家．激辩：中国"影子银行"与金融改革［J］．金融发展评论，2013（2）．

［386］温州金融综合改革的意义［J］．中国金融，2012（8）．

［387］吴蓓．浅谈舟山海洋经济中的文化创意产业［J］．浙江国际海运职业技术学院学报，2011（1）．

［388］吴德金．美国文化产业发展动因分析［J］．经济纵横，2015（6）．

［389］吴迪．四川着力培育发展优势中小微企业［N］．金融时报，2013．

［390］吴国培．泉州金融综合改革的探索［J］．中国金融，2013（3）．

［391］吴国培．围绕实体经济推动泉州金融改革［J］．中国金融，2014（11）．

［392］吴竞．金融服务业集聚的动因研究［D］．上海社会科学院，2010．

［393］吴庆玲．关于促进北京文化创意产业发展的几点建议［J］．经济研究参考，2012（70）．

［394］吴婷婷，李存金．北京文化创意产业发展现状及对策研究［J］．当代经济，2010（6）．

［395］吴晓光，曹一．论加强P2P网络借贷平台的监管［J］．南方金融，2011（4）．

［396］吴学安，林华．防微杜渐，影子银行监管加码［J］．检察风云，2014（4）

［397］吴应宁．科技保险：现状、问题及对策［J］．金融发展研究，2010（11）．

［398］吴玉宇，万涛．湖南省发展场外交易市场的问题及对策分析［J］．湖南财政经济学院学报，2013（6）．

［399］吴元波．多层次资本市场与中小企业融资"困境"分析［J］．生产力研究，2013（7）．

［400］吴远卓，饶伟，傅春．中小企业融资的创新模式案例研究［J］．金融

与经济，2012（3）.

[401] 吴志红，何振华. 享受所得税优惠，别忘认真对照《目录》[N]. 中国税务报，2012.

[402] 伍戈，刘琨. 探寻中国货币政策的规则体系：多目标与多工具 [J]. 国际金融研究，2015（1）.

[403] 伍兴龙. 我国网络借贷发展现状与监管路径探析 [J]. 南方金融，2013（3）.

[404] 伍艳飞. 长沙芙蓉中央商务区的产业科学发展探析 [D]. 湖南师范大学，2011.

[405] 武彩霞，赵瑞希，王攀，闫波. 金改先行者 [J]. 金融世界，2012（5）.

[406] 武彦民，张丽恒. 我国地方政府融资平台债务风险的现状与治理研究 [J]. 青海社会科学，2012（6）.

[407] 夏斌，张承惠，朱明方，田辉. 规范和发展我国场外股权交易市场 [J]. 发展研究，2012（7）.

[408] 夏荣静. 互联网金融 [N]. 中国财经报，2014.

[409] 相铮. 论中国影子银行的风险防范 [D]. 对外经济贸易大学，2012.

[410] 向辉，邓红. 商业银行理财产品的利弊探讨 [J]. 商场现代化，2014（33）.

[411] 小微企业仅 15.5% 能获贷款 [N]. 中国证券报，2011 - 11 - 25.

[412] 肖本华. 美国众筹融资模式的发展及其对我国的启示 [J]. 南方金融，2013（1）.

[413] 肖立伟. 上海金融动态（2014.12）[J]. 上海金融，2015（1）.

[414] 肖崎. 基于行为金融理论对次贷危机的探析 [J]. 金融发展研究，2011（6）.

[415] 肖荣攀. 美国影子银行系统的发展与影响研究 [J]. 法制与经济（下旬），2012（6）.

[416] 谢朝杰. 浅析赤峰市小微文化企业的发展 [J]. 内蒙古科技与经济，2014（23）.

[417] 谢春. 2012 年中国第三方支付行业年度盘点 [J]. 电子商务，2013（3）.

[418] 谢丽霜. 论资本市场与西部企业活力的激发 [J]. 广西民族学院学报（哲学社会科学版），2003（2）.

[419] 谢罗奇，刘丽. 影子银行发展对中国小微企业融资的影响——基于 2010 ~ 2013 年月度数据的实证研究 [J]. 广西财经学院学报，2015（1）.

［420］谢沛善. 中国高新技术产业发展金融支持制度优化设计［J］. 经济研究参考，2011（47）.

［421］谢沛善. 中日高新技术产业发展的金融支持研究［D］. 东北财经大学，2010.

［422］谢鹏飞. 发展创意产业：广东实现新发展的战略选择——广东发展创意产业的思考［J］. 广东经济，2007（3）.

［423］谢平，邹传伟. 互联网金融模式研究［J］. 金融研究，2012（12）.

［424］新绛县新闻中心，新绛县农村经济管理中心. 新绛县以"土地流转"破解"三农"难题［N］. 中国商报，2015.

［425］熊富英. 荣昌区观胜镇农村土地流转现状及对策浅析［J］. 南方农业，2016（2）.

［426］徐虹，董晓林，褚保金. 农民资金互助社试点模式及对策——基于江苏省试点的考察［J］. 农村经济，2012（4）.

［427］徐连章，李嘉晓，秦宏. 我国中小企业融资困难分析及对策［J］. 莱阳农学院学报（社会科学版），2003（4）.

［428］徐明亮. 发达国家金融体系支持创意产业发展的举措及启示［J］. 浙江金融，2011（2）.

［429］徐韶华，何日贵. 众筹网络融资风险与监管研究［J］. 浙江金融，2014（10）.

［430］徐双双. 浅议我国文化创意产业的发展［J］. 中共云南省委党校学报，2012（4）.

［431］徐天艳. 人民币国际化的金融稳定效应研究——基于资产价格传导路径［J］. 科技管理研究，2012（17）.

［432］徐伟，郭为. 民间金融与省际经济增长［J］. 上海经济研究，2004（5）.

［433］徐晓慧. 科技保险支持企业自主创新问题与对策研究［J］. 科学管理研究，2011（4）.

［434］徐晓慧. 科技保险支持企业自主创新问题与对策研究［J］. 科学管理研究，2011.

［435］徐晓娜. 中国场外交易市场发展模式研究［D］. 天津财经大学，2012.

［436］徐永利. 逆梯度理论下京津冀产业协作研究［J］. 河北大学学报（哲学社会科学版），2013（5）.

［437］徐永升. "跨越式发展"下湖北投融资平台发展研究［J］. 当代经济，2011（15）.

[438] 许淼. 探析地方政府融资存在的问题及完善其体系的设想 [J]. 现代审计与经济，2013（3）.

[439] 薛博文. 浅析互联网金融发展模式及风险监管 [J]. 新经济，2015.

[440] 薛澜，俞乔. 科技金融：理论的创新与现实的呼唤——评赵昌文等著《科技金融》一书 [J]. 经济研究，2010（7）.

[441] 薛韬. 劳动价值论对人力资本高收入的演绎——风险投资中人力资本价值实现 [J]. 中国经济问题，2009（4）.

[442] 闫彬彬. 利率市场化进程中我国影子银行的风险及应对 [J]. 理论月刊，2013（8）.

[443] 闫坤，刘陈杰. 2013 年上半年我国宏观经济与财政政策分析报告——下半年热钱流出格局与深度转型期的财政体制改革 [J]. 经济研究参考，2013（43）.

[444] 闫立良. 央行：运用 6 种工具管好流动性稳定预期 [N]. 证券日报，2014 - 02 - 10A02.

[445] 闫敏. 武汉市融资平台发展现状及问题 [J]. 经营管理者，2011（17）.

[446] 严思屏. 闽台跨境人民币业务推进策略探析 [J]. 福建师范大学学报（哲学社会科学版），2014（6）.

[447] 阳晓霞. 珠三角金融改革：构建高层次核心竞争力 [J]. 中国金融家，2012（8）.

[448] 杨长岩，李春玉，朱敢，宋科进，宋将，刘闽浙. 2011 年上半年福建省经济金融运行分析报告 [J]. 福建金融，2011（9）.

[449] 杨德勇，汪增群. 东北老工业基地经济发展中的金融视角分析 [J]. 中央财经大学学报，2006（6）.

[450] 杨凤梅. 粮食直补担保贷款现状与发展分析——以吉林省为例 [J]. 吉林金融研究，2014（11）.

[451] 杨国华. 论长三角地区文化创意产业集群竞争力的提升 [J]. 中国浦东干部学院学报，2013（1）.

[452] 杨国中，李木祥. 我国信贷资金的非均衡流动与差异性金融政策实施的研究 [J]. 金融研究，2004（9）.

[453] 杨华. 我国 P2P 网络信贷的发展与监管研究 [D]. 湖南大学，2013.

[454] 杨涟漪. 城镇化背景下的城乡资源流动研究 [D]. 安徽大学，2012.

[455] 杨群华. 我国互联网金融的特殊风险及防范研究 [J]. 金融科技时代，2013（7）.

[456] 杨瑞秋. 广东金改，大胆往前冲！[J]. 广东经济，2014（8）.

[457] 杨文. 科技保险发展创新研究 [D]. 西南财经大学, 2012.

[458] 杨娴婷, 杨亦民. 农村新型金融组织的双重目标: 矛盾、原因及对策 [J]. 农村经济, 2012 (4).

[459] 杨旭. 中国"影子银行"的产生发展和影响 [J]. 中外企业家, 2012 (1).

[460] 杨雪. 区域金融改革实践发展概况、主要特点及借鉴 [J]. 西南金融, 2014 (5): 24 - 26.

[461] 杨烨. 上海金融产业集群研究 [D]. 上海师范大学, 2011.

[462] 杨英杰, 冯志敏. 新绛县金融支持新一轮土地流转的调查 [J]. 山西农经, 2014 (1).

[463] 杨再平, 闫冰竹, 严晓燕. 破解小微企业融资难最佳实践导论 [M]. 北京: 中国金融出版社, 2012.

[464] 杨兆廷. 因地制宜创新农村金融服务 [N]. 经济日报, 2011.

[465] 姚耀军, 董钢锋. 金融发展、金融结构与技术进步——来自中国省级面板数据的经验证据 [J]. 当代财经, 2013 (11).

[466] 姚玉洁. 2013 年上海国际金融中心建设十大事件评出 [N]. 经济参考报, 2013.

[467] 易宪容. 美国次贷危机的信用扩张过度的金融分析 [J]. 国际金融研究, 2009 (12).

[468] 殷兴山. 完善普惠金融体系服务民生工程建设 [J]. 清华金融评论, 2014 (10).

[469] 尹雷, 赫国胜. 金融结构与经济发展: 最优金融结构存在吗? ——基于跨国面板数据的 GMM 估计 [J]. 上海金融, 2014 (2).

[470] 尹振涛. 推动我国科技金融发展 [J]. 中国金融, 2014 (14).

[471] 印发广州市政府性债务管理办法的通知 [J]. 广州政报, 2011 (15).

[472] 游达明, 朱桂菊. 区域性科技金融服务平台的构建与运行 [J]. 创新科技, 2013 (1).

[473] 游达明, 朱桂菊. 区域性科技金融服务平台构建及运行模式研究 [J]. 中国科技论坛, 2011 (1).

[474] 于春红. 我国高新技术企业融资体系研究 [M]. 北京: 中国经济出版社, 2009.

[475] 于宏凯. 互联网金融发展、影响与监管问题的思考 [J]. 内蒙古金融研究, 2013 (9).

[476] 于菁. 影子银行对我国货币政策的影响研究——基于 VAR 模型的实

证分析 [J]. 兰州学刊，2013（4）.

[477] 于菁. 中国影子银行：概念、特征与监管分析 [J]. 中国经贸导刊，2013（2）.

[478] 于启武. 北京 CBD 文化创意产业发展研究 [M]. 北京：首都经济贸易大学出版社，2008.

[479] 于永达，王浩. 集聚金融优势与国际金融中心发展研究——来自伦敦金融城的经验 [J]. 新金融，2009（6）.

[480] 余子良. 地方政府融资平台的来龙去脉与风险规避 [J]. 改革，2013（1）.

[481] 俞自由. 创业投资理论与实践 [M]. 上海：上海财经大学，2001.

[482] 袁迪. 文化产业发展的国际经验及启示 [N]. 金融时报，2012.

[483] 袁康. 影子银行涉及的法律关系、表现形式 [J]. 重庆社会科学，2013（6）.

[484] 袁齐. 中国式影子银行监管的新思维 [J]. 武汉商业服务学院学报，2013（3）.

[485] 袁庆春. 基层央行执行稳健货币政策的新思考 [J]. 西部金融，2014（4）.

[486] 袁庆春. 提高区域稳健货币政策实效 [J]. 中国金融，2014（18）.

[487] 袁晓霞. 金融集聚问题研究 [D]. 厦门大学，2008.

[488] 袁增霆. 中外影子银行体系的本质与监管 [J]. 中国金融，2011（1）.

[489] 岳西宽. 亚投行博弈中的中国智慧 [J]. 唯实，2015（6）.

[490] 云南省广西壮族自治区建设沿边金融综合改革试验区总体方案 [N]. 云南日报，2013.

[491] 曾刚. "影子银行"的特征与影响 [J]. 农村金融研究，2013（9）.

[492] 曾刚. 监管套利与中国式"影子银行" [J]. 新金融评论，2013（2）.

[493] 曾智. 中国 P2P 网络贷款行业研究报告 [D]. 西南财经大学，2014.

[494] 翟晓叶. 金融支持中部地区承接产业转移的理论及实证研究 [D]. 湘潭大学，2014.

[495] 詹华. P2P 网络借贷电子商务平台设计与实现 [D]. 湖南大学，2014.

[496] 战宏. 中国影子银行监管问题研究 [D]. 南京大学，2011.

[497] 张兵，胡俊伟. 区域金融发展与经济增长关系的实证研究 [J]. 南京农业大学学报（社会科学版），2003（2）.

[498] 张承惠，田辉，朱明方．中国场外股权交易市场：发展与创新 [M]．北京：中国发展出版社，2013．

[499] 张承惠，朱明方，田辉．场外股权交易市场的困境摆脱：国际借鉴及启示 [J]．改革，2012（5）．

[500] 张承惠．场外股票市场发展与改革 [J]．中国金融，2014（7）．

[501] 张承惠．台湾地区场外市场的特点与启示 [J]．中国金融，2013（7）．

[502] 张大庆．成都国际汽车城汽车科技金融发展模式研究 [D]．云南师范大学，2014．

[503] 张凤超，王亚范．关于区域金融成长的理性探讨 [J]．吉林财税高等专科学校学报，2000（2）．

[504] 张凤超．金融地域运动：研究视角的创新 [J]．经济地理，2003（5）．

[505] 张高作．基于用户体验的 P2P 网络借贷平台研究 [D]．中国海洋大学，2013．

[506] 张海波，吴陶．中国各地区金融发展与经济增长——基于 Panel Data 模型的分析 [J]．统计与决策，2005（12）．

[507] 张弘．北京 CBD 国际金融业集聚发展研究 [J]．商业时代，2010（6）．

[508] 张弘．北京 CBD 金融业集聚发展中的政府推动与政策选择 [J]．商场现代化，2009．

[509] 张宏斌，郭晓东，郭峰菠，宋君慧．土地流转进行时 [N]．金融时报，2014．

[510] 张宏彦，何清，余谦．中国农村金融发展对城乡收入差距影响的实证研究 [J]．中南财经政法大学学报，2013（1）．

[511] 张嘉骥．从发展的角度简析我国中小企业融资的选择策略 [J]．中国外资，2012（4）．

[512] 张杰．北京 CBD 金融业发展特色及对策分析 [N]．首都经济贸易大学学报，2007．

[513] 张杰．构建我国统一性的场外交易市场策略研究 [D]．天津财经大学，2012．

[514] 张杰．经济的区域差异与金融成长 [J]．金融与经济，1994（6）．

[515] 张瑾．互联网金融对传统金融发展的影响分析 [J]．金融发展评论，2014（4）．

[516] 张晶．我国货币财政政策存在区域效应的实证分析 [J]．数量经济技

术经济研究，2006（8）.

[517] 张竞文，戴银 . 第三方支付与监管 [J]. 现代商业，2014（24）.

[518] 张静 . 区域金融发展与区域经济增长：国内研究综述 [J]. 市场周刊（理论研究），2008（1）.

[519] 张莉 . 我国互联网金融的风险与防范策略 [J]. 辽宁行政学院学报，2014（12）.

[520] 张黎莉，王来 . 宁波科技与金融结合的现状分析及对策研究 [J]. 经济丛刊，2012（3）.

[521] 张龙 . 上海发展都市创意文化产业的政策研究 [D]. 东华大学，2014.

[522] 张璐 . P2P 网络借贷信用风险及对策研究 [J]. 财会月刊，2014（2）.

[523] 张米，张玉婷，程翔 . 谁是温州金融改革最大受益者——来自温州市金融综合改革试验区的证据 [J]. 商场现代化，2014（32）.

[524] 张敏 . 认识科技保险化解创新风险 [J]. 安徽科技，2009.

[525] 张敏锋 . 基于金融创新的我国银政合作研究 [J]. 经济论坛，2011（1）.

[526] 张明喜 . 示范区科技金融试点政策跟踪研究 [J]. 中央财经大学学报，2013（6）.

[527] 张平 . 我国地方投融资平台债务运行现状及其治理之道 [J]. 上海行政学院学报，2012（2）.

[528] 张强 . 我国信托风险赔偿准备金制度构建研究 [D]. 四川省社会科学院，2014.

[529] 张润 . 浅析我国农村金融服务供给与需求均衡问题 [J]. 时代金融，2010（11）.

[530] 张拓 . 国外商业银行与第三方支付的竞合关系及启示 [J]. 河北联合大学学报（社会科学版），2014（6）.

[531] 张卫东 . 区域性科技中介服务网络体系建设研究 [J]. 吉林大学，2011.

[532] 张希刚，戴素梅 . 商业银行跨境人民币业务的机遇与挑战 [J]. 金融论坛，2012（5）.

[533] 张新法 . 货币政策继续回归稳健 [N]. 中国财经报，2013.

[534] 张旭，伍海华 . 论产业结构调整中的金融因素——机制、模式与政策选择 [J]. 当代财经，2002（1）.

[535] 张艳青 . 我国多层次场外交易市场建设研究 [D]. 山东财经大

学，2014.

[536] 张影强. 规避互联网金融四大风险 [J]. 中国投资，2013 (12).

[537] 张玉. 万亿地方债置换计划启动 [N]. 上海证券报，2015.

[538] 张玉明. 高新技术企业成长规律与融资策略 [J]. 东岳论丛，2003 (3).

[539] 张玉庆. 天津滨海新区经济发展研究报告 (2013) [J]. 求知，2013 (1).

[540] 张章. 人民币跨境流通及其对国内宏观经济的影响 [D]. 安徽财经大学，2015.

[541] 张职. P2P 网络借贷平台营运模式的比较、问题及对策研究 [D]. 华东理工大学，2013.

[542] 张宗新，徐冰玉. 上海场外交易市场发展模式与路径 [J]. 金融中心建设，2010 (1).

[543] 章韵静. 优化体制环境 促进农民增收——对农民增收问题的再思考 [J]. 江苏政协，2004 (12).

[544] 兆程. 互联网金融发展浅析及问题探究 [J]. 金融经济，2014 (22).

[545] 赵昌文，陈春发，唐英凯. 科技金融 [M]. 北京：科学出版社，2009.

[546] 赵昌文. 科技金融 [M]. 北京：科学出版社，2009.

[547] 赵昊燕. 我国互联网金融发展现状及对策研究 [J]. 物流工程与管理，2013 (12).

[548] 赵弘. 总部经济 [M]. 北京：中国经济出版社，2004.

[549] 赵金峰. BT 模式在公路建设中的应用 [J]. 交通财会，2011 (5).

[550] 赵静. 我国场外市场的自身定位与现实问题分析 [J]. 时代金融，2014 (35).

[551] 赵钦涵. 我国金融集聚演化机制及其程度评价研究 [D]. 山东财经大学，2014.

[552] 赵全厚. 财政金融风险的作用机理和潜在影响 [J]. 经济研究参考，2015 (9).

[553] 赵伟，马瑞永. 中国经济增长收敛性的再认识——基于增长收敛微观机制的分析 [J]. 管理世界，2005 (11).

[554] 赵英朝. 我国地方政府债务现状、风险及对策探究 [J]. 学理论，2015 (11).

[555] 赵越. 我国互联网金融的特殊风险及防范研究 [J]. 经营管理

者，2015.

[556] 郑长德. 论区域金融学 [J]. 河南金融管理干部学院学报，2006 (2).

[557] 郑长德. 区域金融学刍议 [J]. 西南民族大学学报（人文社科版），2005 (9).

[558] 郑海超，黄宇梦. 创新项目股权众筹融资绩效的影响因素研究 [J]. 中国软科学，2015 (1).

[559] 郑倩. 第三方支付相关法律问题研究 [J]. 价值工程，2013 (19).

[560] 中共武汉市江汉区委党校课题组. 文化创意产业园发展的政策支持建议——以花园道艺术生活区为例 [J]. 学习月刊，2012 (18).

[561] 中国创业风险投资发展报告2009.

[562] 中国创业风险投资发展报告2013.

[563] 中国农业银行怒江分行课题组，蒋学才. 怒江州农村普惠金融实证研究 [J]. 时代金融，2014 (35).

[564] 中国人民银行调查统计司. 2015年社会融资规模增量统计数据报告 [R]. 2016 – 01 – 15.

[565] 中国人民银行调查统计司与成都分行调查统计处联合课题组. 影子银行体系的内涵及外延 [J]. 金融发展评论，2012 (8).

[566] 中国人民银行海口中心支行课题组，吴盼文. 我国影子银行的界定及统计分析框架研究 [J]. 海南金融，2014 (11).

[567] 中国人民银行上海总部. 中国区域金融稳定报告 (2014).

[568] 钟伟. 中国式影子银行：定义、估测及风险评估 [J]. 新金融评论，2013 (2).

[569] 周道许. 关于降低实体经济融资成本的思考和建议 [J]. 新金融评论，2014 (5).

[570] 周好文，钟永红. 中国金融中介发展与地区经济增长：多变量VAR系统分析 [J]. 金融研究，2004 (6).

[571] 周慧楠. 浅谈我国民间借贷发展问题及对策 [J]. 金融经济，2015 (2).

[572] 周莉萍. 论影子银行体系国际监管的进展、不足、出路 [J]. 国际金融研究，2012 (1).

[573] 周莉萍. 影子银行体系的信用创造：机制、效应和应对思路 [J]. 金融评论，2011 (4).

[574] 周立，胡鞍钢. 中国金融发展的地区差距状况分析 (1978~1999) [J]. 清华大学学报（哲学社会科学版），2002 (2).

[575] 周立，王子明．中国各地区金融发展与经济增长实证分析：1978～2000［J］．金融研究，2002（10）．

[576] 周敏．城镇化进程倒逼金融改革［J］．沪港经济，2014（3）．

[577] 周宁飞．城市基础设施项目融资模式及其评估［D］．复旦大学，2010．

[578] 周小川．金融政策对金融危机的响应［J］．金融研究．2011（1）．

[579] 周小川．全面深化金融业改革开放 加快完善金融市场体系［N］．人民日报，2013．

[580] 周小川．人民币资本项目可兑换的前景和路径［J］．金融研究，2012（1）．

[581] 周友苏，庄斌．我国场外交易顶层设计的思考［J］．经济体制改革，2012（6）．

[582] 周振海．开拓创新先行先试——全力推动沿边金融试验区建设取得实效［J］．时代金融，2014（1）．

[583] 周正勇．突出服务中小企业特色 加快资产公司转型发展步伐［J］．黑龙江金融，2012（9）．

[584] 朱翀．商业银行成功转型为科技银行的典范——美国硅谷银行商业模式剖析［J］．时代金融，2014（35）．

[585] 朱晗．中国创意产业融资机理研究［D］．东华大学，2012．

[586] 朱宏春．理性看待中国的影子银行［J］．南方金融．2013（6）．

[587] 朱潋．我国区域性场外交易市场风险探究［J］．特区经济，2013（11）．

[588] 竺暐，侯京辉．伦敦金融城的"力量"［J］．银行家，2007（11）．

[589] 祝丽娟．证券场外交易市场信息披露制度研究［D］．华东师范大学，2011．

[590] 祝妍雯．金融改革棋至中盘［J］．中国经济和信息化，2012（9）．

[591] 资讯［J］．甘肃金融，2015（3）．

[592] 宗晓武．中国区域经济增长中的金融集聚因素研究［D］．南京师范大学．2008．

[593] 邹剑锋．区域金融风险分析——基于地方政府融资平台的探讨［J］．经济界，2014（6）．

[594] 左长安．生态可持续 CBD 规划若干问题研究［D］．天津大学，2007．

[595] 左凯，魏景赋．我国中小企业的发展现状与评价［J］．上海理工大学学报（社会科学版），2002（2）．

后 记

自 2012 年本书第一版出版后，根据新常态下我国区域金融发展呈现出的新特点和新问题，我们对本书进行了较大规模的修正和补充。我们希望秉承"一本书"主义，持续对中国区域金融进行跟踪研究，通过研究成果的不断补充，以及对前一版内容的修改和完善，使它能成为在区域金融研究领域中的"专著"。第二版修改和补充的内容在前言中已经陈述了，需强调的是，基于对区域金融基础理论的研究，我们对第一章进行了较大范围的修订，而其他一些章节，如地方政府债务、金融试验区、影子银行、互联网金融、金融场外交易市场、CBD 金融等内容，我们认为还是具有一定特色和创新性的。

本书的写作分工是：第 1 章（区域金融理论及其在中国的发展），蒋三庚、宋毅成、王雪祺；第 2 章（区域金融发展与实践），逄金玉、宋毅成；第 3 章（地方政府债务问题），饶芸；第 4 章（金融试验区探索与改革），陈化强、蒋三庚；第 5 章（金融场外交易市场），董岁寒；第 6 章（影子银行），王婉如；第 7 章（互联网金融），孙安妮、逄金玉；第 8 章（科技金融），张凡、宋佳娟；第 9 章（农村金融），付李涛、裴然；第 10 章（中央商务区（CBD）金融），蒋三庚、王晓净；第 11 章（文化创意金融），李艳杰、蒋三庚。先后参加本书工作和提供帮助的还有：刘建新、马家瑞、王丹、赵科乐、林欣、刘欣、杨洁、苟济帆、张欣、陈静姝、张煊、李丰杉、蒋雯等。其中，蒋三庚、逄金玉负责本书的整体框架设计，除组织、讨论、修改各章节写作外，还参与撰写了部分内容。王曼怡教授对本书的写作思路、内容等提出了重要和中肯的建议。刘建新和王晓净等人做了大量基础性工作。

为了尊重前辈和同仁的知识价值，我们对全书进行了多次筛查，对文献做了一一注明，但肯定还有疏漏之处，对此表示由衷歉意。我们期望读者对本书提出指导性评价和建议，有助于我们今后更进一步提高与完善区域金融的研究。

我们特别感谢张卓元老师在百忙之中拨冗为此书写序，并给予很多的鼓励。我们感谢首都经济贸易大学特大城市经济社会发展 2011 协同创新中心和北京市哲学社会科学 CBD 发展研究基地的资助和指导，感谢经济科学出版社吕亚亮、凌敏对本书付出的辛勤工作和大力支持。

蒋三庚

于首都经济贸易大学博纳楼

2016 年 9 月